Bloßer Verkehrsschutz statt widerspruchsfreier Dogmatik?

Europäische Hochschulschriften

Publications Universitaires Européennes
European University Studies

Reihe II
Rechtswissenschaft

Série II Series II
Droit
Law

Bd./Vol. 4886

PETER LANG
Frankfurt am Main · Berlin · Bern · Bruxelles · New York · Oxford · Wien

Felix Robert Eberhard Kunkel

Bloßer Verkehrsschutz statt widerspruchsfreier Dogmatik?

Zur Entstehung, Begründung und Entwicklung der §§932–935 BGB

PETER LANG
Internationaler Verlag der Wissenschaften

Bibliografische Information der Deutschen Nationalbibliothek
Die Deutsche Nationalbibliothek verzeichnet diese Publikation in der Deutschen Nationalbibliografie; detaillierte bibliografische Daten sind im Internet über <http://www.d-nb.de> abrufbar.

Zugl.: Trier, Univ., Diss., 2008

Gedruckt auf alterungsbeständigem,
säurefreiem Papier.

D 385
ISSN 0531-7312
ISBN 978-3-631-58976-2

Printed in Germany 1 2 3 4 5 7

www.peterlang.de

Meinen Eltern

Vorwort:

Die vorliegende Arbeit wurde im Wintersemester 2008/2009 vom Fachbereich Rechtswissenschaft der Universität Trier als Dissertation unter dem Titel „Der gutgläubige Erwerb beweglicher Sachen – Grundlagen und Entwicklung unter besonderer Berücksichtigung der Rechtsscheinlehre“ angenommen. Betreut wurde die Arbeit durch Herrn Prof. Dr. Franz Dorn, welcher auch das Erstgutachten schrieb. Das Zweitgutachten erstellte Herr Prof. Dr. Thomas Rüfner. Das Rigorosum fand am 4. November 2008 statt.

Herzlich danke ich meinen Eltern für die immerwährende Unterstützung während der gesamten Ausbildung und insbesondere die Anregung, die vorliegende Arbeit anzugehen. Dankbar bin ich Ihnen auch deshalb, weil sie die Arbeit Korrektur lasen, eine mühsame Beschäftigung, welche mehrere lange Abende in Anspruch nahm (Für die zum Teil zumindest eigenartige Silbentrennung sind sie nicht verantwortlich).

Besonders dankbar bin ich meiner Frau, welche die Arbeit auch von Anfang an geduldig begleitete, mich immer wieder motivierte und somit maßgeblich zum Gelingen beitrug.

Eltville am Rhein, im März 2009

Felix Kunkel

Inhaltsübersicht

Einleitung und Themenstellung 1

1. Kapitel: Entwicklung bis zum Inkrafttreten 7

A. Erwerb vom Nichtberechtigten nach Art. 306 ADHGB 7

B. Der Erwerb vom Nichtberechtigten im 1. Entwurf des BGB 68

C. Der Erwerb vom Nichtberechtigten im 2. Entwurf des BGB 118

D. Endgültiges Inkrafttreten 130

2. Kapitel: Entwicklung nach Inkrafttreten 132

A. Die Zeit nach dem Inkrafttreten und der Umgang mit den neuen Regelungen über den gutgläubigen Erwerb 132

B. Der gutgläubige Erwerb in der Zeit des Nationalsozialismus 180

3. Kapitel: Erkenntnisse für die Anwendung der §§932 ff. BGB 215

A. Vorbemerkung 215

B. Scheitern der herrschenden „Rechtsscheinlehre" und Verzicht auf eine dogmatische Begründung 216

C. Übergabe im Sinne des §932 I BGB, Verzicht auf einen gutgläubigen Geheißerwerb 227

D. Guter Glaube als bewährte Voraussetzung, die herrschende Auslegung des Gegenstandes als weiteres Beispiel für das Versagen der Rechtsscheinlehre 237

E. Abhandenkommen im Sinne des §935 BGB, Problem der Erkennbarkeit Des Besitzdieners 239

Zusammenfassung 240

Inhaltsverzeichnis

Literaturverzeichnis V

Abkürzungen X

Einleitung und Themenstellung 1

(Problemstellung / Die Lösung in anderen Rechtssystemen / Ziel der Arbeit)

1. Kapitel: Entwicklung bis zum Inkrafttreten 7

A. Erwerb vom Nichtberechtigten nach Art. 306 ADHGB 7

I. Kompromißlösung in kurzer Zeit 7

1) Zur Entstehung des ADHGB (historischer Hintergrund) 7

2) Die Entstehung des Art. 306 ADHGB 9

a) Erste und zweite Lesung zu Art. 306 ADHGB 9
b) Dritte Lesung zu Art. 306 ADHGB 12
aa) Ablauf der Beratungen 12
(1) Beratungsgrundlagen 12
(2) Zeitlicher Ablauf der Beratungen 13
(3) Ergebnis der Beratungen 14
bb) Die entscheidende Sitzung 14
(1) Diskussion der entscheidenden Fragen 14
(a) Die Entscheidung für das Grundprinzip 14
(b) Eigentumserwerb des Gutgläubigen 16
(c) Ausnahme von dem Prinzip - „gestohlen / verloren“ 17
(d) Fazit 18
(2) Abstimmung 19

3) Fazit 20

II. Analyse und Konkretisierung durch die Rechtswissenschaft 21

1) Keine Vorgaben der Kommission 22

a) Rechtfertigung der Regelung, Schutz des Handelsverkehrs 22
b) Voraussetzungen für den Eigentumserwerb 22
aa) Sachlicher / persönlicher Anwendungsbereich des Art. 306 ADHGB 22
bb) Übergabe 23
cc) Redlichkeit des Erwerbers 23
(1) Redlichkeit als Voraussetzung 23
(2) Subjektiver Tatbestand als Korrektiv 25
(3) Keine Einigung bezüglich des Umfangs des guten Glaubens 25
(4) Beweislast 27
dd) Kein Vorliegen der Ausnahme des Art. 306 IV ADHGB 27
c) Fazit 28

2) Bearbeitung der neuen Regelung in der Literatur und Entwicklung in der Rechtsprechung 29

a) Rechtfertigung der Regelung 30
b) Voraussetzungen für den Eigentumserwerb 30
aa) Gegenstand: „Waren oder andere bewegliche Sachen" 30
(1) Auslegung der Formulierung 30
(2) Körperliche Gegenstände 31
(3) Behandlung der Wertpapiere 33
bb) „Kaufmann in dessen Handelsgewerbe" 35
cc) „Veräußerungsgeschäft" 36
(1) Bedeutung 36
(2) Problem des unentgeltlichen Erwerbs 37
dd) Übergabe der veräußerten Sache 38
(1) Ausgangspunkt - Die Definition Goldschmidts 38
(2) Übergabe im Sinne des Art. 306 ADHGB (positive Begriffsbestimmung) 39
(a) Besitzübergabe 39
(b) Formen der Besitzübergabe, die im Rahmen des Art. 306 ADHGB Anwendung finden 40
(c) Festigung der Sichtweise Goldschmidts in der Literatur 41
(3) Keine Übergabe im Rahmen des Art. 306 ADHGB mittels constitutum possessorium (negative Begriffsbestimmung) 42

(4) Sonderprobleme im Zusammenhang mit der Übergabe im Sinne des Art. 306 ADHGB 46
(a) Versendung der Ware (Der Vorschlag von Hauser) 46
(b) Teleologische Auslegung, Einbeziehung der Traditionspapiere 46
ee) Redlichkeit des Erwerbers 47
(1) Grundlagen zur Konkretisierung des Begriffs 48
(2) Funktion der Voraussetzung: Subjektiver Tatbestand als Korrektiv 49
(3) Auch der negative gute Glaube 50
(4) Gegenstand des guten Glaubens 50
(5) Umfang des guten Glaubens 54
(6) Zeitpunkt des guten Glaubens 56
(7) Beweislast 57
ff) Kein Vorliegen der Ausnahme des Art. 306 IV ADHGB 58
(1) Auslegung des Art. 306 IV ADHGB 59
(2) Sonderproblem der Auslegung: Unterschlagene und veruntreute Sachen 63
(3) Konkretisierung des Art. 306 IV ADHGB 65

III. Fazit zu Art. 306 ADHGB 65

B. Der Erwerb vom Nichtberechtigten im ersten Entwurf des BGB 68

I. Regelung in letzter Minute 68

1) Zur Entstehung des BGB (historischer Hintergrund) 68

2) Entstehung der Regelungen über den Erwerb beweglicher Sachen vom Nichtberechtigten des ersten Entwurfs 69

a) Entwicklungen der Regelung 69
aa) Der Vorbeschluß 70
bb) Der Teilentwurf 71
cc) Der erste Entwurf des BGB 73
b) Die entscheidende Sitzung und die Gründe für die Regelung 75
aa) Die Begründung Johows für den Teilentwurf 75
bb) Die Begründung für das dem ersten Entwurf zugrunde liegende Grundprinzip 79

3) Fazit 80

II. Konkretisierung der Regelung 81

1) Ausführliche Vorgaben der Kommission 82

a) Rechtfertigung der Regelung 82
b) Voraussetzungen für den Eigentumserwerb 84
aa) Gegenstand: „Bewegliche Sache“ 84
bb) Ein in §874 EI bezeichneter Vertrag 84
cc) Übergabe im Sinne des redlichen Erwerbs 85
(1) Ausgangspunkt 85
(2) „Normalfall“ der Übergabe im Rahmen des §877 I EI 86
(3) Keine Ausnahme im Rahmen des Erwerbs vom Nichtberechtigten für den Fall des §874 II EI 86
(4) Ausnahme im Rahmen des Erwerbs vom Nichtberechtigten, Fall des §879 Satz 1, 1. Alt. EI („brevi manu traditio“) 87
(5) Ausnahme im Rahmen des Erwerbs vom Nichtberechtigten, Fall des §879 Satz 1, 2. Alt. EI (contitutum possessorium) 88
dd) Guter Glaube 89
(1) Ausgangspunkt 89
(2) Entscheidung für das Genügen der negativen Überzeugung 89
(3) Gegenstand des guten Glaubens (nur das Eigentum) 89
(4) Umfang des guten Glaubens 90
(5) Zeitpunkt des guten Glaubens 91
(6) Beweislast (Beweispflicht des Erwerbers (!)) 92
ee) Ausnahme von der Regelung, §879 Satz 2, 1. HS EI 92
(1) Ausnahme der §879 Satz 2, 1. HS EI 92
(a) Entstehung, Auslegung und Begründung 92
(b) Nähere Konkretisierung des Verlustes ohne Willen 93
(2) Regelung des §879 Satz 2, 2. HS EI 94
c) Lösungsanspruch, §939 EI 95
d) Bereicherungsanspruch, §880 EI 96
aa) Die Regelung des Bereicherungsanspruchs 96
bb) Problem: Unentgeltlicher Erwerb 97
e) Fazit 98

2) Reaktionen der Rechtswissenschaft 100

a) Ablehnung des Gutglaubenserwerbs im ersten Entwurf, Gegenmodelle 100

b) Kritik an einzelnen Elementen des Gutglaubenserwerbs im ersten Entwurf 106
aa) Ein in §874 EI bezeichneter Vertrag 106
bb) Übergabe im Sinne des redlichen Erwerbs 108
cc) Guter Glaube 112
dd) Ausnahme von der Regelung, § 879 Satz 2, 1. HS EI 113
ee) Lösungsanspruch, §939 EI 114
ff) Bereicherungsausgleich, §880 EI 116
gg) Problem: Unentgeltlicher Erwerb 116
hh) Ersitzung 117
c) Fazit 117

C. Der Erwerb vom Nichtberechtigten im 2. Entwurf des BGB 118

I. Zur Entstehung des BGB (historischer Hintergrund) 118

II. Die Weiterentwicklung der Regelungen über den Erwerb vom Nichtberechtigten des ersten Entwurfs, die Regelung des zweiten Entwurfs 119

1) Rechtfertigung 119

2) Voraussetzungen für den Eigentumserwerb 120

a) Übergabe 120
aa) Vorbemerkung 120
bb) brevi manu traditio 121
cc) constitutium possessorium 121
dd) Abtretung des Herausgabeanspruchs 121
(1) Abtretung des Herausgabeanspruchs bei Innehabung des mittelbaren Besitzes 121
(2) Abtretung des Herausgabeanspruchs, nur Besitz eines Dritten 122
ee) Fazit zur Übergabe 123
b) Guter Glaube 124
aa) Beweislast 124
bb) Zeitpunkt 125
c) Ausnahme bei „abhanden gekommenen“ Sachen 126
aa) Redaktionelle Änderungen 126
bb) Auswirkungen durch Einführung des Besitzdieners 126

3) Lösungsanspruch 127
4) Bereicherungsausgleich 128

D. Endgültiges Inkrafttreten **130**

2. Kapitel: Entwicklung nach Inkrafttreten **132**

A. Die Zeit nach dem Inkrafttreten und der Umgang mit den neuen Regelungen über den gutgläubigen Erwerb **132**

I. Rechtfertigung der Regelung 132

1) Historische Erklärungen 133

a) Germanische Grundlagen der Regelung 133
b) Einflüsse der römischen Ersitzung 135

2) Dogmatische Erklärungen 136

a) Verkehrsschutz 136
b) Legitimation des Besitzes 137
c) Guter Glaube als Rechtsgrund für den Erwerb 138
d) Gutgläubiger Mobiliarerwerb als Anwendungsfall der Rechtsscheinlehre 139
aa) Grundgedanken der Rechtsscheinlehre 139
bb) Vertrauen auf äußere Tatbestände 140
cc) Rechtsschein und „Veranlasserprinzip" 142
e) Die weitere Entwicklung 143

II. Voraussetzungen für den Eigentumserwerb 146

1) Übergabe im Sinne der §§932 ff. BGB 147

a) §932 I Satz 1, Normalfall der Übergabe 147
aa) Ausgangspunkt, Übergabe des unmittelbaren Besitzes 147
bb) Einschaltung von Mittelspersonen 148
(1) Übergabe durch Besitzmittler des Veräußerers bzw. an den Besitzmittler des Erwerbers 149
(2) Übergabe und Besitzdiener 149

(a) Einschaltung des Besitzdieners in den Übergabevorgang 149
(b) Besitzdiener übergibt Sache des Besitzherrn als eigene 150
(c) Sogenannter „Wechsel der Besitzbeziehung“ 150
(3) Verzicht auf jegliche Besitzbeziehung, sog. Geheißerwerb 151
b) Übergabesurrogate 152
aa) §933 BGB 152
(1) Ausschluß des Erwerbs mittels Besitzkonstitut 152
(2) Gutgläubiger Erwerb bei Übergabe 153
(a) Übergabe im Sinne der §933 BGB 153
(b) Besitzergreifung durch den Erwerber 155
bb) §934 BGB 156
(1) §934, 1. Alt. BGB 156
(a) Wertungswiderspruch zu §933 BGB 156
(b) Bestehen des Anspruchs 160
(2) §934, 2. Alt. BGB 161
(a) Besitzerlangung 161
(b) Bestehen des Anspruchs 161

2) Guter Glaube 162

a) Definition 162
b) Gegenstand des guten Glaubens 162
aa) Gegenstand nur das Eigentum 162
bb) Guter Glaube an das Eigentum des Zustimmenden 164
cc) Der erweiterte Gegenstand des guten Glaubens im Rahmen des §935 II BGB 164
c) Umfang des guten Glaubens 165
aa) Kenntnis und grobe Fahrlässigkeit 165
bb) Nachforschungspflicht 165
d) Zeitpunkt des guten Glaubens 167
e) Beweislast 169

3) Ausnahme von der Regelung, §935 I BGB 170

a) Ausnahme des §935 Abs. I BGB 170
aa) Herausbildung einer Definition 170
bb) Betonung des ausschlaggebenden Willens des unmittelbaren Besitzers 171
cc) Der Eigentümer ist weder unmittelbarer noch mittelbarer Besitzer 172

dd) Weggabe durch einen Besitzerdiener des Eigentümers 172
ee) Problem: Unterschlagene Sachen 173
b) Nähere Konkretisierung des Verlustes ohne Willen 175
aa) Aufgabe der Sache durch einen Geschäftsunfähigen 175
bb) Aufgabe der Sache durch einen beschränkt Geschäftsfähigen 175
cc) Aufgabe der Sache wegen Irrtum oder Täuschung 176
dd) Aufgabe der Sache wegen widerrechtlicher Drohung 177

III. Bereicherungsausgleich 177

IV. Fazit 178

B. Der gutgläubige Erwerb in der Zeit des Nationalsozialismus 180

I. Handhabung der §§932 - 935 BGB durch die Rechtswissenschaft in der Zeit des Nationalsozialismus 181

1) Rechtfertigung der Regelung 181

2) Voraussetzungen für den Eigentumserwerb 183

a) Guter Glaube 183
aa) Nachforschungspflicht 183
bb) Bedeutung des Kfz-Briefs im Rahmen des guten Glaubens 186
b) §935 BGB 188
c) entgeltlicher / unentgeltlicher Erwerb 190

3) Exkurs: Entscheidung des Reichsgerichts in Strafsachen; Entwicklung der sog. „Makeltheorie“ 190

4) Fazit 191

II. Reformvorschläge / Die Arbeiten an einem „Volksgesetzbuch“ 192

1) Reformeifer der Rechtswissenschaft, Kritik an den Regelungen des BGB und Reformvorschläge 193

a) Reformvorschläge zur rechtsgeschäftlichen Eigentumsübertragung und ihre Einflüsse auf den gutgläubigen Erwerb 193

aa) Reform der Eigentumsübertragung; Diskussion um die Konzepte 193
bb) Forderung nach Abschaffung des Abstraktionsprinzips und der Zusammenhang mit dem gutgläubigen Erwerb 195
(1) Forderung nach Abschaffung des Abstraktionsprinzips 195
(2) Das Abstraktionsprinzip und der gutgläubige Erwerb 196
b) Reformvorschläge zur Regelung des gutgläubigen Erwerbs 200
aa) Rechtfertigung des gutgläubigen Erwerbs 200
bb) Voraussetzungen für den Eigentumserwerb 202
(1) Gegenstand des gutgläubigen Erwerbs 202
(2) Übergabe 203
(3) Guter Glaube 203
(4) Ausnahme von dem Eigentumserwerb 203
cc) Lösungsrecht 205
dd) Unentgeltlicher Erwerb 206
ee) Ersitzung 207
c) Fazit 207

2) Die Arbeiten an einem „Volksgesetzbuch“ 208

a) Historischer Hintergrund 208

b) Verhandlungen in den Ausschüssen der „Akademie für Deutsches Recht“ 209
aa) Die gemeinsame Sitzung der Ausschüsse für Fahrnis- und Bodenrecht am 17. und 18. Oktober 1938 209
bb) Die Sitzung des Ausschusses für Fahrnisrecht in Bamberg am 25. und 26. Mai 1939 209
cc) Die Sitzung am 25. und 26. November 1940 211

III. Fazit 212

3. Kapitel: Erkenntnisse für die Anwendung der §§932 ff. BGB 215

A. Vorbemerkung 215

B. Scheitern der herrschenden „Rechtsscheinlehre“ und Verzicht auf eine dogmatische Begründung 216

I. Vorbemerkung 216

1) Der zentrale Gedanke der Rechtsscheinlehre 216

2) Erkenntnisse aus der Entwicklungsgeschichte 216

II. Scheitern der Rechtsscheinlehre als Begründung für die §§932 - 935 BGB 217

1) Unstimmigkeiten der „Rechtsscheinlehre" im Zusammenhang mit den gesetzlichen Regelungen 217

a) Der Rechtsschein ist kein Tatbestandsmerkmal 217
b) §935 BGB widerspricht dem Rechtscheinprinzip 218
c) Der Besitz ist kein geeigneter Rechtsscheinträger 219
aa) Vorbemerkung 219
bb) Mittelbarer Besitz 219
cc) Unmittelbarer Besitz 219

2) Versuch, am Prinzip der Rechtsscheinlehre festzuhalten; Korrekturversuche 221

a) Vorbemerkung 221
b) Bildung eines allgemeinen Rechtsscheintatbestandes 221
c) Erhebung des Rechtsschein zum Tatbestandsmerkmal 222
d) Korrektur durch erhöhte Abforderungen an den guten Glauben 222
e) Disposition über den Besitz 223
f) „Besitzverschaffungsmacht" als Rechtscheinträger 224
g) „Veranlassergedanke" (§935 BGB als zentrale Norm) 224

III. Fazit: Verzicht auf eine dogmatische Begründung, restriktive Auslegung des §§932 ff. BGB 226

C. Übergabe im Sinne des §932 I BGB, Verzicht auf einen gutgläubigen Geheißerwerb im Rahmen des §932 I BGB 227

I. Vorbemerkung 227

1) Der Geheißerwerb 227

2) Erkenntnisse aus der Entwicklungsgeschichte 228

II. Bedenken bezüglich des gutgläubigen Geheißerwerbs 230
Die Argumente der Befürworter:

1) Übergabebegriff des §932 BGB derselbe wie in §929 BGB 231

2) Rechtscheingrundlage ist die Besitzverschaffungsmacht 233

3) Verallgemeinerung des §934, 2. Alt. BGB 234

III. Fazit: Ablehnen des Geheißerwerbs 236

D. Guter Glaube als bewährte Voraussetzung, die herrschende Auslegung des Gegenstandes des guten Glaubens als weiteres Beispiel für das Versagen der Rechtsscheinlehre 237

E. Abhandenkommen im Sinne des §935 BGB, Problem der Erkennbarkeit des Besitzdieners 239

Zusammenfassung 240

Literaturverzeichnis:

Anners, Erik: Hand wahre Hand. Studien zur Geschichte der Germanischen Fahrnisverfolgung. Lund 1952.

Anschütz, Aug. / Völderndorff, Frhr. v.: Kommentar zum Allgemeinen Deutschen Handelsgesetzbuch mit Ausschluß des Seerechts. 3. Band. Viertes Buch. Von den Handelsgeschäften. Art. 271-432. Erlagen 1874.

Arnold: Buchbesprechung - „Eigentumserwerb und Austauschgeschäft. Der abstrakt dingliche Vertrag und das System des deutschen Umsatzrechts im Licht der Rechtswirklichkeit" von Hans Brandt; in: DGWR 1941, S. 114 ff.

Bähr, Otto: Gegenentwurf zu dem Entwurfe eines Bürgerlichen Gesetzbuches für das deutsche Reich. Kassel 1892.

Baur, Jürgen F. / Stürner, Rolf: Sachenrecht. 17. Auflage. München 1999.

Becker, E. J.: Die Geldpapiere; in: Jahrbuch des gemeinen deutschen Rechts, 1. Band, 1857, S. 361 ff.

Behrend: Gutachten über die Frage: Ob und unter welchen Voraussetzungen das constitutum possessorium mit den Wirkungen der Besitzübertragung für bewegliche Sachen auszustatten ist; in: Verhandlungen des 15. Deutschen Juristentages, 1. Band, Berlin 1880. S. 72 ff.

Bendix: Zur Auslegung des §935 Abs. 1 BGB; in: Seuff. Bl. 66 (1901), 373 ff.

Biermann, Johannes: Kommentar zum Bürgerlichen Gesetzbuche. Das Sachenrecht des Bürgerlichen Gesetzbuchs. 2. Auflage. Berlin 1903.

Binding, Karl: Lehrbuch des Gemeinen Deutschen Strafrechts. Besonderer Teil. Band 1, 2. Auflage, Leipzig 1902.

ders.: Die Ungerechtigkeit des Eigentums - Erwerbs vom Nicht - Eigentümer nach BGB §932 und §935 und ihre Reduktion auf das kleinstmögliche Maß. Kritische Betrachtung eines Kriminalisten. Leipzig 1908.

Binger, Adrian: Bemerkungen zu dem Entwurfe eines Bürgerlichen Gesetzbuchs für das Deutsche Reich; in Sächs. Arch., 1. Band, Leipzig 1891, S. 101 ff.

Boehmer, Gustav: Die Inkongruenz der rechtspolitischen Schutzgedanken in §933 und §934 BGB und ihre Lösung; in: Grundlagen der Bürgerlichen Rechtsordnung von Gustav Boehmer, 2. Buch, 2. Abteilung, Praxis der richterlichen Rechtsschöpfung. S. 28 ff. Tübingen 1952.

Bolze, Albert: Die Bestimmungen des Entwurfs eines bürgerlichen Gesetzbuchs für das deutsche Reich über die Steigerung des vindikatorischen Eigentumsanspruchs; in AcP 74 (1889), S. 97 ff.

Brandt, Hans: Eigentumserwerb und Austauschgeschäft. Der abstrakt dingliche Vertrag und das System des deutschen Umsatzrechts im Licht der Rechtswirklichkeit. Leipziger rechtswissenschaftliche Studien, Heft 120, Leipzig 1940.

ders.: Was folgt aus dem Ende der dinglichen Einigung?; in: DRW, Band 6 (1941) S. 67 ff.

Brettner: Streifzüge durch das Bürgerliche Recht. Zu §935; in: Das Recht. Band 4, 1900. S. 223 ff.

Canaris, Claus - Wilhelm: Die Vertrauenshaftung im Deutschen Privatrecht. Münchner Universitätsschriften, Band 16, München 1971.

Coing, Helmut: Älteres gemeines Recht (1500-1800). Europäisches Privatrecht. Band I. München 1985.

Cosack, Konrad: Das Sachenrecht mit Ausschluß des besonderen Rechts der unbeweglichen Sache im Entwurf eines Bürgerlichen Gesetzbuches für das Deutsche Reich. Beiträge zur Erläuterung und Beurteilung des Entwurfs eines Bürgerlichen Gesetzbuchs für das Deutsche Reich. 13. Heft. Berlin 1889.

ders.: Lehrbuch des Handelsrechts mit Einschluß des See- Wechsel- und Versicherungsrechts. 2. Auflage, Stuttgart 1893.

ders: Lehrbuch des Deutschen bürgerlichen Rechts auf Grundlage des bürgerlichen Gesetzbuchs. 2. Band: Das Sachenrecht. - Das Recht der Wertpapiere. - Das Gemeinschaftsrecht. - Das Familienrecht. - Das Erbrecht. 4. Auflage, Jena 1904.

Crome, Carl: System des Deutschen Bürgerlichen Rechts. 3. Band. Rechte an Sachen und an Rechten. Tübingen 1905.

Dernburg, Heinrich: Das Bürgerliche Recht des Deutschen Reichs und Preußens. 3. Band. Das Sachenrecht. 3. Auflage. Halle 1904.

Dölle, Hans: Anmerkung zu Urteil des Reichsgerichts vom 05. Februar 1932; in: JW 1932, 1212 ff.

ders.: Anmerkung zu Urteil des Reichsgerichts vom 15. Februar 1932; in: JW 1932, 3763 ff.

ders.: Buchbesprechung - „Vom alten zum neuen Schuldrecht" von Heinrich Lange; in: DJZ 1934, 1016 ff.

Eisenhardt, Ulrich: Deutsche Rechtsgeschichte. 3. Auflage. München 1999.

Endemann, Friedrich: Lehrbuch des Bürgerlichen Rechts. 6. Auflage. 2. Band. Sachenrecht - Familienrecht. Berlin 1900.

Endemann, Wilhelm (Hrsg.): Handbuch des Deutschen Handels-, See- und Wechselrechts. 2. Band, Leipzig 1882.

ders.: Das Deutsche Handelsrecht. 2. Auflage, Heidelberg 1868.

Engstfeld, Jörn: Der Erwerb vom Nichtberechtigten. Die rechtsgeschichtliche Entwicklung, insbesondere im 19. und 20. Jahrhundert. Diss. Marburg 2002.

Ercklentz, Wilhelm - Heinrich: Der Erwerb vom Nichtberechtigten. Eine Schöpfung des germanischen Rechts. Seine Entwicklung und seine Rechtsnatur im Falle des §932 BGB. Diss. Würzburg 1935.

Ernst, Wolfgang: Ist der gutgläubige Mobiliarerwerb eine Rechtsscheinwirkung?; in: Festschrift für Joachim Gernhuber zum 70. Geburtstag. Herausgegeben von Hermann Lange, Knut Wolfgang Nörr, Harm Peter Westermann. S. 95 ff. Tübingen 1993.

Finkenauer, Thomas: Eigentum und Zeitablauf - das dominium sine re im Grundstücksrecht. Zuglaich ein Beitrag zur Entstehungsgeschichte des BGB. Diss. Berlin 2000.

Fischer, Otto: Sein und Schein im Rechtsleben. Rede bei der Übernahme des Rektorats der Universität Breslau am 15. Oktober 1909 gehalten von Professor Otto Fischer; in: Internationale Wochenschrift für Wissenschaft, Kunst und Technik 1909, Spalte 1437 ff.

Fischer, Rud.: Sicherungsmaßnahmen; in: Archiv für das Revisions- und Treuhandwesen, 27. Jahrgang, 1931, S. 216 ff.

Fitting: Von der „Uebergabe“ im Sinne des Art. 306 des HGB; in: ZHR 18 (1873), 333 ff.

Franke, W. Ch.: Der Erwerber und sein guter Glaube nach dem BGB; in: Seuff. Bl. 71 (1906), S. 645 ff.

ders.: Für die §§ 932 und 935 gegen Binding; in: Seuff. Bl. 73 (1908), S. 895 f.

Franken, Alex.: Gutachten über die Frage: Was ist im deutschen Civilgesetzbuch über die Vindikation beweglicher Sachen im Verhältnis zum redlichen Erwerb zu bestimmen?; in: Verhandlungen des 15. Deutschen Juristentages. 1. Band, Berlin 1880. S. 13 ff. und 131 ff.

Fressel, Hans Friedrich: Der Begriff des Abhandenkommens in B.G.B. §935. Diss. Göttingen 1911.

Frotz, Gerhard: Gutgläubiger Mobiliarerwerb und Rechtsscheinprinzip; in: Wissenschaftspraxis und Rechtswissenschaft. FS für Walther Kastner. Zum 70. Geburtstag. Herausgegeben von Edwin Loebenstein, Johann Mayer, Gerhard Frotz und Peter Doralt. Wien 1972.

Fuld: Zum Mobiliarerwerb nach bürgerlichem und Handelsrecht; in: AcP 89 (1899), S. 402 ff.

Gernhuber, Joachim: Bürgerliches Recht. Ein systematisches Repetitorium für Fortgeschrittene. 3. Auflage. München 1991.

Giehl, Friedrich: Der gutgläubige Mobiliarerwerb - Dogmatik und Rechtswirklichkeit; in: AcP 161 (1962), S. 357 ff.

Gierke, Otto: Der Entwurf eines bürgerlichen Gesetzbuchs und das deutsche Recht. Veränderte und vermehrte Ausgabe der in Schmollers Jahrbuch für Gesetzgebung, Verwaltung und Volkswirtschaft erschienenen Abhandlung. Leipzig 1889.

ders.: Die Bedeutung des Fahrnisbesitzes für streitiges Recht nach dem Bürgerlichen Gesetzbuch für das deutsche Reich. Jena 1897.

ders.: Deutsches Privatrecht. 2. Band, Sachenrecht, Leipzig 1905.

Göhlert, Torsten: Der Erwerb unterschlagener bzw. gestohlener Sachen vom Nichtberechtigten. Untersuchungen zum römischen Recht, den Volksrechten der Westgoten, Franken und Bayern sowie der Entstehungsgeschichte von § 935 BGB. Diss. Berlin 2007.

Goldschmidt, Levin: Über den Erwerb dinglicher Rechte von dem Nichteigentümer und die Beschränkung der dinglichen Rechtsverfolgung, insbesondere nach handelsrechtlichen Grundsätzen; in: ZHR 8 (1865), 225 ff.; ZHR 9 (1866), 1 ff.

ders.: Handbuch des Handelsrechts. 1. Band, 2. Abteilung, Erlangen 1868.

Gülde: Anmerkungen zu dem Urteil des OLG Stuttgart vom 23. September 1937; in: JW 1937, 3108 f.

Gursky, Karl-Heinz: Sachenrecht. Fälle und Lösungen nach höchstrichterlicher Rechtsprechung. 9. Auflage. Heidelberg 1996.

Haag, Claus Peter: Der gutgläubige Zweiterwerb im Sachenrecht. Diss. Berlin 2005.

Hachenburg, Max: Das Bürgerliche Gesetzbuch für das Deutsche Reich. Vorträge gehalten in den Jahren 1896 / 97. 2. Auflage. Mannheim 1900.

Hager, Johannes: Verkehrsschutz durch redlichen Erwerb. München 1990.

ders.: Streckengeschäft und redlicher Erwerb. Eine Besprechung der Entscheidung des BGH vom 8. Dezember 1992, ZIP 1993, 98; in: ZIP 1993, S. 1446 ff.

Hahn, Friedrich von: Kommentar zum allgemeinen Deutschen Handelsgesetzbuch. 1. Band , Braunschweig 1863. 2. Band, Braunschweig 1866. 2. Band, 2. Auflage, Braunschweig 1883 (zitiert: Hahn, Kommentar zum ADHGB, Band, Auflage).

Hattenhauer, Hans: Die Akademie für Deutsches Recht (1933-1944); in: JuS 1986, 680 ff.

Hauser: Die Entstehung und Erlöschung dinglicher Rechte an beweglichen Sachen in Folge redlichen Erwerbs nach Art. 306 des Allgemeinen Deutschen Handelsgesetzbuches; in: Archiv für deutsches Wechselrecht und Handelsrecht 16 (1867) S. 256 ff.

Heck, Philipp: Grundriß des Sachenrechts. Tübingen 1930.

ders.: Das abstrakt dingliche Rechtsgeschäft. Tübingen 1937.

Heilfron, Ed.: Lehrbuch des Bürgerlichen Rechts auf der Grundlage des Bürgerlichen Gesetzbuchs. III. Abteilung: Sachenrecht. Berlin 1900.

Hinz, Werner: Die Entwicklung des gutgläubigen Fahrniserwerbs in der Epoche des usus modernus und des Naturrechts. Hamburger Rechtsstudien, Heft 80. Berlin 1991.

Hübner, Heinz: Der Rechtsverlust im Mobiliarsachenrecht. Ein Beitrag zur Begründung und Begrenzung des sachenrechtlichen Vertrauensschutzes - dargestellt an der Regelung nach §§932 ff. BGB. Erlangen 1955.

Hübner, Rudolf: Grundzüge des Deutschen Privatrechts. 5. Auflage, Leipzig 1930.

Imbusch, Birgit: Der gutgläubige rechtsgeschäftliche Erwerb gestohlener Sachen im deutschen Recht. Diss. Münster 1999.

Jakobs, Horst Heinrich / Schubert, Werner (Hrsg.): Recht der Schuldverhältnisse III. §§652 bis 853; in: Die Beratungen des Bürgerlichen Gesetzbuchs in systematischer Zusammenstellung der unveröffentlichten Quellen. Berlin, New York 1983 (zitiert: Jakobs / Schubert, Die Beratung).

Jakobs, Horst Heinrich / Schubert, Werner (Hrsg.) Sachenrecht I. §§854 - 1017; in: Die Beratung des Bürgerlichen Gesetzbuchs in systematischer Zusammenstellung der unveröffentlichen Quellen. Berlin, New York 1985 (zitiert: Jakobs / Schubert, Die Beratung).

Jauernik, Wilhelm: Zur Reform der Fahrnisübertragung; in: JW 1934 I S. 806 ff.

Johow, Reinhold: Entwurf eines bürgerlichen Gesetzbuchs für das Deutsche Reich. ..... Buch. Sachenrecht. Vorlage des Redaktors. Berlin 1880; auch abgedruckt bei: Schubert, Werner (Hrsg.). Die Vorlagen der Redaktoren für die erste Kommission zur Ausarbeitung des Entwurfs eines Bürgerlichen Gesetzbuchs. Sachenrecht. Teil 1. Allgemeine Bestimmungen, Besitz und Eigentum. Berlin, New York 1982.

ders.: Entwurf eines bürgerlichen Gesetzbuchs für das deutsche Reich. ..... Buch. Sachenrecht. Begründung. Vorlage des Redaktors. Zweiter Band. Berlin 1880 (zitiert: Johow, Begründung); auch abgedruckt bei: Schubert, Werner (Hrsg.): Die Vorlagen der Redaktoren für die erste Kommission zur Ausarbeitung des Entwurfs eines Bürgerlichen Gesetzbuchs. Sachenrecht. Teil 1. Allgemeine Bestimmungen, Besitz und Eigentum. Berlin, New York 1982.

Kindel, Wilhelm: Das Recht an der Sache. Kritische Bemerkungen zum dritten Buche des Entwurfs eines bürgerlichen Gesetzbuches für das Deutsche Reich. Breslau 1889.

Kindl; Johann: Gutgläubiger Mobiliarerwerb und Erlangung mittelbaren Besitzes; in: AcP 201 (2001), S. 391 ff.

Koban, Anton: Zwei Fragen aus dem Bürgerlichen Rechte. I. Kompensationsnexus. II. „Haben auf eigene Gefahr" als Grund des Eigentumserwerbes vom Scheinberechtigten. Innsbruck 1909.

Koch, C.F.: Allgemeines deutsches Handelsgesetzbuch herausgegeben mit Kommentar in Anmerkungen. 2. Auflage, Berlin 1868.

Kohler, Josef: Lehrbuch des Bürgerlichen Rechts. 2. Band: Vermögensrecht, 2. Teil: Sachenrecht. Berlin 1919.

Kolb, Franz-Josef: Geheißerwerb - eine Positionsbestimmung im Spannungsverhältnis zwischen Traditionsprinzip und Verkehrsbedürfnis. Diss. Mainz 1996.

Krause, Hermann: Das Einigungsprinzip und die Neugestaltung des Sachenrechts; in: AcP 145 (1939), S. 312 ff.

Kretzschmar, Ferdinand: Das Sachenrecht des Bürgerlichen Gesetzbuchs. Leipzig 1906.

Kunkel, Wolfgang: Der Besitz im künftigen Recht; in: Jahrbuch der Akademie für Deutsches Recht. 1937. S. 32 ff.

Lange, Heinrich: Abstraktes oder kausales dingliches Geschäft; in: DR 1935, S. 485 ff.

ders.: Rechtsgrundabhängigkeit der Verfügung im Boden und Fahrnisrecht; in: AcP 146 (1941), S. 28 ff.

ders.: Boden, Ware und Geld. Band I. Grundfragen. 2. Auflage, Tübingen 1942.

ders.: Boden, Ware und Geld. Band III. Ware und Geld. 2. Auflage, Tübingen 1943.

ders.: Rechtswirklichkeit und Abstraktion. Zu Hans Brandt: Eigentumserwerb und Austauschgeschäft; in: AcP 148 (1943), S. 188 ff.

Larenz, Karl: Rechtsperson und subjektives Recht. Zur Wandlung der Rechtsgrundbegriffe; in: Grundfragen der neuen Rechtswissenschaft. Herausgegeben von Karl Larenz. S. 225 ff. Berlin 1935.

ders.: Die Wandlung des Vertragsbegriffs; in: DR 1935, S. 488 ff.

ders.: Buchbesprechung - „Eigentumserwerb durch Austauschgeschäft. Der Abstrakt dingliche Vertrag und das System des deutschen Umsatzrechts im Licht der Rechtswirklichkeit“ von Hans Brandt; in: DR 1940, S. 1264 ff.

Leonhard: Gutachten über die Frage: Ob und unter welchen Voraussetzungen das constitutum possessorium mit der Wirkung der Besitzübertragung für bewegliche Sachen auszustatten ist; in: Verhandlungen des 15. Deutschen Juristentages. 1. Band, Berlin 1880. S. 91 ff.

Leske, Franz: Vergleichende Darstellung des Bürgerlichen Gesetzbuchs für das Deutsche Reich und des Preußischen Allgemeinen Landrechts. Erste Hälfte: Allgemeiner Teil, Recht der Schuldverhältnisse, Sachenrecht. 1. und 2. Auflage, Berlin 1900.

Leuchner, Lars: Verkehrsinteresse und Verfassungsrecht. Zur Bedeutung von Allgemeinwohl-interessen bei der verfassungsrechtlichen Rechtfertigung privatrechtlicher Regelungen am Beispiel der Rechtsscheinlehre. Diss. Berlin 2005.

Levy, Julius: Die Voraussetzungen des gutgläubigen Fahrniserwerbs nach §932-936 des Bürgerlichen Gesetzbuchs und §§ 366, 367 des Handelsgesetzbuchs. Diss. Freiburg im Breisgau 1903.

Liebe, Viktor Friedrich von: Sachenrechtliche Erörterungen zu dem Entwurfe eines bürgerlichen Gesetzbuches für das deutsche Reich. Leipzig, 1891.

Locher, Eugen: Die Neugestaltung des Liegenschaftsrechtes. Im Auftrag des Ausschusses für Bodenrecht der Akademie für deutsches Recht. Berlin, Leipzig, Wien 1942.

Lübtow, Ulrich von: Hand wahre Hand. Historische Entwicklung, Kritik und Reformvorschläge; in: Festschrift der Juristischen Fakultät der freien Universität Berlin zum 41. Deutschen Juristentag in Berlin. S. 119 ff. Berlin, Frankfurt am Main 1955.

Lux, Karl: Die Entwicklung des Gutglaubensschutzes im 19. und 20. Jahrhundert mit besonderer Berücksichtigung des Wechselrechts. ZHR - Beiheft 16 (1939), S. 1 ff.

Maenner, Karl: Das Sachenrecht nach dem Bürgerlichen Gesetzbuche und der Grundbuchordnung für das Deutsche Reich. 2. Auflage. München 1906.

Martinek, Michael: Traditionsprinizp und Geheißerwerb; in: AcP 188 (1988), S. 573 ff.

Matthias, Bernhard: Lehrbuch des Bürgerlichen Rechts. 2. Band: Das Sachenrecht, das Persönlichkeits- und Immaterialgüterrecht, das Familienrecht und das Erbrecht. Berlin 1899.

Makover, H.: Das allgemeine Deutsche Handelsgesetzbuch. Kommentar. 7. Auflage, Berlin 1877.

Mayer, H.: Anmerkung zu Urteil des Landgerichtes Stendal vom 15.12.1900; in: Das Recht, Band 5, 1901, S. 20 f.

Meischeider, Emil: Die alten Streitfrage gegenüber dem Entwurfe eines Bürgerlichen Gesetzbuches für das deutsche Reich. Berlin und Leipzig, 1889.

Meister, Eckard: Fahrnisverfolgung und Unterschlagung im deutschen Recht; in: FS für Adolf Wach, 3. Band, Leipzig 1913, S. 403 ff.

Menger, Anton: Das Bürgerliche Recht und die Besitzlosen Volksklassen. 2. Auflage, Tübingen 1890. 4. Auflage, Tübingen 1908.

Meyer, Herbert: Das Publizitätsprinzip im Deutschen Bürgerlichen Recht. München 1909.

Motive zu dem Entwurfe eines Bürgerlichen Gestzbuches für das Deutsche Reich. Band III. Sachenrecht. 2. Auflage. Berlin 1896 (zitiert: Motive III); auch abgedruckt bei: Mugdan, Benno (Hrsg.): Die gesamten Materialien zum Bürgerlichen Gesetzbuch für das Deutsche Reich. 3. Band. Sachenrecht. Berlin 1899.

Müller, Wulf: Heimlicher Gutglaubenserwerb; in: AcP 137 (1933), S. 86 ff.

Müller-Erzbach, Rudolf: Das Recht des Besitzes aus der vom Gesetz vorausgesetzten Interessen- und Herrschaftslage entwickelt; in: AcP 142 (1936), S. 5 ff.

Münchner Kommentar zum Bürgerlichen Gesetzbuch. Band 6. Sachenrecht (§§854-1296). 4. Auflage. München 2004 (zitiert: MK / Bearbeiter)

Musielak, Hans - Joachim: Eigentumserwerb an beweglichen Sachen nach §§ 932 ff. BGB; in: JuS 1992, S. 713 ff.

Neumann, Carl: Literatur zum Entwurfe eines bürgerlichen Gesetzbuchs für das Deutsche Reich (Fortsetzung); in: Gruchot, Band 33, (1889), S. 686 ff.

Nipperdey, Hans Carl: Das System des Bürgerlichen Rechts; in: Zur Erneuerung des bürgerlichen Rechts. München und Berlin 1938. S. 95 ff.

Oertmann, Paul: Vertrauensschutz beim Eigentumserwerb; in: Recht und Handel 1926, S. 315 ff.

Ogris, Norbert: Guter Glaube an die Vertretungsmacht - Eine dogmengeschichtliche Untersuchung zu Art. 366 Abs. 1 HGB. Diss. Bochum 1987.

Ogris, W.: Artikel „Fahrnis, Fahrhabe". HRG Band I, Spalte 1049 ff.

Olzen, Dirk: Zur Geschichte des gutgläubigen Erwerbs; in: Jura 1990, S. 505 ff.

Palandt, Otto (Hrsg.): Bürgerliches Gesetzbuch. Kommentar. 66. Auflage. München 2007 (zitiert: Palandt).

Papendieck, Julius: Der Eigentumserwerb durch Übergabe seitens eines Nichteigentümers, nach den Bestimmungen des gemeinen Rechts und des deutschen Handelsgesetzbuchs. Diss. Erlangen 1897.

Picker, Eduad: Mittelbarer Besitz, Nebenbesitz und Eigentumsvermutung in ihrer Bedeutung für den Geheißerwerb - zur Korrektur und Harmonisierung der §§933, 934 und 1006 BGB; in: AcP 188 (1988), S. 511 ff.

Planck, Gottlieb (Hrsg.): Kommentar zum Bürgerlichen Gesetzbuch nebst Einführungsgesetz. 3. Band, Sachenrecht. 1. und 2. Auflage. Berlin 1902. (zitiert: Planck / Bearbeiter, 1./2. Auflage (1902)); 3. Band, Sachenrecht. 5.

Auflage. Berlin und Leipzig 1933. (zitiert: Planck / Bearbeiter, 5. Auflage (1933)).

Protokolle der Kommission für die zweite Lesung des Entwurfs des Bürgerlichen Gesetzbuchs. Im Auftrage des Reichsjustizamts bearbeitet von Achilles, Gebhard, Spahn. Band III. Sachenrecht. Berlin 1899 (zitiert: Protokolle der Kommission für die zweite Lesung, III).

Protokolle der Kommission für die zweite Lesung des Entwurfs des Bürgerlichen Gesetzbuchs. Im Auftrage des Reichsjusitzamts bearbeitet von Achilles, Gebhard, Spahn. Band IV. Familienrecht. Berlin 1897 (zitiert: Protokolle der Kommission für die zweite Lesung, IV).

Protokolle der Kommission für die zweite Lesung des Entwurfs des Bürgerlichen Gesetzbuchs. Im Auftrage der Reichsjustizamts bearbeitet von Achilles, Gebhard, Spahn. Band V. Erbrecht. Berlin 1899 (zitiert: Protokolle der Kommission für die zweite Lesung, V).

Protokolle der Kommission für die zweite Lesung des Entwurfs des Bürgerlichen Gesetzbuchs. Im Auftrage des Reichsjustizamts bearbeitet von Achilles, Gebhard, Spahn. Band VI. Anwendung ausländischer Gesetze - Entwurf II des Bürgerlichen Gesetzbuchs; Revision - Entwurf des Einführungsgesetz - Entwurf eines Gesetzes, betr. Aenderungen des Gerichtsverfassungsgesetzes etc.. Berlin 1899 (zitiert: Protokolle der Kommission für die zweite Lesung, VI).

Puchelt, Ernst Sigismund (Hrsg.): Kommentar zum Allgemeinen Deutschen Handelsgesetzbuch. Mit besonderer Berücksichtigung des Reichsgerichts und des vormaligen Reichsoberlandesgerichts. 2. Band, 4. Auflage, Leipzig 1894.

Randa, Anton: Eigentumsrecht mit besonderer Rücksicht auf die Wertpapiere des Handelsrechts nach österreichischem Rechte mit Berücksichtigung des gemeinen Rechtes und der neueren Gesetzbücher. Erste Hälfte. 2. Auflage. Leipzig 1893.

Reichel, Hans: Gutgläubigkeit bei Fahrniserwerb; in: GrünhutsZ 42 (1916), S. 173 ff.

Rebe, Bernd: Zur Ausgleichsfunktion von §935 BGB zwischen Vertrauensschutz und Eigentümerinteressen beim gutgläubigen Mobiliarerwerb; in: AcP 173 (1973), S. 186 ff.

Regelsberger: Der sogenannte Rechtserwerb vom Nichtberechtigten; in: Jher-Jahrb 47 (1904), S. 338 ff.

RGRK. Das bürgerliche Gesetzbuch mit besonderer Berücksichtigung der Rechtsprechung des Reichsgerichts. 2. Band: Sachenrecht. 5. Auflage. Berlin und Leipzig 1923; III. Band Sachenrecht. 8. Auflage. Berlin und Leipzig 1934 (zitiert: RGRK / Bearbeiter, Auflage (Erscheinungsjahr)).

Rießer, I.: Der Einfluß handelsrechtlicher Ideen auf den Entwurf eines bürgerlichen Gesetzbuchs für das deutsche Reich. Stuttgart, 1894.

Rieß, J. R.: Zum Sachenrecht des Entwurfs. 3. Buch. 4. Abschnitt. Titel III und IV; in: Gutachten aus dem Anwaltstande über die erste Lesung des Entwurfs eines Bürgerlichen Gesetzbuchs herausgegeben im Auftrag des Deutschen Anwalts-Vereins, Berlin 1890. S. 631 ff.

Rocholl, Carl: Der dingliche Vertrag. Erste Abhandlung; in: Rechtsfälle aus der Praxis des Reichsgerichts. 2. Band, 3. Heft, Breslau 1890. S. 441 ff.

Romeick: Zur Technik des Bürgerlichen Gesetzbuchs. Heft III: Rechtsnachfolge. Stuttgart 1904.

Rüthers, Bernd: Die unbegrenzte Auslegung. Zum Wandel der Privatrechtsordnung im Nationalsozialismus. 4. Auflage. Heidelberg. 1991.

Schantz, Arno: Mißtrauensschutz? Zur Rechtsprechung des Reichsgerichts über Eigentumsvorbehalt und gutgläubigen Dritterwerb; in: AcP 142 (1936) S. 67 ff.

Schmelzeisen, G. K.: Die Relativität des Besitzbegriffs; in: AcP 136 (1932), S. 129 ff.

Schubert, Werner: Die Entstehung der Vorschriften des BGB über Besitz und Eigentumsübertragung. Ein Beitrag zur Entstehungsgeschichte des BGB. Diss. Berlin 1966.

ders. (Hrsg.): Protokolle der Commission zur Beratung eines allgemeinen deutschen Handelsgesetz-Buches. Band 2. Frankfurt/Main 1984 (zitiert: Schubert, Protokolle der Kommission zum ADHGB).

ders. (Hrsg.): Protokolle der Commission zur Beratung eines allgemeinen deutschen Handelsgesetz-Buches. Band 3. Frankfurt/Main 1984 (zitiert: Schubert, Protokolle der Kommission zum ADHGB).

ders. (Hrsg.): Protokolle der Commission zur Beratung eines allgemeinen deutschen Handelsgesetz-Buches. Band 9. Frankfurt/Main 1984 (zitiert: Schubert, Protokolle der Kommission zum ADHGB).

ders. (Hrsg.): Protokolle der Commission zur Beratung eines allgemeinen deutschen Handelsgesetz-Buches. Band 10. Frankfurt/Main 1984 (zitiert: Schubert, Protokolle der Kommission zum ADHGB/Beilagen-Band).

ders.: Quellen und Entstehung eines Allgemeinen Deutschen Handelsgesetzbuches; in: Schubert, Werner (Hrsg.). Protokolle der Commission zur Beratung eines allgemeinen deutschen Handelsgesetz-Buches. Band 1. Frankfurt/Main 1984 (zitiert: Schubert, Einleitung ADHGB).

ders.: Windscheids Briefe an Planck und seine für Planck bestimmten Stellungnahmen zum Schuldrechtssystem und zum Besitzrecht der 1. BGB-Kommission; in: SZ (rom. Abt.) 95 (1978), S. 283 ff.

ders. (Hrsg.): Akademie für Deutsches Recht. 1933 - 1945. Protokolle der Ausschüsse. Band III, 6.. Ausschüsse für Fahrnis- und Besitzrecht und gemeinsame Sitzungen mit dem Ausschuß für Bodenrecht (1937 -1943). Herausgegeben und mit einer Einleitung versehen von Werner Schubert. Berlin, New York 1994 (zitiert: Schubert, Akademie für Deutsches Recht)

Schultze, Alfred: Publizität und Gewährschaft im deutschen Fahrnisrecht. Eine akademische Antrittsrede; in: JherJahrb 49 (1905), S. 158 ff.

Selter, Wolfgang: Die Entstehung und Entwicklung des Rechtsscheinsprinzip im deutschen Zivilrecht. Diss. Hamburg 2006.

Siegmann: Die Einführung des Deutschen Handelsgesetzbuchs im Königreich Sachsen; in: ZHR 6 (1863), S. 76 ff.

Simeon, Pierre / David, Albert: Lehrbuch des Bürgerlichen Rechtes. 2. Hälfte: Sachenrecht, Familienrecht und Erbrecht. 8. und 9. Auflage, Berlin 1920.

Söllner, Alfred: Der Erwerb vom Nichtberechtigten in romanistischer Sicht; in: Europäisches Rechtsdenken in Geschichte und Gegenwart. Festschrift für Helmut Coing zum 70. Geburtstag. Band 1. Herausgegeben von Norbert Horn in Verbindung mit Klaus Luig und Alfred Söllner. S. 363 ff. München 1982.

Sohm, Rudolph: Der Gegenstand. Ein Grundbegriff des Bürgerlichen Gesetzbuches. Leipzig 1905.

Sonntag, Barbara: Gutgläubiger Erwerb von Lagergütern nach §934, 2. HS BGB. Diss. Marburg 2003.

Staub, Hermann: Kommentar zum Allgemeinen Deutschen Handelsgesetzbuch (ohne Seerecht). 3. und 4. Auflage. Berlin 1896. (zitiert: Staub, 3./4. Auflage (1896).

ders.: Kommentar zum Handelsgesetzbuch. 6. und 7. Auflage. Zweiter Band, enthaltend Buch 3 (Handelsgeschäfte; §§343-473). Berlin 1900 (zitiert: Staub, 6./7. Auflage (1900)).

Staub`s Kommentar zum Handelsgesetzbuch: 3. Band (§§343-375), 14. Auflage. Berlin und Leipzig 1933 (zitiert: Staub / Bearbeiter, 14. Auflage (Erscheinungsjahr))

Staudinger, Julius von (Hrsg.): Kommentar zum Bürgerlichen Gesetzbuch und dem Einführungsgesetze. 3. Band: Sachenrecht, 5. / 6. Auflage, München und Berlin 1910; Drittes Buch: Sachenrecht. §§925-984 ff: Sonderformen der Übereignung. 14. Bearbeitung. Berlin 2004 (zitiert: Staudinger / Bearbeiter, Auflage (Erscheinungsjahr)).

Stintzing, Wolfgang: Die Übertragung beweglicher Sachen nach deutschem Bürgerlichen Recht mit Heranziehung des gemeinen und römischen Rechts. Leipzig 1911.

Stoll, Heinrich: Die nationale Revolution und das bürgerliche Recht; in: DJZ 19 (1933), S. 1229 ff.

Stolleis, M.: Artikel „Nationalsozialistisches Recht". HRG Band III, Spalte 873 ff.

Stricker, Albert: Die abhanden gekommene Sache. Diss. Hamburg 1934.

Thöl, Heinrich: Das Handelsrecht. 1. Band, 4. Auflage, Göttingen 1962; 1. Band: 2. Abteilung, Enthaltend: Die Ware. Die Handelsgeschäfte. 5. Auflage, Leipzig 1876.

Thorn, Karsten: Der Mobiliarerwerb vom Nichtberechtigten. Diss. Baden-Baden 1996.

Tiedke, Klaus: Erwerb beweglicher Sachen und unbeweglicher Sachen kraft guten Glaubens; in Jura 1983, S. 460 ff.

Troje, H. E.: Artikel „Guter Glaube". HRG Band I, Spalte 1866 ff.

Unruh, F. O. von: Erweiterte Bedeutung des Kraftfahrzeugbriefs beim Erwerb von Kraftfahrzeugen; in: JW 1938, 707 ff.

Valentin, Richard: Das Prinzip des Gutglaubensschutzes und seine Abwandlungen. Diss. München 1968.

Verhandlungen des fünfzehnten Deutschen Juristentages. Erster Band (Gutachten). Berlin 1880; Zweiter Band (Stenographische Berichte). Berlin 1881.

Wacke, Andreas: Das Besitzkonstitut als Übergabesurrogat in Rechtsgeschichte und Rechtsdogmatisch. Ursprung, Entwicklung und Grenzen des Traditionsprinzips im Mobiliarsachenrecht. Neue Kölner Rechtswissenschaftliche Abhandlungen, Heft 77, Köln 1974.

Wadle, Elmar: Die Übergabe auf Geheiß und der rechtsgeschäftliche Erwerb des Mobiliareigentums; in: JZ 1974, S. 689 ff.

Weber, Ralph: Gutgläubiger Erwerb des Eigentums an beweglichen Sachen gemäß §§932 ff. BGB; in: JuS 1999, S. 1 ff.

Wellspacher, Moriz: Das Vertrauen auf äußere Tatbestände im bürgerlichen Rechte. Wien 1906.

Wendt, Otto: Erwerb von einem Nichtberechtigten (BGB §§932 - 936); in: AcP 89 (1899), S. 1 ff.

Westermann, Harry: Die Grundlagen des Gutglaubensschutzes; in: JuS 1963, S. 1 ff.

Wieacker, Franz: Buchbesprechung - „Zur Reform der Eigentumsübertragung. Die Bedeutung der Übergabe des selbständigen dinglichen Vertrages für die Mobiliarveräußerung" von Hermann Nolte; in: DR 1934, S. 1934 f

ders.: Wandlungen der Eigentumsverfassung. Hamburg 1935.

ders.: Buchbesprechung - „Wandlungen des Eigentumsbegriffs in der deutschen Rechtsauffassung und Gesetzgebung" von H. Eichler; in: Z Ak DR 1938, S. 751.

ders.: Buchbesprechung - „Eigentumserwerb und Austauschgeschäft. Der Abstrakt dingliche Vertrag und das System des Deutschen Umsatzrechts im Licht der Rechtswirklichkeit" von Hans Brand; in: DRW, Band 6 (1941), S. 159 ff.

Wiegand; Wolfgang: Der gutgläubige Erwerb beweglicher Sachen nach §§932 ff. BGB; in: JuS 1974, S. 201 ff.

Wieling, Hans: Sachenrecht. Band I. Sachen, Besitz und Rechte an beweglichen Sachen. Berlin, Heidelberg, New York, London, Paris, Tokyo, Hong Kong, 1990.

ders.: Das Abstraktionsprinzip für Europa!; in: ZEuP 2001, S. 301 ff.

Wilburg, Walter: Zum Problem des Gutgläubigen Erwerbes; in: Festschrift für Hermann Baltl zum 60. Geburtstag. Herausgegeben von Kurt Ebert. S. 557 ff. Innsbruck 1978.

Windscheid, Bernhard: Lehrbuch des Pandektenrechts. 1. Band. 4. Auflage. Düsseldorf 1875.

Windscheid, Bernhard / Kipp, Theodor: Lehrbuch des Pandektenrechts. Unter vergleichender Darstellung des deutschen Bürgerlichen Rechts bearbeitet von Theodor Kipp. Band 1. 8. Auflage. Frakfurt am Main 1900. (zietiert: Windscheid / Kipp)

Witt, Carl-Heinz: Die Rechtsfigur des Besitzdieners im Widerstreit zwischen Bestands- und Verkehrsschutz; in: AcP 201 (2001) S. 165 ff.

Wolff: Vindikation, Amortisation und Außerkurssetzung von Papieren, au porteur, sowie überhaupt von negociabeln Handelspapieren mit besonderer Berücksichtugung der Art. 305 bis 308 des Allgemeinen Deutschen Handelsgesetzbuchs; in: ZHR 7 (1864), S. 41 ff.

Wolff, Martin: Lehrbuch des Bürgerlichen Rechts. 2. Band, erste Abteilung. Das Sachenrecht. 3. Bearbeitung. Marburg 1919; 3. Band: Das Sachenrecht. 8. Bearbeitung, Marburg 1929; 3. Band: Das Sachenrecht. 9. Bearbeitung. Marburg 1932.

Wolff, Martin / Raiser, Ludwig: Sachenrecht. Ein Lehrbuch. 10. Bearbeitung. Tübingen 1957 (zitiert: Wolff / Raiser)

Zweigert, Konrad: Rechtsvergleichend - Kritisches zum Gutgläubigen Mobiliarerwerb; in: RabelsZ 23 (1958), S. 1 ff.

Entscheidungssammlungen:

Archiv der Entscheidungen der obersten Gerichte in den Deutschen Staaten. Herausgegeben von J. A. Seuffert. München 1847 ff. (zitiert: Seuff. Arch.).

Die Praxis des Reichsgerichts in Civilsachen. Bearbeitet von A. Bolze, Reichsgerichtsrat. Leipzig 1886 ff.

Entscheidungen des Bundesgerichtshof in Zivilsachen. Herausgegeben von den Mitgliedern des Bundesgerichtshof und der Bundesanwaltschaft. Detmold, Köln, München, Berlin, 1951 ff. (zitiert: BGH)

Entscheidungen des Reichsgerichts in Civilsachen. Leipzig 1880 ff. (zitiert: RG).

Entscheidungen des Reichsgerichts in Strafsachen. Leipzig 1880 ff. (zitiert: RG St).

Entscheidungen des Reichs-Oberhandelsgerichts. Herausgegeben von den Räthen des Gerichtshofes. 25 Bände. Erlangen und Stuttgart 1871 - 1880 (zitiert: ROHG).

Warneyers Jahrbuch der Entscheidungen. Ergänzungsband enthaltend die Rechtsprechung des Reichsgerichts auf dem gebiete des Zivilrechts soweit sie nicht in der amtlichen Sammlung der Entscheidungen des Reichsgerichtes abgedruckt ist. Herausgegeben von Dr. Otto Warneyer. Leipzig 1908 ff. (zitiert: RG Warn).

Abkürzungen

aaO	am angegebenen Orte
a.A.	andere Ansicht
ABGB	Allgemeines Bürgerliches Gesetzbuch von 1811 (Österreich)
ABR	Archiv für bürgerliches Recht
Abs.	Absatz
AcP	Archiv für die civilistische Praxis (Band, Jahrgang und Seite)
ADHGB	Allgemeines Deutsches Handelsgesetzbuch von 1861
ADWO	Allgemeine Deutsche Wechselordnung von 1848
a.E.	am Ende
AK	Alternativ Kommentar zum Bürgerlichen Gesetzbuch
ALR	Allgemeines Landrecht für die preußischen Staaten von 1794
Alt.	Alternative
Art.	Artikel
AT	Allgemeiner Teil
Aufl.	Auflage
BGB	Bürgerliches Gesetzbuch
BGH	Bundesgerichtshof
bzw.	beziehungsweise
Bd.	Band
Bolze	Die Praxis des Reichsgerichts in Civilsachen (Kommentierte Entscheidungssammlung)
C.Civ.	Code Civil von 1804 (Frankreich)
Das Recht	Das Recht. Rundschau für den Deutschen Juristenstand.
ders.	derselbe
DGWR	Deutsches Gemein- und Wirtschaftsrecht
d.h.	das heißt
DJT	Deutscher Juristentag
DJZ	Deutsche Juristenzeitung
Diss.	Dissertation
DR	Deutsches Recht (Zeitschrift)
DRW	Deutsche Rechtswissenschaft (Vierteljahresschrift)
EI	Entwurf eines Bürgerlichen Gesetzbuchs für das Deutsche Reich. Erste Lesung. 1888 (sog. erster Entwurf)

EII	Entwurf eines Bürgerlichen Gesetzbuchs für das deutsche Reich. Nach den Beschlüssen der Redaktionskommission, Zweite Lesung, 1894, 1895 (sog. zweiter Entwurf).
etc.	Et cetera
f., ff.	folgend / folgende
FN	Fußnote
FS	Festschrift
gem.	gemäß
ggf.	gegebenenfalls
Gruchot	Beiträge zur Erläuterung des Deutschen Rechts, begründet von I. A. Gruchot
GrünhutsZ	Zeitschrift für das Privatrecht und öffentliche recht der Gegenwart
HGB	Handelsgesetzbuch vom 10.05.1897 (RGBL. 219)
h.L.	herrschende Lehre
h.M.	herrschende Meinung
HRG	Handwörterbuch der deutschen Rechtsgeschichte
Hrsg.	Herausgeber
HS.	Halbsatz
insbes.	insbesondere
JA	Juristische Arbeitsblätter
JherJahrb	Jahrbücher für Dogmatik des heutigen römischen und deutschen Privatrechts, begr. V. R. Jhering
JR	Juristische Rundschau
Jura	Juristische Ausbildung
JuS	Juristische Schulung
JW	Juristische Wochenschrift
JZ	Juristenzeitung
Kap.	Kapitel
KO	Konkursordnung
LG	Landgericht
LZ	Leipziger Zeitschrift für deutsches Recht
MDR	Monatsschrift des Deutschen Rechts
MK	Münchner Kommentar zum Bürgerlichen Gesetzbuch
Motive	Motive zum Entwurfe eines Bürgerlichen Gesetzbuches für das Deutsche Reich (1888); auch abgedruckt bei Mugdan
Mugdan	Die gesamten Materialien zum BGB (1899; enthalten Motive zum ersten Entwurf und die Protokolle der zweiten Kommission)
m.W.	meines Wissens
m.w.N.	mit weiteren Nachweisen

NJW	Neue Juristische Wochenschrift
Nr.	Nummer
OLG	Oberlandesgericht
Prot.	Protokolle
RabelsZ	Zeitschrift für ausländisches und internationales Privatrecht, begründet von Ernst Rabel
RG	Reichsgericht
RGBl.	Reichsgesetzblatt
RGRK	Das Bürgerliche Gesetzbuch mit besonderer Berücksichtigung der Rechtsprechung des Reichsgerichts (Kommentar)
RN	Randnote / Randnummer / Randzeichen
ROHG	Reichsoberhandelsgericht
S.	Seite
Sächs. Arch.	Sächsisches Archiv für Bürgerliches Recht und Prozeß
Seuff. Arch.	Seufferts Archiv für Entscheidungen der obersten Gerichte in den deutschen Staaten
Seuff. Bl.	Seufferts Blätter für Rechtsanwendung in Bayern
Soergel	Soergel(s) Rechtsprechung zum BGB, EGzBGB, CPO, KO, GBO und RFG, hrsg. von Hs. Th. Soergel
sog.	sogenannt / sogenannte
StGB	Strafgesetzbuch
SZ	Zeitschrift der Savigny-Stiftung für Rechtsgeschichte
TE	Teilentwurf zum BGB
u.U.	unter Umständen
vgl.	vergleiche
Warn	Die Rechtsprechung des Reichsgerichts (des BGH) in Zivilsachen, hrsg. v. Warneyer
WG	Wechselgesetz
z.B.	zum Beispiel
Z Ak DR	Zeitschrift der Akademie für Deutsches Recht
ZEuP	Zeitschrift für Europäisches Privatrecht
ZHR	Zeitschrift für das gesamte Handels- und Wirtschaftsrecht
ZNR	Zeitschrift für neuere Rechtsgeschichte
ZPO	Zivilprozeßordnung
ZIP	Zeitschrift für Wirtschaftsrecht

Einleitung und Themenstellung

Veräußert ein Nichtberechtigter eine bewegliche Sache an einen Dritten, entsteht ein Konflikt zwischen drei Personen. Betroffen sind von diesem Konflikt der Nichtberechtigte, der Dritte, der die Sache erhalten hat, und der Eigentümer der Sache. Die zentrale Frage, die zur Lösung dieses Konfliktes beantwortet werden muß, ist, wer die bewegliche Sache unter welchen Voraussetzungen bekommen soll bzw. behalten darf. Auf diese Frage findet man in verschiedenen Rechtssystemen unterschiedliche Antworten.[1]

Das römische Recht kennt keinen Eigentumserwerb vom Nichtberechtigten, wie er heute im BGB vorgesehen ist. Der Eigentümer kann nach römischem Recht seine Sache von jedem herausverlangen, in dessen Besitz er sie findet (Vindikationsprinzip). Zu diesem Grundprinzip gibt es eine Ausnahme. Der Verkehrsschutz wird durch die Möglichkeit der Ersitzung (usucapio) mit kurzer Ersitzungsfrist gewahrt. Die Ersitzungsfrist beträgt bei beweglichen Sache ein bzw. zwei Jahre.[2]
Neben dem Ablauf einer Frist setzt die Ersitzung den guten Glauben (bona fides) des Ersitzungsbesitzers voraus. Zusätzlich sind Eigenbesitz und ein tauglicher Rechtsgrund erforderlich.[3] Eine wichtige Ausnahme bilden die "res furtivae", denn diese können nicht ersessen werden. Es handelt sich dabei um solche beweglichen Sachen, die gestohlen, verloren und vom detentor veräußert wurden. Außerdem zählen dazu die vom possessor unterschlagenen Sachen.[4]

Anders als im römischen Recht ist im germanischen Rechtssystem keine Klage aus dem Eigentum möglich. Das germanische Recht kennt keinen, dem römischen Recht vergleichbaren Eigentumsbegriff bzw. vergleichbare Berechtigung an der Sache.[5] Die germanischen Vorläufer der §§932, 935 BGB betrafen somit nicht den Eigentumserwerb vom Nichtberechtigten. Zentraler Begriff für dingliche Ansprüche ist nach germanischem Recht deshalb auch nicht das Eigentum, sondern die sog. "Gewere". Bei allem Streit um die rechtliche Bedeutung der "Gewere" besteht Einigkeit darüber, daß sie bei beweglichen Sachen mit der tatsächlichen Sachherrschaft im Sinne von Innehabung (Gewahrsam) zusammenfällt.[6] Eine Klage zur Wiedererlangung der Sache findet ihre Grundlage nur

---
[1] Zu den internationalen Regelungen vgl. Thorn
[2] Wieling, Sachenrecht I, §10, I. 2., S. 351
[3] zu den Voraussetzungen: Wieling, Sachenrecht I, §10, I. 2., S. 351
[4] Troje, HRG I 1868
[5] Olzen, Jura 1990, 505 (506)
[6] Ogris, W., HRG I 1052; Hübner, Grundzüge, S. 430; Wieling, Sachenrecht I, §10, I. 1.

im Verhalten bei der Erlangung des Besitzes, m.a.W. im Bruch der "Gewere". Klagegrund ist der unfreiwillige Verlust der "Gewere".[7] Für die Klage zur Wiedererlangung der Sache, die "Fahrnisklage", ist daher grundlegend zu unterscheiden, ob die "Gewere" unfreiwillig oder freiwillig verloren ging.[8] Verlor man dic tatsächliche Sachherrschaft unfreiwillig, zum Beispiel durch einen Diebstahl, so gründet sich ein Herausgabeanspruch gegen den Inhaber der Sache auf die verlorene "Gewere".[9] Der Inhaber kann die Sache in dieser Situation bei jedem Dritten verfolgen. In den Fällen aber, in denen man die Sache freiwillig herausgegeben hat, muß sich der frühere Inhaber an denjenigen halten, dem er die Sache anvertraut hat. Er kann nur aus dem "Gedinge" vorgehen. So kann man beispielsweise gegen den Mieter aus dem Mietvertrag vorgehen, gegen denjenigen, der vom Mieter die Sache erwarb, hat der Vermieter keinen Anspruch. Diese Rechtslage, die darin besteht, daß man sich an die Vertrauensperson halten muß, findet man in den bekannten Rechtssprichwörtern "Hand wahre Hand" und "Wo du deinen Glauben gelassen hast, da sollst du ihn suchen". Der bisherige Inhaber kann die Sache in dieser Situation nicht zum Dritten verfolgen.[10] Von dem Dritten verlangt man keine Unkenntnis des Rechtsmangels (guten Glauben).[11] Außerdem bleibt nach dem germanischen System unberücksichtigt, wie der Dritte an die Sache gekommen ist.[12] Wurde die Sache also beispielsweise bei dem Mieter (der Vertrauensperson) gestohlen und nicht schon bei dem Vermieter (dem Berechtigten), hatte dies keine Auswirkungen. Eine Sachverfolgung des "Eigentümers" war nicht möglich.

Im Laufe des Mittelalters entwickelten sich in einzelnen Rechtskreisen zahlreiche Ausnahmen von dem Satz "Hand wahre Hand" und auch von der unbeschränkten Verfolgbarkeit unfreiwillig verlorener Sachen.[13] Durch die Rezeption des römischen Rechts in Deutschland wurde dort, wo der Satz "Hand wahre Hand" beibehalten wurde, dieser in einzelnen Teilen unter dem Einfluß des römischen Rechts modifiziert.[14] Auf diesem Wege entstand die Rechtspraxis, die Herausgabe bei freiwilligem Verlust nur im Falle der Gutgläubigkeit auszuschließen.[15] Auch anvertraute Sachen konnten, wenn sie bei der Vertrauensper-

---

[7] Gierke, Deutsches Privatrecht, §134, I. 1., S. 553; Gierke weist hier auf die Ursprünge der "Fahrnisklage" hin. Sie entstamme aus dem "uralten" Verfahren zur Diebstahlsermittlung durch "Spurenfolge" und "Anefang".

[8] Hübner, Grundzüge, S. 435

[9] Hübner, Grundzüge, S. 444; Olzen, Jura 1990, 505 (507)

[10] Troje, HRG I 1868, 1929

[11] Gierke, Deutsches Privatrecht, §134, 1. b., S. 558; Hübner, Rechtsverlust, S. 20; Troje, HRG I 1869; Lux, S. 6

[12] Gierke, Deutsches Privatrecht, §134, 1. a., S. 555; Hübner, Grundzüge, S. 436

[13] Hübner, Grundzüge, S. 444

[14] Wieling, Sachenrecht I, §10, I. 4. c.

[15] v. Lübtow, S. 190; Olzen, Jura 1990, 505 (510)

son gestohlen wurden, verfolgt werden.[16] Diese wichtigen Modifikationen waren vor der Rezeption noch unbekannt.

Das preußische ALR von 1794 geht nach römischem Vorbild grundsätzlich von der Verfolgbarkeit des Eigentums aus. Hat der Dritte die Sache jedoch redlich und entgeltlich erworben, so kann der Eigentümer die Sache nur gegen "Lösung" herausverlangen. Dies bedeutet, daß er dem Dritten das von diesem an den Nichtberechtigten Geleistete ersetzen muß (ALR I 15 §25 / §26). Folglich spielt in diesem Sachzusammenhang im ALR die Unterscheidung zwischen Redlichkeit und Unredlichkeit eine entscheidende Rolle. In manchen Ausnahmefällen ist aber auch eine "Lösung" durch den Eigentümer nicht möglich, und der redliche Erwerber ist vollständig gegen die Eigentumsklage geschützt. Dies ist nach dem ALR dann der Fall, wenn die Sache vom Fiskus auf öffentlichen Versteigerungen oder beim Kauf in Läden zünftiger Kaufleute erworben wurde (ALR I 15 §42 / §43). Außerdem gilt diese Ausnahme auch für den Erwerb von Geld und Inhaberpapieren.[17] Eine Regelung zum Erwerb des Eigentums für den Fall, daß die Vindikation ausgeschlossen ist, ist im ALR nicht zu finden.

Im französischen Code Civil von 1804 findet sich eine Regelung, die den Erwerb vom Nichtberechtigten betrifft, in Art. 2279 C.Civ.. Bei beweglichen Sachen gilt danach der "Besitz als Titel" (Art. 2279 I C.Civ.).[18] Dies bedeutet, der erwerbende Dritte erlangt eine unangreifbare Rechtsposition.[19] Eine Herausgabeklage, die diese Rechtsposition durchdringt, besteht nur dann, wenn die Sache dem Berechtigten gestohlen wurde oder ihm verloren ging (Art. 2279 II C.Civ.). Diese dingliche Klage ist auf drei Jahre ab dem Tage des Besitzverlustes begrenzt. Erwirbt der Dritte die gestohlenen und verlorenen Sachen auf Messen oder Märkten, so steht ihm bei Geltendmachung des beschriebenen Herausgabeanspruchs ein Lösungsanspruch auf Erstattung des gezahlten Preises gegen den Eigentümer zu (Art. 2280 C.Civ.). Die Regelung des Code Civil setzt keine Gutgläubigkeit voraus und führt im Falle des Vindikationsausschlusses nicht ausdrücklich zum Eigentumserwerb.

---

[16] Wieling, Sachenrecht, §10, I. 4. c.

[17] Hübner, Grundzüge, S. 451; Leske, §133, 1. IV, S. 408

[18] Art. 2279 C.Civ.: "En fait de meubles, la possession vaut titre"

[19] Die dogmatische Grundlage für Art. 2279 C.Civ. war im 19. Jahrhundert umstritten. Anfangs ging man teilweise davon aus, daß es sich um eine Ersitzung mit augenblicklich ablaufender Ersitzungsfrist handele ("préscription instantée"). Diese Annahme erfolgte unter römischem Einfluß. Für sie spricht die Stellung der Norm inmitten der Verjährungsvorschriften. Die Rechtsprechung nahm an, daß es sich um eine beschränkt widerlegbare Vermutung für das Eigentum handele. Stimmen in der Literatur meinten, es liege eine unwiderlegliche Vermutung für das Eigentum oder gar ein gesetzlicher Eigentumserwerbstatbestand vor. (zu dem Problem vgl. auch: Hübner, Rechtsverlust, S. 35 f.; Lux, S. 13 f.)

Die Rechtsprechung zum Code Civil im Deutschland des ausgehenden 19. Jahrhunderts ging deshalb nicht davon aus, daß der Schutz des Eigenbesitzers durch Art. 2279 C.Civ. den guten Glauben voraussetzte.[20] Von der französischen Rechtsprechung wurde jedoch von Beginn an aus Art. 1141 C.Civ. ein Gutglaubenserfordernis abgeleitet. Der Besitzer einer nicht gestohlenen oder nicht verlorenen Sache muß sich danach zu seinem Schutz im guten Glauben befinden. Aus derselben Norm folgerte die Rechtsprechung auch den Eigentumserwerb. Diese Interpretation wurde im 19. Jahrhundert zur herrschenden Meinung.[21] Auch der Lösungsanspruch soll danach nur bei Gutgläubigkeit bestehen.

Das österreichische ABGB von 1811 läßt in seinem §366 grundsätzlich eine Klage des Eigentümers auf Herausgabe der Sache gegen jeden Dritterwerber zu. Diesem Grundsatz stehen jedoch Ausnahmeregelungen gegenüber, die bestimmen, daß der redliche Erwerber unmittelbarer Eigentümer wird. Gemeinsam ist diesen Ausnahmeregelungen, daß der Erwerber nur dann Eigentümer wird, wenn er die Sache entgeltlich erworben hat. Die angesprochenen Ausnahmen finden sich in §367 ABGB und §368 ABGB. Danach wird Eigentümer, wer die Sache gutgläubig auf einer Versteigerung oder von einem Kaufmann erwirbt. Zudem wird Eigentümer, wer die Sache mit gutem Glauben von jemandem erworben hat, dem sie der Kläger (bisheriger Eigentümer) anvertraut hatte.
Diese Bestimmungen des ABGB wurden dem "Codex Theresianus" nachgebildet.[22] Bei diesem handelt es sich um einen Entwurf für ein bürgerliches Gesetzbuch aus dem Jahre 1766, der nie zum Gesetz wurde.[23] Dieser Entwurf sah zum ersten Mal bei der Einschränkung der Herausgabeklage auch ausdrücklich einen unmittelbaren Eigentumserwerb vor und sollte somit nicht nur zu einer unangreifbaren Besitzposition führen.[24] Ziel der Regelung war auch die Sicherheit des Verkehrs mit beweglichen Sachen.[25]

Die im Mittelpunkt dieser Arbeit stehenden Regelungen des BGB zum Erwerb vom Nichtberechtigten lösen die aufgeworfenen Frage in verschiedenen grund-

---

[20] RG 28, 380 (382); RG 35, 333 (338)

[21] Lux S. 15 f. m.w.N.; Zu Art. 1141 C.Civ.: Art. 1141 C.Civ. betrifft den Fall der Mehrfachveräußerung. Dabei geht er, dem Vertragsprinzip des Code Civil folgend, davon aus, daß man mit dem Kaufvertrag das Eigentum erwirbt (Art. 1138 II C.Civ.). Art. 1141 C.Civ. bestimmt, daß beispielsweise B, unter den Voraussetzungen, daß er im guten Glauben eine Sache kauft und Besitz erlangt, Eigentum an der Sache erwirbt, und dies, obwohl die Sache zuvor schon mit Eigentumsübergang an den A verkauft wurde. Nach der französischen Rechtsprechung ist Art. 1141 C.Civ. also keine Ausnahme zu Art. 2279 C.Civ., sondern ein Anwendungsfall.

[22] Wieling, Sachenrecht I, §10, I. 5., S. 354

[23] Coing, S. 298

[24] Hübner, Rechtsverlust, S. 24; Troje, HRG I 1869

[25] Hübner, Rechtsverlust, S. 25; Troje, HRG I 1870

sätzlichen Punkten anders als die angeführten Vorbilder. §932 BGB schließt grundsätzlich die Ansprüche des Eigentümers auf Herausgabe der Sache gegen den gutgläubigen Erwerber aus. Zudem bestimmt §932 BGB, daß der gutgläubige Erwerber unmittelbar das Eigentum an der beweglichen Sache erwirbt. Dem bisherigen Eigentümer bleibt in dieser Situation nur der Bereicherungsanspruch aus §816 I 1 BGB gegen den verfügenden Eigentümer. Die Sache selbst ist für ihn verloren. Nur bei einem unentgeltlichen Erwerb kann er das Eigentum nach §816 I 2 BGB herausverlangen. Eine Ausnahme zu dem grundsätzlichen Verlust sieht §935 BGB vor. Danach ist der gutgläubige Eigentumserwerb gemäß §932 BGB dann ausgeschlossen, wenn die Sache dem Eigentümer selbst oder dem berechtigten unmittelbaren Besitzer "abhanden gekommen war". Liegt die Ausnahme des §935 BGB vor, besteht der Herausgabeanspruch des Eigentümers.

Im Vergleich zu den anderen betrachteten Rechtssystemen enthält das BGB also einige wesentliche Neuerungen. Es schließt im Falle des gutgläubigen Erwerbs grundsätzlich den Herausgabeanspruch des bisherigen Eigentümers aus und nicht nur in Ausnahmefällen. Zudem erwirbt der gutgläubige Erwerber unmittelbar das Eigentum an der Sache und nicht bloß eine unangreifbare Besitzposition. Schließlich trennt das BGB mit seiner rein materiellen Regelung für diese Frage das materielle Recht vom Prozeßrecht.

Diese Neuerungen des BGB fanden sich zum ersten Mal in Art. 306 ADHGB, dem §932 BGB und §935 BGB nachgebildet wurden. Folglich stellt Art. 306 ADHGB einen Wendepunkt in der Geschichte des Erwerbs vom Nichtberechtigten dar.

Diese Wende im Recht des Erwerbs vom Nichtberechtigten vollzog sich nicht ohne Widerstände und Kritik. In seinem Brief an Planck vom 01. Juli 1884 schreibt Windscheid in Ansehung des Beschlusses der ersten Kommission zum BGB, den gutgläubigen Eigentumserwerb vom Nichtberechtigten als Grundsatz in das neue Gesetz aufzunehmen: "Ich sehe ihn als Gottesurteil in einer Frage an, die keine juristische, sondern eine Verkehrsfrage ist."[26]
Widerstände gegen die Regelungen und Kritik an den Regelungen brachen zudem nicht mit Inkrafttreten der Regelungen ab, sondern bestehen bis heute fort. Kurz nach Inkrafttreten veröffentlichte der Strafrechtslehrer Binding seine Schrift mit dem Titel: "Die Ungerechtigkeit des Eigentums-Erwerbs vom Nichteigentümer nach BGB §932 und §935 und ihre Reduzierung auf das kleinstmögliche Maß".

---

[26] SZ 95 (Rom. Abt.), S. 302

Zu den Prinzipien der gesetzlichen Regelung der §§932 - 935 BGB schreibt Wieling in heutiger Zeit: "Die Entstehungsgeschichte des BGB zeigt, daß die gesetzliche Regelung des §§932, 935 nicht aus irgendwelchen Prinzipien heraus entwickelt wurde; daß insbesondere für die Regelung in §935 keinerlei überzeugende Gründe gegeben werden konnten."[27]

Ziel dieser Arbeit ist es, darzustellen, wie es trotz der Widerstände zu den heutigen Regelungen gekommen ist, und welche Probleme sich daraus ergeben. Dabei sollen nicht nur die Regelungen in ihren verschiedenen Entwicklungsstadien gewissermaßen von außen betrachtet werden. Die Arbeit widmet sich vor allem auch den Detail- und Auslegungsfragen der gefundenen Lösungen. Ein Wandel der Begründung der Bestimmungen oder die Veränderung der Interpretation nur einer Voraussetzung können das Ergebnis der Regelung und die Reichweite ihrer Anwendung erheblich beeinflussen. Deshalb wird bei dieser Darlegung der Entwicklung der für den Eigentumserwerb vom Nichtberechtigten getroffenen Regelungen besonderes Augenmerk den notwendigen Voraussetzungen und dem Wandel der gegebenen Rechtfertigung für den Erwerb vom Nichtberechtigten zugewendet werden. Durch diese Vorgehensweise wird erkennbar, zu welchem Zeitpunkt welche Gedanken aufkamen, und wann schließlich sich die heute herrschende Sicht durchsetzte. Abschließend sollen die so gewonnenen Erkenntnisse den Anlaß geben, einige zentrale Fragen der §§932 ff. BGB zu betrachten und einer von der herrschenden Meinung abweichenden Wertung zu unterziehen.

Folgender Einteilung soll die vorliegende Arbeit folgen:

Zunächst wird der entscheidende Abschnitt der Entwicklung bis zum Inkrafttreten des BGB nachgezeichnet (1. Kapitel: Entwicklung bis zum Inkrafttreten).
Im Anschluß sollen die Fortentwicklungen dargestellt werden, welche die Regelung nach ihrem Inkrafttreten erfuhr (2. Kapitel: Entwicklung nach dem Inkrafttreten).
Schließlich werden im Lichte der dargestellten Entwicklungsgeschichte Vorschläge für eine neue Bewertung aktuell diskutierter Problempunkte gemacht (3. Kapitel).

---

[27] Wieling, Sachenrecht I, §10, I. 7 a), S. 357

1. Kapitel: Entwicklung bis zum Inkrafttreten

A. Erwerb vom Nichtberechtigten nach Art. 306 ADHGB

I. Kompromißlösung in kurzer Zeit

Art. 306 ADHGB stellt einen Wendepunkt in der Geschichte des Erwerbs vom Nichtberechtigten dar, denn hier finden sich die Neuerungen der Regelungen der §§932, 935 BGB gegenüber anderen Zivilgesetzen, die eingangs beschrieben wurden, zum ersten Mal.

Die endgültige Entscheidung für Art. 306 ADHGB und seine Fassung war eine Kompromißlösung, die in kurzer Zeit entwickelt wurde. Wie sich zeigen wird, strebte man in der ersten und zweiten Lesung der Kommission zum ADHGB noch ein anderes Grundprinzip an. Eine Art. 306 ADHGB vergleichbare Regelung war zunächst nur für den Ausnahmefall des Kommissionsgeschäftes vorgesehen.
Art. 306 ADHGB entstand erst in dritter Lesung. Da dies die letzte Lesung sein sollte, arbeitete man zügig und unter dem Druck, fertig werden zu müssen. Um Zeit zu sparen, entwickelte man die Regelung nach einer strikten und schematischen Methode. Das Resultat stellt eine mit knapper Mehrheit akzeptierte Kompromißlösung dar.

1) Zur Entstehung des ADHGB (historischer Hintergrund)

Warum es nur drei Lesungen gab, und warum unter Zeitdruck und unter Zuhilfenahme einer starren Vorgehensweise gearbeitet wurde, erklärt sich aus der allgemeinen Entstehungsgeschichte des ADHGB.
Am 21.02.1856 brachte die königlich bayrische Regierung in der Bundesversammlung einen Antrag zu dem Beschluß ein, eine Kommission damit zu beauftragen, ein allgemeines Handelsgesetzbuch für die deutschen Bundesstaaten zu entwerfen. Der Entwurf sollte am Ende eines im Antrag näher beschriebenen Verfahrens durch die Landesgesetzgeber eingeführt werden.[1] Zudem sah der

---

[1] Protokolle der Bundesversammlung 1856, §71, S. 228; Hahn, Kommentar zum ADHGB, Bd. 1, S. XIII; Schubert, Einleitung ADHGB, S. XI / XVII (In seiner Einleitung beschreibt Schubert ausführlich die Entstehung des ADHGB. Dabei macht er zahlreiche zeitgeschichtliche Anmerkungen, weist auf gesellschaftliche Probleme und insbes. die zahlreichen politischen und diplomatischen Schwierigkeiten bei der Schaffung des ADHGB hin.)

Antrag vor, Stellungnahmen aller Regierungen zu dem Vorhaben einzuholen. Aus diesen sollte sich ein Bild der Bereitschaft zur Mitwirkung ergeben.

Am 17.04.1856 wurde beschlossen, dem Antrag der bayrischen Regierung stattzugeben[2], und nach Abgabe aller Stellungnahmen der einzelnen Regierungen zeigte sich die Bereitschaft von neun Regierungen, an der Kommission teilzunehmen.[3] Die preußische Regierung verband ihre positive Stellungnahme mit der Bitte um Aufschub des Beginns der Arbeiten, um die Möglichkeit zu haben, einen bereits begonnenen Entwurf eines Handelsgesetzbuchs fertigzustellen.[4] Dem Wunsch wurde entsprochen. Nach Abschluß der Arbeiten zu diesem preußischen Entwurf zeigte die preußische Seite die Fertigstellung an und stellte verschiedene Anträge, das weitere Vorgehen betreffend. Daraufhin faßte die Bundesversammlung am 18.12.1856 den endgültigen Beschluß.[5] Sie legte den Zeitpunkt des Zusammentritts der Kommission, das zu verwendende Material, das Verfahren, die Zusammensetzung und den Tagungsort fest.
Am 15.01.1857 trat die Kommission zur konstituierenden Sitzung in Nürnberg zusammen.
In der ersten Lesung diente der preußische Entwurf[6] als Grundlage der Beratung. Die Kommission beriet Artikel für Artikel.[7] Auf der Grundlage dieser Beratungen erarbeitete die Redaktionskommission den Entwurf der ersten Lesung, der dann in zweiter Lesung beraten wurde. Die daraus hervorgehende Fassung der zweiten Lesung wurde der Bundesversammlung vorgelegt und öffentlich gemacht.[8]
Nach den langwierigen Beratungen der ersten und zweiten Lesung wollte man das Verfahren zügig zu Ende bringen. Man einigte sich darauf, daß die dritte Lesung ein endgültiges Ergebnis bringen sollte. Auf Vorschlag Preußens wurde für die dritte Lesung eine andere Verfahrensart für die Arbeit der Kommission gewählt. Dies ist hier von besonderer Bedeutung, da erst in der dritten Lesung

[2] Protokolle der Bundesversammlung 1856, S. 319
[3] Hahn, Kommentar zum ADHGB, Bd. 1 S. XIII
[4] Protokolle der Bundesversammlung 1856, S. 433; Hahn, Kommentar zum ADHGB, Bd. 1, S. XIV
[5] der Beschluß: Protokolle der Bundesversammlung 1856, S. 791; auch bei Hahn, Kommentar zum ADHGB, Bd. 1, S. XIV f.
[6] Entwurf eines Handelsgesetzbuchs für die preußischen Staaten
[7] Hahn, Kommentar zum ADHGB, Bd. 1, S. XVIII
[8] Hahn, Kommentar zum ADHGB, Bd. 1, S. XX; Nach der Veröffentlichung nahm man zunächst die Beratungen über das Seerecht auf, welche in Hamburg stattfanden.

die Regelung des Art. 306 ADHGB über den Eigentumserwerb vom Nichtberechtigten entstanden ist. Die Beratungen in dritter Lesung sollten auf die vorher von den Regierungen eingebrachten Anträge (sog. „Erinnerungen") beschränkt werden. Hierauf verständigten sich zunächst die Verantwortlichen von Preußen, Österreich und Bayern.[9] Ein entsprechender Antrag in der Kommission wurde am Schluß der ersten Seerechtslesung in Hamburg am 24.10.1859 angenommen.[10]
Zur weiteren Beschleunigung der dritten Lesung der ersten Bücher und um ein Scheitern zu verhindern[11], sollten auch die Erinnerungen der Regierungen beschränkt werden. Auch dies vereinbarten Preußen, Österreich und Bayern vor Beginn der dritten Lesung. Ihre Ansichten teilten die drei Regierungen in fast gleichlautenden „Circularien"[12] im Oktober 1860 den anderen Regierungen mit. Am 19.11.1860 begannen die Sitzungen der dritten Lesung. Diese dauerten bis zum 12.03.1861. Der daraus hervorgegangene Entwurf wurde der Bundesversammlung zugeleitet.
Im Zeitraum von 1861 bis 1869 wurde das ADHGB in den einzelnen Ländern eingeführt.[13]

Die Ausführungen zeigen, daß die dritte Lesung in kurzer Zeit und mit gestraffter und daher effizienter Prozedur stattfand. Es wird zu klären sein, ob und wie sich dies letztlich auf Art. 306 ADHGB ausgewirkt hat.

2) Die Entstehung des Art. 306 ADHGB

Endgültig entstand Art. 306 ADHGB in dritter Lesung. Doch schon in der ersten und zweiten Lesung entwickelte man Vorläufer.

a) Erste und zweite Lesung zu Art. 306 ADHGB:
Die endgültige Regelung von Art. 306 ADHGB ermöglicht den gutgläubigen Eigentumserwerb vom Nichteigentümer. Zu Beginn der Diskussion, die bei der

[9] Schubert, Einleitung ADHGB, S. XIV
[10] Schubert, Protokolle der Kommission zum ADGHB, S. 3691 f.
[11] Schubert, Einleitung ADHGB, S. XIV; Schubert weist darauf hin, daß die strikte Reglementierung der dritten Lesung aus der Angst des endgültigen Scheiterns durch Verzögerung heraus entstanden sei.
[12] abgedruckt in: Protokolle der Kommission zum ADHGB/Beilagen-Band, S. 83 - 96
[13] Schubert, Einleitung ADHGB, S. XXI - mit Zusammenstellung der Daten

Entwicklung der Norm geführt wurde, stand noch nicht die Folge des Eigentumserwerbs im Raum. Zunächst diskutierte man die Ausgangsfrage, ob der unbeschränkte Anspruch auf Herausgabe (die unbeschränkte Vindikation) von Waren und Papieren, soweit sie nach Landesgesetzen möglich war, zugelassen werden sollte oder nicht.

Bereits in der ersten Lesung des ADHGB wurden Bedürfnisse des Handelsverkehrs nach einer Beschränkung der Vindikation geltend gemacht. Entsprechende Initiativen blieben jedoch erfolglos.
So wurde bei der Beratung des Art. 229 des preußischen Entwurfs[14] auf das Bedürfnis hingewiesen, die Vindikation von Inhaberpapieren zum Schutze des Besitzers einzuschränken, wenn dieser die Papiere in gutem Glauben erworben hatte.[15] Eine unbeschränkte Vindikation, wie sie mitunter im gemeinen Recht gelte, entspreche nicht den Bedürfnissen des Handelsverkehrs, die dieser beim Verkehr mit Inhaberpapieren habe. Ohne entsprechende Regelung bestehe die Gefahr von „Verwirrungen". Im weiteren Verlauf der Verhandlungen wurde auf diesen Vorstoß jedoch nicht näher eingegangen. Nur die gegen die Vindikation vorgebrachten Bedenken wurden mit dem Hinweis darauf abgeschwächt, daß im Gebiet des ALR ohnehin der Satz „Hand wahre Hand" gelte.
Ein bereits in der 49. Sitzung der ersten Lesung angekündigter Antrag,[16] der den Mitgliedern der Kommission in der Zwischenzeit schriftlich mitgeteilt worden war, und der zum Ziel hatte, die Vindikation von öffentlichen Kreditpapieren zu beschränken, sofern der Inhaber das Papier nicht in bösem Glauben erworben hatte, wurde bei Stimmengleichheit mit ausschlaggebender Stimme des Vorsitzenden abgelehnt.[17] Aus den Protokollen geht hervor, daß dabei weniger die Bedenken bezüglich eines Vindikationsausschlusses als die Zweifel an der Kompetenz der Kommission in dem konkreten Sachzusammenhang ausschlaggebend waren. Schließlich wurde am Ende der ersten Lesung eine Regelung beantragt, die bei Handelsgeschäften den Eigentumserwerb (!) bzw. Pfandrechtserwerb vom Nichtberechtigten ermöglichen sollte, unter den Voraussetzungen, daß der Erwerber in gutem Glauben sei und die sonstigen Voraussetzungen zum

---

[14] Art. 229 des preußischen Entwurfs bestimmt die rechtliche Eigenschaft öffentlicher Kreditpapiere und trifft Regelungen über deren Eigentumsübertragung.
[15] Schubert, Protokolle der Kommission zum ADHGB, S. 440
[16] Schubert, Protokolle der Kommission zum ADHGB, S. 431; Antrag abgedruckt auf S. 494
[17] Schubert, Protokolle der Kommission zum ADHGB, S. 493 f.

Erwerb eines dinglichen Rechts vorlägen.[18] Dieser Antrag kam jedoch nicht mehr zur Beratung.[19]

Ein Ausschluß der Vindikation wurde nur in Art. 305 erste Lesung[20] angeordnet. Bei der Entwicklung dieser Norm diente Art. 279 des preußischen Entwurfs als Vorlage. Diese Vorlage aus dem Bereich des kaufmännischen Kommissionsgeschäfts, die den Fall betrifft, daß der Kommissionär nicht auftragsgemäß handelt, enthielt nur Regelungen für das Rechtsverhältnis zwischen Kommittent und Kommissionär. Zu dem Verhältnis zwischen Kommittent und Drittem und zu der Frage, ob der Kommissionär im betreffenden Fall die Sache zurückfordern kann, schwieg die Regelung. Um diese Frage zu klären wurde deshalb in erster Lesung ein Zusatz zu der preußischen Vorlage beschlossen. Danach war der Kommittent nicht befugt, die vom Kommissionär auftragswidrig veräußerte Ware beim Dritten, dem redlichen Besitzer, zu vindizieren. Es ist in diesem Zusammenhang zu betonen, daß aus den Protokollen der Kommission nicht ersichtlich ist, ob das Ergebnis, der Vindikationsausschluß beim Kommissionsgeschäft, bei den Beratungen ernsthaft in Zweifel gezogen wurde. Umstritten war innerhalb der Kommission vielmehr, ob sich das Ergebnis nicht ohnehin aus Art. 279 des preußischen Entwurfs ergebe, und ob der Dritte gutgläubig sein müsse.[21] Schließlich wurde der Zusatz, wie er sich in Art. 305 erste Lesung findet, mit 10 zu 7 Stimmen aufgenommen.

In der zweiten Lesung beschloß man eine Ausdehnung des Art. 305 erster Lesung. Der Kommittent mußte danach alle vom Kommissionär bestellten dinglichen Rechte dem gutgläubigen Erwerber gegenüber anerkennen.[22] Die Regelung sollte sich nicht nur auf den Verkauf, sondern z.B. auch auf die mit Besitzübertragung verbundene Verpfändung beziehen.[23] Um dies zu verdeutlichen, wurde das Wort „veräußerte“ in Art. 305 erster Lesung mit 11 zu 3 Stimmen gestrichen.

---

[18] Vorgeschlagene Regelung aaO S. 874: Anlage B

[19] Schubert, Protokolle der Kommission zum ADHGB, S. 872

[20] Art. 305 erste Lesung: „Handelt der Kommissionär dem übernommenen Auftrage zuwider, so ist er dem Kommittenten zum Ersatze des Schadens verpflichtet; der Kommittent ist nicht gehalten, das Geschäft für seine Rechnung gelten zu lassen, er kann aber die veräußerte Ware von dem dritten redlichen Besitzer nicht zurückfordern.“

[21] Schubert, Protokolle der Kommission zum ADHGB, S. 688 - 690

[22] Art. 339 zweite Lesung; Schubert, Protokolle der Kommission zum ADHGB, S. 1186 f.

[23] Schubert, Protokolle der Kommission zum ADHGB, S. 1187

Bezüglich der Lage, wie sie sich nach der zweiten Lesung darstellt, kann man folglich feststellen, daß die Bestrebungen, eine allgemeine Regelung zum Vindikationsausschluß zu schaffen, gescheitert waren. Es wurden noch keine allgemeinen Bestimmungen zu der Frage von Erwerb und Verfolgung des Eigentums vorgesehen. Man einigte sich nur auf eine Regelung für einen Spezialfall. Vorläufer des Art. 306 ADHGB am Ende der zweiten Lesung war somit nur ein Vindikationsausschluß beim kaufmännischen Kommissionsgeschäft. Die sich daraus ergebende Stellung des Erwerbers wurde nicht näher geregelt.

b) Dritte Lesung zu Art. 306 ADHGB:
In der dritten Lesung wurde die Beschränkung des Vindikationsausschlusses auf das Kommissionsgeschäft aufgegeben und eine allgemeine Regelung eingeführt. Diese normierte darüber hinaus den Eigentumserwerb des redlichen Erwerbers, so daß dessen Position gefestigt wurde.
Bemerkenswert ist, daß die Regelung, wie sie aus der dritten Lesung hervorging, sich nicht auf das Verhältnis zwischen Kaufleuten beschränkte, sondern daß auch das bei Kaufleuten verkehrende Publikum gutgläubig Eigentum erwerben konnte.

aa) Ablauf der Beratungen:
Die geänderte Arbeitsweise in 3. Lesung führte zu den Beratungsgrundlagen des Art. 306 ADHGB. Die Beratungen selbst nahmen nicht viel Zeit in Anspruch. Am Ende stand die Entscheidung über die Anträge.

(1) Beratungsgrundlagen:
Der Auslöser für das Entstehen des Art. 306 ADHGB war ein Antrag Preußens, in der für die dritte Lesung vereinbarten Form einer vor Beginn der Lesung eingebrachten „Erinnerung“ zu Art. 339 zweite Lesung.[24] Dieses Monitum sah die Einführung einer allgemeinen Regelung des Vindikationsausschlusses zu Gunsten des redlichen Erwerbers vor, dem Waren, Inhaberpapiere und gewisse Orderpapiere durch einen Kaufmann in dessen Handelsgewerbe veräußert (bzw. verpfändet) und übergeben worden waren. Eine Ausnahme war für gestohlene und verlorene Sachen vorgesehen, bei denen dem Eigentümer ein Lösungsrecht gegen den Erwerber zustehen sollte. Die Herausgabeklage war demnach gegen Ersatz des Geleisteten zulässig. Für den Besitzer günstigere Bestimmungen aus den Landesgesetzen sollten nach dem Vorschlag aufrechterhalten bleiben. Einen

---

[24] Monitum Nr. 375, abgedruckt in: Schubert, Protokolle der Kommission zum ADHGB/Beilagen-Band, S. 55 f.; oder bei Goldschmidt, ZHR 9, S. 3

Eigentumserwerb hingegen sah die „Erinnerung“ nicht vor. Zu diesem preußischen Antrag wurden vier Gegen- und Unteranträge (sog. „Amendements“) gestellt.[25]
Der Unterantrag des Vertreters aus Hamburg, der in den Materialien als Anlage A abgedruckt erscheint, strebte an, auch die gestohlenen und verlorenen Sachen nach den Grundsätzen des preußischen Antrags zu behandeln und die entsprechende Ausnahme aufzugeben. Ferner sollte der redliche Erwerber unter den im preußischen Antrag aufgestellten Voraussetzungen nicht nur gegen Vindikationsansprüche (dingliche Ansprüche) geschützt sein, sondern vielmehr selbst Eigentum erwerben. Das frühere Eigentum und die sonstigen dinglichen Rechte sollten erlöschen. Außerdem sollten indosable Papiere unter die Regelung fallen.

Der als Anlage B gestellte Antrag[26] forderte, die von preußischer Seite vorgeschlagene allgemeine Regelung des Vindikationsausschlusses für „gestohlene und gefundene Gegenstände“ völlig abzulehnen. Einen Lösungsanspruch des Gutgläubigen, wie im preußischen Antrag, sah der Unterantrag deshalb nicht vor.

Ein weiterer Antrag (Anlage C) kam von Seiten Österreichs. Dieser enthielt modifizierende Zusätze zu dem Hamburger Antrag (Anlage A), die durch die Bestimmung des §367 ABGB motiviert waren. Danach sollten die Grundsätze des Antrags A auch gelten, wenn die Veräußerung (und Übergabe) in einer nach den Grundsätzen des HGB vorgenommenen Versteigerung durch einen „hierzu befugten Beamten“ oder „beeideten Handelsmäkler“ geschah, ohne Rücksicht darauf, ob die Sache gestohlen oder verloren war.

Der letzte Antrag unter Anlage D strebte eine Beschränkung der Vindikabilität von Inhaberpapieren an und zwar ohne Rücksicht darauf, ob sie von einem Kaufmann oder Nichtkaufmann veräußert wurden.

(2) Zeitlicher Ablauf der Beratungen:
Die „Erinnerung“ Preußens und die dazu gestellten Gegen- und Unteranträge bildeten die Grundlage der Beratungen von Art. 306 ff. ADHGB. Diese fanden

---

[25] Anträge abgedruckt als Anlagen A - D in: Schubert, Protokollen der Kommission zum ADHGB, S. 4614 ff.
[26] Schubert, Protokolle der Kommission zum ADHGB, S. 4616

am 14. und 15. Dezember 1860 statt. In einer abschließenden Sitzung zu Art. 306 ff. am 06. Februar 1861 wurde die daraus erarbeitete Fassung der Redaktionskommission diskutiert, die diese in der Zwischenzeit anhand der im Dezember diskutierten Ergebnisse erstellt hatte.

(3) Ergebnis der Beratungen:
Der Antrag Preußens, eine allgemeine Regelung bezüglich des Vindikationsausschlusses aufzunehmen, wurde angenommen. Außerdem wurde auch die Erweiterung durch den Antrag Hamburgs, die nicht nur den Ausschluß der Vindikation, sondern einen Eigentumserwerb des Gutgläubigen vorsah, aufgenommen. Als Ausnahmeregelung setzte sich der Antrag unter Anlage B durch,[27] der den Gutgläubigen dann nicht schützte, wenn die Sache gestohlen oder verloren war. Der Teil des Hamburger Antrags, der von einer solchen Ausnahme ganz absah und der Vorschlag Preußens, ein Lösungsrecht zu statuieren, konnten sich nicht durchsetzen. Angenommen wurde der Antrag unter Anlage D.[28] Die betreffende Regelung wurde in Art. 307 ADHGB normiert. Der Antrag unter Anlage C wurde nach kurzer Beratung zurückgezogen.[29]

bb) Die entscheidende Sitzung:
In der entscheidenden Sitzung wurden die zentralen Fragen der Regelung über den Erwerb vom Nichtberechtigten nacheinander diskutiert (1). Der Leitfaden für die Diskussion ergab sich aus der zeitlichen Abfolge von Erinnerung und den gestellten Unteranträgen. Zur Abstimmung über die der aufzunehmenden Regelung zugrunde liegenden Prinzipien gelangte man nach Abschluß der Diskussionsphase (2).

(1) Diskussion der entscheidenden Fragen:
Zu Beginn der entscheidenden Sitzung beschloß man, die durch den Antrag und die Unteranträge aufgeworfenen grundsätzlichen Fragen nacheinander zu diskutieren.[30]

(a) Die Entscheidung für das Grundprinzip:
Die Ausgangsfrage war, ob die Vindikabilität von Waren oder sonstigen beweglichen Sachen durch eine allgemeine Bestimmung des Handelsgesetzbuchs ausgeschlossen werden sollte. Die isolierte Betrachtung dieser Frage entsprach dem

---

[27] Schubert, Protokolle der Kommission zum ADHGB, S. 4611
[28] Schubert, Protokolle der Kommission zum ADHGB, S. 4621
[29] Schubert, Protokolle der Kommission zum ADHGB, S. 4614
[30] Schubert, Protokolle der Kommission zum ADHGB, S. 4605

preußischen Antrag, der eine Regelung der rechtlichen Stellung des Erwerbers nicht vorsah. Die Befürworter eines allgemeinen Vindikationsausschlusses beriefen sich zunächst auf Sinn und Zweck einer solchen Regelung, den Schutz des Handelsverkehres.[31] Sie sahen keinen Grund, den Schutz des Handelsverkehrs, der durch einen Ausschluß der Vindikation gewährleistet sei, auf ein einzelnes handelsrechtliches Verhältnis, das Kommissionsrecht, zu beschränken. Dieser Gedanke müsse verallgemeinert werden.[32] Dem wurde entgegengehalten, daß die Ausnahme im Kommissionsrecht gerade durch die ihm eigene Konstellation gerechtfertigt sei.[33]

Zudem beriefen sich die Befürworter des Ausschlusses auf bereits bestehende Regelungen. Insbesondere nahmen sie Bezug auf die Rechtslage in jenen Landesteilen, in denen der Handel eine große Rolle spiele. Entsprechende Regelungen, welche die Vindikation für gewisse Beziehungen des Verkehrs beschränkten, hätten sich bereits bewährt, deshalb bestünden keine Bedenken gegen eine Ausweitung im ganzen Handelsverkehr.[34] Als Beispiele wurden Regelungen angeführt, die Sachen in der Hand eines redlichen Erwerbers für nicht vindizierbar erklärten, wenn diese auf öffentlichen Versteigerungen oder aus Magazinen erworben wurden. Dort, wo der Handel eine große Rolle spiele, habe sich auch das germanische Prinzip und nicht das römische Vindikationsprinzip durchgesetzt, eine Tatsache, welche die Bedürfnisse des Handels deutlich mache.[35]

Gegen das Argument, daß sich die Regelungen besonders bewährt hätten, wurde vorgebracht, daß dort, wo das reine Vindikationsrecht bestehe, Vindikationsprozesse selten seien und es deshalb einer Ausweitung der Ausnahme im Handelsverkehr nicht bedürfe.[36] Dies und die Tatsache, daß keine Handelskammer den zweiten Entwurf wegen des Fehlens einer solchen Regelung kritisiert habe,[37] mache deutlich, daß auch kein wirkliches Bedürfnis für den Handel bestehe. Von dieser Ansicht gegen den Ausschluß der Vindikation wurde im Verlauf der Diskussion auch auf die allgemeine Rechtsanschauung verwiesen. Dieser entspreche es, daß man Eigentum dort vindizieren könne, wo man es finde.[38] Dem hielt die andere Seite ihrerseits die Seltenheit der Vindikationspro-

[31] Schubert, Protokolle der Kommission zum ADHGB, S. 4605 f.
[32] Schubert, Protokolle der Kommission zum ADHGB, S. 4606
[33] Schubert, Protokolle der Kommission zum ADHGB, S. 4608
[34] Schubert, Protokolle der Kommission zum ADHGB, S. 4606
[35] Schubert, Protokolle der Kommission zum ADHGB, S. 4608
[36] Schubert, Protokolle der Kommission zum ADHGB, S. 4606
[37] Schubert, Protokolle der Kommission zum ADHGB, S. 4607
[38] Schubert, Protokolle der Kommission zum ADHGB, S. 4606

zesse entgegen. Diese Seltenheit zeige gerade, wie wenig das Vindikationssystem in das Verkehrsleben vorgedrungen sei, und daß es sich gerade nicht um eine allgemeine Rechtsanschauung handele.[39]

Schließlich dienten noch Erwägungen zur Ausgestaltung einer solchen Regelung als Argumente. Das Vindikationssystem sei einfach und klar. Wenn man Ausnahmen zulasse führe das nur zu Verwicklungen.[40] Dies zeigten die Kontroversen innerhalb der Rechtsprechung zu dem Satz „Hand wahre Hand". Außerdem sehe man der Ware i.d.R. nicht an, ob sie durch die Hand eines Kaufmanns gegangen sei. Die Befürworter des Vindikationsausschlusses stellten daraufhin klar, man wolle nicht bloß den Satz „Hand wahre Hand" in das Gesetz aufnehmen, sondern eine hinreichend bestimmte Vorschrift normieren.[41]

Am Ende reagierten die Befürworter auch auf den Vorwurf, man schaffe ein Privileg für den Kaufmannsstand.[42] Nicht ein solches, sondern eines für das Publikum, welches bei Kaufleuten verkehre, werde geschaffen.[43]

(b) Eigentumserwerb des Gutgläubigen

Nach der Diskussion des Vindikationsauschlusses, jedoch vor einer Entscheidung über diesen, wandte man sich der Frage der rechtlichen Stellung des redlichen Erwerbers zu. Zu entscheiden war, ob die Regelung eine reine Beschränkung der Vindikationsklage werden sollte, oder ob der redliche Erwerber darüber hinaus unmittelbar Eigentum erlangen sollte, wie dies der Antrag A forderte.

Für einen unmittelbaren Eigentumserwerb des redlichen Erwerbers wurde eine Reihe von Gründen angeführt.[44] Zunächst wies man auf die Vorteile für die Anwendung der Bestimmung hin. So handele es sich um einen systematischen Gedanken, der zu einer einfachen und sicheren Anwendung des Gesetzes in der Praxis führe. Regelungen hingegen, die nur die Vindikation ausschlössen, andererseits dem früheren Inhaber sein Eigentum beließen, führten zwangsläufig zu Verwicklungen in der Praxis. Diese Verwicklungen sah man in dem dauerhaften

[39] Schubert, Protokolle der Kommission zum ADHGB, S. 4608
[40] Schubert, Protokolle der Kommission zum ADHGB, S. 4607
[41] Schubert, Protokolle der Kommission zum ADHGB, S. 4609
[42] Schubert, Protokolle der Kommission zum ADHGB, S. 4607
[43] Schubert, Protokolle der Kommission zum ADHGB, S. 4609
[44] Schubert, Protokolle der Kommission zum ADHGB, S. 4610

Auseinanderfallen von Besitz und Eigentum. Zudem berief man sich auf vergleichbare, schon bestehende Regelungen. Im Zusammenhang mit den Vorteilen für die Anwendung nannte man das österreichische ABGB und bemerkte, dieses habe die wahre Meinung des Verkehrs getroffen mit seiner Regelung, daß derjenige, der im öffentlichen Marktverkehr für sein Geld kaufe, sicher sein könne, die Sache zu behalten. Schließlich wies man auf das römische Ersitzungsrecht hin. Die hier zu findende Ersitzung redlich erworbener Mobilien unterscheide sich von der vorgeschlagenen Lösung nur durch die ohnehin willkürlichen justinianischen Fristen.

(c) Ausnahme von dem Prinzip - „gestohlen und verloren“:
Die Vorschläge zu der Regelung in Antrag und Unteranträgen enthielten stets Empfehlungen zu möglichen Ausnahmen von dem Prinzip des Vindikationsausschlusses. Diskutiert wurde in der Kommission, ob, wie in Antrag B vorgesehen, eine Ausnahme vom Vindikationsausschluß (und Eigentumserwerb) bei „gestohlenen und gefundenen“ Sachen zu schaffen sei.
Antrag B stützte diese Ausnahme in seinen Motiven auf den Grundsatz, daß bei einem Vertrauensmißbrauch derjenige, welcher sein bewegliches Eigentum einem anderen anvertraut habe, dem redlichen Erwerber nachstehe.[45] Dieser bekannte Gedanke rechtfertigt sich durch die Überlegung, daß der Erwerber auch vertraut, und der frühere Inhaber den Vorteil hat, daß er sich die Vertrauensperson aussuchen kann.

Anders verhielt es sich in den Motiven zu Antrag A, der ausdrücklich keine Ausnahme vorsah. Wolle man den Handelsverkehr schützen, so dürfe man diesen Schutz nicht *„durchlöchern“*. Es sei eine volle Sicherheit vorzuziehen.[46] Dieses Argument wurde auch in der Diskussion der Kommission nochmals aufgegriffen. Durch eine entsprechende Ausnahme ginge die erreichte Sicherheit des Verkehrs wieder verloren.[47]

Die Befürworter der Ausnahme wiesen darauf hin, daß dort, wo sie existiere, gute Erfahrungen gemacht worden seien.[48] Schon zu Beginn der Diskussion hatten die Befürworter der Ausnahme darauf hingewiesen, daß die Ausnahme für den großen Handelsverkehr keine entscheidende Bedeutung habe, für die kleinen Handelsgeschäfte jedoch unerläßlich sei. Die Angehörigen jener Geschäfte

---

[45] Schubert, Protokolle der Kommission zum ADHGB, S. 4616
[46] Schubert, Protokolle der Kommission zum ADHGB, S. 4615
[47] Schubert, Protokolle der Kommission zum ADHGB, S. 4610
[48] Schubert, Protokolle der Kommission zum ADHGB, S. 4611

seien nach dem ADHGB auch Kaufleute, jedoch weniger zuverlässig. Um die Hehlerei zu unterbinden, sei die Ausnahme notwendig.[49] Dagegen wurde von der anderen Seite eingewandt, daß nicht die kleinen Trödler geschützt werden sollten, die als Kaufleute angesehen wurden, sondern das bei diesen verkehrende Publikum. Es sei nicht einzusehen, warum diesem der Schutz verweigert werden sollte.[50]

Schließlich wurde auch die in Rede stehende Fassung der Ausnahme beanstandet. Es wurde die Auffassung vertreten, daß, bei jeder deliktischen Sachverschaffung eine Ausnahme zu statuieren sei. (Die vorgeschlagene Fassung ließ, dem Wortlauf folgend, die Vindikation nur bei „gestohlenen und gefundenen" Sachen zu.) Die Beanstandung erfolgte mit der Begründung, es sei nicht einzusehen, warum durch Veruntreuung, Raub oder Betrug entzogene Sachen nicht vindizierbar sein sollten.[51]

(d) Fazit:

Wie schon die Darstellung zeigt, verlief die Diskussion sehr ausgeglichen. Jedes Argument wurde durch ein Gegenargument der anderen Seite entkräftet, so daß sich die Meinungslager neutralisierten. Häufig wurden Behauptungen aufgestellt, welchen durch anders lautende Hypothesen widersprochen wurde. Bei der grundsätzlichen Frage des Vindikationsausschlusses konnte keine Seite besonders gewichtige Argumente vorbringen. Zudem blieb jede Seite einen schlüssigen Nachweis ihrer Behauptungen schuldig. Dies gipfelte in dem angeführten Vorbringen bei der Entscheidung für das Grundprinzip. Hier behauptete jede Seite, daß sie die allgemeine Rechtsanschauung repräsentiere. Auch die Tatsache, daß jede Seite für sich die Seltenheit von Vindikationsprozessen fruchtbar machte, unterstreicht den Eindruck der Neutralisierung.

Letztlich blieb das wesentliche Argument für den Vindikationsausschluß der notwendige Schutz des Handelsverkehres, also das Argument, mit dem die Befürworter die Diskussion einleiteten. Entgegengehalten wurde diesem Argument schlicht, daß der Handelsverkehr eines solchen Schutzes nicht bedürfe.

---

[49] Schubert, Protokolle der Kommission zum ADHGB, S. 4610

[50] Schubert, Protokolle der Kommission zum ADHGB, S. 4611; In den Motiven zu Antrag A (S. 4615) wies man auf die Möglichkeit hin, daß man zudem Leute, die in notorischen Diebeshöhlen kauften, als unredliche Erwerber ansehen könne und es deshalb der Ausnahme nicht bedürfe.

[51] Schubert, Protokolle der Kommission zum ADHGB, S. 4618 (Motive zum Antrag C (Österreich))

Zu der Frage, ob der Erwerber der Sache auch Eigentum erwerben solle, wurden von den Befürwortern im wesentlichen Praktikabilitätsgesichtspunkte angeführt. So führte man an, das Gesetz werde einfacher anzuwenden sein und führe nicht zu Verwicklungen in der Praxis. Dies habe sich bei vergleichbaren Regelungen schon gezeigt.
Die Argumente der Gegner bleiben im Dunkel.

Bei der Ausnahmeregelung verlief die Diskussion wieder ausgeglichen.

Für heutige Erörterungen sind die vorgebrachten Argumente nur eine eingeschränkte Hilfe. Aber auch in der damaligen ausgeglichenen Diskussion der Kommission waren die Argumente keine wirkliche Unterstützung bei der Meinungsbildung.

(2) Abstimmung:
Nach dem Austausch aller Argumente stimmte die Kommission über die einzelnen Elemente der Regelung ab.[52]
Eine allgemeine Beschränkung der Vindikation in das ADHGB aufzunehmen, wie im preußischen Antrag vorgesehen, wurde mit 9 zu 5 Stimmen angenommen. Für eine Ausnahme bei gestohlenen und verlorenen Sachen sprachen sich ebenfalls 9 Mitglieder aus. Mit 8 zu 6 Stimmen wurde entschieden, daß die Ausnahme, wie in Antrag B vorgesehen, zu fassen sei. Dies war vor allem die Entscheidung gegen ein Lösungsrecht. Schließlich entschied man die Frage, ob der gutgläubige Erwerber bei Ausschluß der Vindikation Eigentümer der Sache werden solle. Diese gewichtige Frage wurde bei Stimmengleichheit nur durch die ausschlaggebende Stimme des Präsidenten positiv entschieden.
Die Abstimmung darüber, ob die so zusammengesetzte Regelung nicht wieder zu streichen sei, wurde auf das Ende der Beratungen verschoben. Im ganzen wurde die Vorschrift schließlich mit 8 zu 6 Stimmen von der Kommission angenommen.[53]

Folglich fand die Bestimmung in ihrer endgültigen Fassung nur eine knappe Mehrheit. Insbesondere zum Eigentumserwerb vom Nichtberechtigten kam man mit dem denkbar knappesten Ergebnis. Die Abstimmung verlief mithin so, wie es die vorangegangene Diskussion, in der sich keine Ansicht durch besondere Argumente hervorheben konnte, erwarten ließ.

[52] Schubert, Protokolle der Kommission zum ADHGB, S. 4611
[53] Schubert, Protokolle der Kommission zum ADHGB, S. 4614

3) Fazit

Die endgültige Regelung des Art. 306 ADHGB wurde in dritter Lesung mit einer knappen Mehrheit angenommen. Art. 306 ADHGB lautet:

> *Wenn Waren oder andere bewegliche Sachen von einem Kaufmann in dessen Handelsbetrieb veräußert und übergeben worden sind, so erlangt der redliche Erwerber das Eigentum, auch wenn der Veräußerer nicht Eigentümer war. Das früher begründete Eigentum erlischt. Jedes früher begründete Pfandrecht oder sonstige dingliche Recht erlischt, wenn dasselbe dem Erwerber bei der Veräußerung unbekannt war.*
> *Sind Waren oder andere bewegliche Sachen von einem Kaufmann in dessen Handelsbetrieb verpfändet und übergeben worden, so kann ein früher begründetes Eigentum, Pfandrecht oder sonstiges dingliches Recht an den Gegenständen zum Nachteil des redlichen Pfandnehmers oder dessen Rechtsnachfolger nicht geltend gemacht werden.*
> *Das gesetzliche Pfandrecht des Kommissionärs, Spediteurs und Frachtführers steht einem durch Vertrag erworbenen Pfandrechte gleich.*
> *Dieser Artikel findet keine Anwendung, wenn die Gegenstände gestohlen oder verloren waren.*

Daß es sich nicht um eine von der großen Mehrheit getragene und als beste Lösung erkannte bahnbrechende Regelung handelte, machen die weiteren Feststellungen deutlich.
Zunächst entwickelte man die Regelung unter dem zeitlichen Druck und der strengen Arbeitsweise, die man sich zu Beginn der Beratungen der dritten Lesung verordnet hatte. Der Zeitdruck ließ keine abschließende Beschäftigung mit den als Argumenten vorgebrachten Behauptungen der verschiedenen Lager zu.
Die endgültige Kombination der Anträge zu der endgültigen Regelung stellt auch eine Konsequenz der Arbeitsweise der Kommission dar. Man war an die anfangs gestellten Anträge gebunden und konnte keine neuen stellen, um auf diese Weise besser auf Probleme zu reagieren, die sich während der Diskussion ergaben.
Zudem muß man sich vor Augen halten, daß die Kommissionsmitglieder am Ende der dritten Lesung nur die Wahl hatten, einen schnell gefertigten, aber offensichtlich unliebsamen Kompromiß anzunehmen, oder bei dem Rechtszustand

stehenzubleiben, der schon am Ende der zweiten Lesung erreicht war. Dieser Rechtszustand wurde einhellig als unzureichend angesehen.
Schließlich unterstreicht ein weiterer Aspekt den Kompromißcharakter der Norm. Am Ende wurden sämtliche zu Beginn der dritten Lesung gestellten Anträge angenommen und miteinander zu einer Regelung verbunden. Nur der Antrag Österreichs wurde nicht angenommen, dies aber nur, weil er zurückgezogen wurde (vgl. oben 2) b) aa) (3)).
Keiner der Anträge konnte sich somit als unangefochtenes Leitmotiv durchsetzen. Hier ist vor allem die preußische Erinnerung zu nennen, die ein Lösungsrecht vorsah, aber keinen Eigentumserwerb des redlichen Erwerbers. Auch der Antrag aus Hamburg stieß mit seiner Grundidee, einen uneingeschränkten Eigentumserwerb zuzulassen, nicht auf ausreichende Gegenliebe.

Das Ergebnis der Abstimmung kann man somit als zufällig bezeichnen. Es hing letztlich nur von der zufälligen Zusammensetzung der Kommission ab. Dieser Umstand erinnert an das Zitat von Windscheid, welches dieser im Zusammenhang mit der Lesung zum BGB äußerte (vgl. Einleitung).

II. Analyse und Konkretisierung durch die Rechtswissenschaft

Einen mindestens genauso gewichtigen Beitrag zu Art. 306 ADHGB wie die Kommission, welche die Norm ins Leben gerufen hatte, leisteten Literatur und Rechtsprechung.
Von der Kommission wurde diese Norm in kurzer Zeit geschaffen. Konkretisierungen von Einzelheiten konnten nicht vorgenommen werden. Die Reichweite des Art. 306 ADHGB, welche sich vor allem auch durch die Interpretation der Voraussetzungen bestimmt, war somit bei Inkrafttreten nicht geklärt. Literatur und Rechtsprechung trugen entscheidend zur Entwicklung der Norm bei, indem sie die Bedeutung der Voraussetzungen klärten und die Regelung konkretisierten.

Die Bearbeitung durch die Rechtswissenschaft läßt sich in zwei Fragestellungen einteilen. Die erste Frage ist jene nach der Rechtfertigung der Regelung, insbesondere des Eigentumserwerbs durch den Dritten. Diese Problematik spielte bei der wissenschaftlichen Bearbeitung des Art. 306 ADHGB noch eine untergeordnete Rolle, gewinnt später jedoch an Bedeutung. Sie dient als Grundlage und Argumentationshilfe für die Interpretation der Regelungen über den Erwerb vom Nichtberechtigten.

An zweiter Stelle steht die Frage nach der Interpretation der Voraussetzungen, die für den Erwerb des Eigentums gemäß Art. 306 ADHGB vorliegen müssen. Die folgende Darstellung orientiert sich an diesen Kernpunkten.

1) Keine Vorgaben der Kommission

Vorgegeben wurde von der Kommission das Ergebnis ihrer Arbeit, der Normtext, der sich leicht in Voraussetzungen einteilen läßt. Teilweise modifizierten die Einführungsgesetze der Länder Art. 306 ADHGB (vgl. unten b) aa)).
Zu der Frage des Bedürfnisses nach einer solchen Norm und zu ihrer Rechtfertigung bezog man Stellung (a)). Zu der Interpretation der Voraussetzungen und somit zu der Reichweite der Norm gab die Kommission jedoch keine Vorgaben (b)).

a) Rechtfertigung der Regelung, Schutz des Handelsverkehres:
Das Ziel, welches mit der Einführung des Vindikationsausschlusses verfolgt wurde, war der Schutz des Handelsverkehrs vor unsicheren Geschäften. Dies ergibt sich aus den angeführten Argumenten. Es setzte sich die Meinung durch, die sagte, eine Vindikation ohne Ausnahme entspreche nicht den Bedürfnissen des Handels. In der Begründung wurde dies oft wiederholt.[54] Die Befürworter der Regelung machten deutlich, daß nicht, wie ihnen vorgeworfen,[55] ein Privilegium für den Kaufmannsstand eingeführt werden solle, sondern daß es darum gehe, das bei Kaufleuten verkehrende Publikum zu schützen.[56]

Der mit der Regelung einhergehende Eigentumserwerb wurde mit praktischen Erwägungen begründet (vgl. oben I. 2) b) bb) (1) (b)). Es handelte sich hierbei somit um eine Frage der näheren Ausgestaltung der Regelung, die in erster Linie den Vindikationsausschluß im Auge hatte.

b) Voraussetzungen für den Eigentumserwerb:
aa) Sachlicher und persönlicher Anwendungsbereich des Art. 306 ADHGB:
Als Gegenstand des gutgläubigen Eigentumserwerbs bezeichnet Art. 306 ADHGB „Waren und andere bewegliche Sachen“.
Eine Einschränkung des Art. 306 ADHGB ist es, daß es sich bei dem Veräußerer um einen „Kaufmann in dessen Handelsbetriebe“ handeln muß. Die Kauf-

[54] Schubert, Protokolle der Kommission zum ADHGB, S. 4606, 4608
[55] Schubert, Protokolle der Kommission zum ADHGB, S. 4607
[56] Schubert, Protokolle der Kommission zum ADHGB, S. 4609

mannseigenschaft ergibt sich aus den Art. 271, 272, 4 ADHGB.[57] Einige Einführungsgesetze verzichteten auf die Kaufmannsqualität und erweiterten so den Anwendungsbereich der Bestimmung des Art. 306 ADHGB.[58]

bb) Übergabe:
Als tatsächliches Element fordert Art. 306 ADHGB eine Übergabe. Auch zur Übergabe liefern die Gesetzesmaterialien keine nähere Konkretisierung.

Bemerkenswert ist, daß eine solche weder bei der römischen Ersitzung, noch im germanischen „Hand wahre Hand"-Prinzip vorgesehen war. Sie tauchte zuerst in der preußischen „Erinnerung" auf. Dies ist deshalb erstaunlich, da die Erinnerung keinen Eigentumserwerb vorsah. Daß manche Landesrechte für die Eigentumsübertragung eine Übergabe vorsahen, ist mithin keine passende Erklärung für diese Voraussetzung.
Auch in den entsprechenden Normen des ALR, denen die Erinnerung nachgebildet worden sein soll,[59] wird eine Übergabe nicht vorausgesetzt.[60] Ein Grund für dieses Kriterium der Übergabe ist daher nicht ersichtlich.

cc) Redlichkeit des Erwerbers
Gemäß Art. 306 ADHGB muß der Erwerber weder Kaufmann sein, noch muß er in einem Handelsbetriebe handeln. Art. 306 ADHGB setzt jedoch voraus, daß der Erwerber redlich ist.
Das Merkmal der Redlichkeit war in der Kommission nicht unumstritten.
(1) Redlichkeit als Voraussetzung:
So wurde in der 1. Lesung zum ADHGB die Notwendigkeit der Voraussetzung, Gutgläubigkeit des vor der Vindikation durch den Kommittenten geschützten Käufers, angesprochen.[61] Das uns heute als selbstverständlich erscheinende

---

[57] vgl. auch Goldschmidt, ZHR 9, S. 23
[58] Hamb. Einf. Ges. §30; Brem. Einf. Ges §30; vgl. hierzu Endemann, Handbuch, §174, II. B. 2., S. 56
[59] Koch, Kommentar zum ADHGB, Art. 306, FN 83, S. 489
[60] Auch andere mögliche Vorbilder der Regelung setzten keine Übergabe der Sache voraus. So war es weder im Bürgerlichen Gesetzbuch für das Königreich Sachsen von 1865 noch im Bayrischen Entwurf von 1862 eine Voraussetzung für den gutgläubigen Erwerb (wo diese einen solchen vorsahen - bei Geld- und Inhaberpapieren), daß die betreffenden Sachen übergeben werden (§295 Sächs. BGB / Art. 95 Bayrischer Entwurf).
[61] Beschlossen wurde in der 1. Lesung ausdrücklich zu regeln, daß der Kommittent, auch bei einer Auftragsüberschreitung des Kommissionärs, die Ware von dem gutgläubigen Käufer nicht vindizieren kann.

Merkmal des Erwerbs vom Nichtberechtigten, der gute Glaube, war nicht von Anfang an eine Selbstverständlichkeit.
Ein Kommissionsmitglied sprach sich dafür aus, die Voraussetzung der Gutgläubigkeit nicht aufzunehmen und somit die Vindikation im Falle der Verkaufskommission allgemein abzuschneiden.[62] Diese Anregung wurde jedoch von der Mehrheit abgelehnt und nicht befolgt.
Es wurde von der Kommissionsmehrheit vorgebracht, daß man ohne die Worte „gutgläubiger Erwerber" über den Satz „Hand muß Hand wahren" hinausgehe. Eine solche Ausdehnung des Satzes entsprach nicht der zu Beginn der Beratungen deutlich geworden Intention, das Recht allgemein dem Recht der Länder anzugleichen, wo der Rechtssatz „Hand muß Hand wahren" schon gelte, jedoch nicht über diesen hinauszugehen.[63] Die Ausführungen machen somit zugleich deutlich, daß die Kommission vom „gutgläubigen Erwerber" als Voraussetzung des „Hand wahre Hand" - Prinzips ausging.[64]
Es bestehe außerdem die Gefahr von Kollusionen eines beispielsweise sich nahe am Konkurs befindenden Kommissionärs. Ein solcher könne einem Dritten, der seinerseits um die Absprachen von Kommissionär und Kommittent wisse, aus unredlicher Rücksicht die Ware weit unter dem im Innenverhältnis abgesprochenen Preis verkaufen.[65]
Schließlich diente den Befürwortern der in Frage stehenden Voraussetzung auch deren zu erwartende Auslegung als Argument. Auf diese Weise kamen auch inhaltliche Aspekte der Voraussetzung bei der Diskussion um ihre Notwendigkeit zur Sprache. Die Befürworter hielten die Beibehaltung der „Gutgläubigkeit" für unbedenklich und wiesen zur Begründung auf eine mögliche großzügige Auslegung derselben hin.[66] Die konkreten Vorschläge sind im einzelnen für die Interpretation des Art. 306 ADHGB nicht aufschlußreich, da sie sich ausschließlich auf die Situation der Verkaufskommission beziehen.

---

[62] Schubert, Protokolle der Kommission zum ADHGB, S. 689
[63] Schubert, Protokolle der Kommission zum ADHGB, S. 688
[64] Die Kommissionsmehrheit sprach vom „gutgläubigen Erwerber" als Vorausetzung des „Hand wahre Hand - Grundsatzes". Dies bedarf der Erläuterung, denn der Germanische Rechtssatz kannte ursprünglich kein Gutglaubenserfordernis i.R.d. „Hand wahre Hand"-Prinzips (Wieling, Sachenrecht I, §10, I 4 b). Man konnte nicht gegen den Erwerber vorgehen, auch wenn dieser bösgläubig war (Wieling, Sachenrecht I, §10, I 1 (a.E.)). Ein Gutglaubenserfordernis wurde aber durch die Rezeption auch dort eingeführt, wo der Satz „Hand wahre Hand" galt (Wieling, Sachenrecht I, §10, I 4 c). So erklärt sich die Annahme der Kommissionsmehrheit.
[65] Schubert, Protokolle der Kommission zum ADHGB, S. 690
[66] Protokolle der Kommission zum ADHGB, S. 690: „[die Voraussetzung]...gewiß nicht so auslegen werde, als solle jede Wissenschaft davon, daß der Commissionär unter dem Limitum verkaufe, schon die Gutgläubigkeit aufheben,..."

(2) Subjektiver Tatbestand als Korrektiv:
Es lassen sich jedoch allgemeine Gedanken zur Auslegung des subjektiven Tatbestandsmerkmals „Redlichkeit" festhalten, die sich aus der angesprochenen Argumentation ergeben.
Die Mehrheit der Kommission machte deutlich, daß sie keine kompromißlose, starre Regelung wollte. Vielmehr zeichnet sich schon in diesem frühen Stadium ab, was sich in der Praxis entwickelte und bei Schaffung des BGB ausdrücklich berücksichtigt wurde, daß das Merkmal der Gutgläubigkeit die Funktion eines Korrektives einnehmen kann. Als solches dient es dazu, sachgerechte Ergebnisse in der Praxis zu erreichen. Diese Funktion der Voraussetzung „Redlichkeit" als Korrektiv wurde im Verlauf der Kommissionsarbeiten in anderem Zusammenhang nochmals angedeutet. So argumentierte man in den Motiven des Antrages A (3. Lesung), der eine Ausnahme bei gestohlenen und verlorenen Sachen ablehnte, damit, im Zweifelsfall sei der Erwerber einer gestohlenen und verlorenen Sache vom Richter nicht als redlicher Erwerber anzusehen.[67]

(3) Keine Einigung bezüglich des Umfangs des guten Glaubens:
Am Ende der 3. Lesung kam, was die Voraussetzung der Gutgläubigkeit angeht, vor allem der Umfang des guten Glaubens zur Sprache. Zentrale Frage der Diskussion war dabei, in der heute üblichen Terminologie ausgedrückt, ob der gute Glaube des Erwerbers nur bei Kenntnis oder auch bei grob fahrlässiger Unkenntnis ausgeschlossen sein sollte.

Man diskutierte dieses Problem bei einer Beratung des Art. 305 ADHGB. Hier hatte man sich dazu entschlossen, die Behandlung von Papieren, welche durch Indossament übertragen werden können, durch einen Verweis auf Art. 74 ADWO zu regeln.[68] Danach war der Besitzer vor Herausgabe geschützt, unter der Voraussetzung, daß er beim Erwerb nicht in bösem Glauben war und ohne grobes Verschulden handelte.

Von einer Seite wurde in der Folge auf die erhebliche Verschiedenheit zwischen Art. 287 (305 ADHGB) und Art. 288 (306 ADHGB) hingewiesen die aus der Entscheidung resultierte, auf Art. 74 ADWO zu verweisen. Es wurde aufgezeigt, daß nach den Artikeln 288 / 288a (306 ADHGB / 307 ADHGB) der „redliche Erwerber" von Waren, beweglichen Sachen und Inhaberpapieren geschützt sei, nach Art 287 (305) mit dem Verweis auf Art. 74 ADWO hingegen

[67] Motive des Antrags A (3. Lesung), in: Protokolle der Kommission zum ADHGB, S. 4615
[68] Schubert, Protokolle der Kommission zum ADHGB, S. 4613

werde der Erwerber nicht geschützt, welchem bei Erwerbung von indossablen Papieren eine „grobe Fahrlässigkeit“ vorzuwerfen sei.[69] Nach Darstellung der terminologischen Verschiedenheit wies man auf daraus resultierende Schwierigkeiten bei der Interpretation und Rechtsanwendung hin. So sei nicht klar, ob die grobe Fahrlässigkeit der Arglist gleichgestellt werden könne.[70] Besonders bei Art. 288 (306 ADHGB) bliebe ungewiß, ob die Redlichkeit durch Fahrlässigkeit oder grobe Fahrlässigkeit beim Erwerb ausgeschlossen werde. Zweifel und Streitigkeiten seien deshalb zu erwarten.[71]
Am Ende dieser Ausführungen blieb es bei der Diskussion, denn bezüglich der Frage der Auslegung der Redlichkeit war kein Antrag gestellt, so daß keine Beschlußfassung stattfinden konnte. Schon in dieser Diskussion zeichnete sich ab, daß die Kommission in diesem Punkt keine Einigung erzielte.

Am Ende der Beratungen zu Art. 306 ADHGB kam die Frage, ob die Redlichkeit nicht vorhanden sei, wenn das Nichtwissen oder die Überzeugung auf grobem Verschulden beruhten, nochmals zur Sprache. Ein Mitglied der Kommission beantragte für Absatz IV des Art. 306 ADHGB einen Zusatz, den Erwerb dann auszuschließen, wenn der Erwerber in bösem Glauben gewesen sei oder wenn ihm bei Erwerbung der Sache eine grobe Fahrlässigkeit zur Last falle.[72] Der Antragsteller machte deutlich, daß eine solche Klarstellung nötig sei, denn es sei zweifelhaft, ob durch grobes Verschulden des Erwerbers dessen Redlichkeit entfalle.
Als Beispiel für die Notwendigkeit einer Klarstellung führte er den Fall an, daß zwar keine spezielle Erkundungspflicht bestehe, das Unterlassen der Erkundigung aber als grobe Fahrlässigkeit erscheine.[73] Die Kommissionsmehrheit hielt jedoch das aufgeworfene Problem für eine Frage von allgemeiner Bedeutung

---

[69] Schubert, Protokolle der Kommission zum ADHGB, S. 5069

[70] „Ob nun in dieser Hinsicht culpa lata dem dolus gleichgestellt werden könne, ob dieses namentlich nach allen Partikularrechten der Fall sei, erscheine mindestens zweifelhaft“, Schubert, Protokolle der Kommission zum ADHGB, S. 5069

[71] „...[es werde] mehr als bedenklich sein, ohne weiteres anzunehmen, daß die bona fides durch bloße Fahrlässigkeit und selbst durch grobe Fahrlässigkeit beim Erwerb ausgeschlossen werde; jedenfalls dürften bei der Verschiedenheit der Ausdrucksweise des Zusatzes über die eigentliche Meinung der größte Zweifel und daher auch viele Streitigkeiten hierüber entstehen.[...] , Klarheit sei aber sehr zu wünschen, namentlich in Betreff der culpa lata.“, Protokolle der Kommission zum ADHGB, S. 5069 f.

[72] Schubert, Protokolle der Kommission zum ADHGB, S. 5091 „oder (wenn der Erwerber die Sache in bösem Glauben erworben oder) dem Erwerber (der Sache) auch nur eine grobe Fahrlässigkeit zur Last fällt“.

[73] Schubert, Protokolle der Kommission zum ADHGB, S. 5091

und wollte sich in Ansehung des angeführten speziellen Falles nicht entscheiden. Zudem war sich die Mehrheit auch in der Sache unsicher.[74]

Man kann festhalten, daß in diesem Punkt entgegenstehende Ansichten der Kommissionsmitglieder bestanden, und deshalb die Frage, ob grobe Fahrlässigkeit die Redlichkeit ausschließe, bewußt ohne Lösung gelassen wurde. Somit blieben die Vorgaben der Kommission bezüglich der „Redlichkeit" des Erwerbers insgesamt vage. Sie ließen Literatur und Rechtsprechung den größtmöglichen Spielraum.

(4) Beweislast:
Zu der Beweislastverteilung bezüglich des guten Glaubens lassen sich den Protokollen der Kommission keine Hinweise entnehmen. Im Sächsischen Einführungsgesetz zum ADHGB vom 30. Dezember 1861 wurde ausdrücklich angeordnet, daß die Redlichkeit vermutet wird (§16 des Sächsischen Einführungsgesetzes).[75] Dies bedeutet, daß dem Vindikanten auferlegt wurde, den bösen Glauben des Erwerbers nachzuweisen. Daraus den Rückschluß zu ziehen, daß dies bei Art. 306 ADHGB grundsätzlich anders gesehen wurde, ist jedoch mangels Hinweisen nicht möglich. Die Regelungen der Einführungsgesetze haben möglicherweise nur eine deklaratorische Bedeutung.

dd) Kein Vorliegen der Ausnahme des Art. 306 IV ADHGB:
Die endgültige Fassung des Art. 306 ADHGB schloß in ihrem Absatz IV den gutgläubigen Erwerb *„gestohlener und verlorener"* Sachen aus.
Bei Art. 306 IV ADHGB handelt es sich mithin um eine Ausnahme, die den Gegenstand des gutgläubigen Erwerbs betrifft. Dieser darf nicht „gestohlen oder verloren" sein. Ist dies dennoch der Fall, so findet Art. 306 ADHGB keine Anwendung, und es kommen die Grundsätze der Landesrechte zum Zuge.
In Art. 307 ADHGB findet sich eine Unterausnahme zu Art. 306 ADHGB. Danach können Inhaberpapiere auch dann Gegenstand des gutgläubigen Erwerbs sein, wenn sie gestohlen oder verloren sind.[76]

Eine ausdrückliche Vorgabe der Kommission für die Auslegung dieser Ausnahme findet sich in den Protokollen nicht. Vielmehr finden sich hier nur die

---

[74] Schubert, Protokolle der Kommission zum ADHGB, S. 5091
[75] abgedruckt: ZHR 6, S. 87; Die selbe Anordnung findet sich auch in §36 des Einführungsgesetzes von Mecklenburg-Schwerin und Mecklenburg-Strelitz
[76] Endemann, Handbuch, §174, IV., S. 63

bereits genannten Argumente für und gegen die Einschränkung. Aus diesen lassen sich nur Möglichkeiten der Interpretation ableiten.
Eine dieser Möglichkeiten findet sich in den Motiven zu Antrag C in 3. Lesung, der von Österreich eingereicht wurde. Hier beanstandete man, daß veruntreute, durch Raub (!) oder durch Betrug erlangte Gegenstände vom Wortlaut „gestohlen und verloren“ nicht erfaßt würden. Deshalb lehnte man die Formulierung ab. Diese Beanstandung macht deutlich, daß ihre Autoren die Ausnahmefälle von „gestohlenen und gefundenen“ Sachen nicht als bloße Beispielsfälle für Fälle abhanden gekommener Sachen ansahen. Vielmehr verstanden sie die Ausnahmeregelung wörtlich. Wie bereits ausgeführt, handelt es sich hier jedoch nur um eine Interpretationsmöglichkeit und nicht um die Meinung der ganzen Kommission.

c) Fazit:
Die Ausführungen zeigen, daß sich aus dem Gesetz selbst und den Beratungen der Kommission nur wenige Vorgaben für die Handhabung der Regelung ergeben. Bei den Beratungen wurde letztlich nur der Normtext festgelegt.
Zunächst ergeben sich aus der Diskussion um die Grundprinzipien (vgl. oben I. 2) b) bb) (1)) keine eindeutigen Anhaltspunkte für die Auslegung der Grundlagen und Voraussetzungen. Es hat sich gezeigt, daß man sich mal auf den Satz „Hand-wahre-Hand“ bezog, also auf germanische Ursprünge, mal auf die Ersitzung (Schlagwort von der „fristlosen Ersitzung“), also auf römische Grundlagen. Mangels eindeutiger Bezugnahme auf ein Vorbild ist eine historische Begründung der Interpretation nur eingeschränkt möglich. Wie sich zeigen wird, zog man jedoch häufig eine historische Grundlage zur Begründung verschiedener Auslegungsfragen heran (vgl. unten 2)).
Auch die näheren Betrachtungen der Beratungen bringt kaum eindeutige Weisungen für die Handhabung der Regelung. Zunächst hat sich die Kommission dazu entschlossen, mit der Regelung eines Vindikationsausschlusses den Handelsverkehr besonders zu schützen. Über das Ziel der Regelung herrscht folglich Klarheit. Die einzelnen Voraussetzungen bleiben jedoch ohne nähere Konkretisierung. Auch wenn manche Voraussetzungen eingehender diskutiert wurden, ergab sich daraus keine Richtschnur für die Handhabung. So blieb die Diskussion um die Bedeutung des Begriffs der Redlichkeit im Sinne des Art. 306 IV ADHGB ohne konkretes Ergebnis.
Die Kommission ließ zur Auslegung der Norm mithin einen großen Spielraum. Aufgabe dieser Arbeit wird es nunmehr sein, aufzuzeigen, wie und mit welcher Begründung dieser Spielraum gefüllt wurde.

2) Bearbeitung der neuen Regelung in der Literatur und Entwicklung in der Rechtsprechung

Da sich aus der Regelung selbst und den dazugehörigen Protokollen kaum Anhaltspunkte für die Interpretation ergaben, kamen der Literatur und der Rechtsprechung die Aufgabe zu, die Regelung des Art. 306 ADHGB zu konkretisieren. Wegen der fehlenden Einschränkungen hatten Literatur und Rechtsprechung dabei einen weiten Spielraum.
Natürlich beeinflußten sich Literatur und Rechtsprechung gegenseitig. So griff die Rechtsprechung auf Arbeiten der Literatur zurück. Die Literatur nahm sich der Probleme und der Fortentwicklung in der Rechtsprechung an. Hier soll zunächst dargestellt werden, wie in der Literatur die Regelung ausgelegt wurde. Die höchstrichterliche Rechtsprechung ließ naturgemäß nach Inkrafttreten der Regelung etwas auf sich warten.

Zu Beginn spielten einige Aufsätze, Lehrbücher und Kommentare eine besondere Rolle. Besonders hervorzuheben ist dabei der Aufsatz von Goldschmidt aus dem Jahre 1866[77], der sich in großer Ausführlichkeit der Regelung widmete und entscheidende Weichenstellungen vornahm, die von der übrigen Lehre häufig übernommen wurden. In seinem später erschienenen „Handbuch des Handelsrechts" erläuterte Goldschmidt nochmals Gedanken des Aufsatzes und ging auf in der Zwischenzeit geäußerte Kritik ein. Der zweite ausführliche, wenn auch weniger einflußreiche Aufsatz in dieser Zeit kam von Hauser. Dieser griff ausdrücklich Probleme aus dem Aufsatz Goldschmidts auf und widmete sich den Lücken, die er noch sah.[78] Schließlich ist hier noch auf den Kommentar von Hahn und das Lehrbuch von Thöl hinzuweisen. Diese sind besonders zu beachten, da beide Autoren der Kommission zur Schaffung des ADHGB angehörten.[79]

Zu einigen Fragen nahm die Rechtsprechung Stellung. Im Zentrum der Betrachtung sollen hier die Entscheidungen des Reichsoberhandelsgerichts (ROHG) und des Reichsgerichtes (RG) zu Art. 306 ADHGB stehen.

---

[77] Goldschmidt, ZHR 8, S. 225 ff. und ZHR 9, S. 1 ff.

[78] Hauser, Archiv für Deutsches Wechselrecht und Handelsrecht, 1867, S. 256 ff. Hauser ging in seiner Vorrede ausdrücklich auf den Aufsatz Goldschmidts ein (S. 256).

[79] Schubert, Einleitung ADHGB, S. X

a) Rechtfertigung der Regelung:
Zu dem Ziel der Regelung und zu möglichen Theorien zur Erklärung des Institutes finden sich, anders als in der heutigen Literatur, nur wenige Ausführungen. Man kann nur vermuten, daß das mit der Regelung festgelegte Prinzip einfach hingenommenen wurde. Hin und wieder findet sich in der Literatur schlicht ein Hinweis auf historische Grundlagen des Institutes. Sinn und Zweck der Regelung wird, wie auch von der Kommission dargelegt, im Schutz des Verkehrs gesehen. Zum Teil wird hervorgehoben, daß insbesondere der Handelsverkehr eines solchen Schutzes bedürfe.[80] Diese Stellungnahme erläutert man in der Literatur teilweise mit der Überlegung, daß bei Geltung des römischen Vindikationsprinzips die Beweglichkeit des Mobiliarbesitzes zu sehr eingeschränkt werde.[81]
Ansätze zu der sogenannten Rechtsscheinlehre, welche später eine große Rolle spielen sollte, finden sich nur wenige. So weisen die Ausführungen in dem Kommentar von Anschütz und Frhr. v. Völderndorff auf die Verbindung zwischen dem guten Glauben und dem Besitz des Veräußerers an der Sache hin.[82]
Ausführlichere Bemerkungen und sogar Theorien zur Erklärung des Institutes finden sich zu der Ausnahme des Art. 306 Abs. IV ADHGB. Doch sollen diese dort angeführt werden, wo die einschlägigen Regelungen besprochen werden, da sie im Zusammenhang mit Auslegungsfragen eine Rolle spielen (vgl. unten b) ff)).
Die Rechtsprechung hatte während des Geltungszeitraums von Art. 306 ADHGB keinen Anlaß, zu der Rechtfertigung der Regelung Stellung zu beziehen. Zum Teil leitete sie ihre Interpretationen der Voraussetzungen unter Zuhilfenahme historischer Vorbilder ab. Dies wird bei der Darstellung der Interpretation der Voraussetzungen durch die Rechtsprechung deutlich.

b) Voraussetzungen für den Eigentumserwerb:
aa) Gegenstand des Erwerbs: „Waren oder andere bewegliche Sachen“
(1) Auslegung der Formulierung:

---

[80] Puchelt, Art. 306, 1), S. 832
[81] Puchelt, Art. 306, 1), S. 832; Staub, 3./4. Auflage (1896), Art. 306, Einleitung
[82] Anschütz / Völderndorff, Art. 306, II., S. 154 „An den tatsächlichen Besitz, an die tatsächliche Herrschaft über die Sache knüpft das Handelsrecht die Präsumtion auch der rechtlichen Herrschaft, der Dispositionsgewalt des Veräußerers [...] das Recht des Eigentümers ist nicht mehr für jeden Dritten äußerlich erkennbar, vielmehr besteht nun für Dritte die Präsumtion, daß der tatsächliche Besitzer der beweglichen Sache auch der Eigentümer derselben sei, daß er mindestens über dieselbe disponieren dürfe.“

Der Begriff „bewegliche Sachen" wurde als Oberbegriff für den Gegenstand des Gutgläubigen Erwerbs angesehen.[83] Mit der Nennung von „Waren" hebe das Gesetz nur die beweglichen Sachen hervor, die sich gewöhnlich im Handel befänden.[84] Dieser Umstand sei aber keine Voraussetzung, wie die Formulierung „andere bewegliche Sachen" zeige.[85]

(2) Körperliche Gegenstände:[86]

Bei der Auslegung und Anwendung der §§932 ff. BGB ist heute ohne Zweifel Gegenstand des gutgläubigen Erwerbs eine bewegliche Sache als körperlicher Gegenstand. Dies stellt die Definition des §90 BGB sicher, und eine abweichende Auslegung wird nicht diskutiert. Mithin scheidet ein gutgläubiger Erwerb von Rechten bzw. Forderungen nach den §§932 ff. BGB aus.

Bei Art. 306 ADHGB hingegen war dies nicht von Anfang an so deutlich, was auch auf den noch uneinheitlichen Sachbegriff der damaligen Zeit zurückzuführen sein dürfte. Dieser machte es notwendig, daß man sich im Rahmen des Art. 306 ADHGB auf einen Sachbegriff einigte.

Im Rahmen seiner Argumentation zu der Frage, ob Namenspapiere unter Art. 306 ADHGB zu subsumieren seien, schloß Goldschmidt indirekt aus, daß Forderungen gemäß Art. 306 ADHGB erworben werden könnten. Er stellte fest, daß der Erwerb des Eigentums (an einer Beweisurkunde) nach anderen Grundsätzen erfolge, als der Erwerb von Forderungen (die in der Urkunde bewiesen werden).[87] Der Feststellung Goldschmidts lag die Überlegung zu Grunde, daß es möglich sei, daß man bei Namenspapieren, bei denen die genannte Forderung nicht mit dem Papier übergehe, Eigentum an der Urkunde (dem Papier) haben könne, ohne jedoch Inhaber der in dem Papier genannten Forderung zu sein. Daß eine solche Situation durch Art. 306 ADHGB geschaffen würde und ein Namenspapier nach Art. 306 ADHGB erworben werden könne, hielt er nicht für möglich. Der Gesetzgeber habe durch Art. 306 ADHGB ein Auseinanderfallen von Forderung und Urkunde nicht fördern wollen. Daß die Forderung nach Art. 306 ADHGB erworben werden könne, zog er nicht in Betracht. Daraus läßt sich schließen, daß Goldschmidt Art. 306 ADHGB für Forderungserwerb nicht für geeignet hielt.

Deutlicher äußert sich Hauser. Ebenfalls im Zusammenhang mit der Diskussion um Namenspapiere weist er darauf hin, daß grundsätzlich auch Forderungen,

---

[83] Goldschmidt, ZHR 9, S. 7; Hauser, S. 259 / 262

[84] Goldschmidt, ZHR 9, S. 8; ders., Handbuch, I, §47, II, S. 409; Hauser, S. 259

[85] Hauser, S. 259; Thöl, §243, 1., S. 135, FN 3

[86] Zu der besonderen Behandlung von Seeschiffen, vgl. unten ee) (2).

[87] Goldschmidt, ZHR 9, S. 8

welche im Handel umlaufen, Waren i.S.d. ADHGB seien.[88] Art. 306 ADHGB mache aber durch seine Formulierung „oder andere bewegliche Sachen" deutlich, daß es sich bei den Waren um bewegliche Sachen handeln müsse.[89] Im Folgenden stellt Hauser fest, daß unter Sachen, als Gegenstand eines Eigentums gedacht, nur „körperliche Dinge" im Gegensatz zu Rechten verstanden würden.[90] Mithin kann man annehmen, daß Hauser gemäß Art. 306 ADHGB nur den redlichen Erwerb körperlicher Gegenstände für möglich hält.

Das ROHG stellte in einer Entscheidung zu Art. 309 ADHGB vom 02. April 1873 fest, daß unter „bewegliche Sachen" nach dem Sprachgebrauch des ADHGB nur körperliche Sachen verstanden würden. Eine Forderung falle demnach nicht unter den Begriff „bewegliche Sache" i.S.d. Art. 309 ADHGB.[91]
Zu der gleichen Feststellung gelangte auch das Reichsgericht in seinen Entscheidungen zu Art. 306 und 309 ADHGB.[92] So stellte es in seiner Entscheidung vom 11. Januar 1887 fest, daß bewegliche Sachen i.S.d. Art. 309 ADHGB nur körperliche Sachen seien, und nicht Forderungsrechte als solche darunter verstanden werden könnten. Das Oberlandesgericht als Vorinstanz hingegen hatte noch Forderungen unter diesen Begriff des Art. 309 ADHGB gefaßt. In einer späteren Entscheidung stellte das Reichsgericht dies nochmals ausdrücklich für Art. 306 ADHGB fest.[93]
Auch auf Rechte sei Art. 306 ADHGB nicht zu beziehen.[94] Insbesondere sei es nicht Aufgabe des Art. 306 ADHGB, dort, wo nur der Anschein eines Rechtes bestehe und kein Recht entstanden sei, nur wegen guten Glaubens ein solches entstehen zu lassen.

Die später erscheinende Literatur äußerte sich unter dem Einfluß in der Zwischenzeit ergangener höchstrichterlicher Entscheidungen eindeutig. Puchelt stellte fest, daß Gegenstand des Geschäfts „bewegliche, körperliche Sachen" sein müßten.[95] Ebenso äußerte sich Endemann.[96] Abschließend sei hier noch Papendieck genannt, der als Negativbeispiel für „Waren oder andere bewegliche

[88] Hauser, S. 261
[89] Hauser, S. 262
[90] Hauser, S. 262
[91] RG 10, 40
[92] RG 10, 40; RG 17, 57 (58); RG 26, 43
[93] RG 26, 43 (44)
[94] RG 25, 1 (5)
[95] Puchelt, Art. 306, 2), S. 832 f.
[96] Endemann, Handbuch, §174, II, A., S. 54 (zeitlich vor den ergangenen Entscheidungen)

Sachen" ausdrücklich Rechte, Forderungsrechte, Patentrechte und Verlagsrechte aufzählte.[97]

(3) Behandlung der Wertpapiere:
Eine weitere Frage war, ob und welche Wertpapiere in den Anwendungsbereich des Art. 306 ADHGB fielen und mithin Gegenstände des redlichen Erwerbs nach Art. 306 ADHGB seien.
Nahezu allgemein sah man Wertpapiere als bewegliche Sachen i.S.d. Artikels an.[98] Order- und Inhaberpapiere wurden durch die Art. 305 und 307 ADHGB besonders berücksichtigt, schieden mithin für den Anwendungsbereich des Art. 306 ADHGB aus.[99] Für Wechsel kamen die Regelungen der ADWO zur Anwendung (Art. 74 ADWO). Dies bestätigte auch die Regelung des Art. 2 ADHGB.[100] Umstritten war die Frage mithin nur bei anderen Namenspapieren.[101] Für diese existierte keine Bestimmung, sie waren mithin die einzigen, für die Art. 306 ADHGB in Frage kam.[102]

Die herrschende Lehre lehnte eine Anwendung von Art. 306 ADHGB auf Namenspapiere ab.[103] Goldschmidt und Hauser stellten an den Anfang ihrer Hauptargumentation eine Zweiteilung.[104] Das Namenspapier habe einerseits einen Vermögenswert, den das Forderungsrecht darstelle, und sei andererseits eine Beweisurkunde, also ein körperlicher Stoff.[105] Was das Forderungsrecht angehe, sei dieser Teil zweifelsfrei keine Sache im Sinne des Art. 306 ADHGB.[106] Bewegliche Sache i.S.d. Art. 306 ADHGB müsse ein körperlicher Gegenstand sein. Das Papier selbst, als körperlicher Stoff, spiele daneben eine untergeord-

[97] Papendieck, S. 25, vgl. auch Staub, 3./4. Auflage (1896), Art. 306, §4, S. 753
[98] Goldschmidt, ZHR 9, S. 8; Endemann, Handbuch, §174, II A, S. 54; anders äußerte sich nur Thöl, §234, 1., S. 136, FN 4, der Wertpapiere nicht als bewegliche Sachen i.S.d. ADHGB ansah und somit die folgend geschilderte Diskussion vollständig umging.
[99] Goldschmidt, ZHR 9, S. 8; Hauser, S. 262, FN 15; Endemann, Handbuch, §174, II A, S. 54; Randa, Eigentumsrecht, S. 311 f.
[100] Art. 2 ADHGB: „An den Bestimmungen der Deutschen Wechsel - Ordnung wird durch dieses Gesetzbuch nichts geändert."
[101] Beisp.: Namensaktien, Canossemente, Staatsobligationen auf Namen, Ladescheine, die nicht auf Ordre lauten, Anweisungen, die nicht auf Ordre ausgestellt sind.
[102] Endemann, Handbuch, §174, II A., S. 55; Hauser, S. 261
[103] Hauser, S. 262, FN 20 m.w.N.
[104] Goldschmidt wies auf eine notwendige Differenzierung hin und machte deutlich, daß diejenigen Rektapapiere, bei denen sich die Forderung in der Urkunde verkörpert, wo also die Forderung mit und durch die Urkunde übergeht, kein Problem darstellen (Goldschmidt, ZHR 9, S. 8). Diese fielen in den Anwendungsbereich des Art. 306 ADHGB.
[105] Goldschmidt, ZHR 9, S. 8 f.; Hauser, S. 262
[106] Hauser, S. 262

nete Rolle, sei es doch nur Mittel der Geltendmachung des darin ausgedrückten Forderungsrechts.[107] Hauser schließt daraus, daß Art. 306 ADHGB nicht auf Namenspapiere ausgedehnt werden könne, da dieser nur auf Sachen als Vermögensobjekte anwendbar sei, Namenspapiere ihrem Vermögenswerte nach aber Forderungsrechte seien.[108]
Goldschmidt stellt fest, daß das Eigentum an der Urkunde jemand anderem zustehen kann als dem Gläubiger der Forderung. Der Gesetzgeber habe aber sicher nicht bezweckt, durch redlichen Erwerb beim Erwerber nacktes Eigentum an der Beweisurkunde zu schaffen, woraus folge, daß Namenspapiere nicht zu den beweglichen Sachen des Art. 306 ADHGB gehörten.[109]
Als weiteres Argument wird zudem der Sprachgebrauch des Handelsgesetzbuchs angeführt. Üblicherweise wurden die Wertpapiere von den anderen beweglichen Sachen getrennt erwähnt (Beisp.: Art. 271, 273, 301, 309, 313 ADHGB).[110]
Konsequenz der herrschenden Lehre für den Erwerb von Namenspapieren war, daß dieser nicht nach Art. 306 ADHGB, sondern nur nach den gewöhnlichen Grundsätzen (Forderungszession) erfolgen konnte. Für den Erwerb der Urkunde durch den Gläubiger standen verschiedene Rechtsmittel zur Verfügung.[111]
Für die Gegenmeinung, also die Anwendung des Art. 306 ADHGB auch bei Namenspapieren, sprach sich W. Endemann aus. Er machte darauf aufmerksam, daß Namenspapiere nicht nur dann bewegliche Sachen seien, wenn sie in ihrer Eigenschaft als Wertpapiere betrachtet würden, sondern auch dann, wenn sie als bloße Beweiszeichen dienten. Anders als Goldschmidt und Hauser machte er nicht den Versuch, um diesen Umstand argumentativ herumzukommen. Es sei nicht ersichtlich, warum man Namenspapiere vom Anwendungsbereich des Art. 306 ADHGB ausschließen solle, zumal dieser selbst keine entsprechende Einschränkung enthalte.[112]

Das Reichsgericht stellte in seiner Entscheidung vom 10 Juni 1882 fest, daß Namenspapiere zwar unbestritten Sachen seien und darüber hinaus auch beweglich, der Ausdruck des Art. 306 ADHGB „bewegliche Sachen" aber so zu interpretieren sei, daß Namenspapiere nicht unter diesen Begriff fielen.[113] Dabei

---

[107] Hauser, S. 262
[108] Hauser, S. 262
[109] Goldschmidt, ZHR 9, S. 9
[110] Goldschmidt, ZHR 9, S. 9 f.; Hauser, S. 262
[111] Hauser, S. 262 f.
[112] Endemann, Handbuch, §174, II A., S. 55
[113] RG 10, 40

beruft sich das Gericht auf das Ziel der Regelung. Für die Zuordnung von Namenspapieren (im vorliegenden Fall handelte es sich um ein Sparkassenbuch) unter den Begriff „bewegliche Sache" i.S.d. Art. 306 ADHGB bestehe kein dringendes Bedürfnis, denn solche Papiere seien nicht zum Handel bestimmt, der Zweck des Art. 306 ADHGB sei mithin nicht tangiert. Außerdem könne der Erwerber bei Zweifeln i.d.R. bei dem Inhaber des Namens, der im Papier auftaucht, Rückfrage halten und so seinen Erwerb sichern.[114]
Diesen Standpunkt bekräftigte das RG in seiner Entscheidung vom 11. Januar 1887.[115]

bb) „Kaufmann in dessen Handelsgewerbe":
Art. 306 ADHGB statuierte für die Person des Veräußerers eine besondere Voraussetzung. Die Sache mußte durch einen „Kaufmann in dessen Handelsgewerbe" veräußert werden.[116]

---

[114] RG 10, 40
[115] RG 17, 57 (58)
[116] Überwiegend ergaben sich die Anforderungen für das Merkmal der Kaufmannseigenschaft aus dem Gesetz. Die Voraussetzung wurde so verstanden, daß Veräußerungen, die nicht in kaufmännischer Beziehung erfolgten, die der Kaufmann also als Privatmann tätigte, nicht dem Anwendungsbereich der Norm unterfielen (Hauser, S. 272). Für die Voraussetzung Handelsbetrieb wurde eine Auslegungshilfe angenommen. So trat nach allgemeiner Auffassung die Präsumtion des Art. 274 ADHGB ein (Anschütz / Völderndorff, Art. 306, III 1), S. 155; Goldschmidt, ZHR 9, S. 23; Hahn, Kommentar zum ADHGB, Bd. 2, 1. Auflage, Art. 306, §2; Hauser, S. 273). Nach dieser Regelung gilt im Zweifel die Veräußerung eines Kaufmanns als zum Betrieb eines Handelsgewerbes gehörig.
In der Literatur ging man zudem davon aus, daß die Veräußerung des Kaufmanns in dessen Handelsbetrieb wenigstens auf einer Seite ein Handelsgeschäft sein müsse (Hauser, S. 272). Dies ergebe sich einerseits aus den Überschriften des vierten Buches „Von den Handelsgeschäften" und des zweiten Abschnitts „Allgemeine Bestimmungen über Handelsgeschäfte" (Hauser, S272; Papendieck, S. 34), andererseits aus der Erwägung, daß Art. 306 ADHGB den Zweck verfolge, dem Handel zu dienen, und deshalb auf Handelsgeschäfte zu beziehen sei (Hauser, S. 272). Da die Veräußerung im Handelsbetriebe für den Kaufmann ein Handelsgeschäft darstellt (Hauser, S. 273), war diese Voraussetzung regelmäßig kein Problem.
Zum diskutierten Problem wurde sie nur in einem besonderen Fall. Dieser Problemfall ergab sich aus den Regelungszusammenhängen des ADHGB, stellt mithin kein spezifisches Problem des redlichen Eigentumserwerbs dar. Gemäß Art. 273 III ADHGB gelten Veräußerungsgeschäfte von Handwerkern (im Gegensatz zu Anschaffungsgeschäften) ausdrücklich nicht als Handelsgeschäft i.S.d. ADHGB, auch wenn Handwerker durchaus die Eigenschaft als Kaufmann haben können. In Folge der Bestimmung des Art. 273 III ADHGB schlossen einige Stimmen in der Literatur, den Wortlaut des Gesetzes streng beachtend, die Anwendung des Art. 306 ADHGB auf Veräußerungsgeschäfte von Handwerkern aus (Cosack, Handelsrecht, S. 101; Papendieck, S. 34; Staub, 3./4. Auflage (1896), Art. 306, §3. S. 753).
Die Gegenansicht unterwarf diese Geschäfte von Handwerkern (vorausgesetzt, daß diese als Kaufleute galten) dem Regelungsbereich des Art. 306 ADHGB (Endemann, Handbuch, §174, II B. 2., S. 56 f.; Goldschmidt, Handbuch, S. 823, FN 11; Hahn, Kommentar zum ADHGB, 2.

Wie oben festgestellt, hat man in einigen Ländern bei der Einführung des Art. 306 ADHGB auf diese Voraussetzung verzichtet (vgl. oben II. 1) b) aa)).

cc) „Veräußerungsgeschäft":

(1) Bedeutung - Kein Titel als Voraussetzung:
Diese Voraussetzung wurde allgemein so ausgelegt, daß hierbei jedes Geschäft in Frage komme, welches seinem Inhalt nach auf Übertragung von Eigentum gerichtet sei.[117] Insbesondere wurde darauf hingewiesen, daß nicht nur der Kauf, sondern auch andere Geschäfte als Veräußerungsgeschäfte i.S.d. Art. 306 ADHGB in Frage kämen.[118]

Bezüglich des gemeinen Rechts wurde die Frage, ob zum Eigentumserwerb neben dem guten Glauben auch ein wirksamer Titel (im Sinne eines Ersitzungstitels) vorausgesetzt sei, uneinheitlich beantwortet.[119] So nahm man mitunter an, daß ein Putativtitel ausreiche.[120]
Für Art. 306 ADHGB hielten Goldschmidt und die Mehrheit der Lehre einen wirksamen Titel für erforderlich.[121] Folgerichtig lehnt die überwiegende Meinung auch einen guten Glauben bezüglich eines nicht existierenden Titels ab.
Im Rahmen des BGB (§§929 / 932) spielt diese Frage keine Rolle mehr, da hier kein Titel mehr gefordert wird.

Auflage, Art. 306, §3; Hauser, S. 273; Puchelt, Art. 306, 3., S. 833; Thöl, §234, FN 11). Die ausführlichste Argumentation zur Unterstützung dieser Ansicht findet sich bei Goldschmidt (Handbuch, S. 823; in seinem Aufsatz in der ZHR 9 (S. 24) scheint es noch so, als spreche er sich noch für die entgegengesetzte Ansicht aus). Es sei nicht anzunehmen, daß von dem durch Art. 273 III ADHGB geschaffenen Umstand der Bestand dinglicher Rechte abhängig gemacht werden sollte, und daß Leute, die von Handwerkern kauften, weniger Schutz erhalten sollten als solche, die beispielsweise von Trödlern kauften. Da Art. 306 ADHGB erst in der 3. Lesung geschaffen worden sei, habe man an die vorher geschaffenen Beschränkungen nicht mehr gedacht. Die Ausnahmeregelung des Art 273 III ADHGB solle nur so weit reichen, wie der Gesetzgeber dies offensichtlich und erkennbar wollte.
Hauser machte darauf aufmerksam, daß sich das Problem dann nicht stelle, wenn der Handwerker eine gewerbsmäßig angeschaffte Sache in unverändertem Zustand verkaufe. Er trete dann als Händler auf, und ein Handelsgeschäft sei zweifelsfrei gegeben (Hauser, S. 274).
[117] Anschütz / Volderndorff, Art. 306, III 2), S. 156
[118] Goldschmidt, ZHR 9, S. 15; Hauser, S. 271; Puchelt, Art. 306, 5), S. 833; Staub, 3./4. Auflage (1896), Art. 306, §2
[119] Levy, S. 21
[120] Becker, Jahrbuch des gemeinen deutschen Rechts, S. 384 / 386

(2) Problem des unentgeltlichen Erwerbs:
Bei dem Merkmal des Veräußerungsgeschäfts wurde ein Problem diskutiert, welches die Frage betrifft, ob der redliche Erwerb gem. Art. 306 ADHGB nur den entgeltlichen oder auch den unentgeltlichen Erwerb erfasse.
Wolff interpretierte schon früh das Gesetz (*„veräußerte und verpfändete"*) in der Weise, daß hiermit nur der entgeltliche Erwerb (*„oneroso titulo erworben"*), nicht aber die unentgeltlich in den Besitz des Erwerbers gelangte Sache von der Vindikation ausgeschlossen sein solle.[122] Jedenfalls sei die Schenkung ausgeschlossen, dafür spreche der Wortlaut „veräußern" zu deutlich.[123]
Goldschmidt schließt in seinem Aufsatz solche Veräußerungsgeschäfte von Art. 306 ADHGB aus, die er nicht für Geschäfte des Handelsverkehrs hält, und nennt als Beispiele die Schenkung, die Dotalbestellung, die Auszahlung eines Vermächtnisses und die Teilung unter Erben und Gesellschaftern.[124] Bei allen Beispielen handelt es sich um Geschäfte, die zu einem unentgeltlichen Erwerb führen. Deutlicher äußert sich Goldschmidt in seinem später erschienenen Handbuch in Reaktion auf die zwischenzeitlich von Hauser vertretene Ansicht.[125] Eindeutig schließt er hier die unentgeltliche Weggabe im Handelsbetrieb (insbesondere Geschenke an Handelsbedienstete und Kunden) vom Geltungsbereich des Art. 306 aus. Diese seien kein Handelsgeschäft, darüber hinaus bestehe kein Verkehrsbedürfnis für eine derartige Erweiterung. Goldschmidt argumentiert demnach mit Sinn und Zweck der Vorschrift.
Hahn rechnete Geschenke im Rahmen üblicher Schenkungen an Handelsbedienstete und Kunden zu den benutzten und verbrauchten d.h. nicht veräußerten Sachen und schließt auf diesem Wege ein für Art. 306 ADHGB erforderliches Handelsgeschäft aus.[126]
Hauser vertrat die Gegenansicht. In seinem Aufsatz heißt es, die getroffene Unterscheidung (entgeltlich - unentgeltlich) sei willkürlich und vom Wortlaut nicht gedeckt.[127] Auch eine Schenkung, welche mit Rücksicht auf das Handelsgewerbe stattfände, wie es bei den üblichen Schenkungen an Bedienstete oder Kunden

---

121 Goldschmidt, ZHR 9, S. 15
122 Wolff, ZHR 7 (1864), S. 64
123 Wolff, ZHR 7, S. 64 Wolff stützt seine Erkenntnis auch auf die Protokolle.
124 Goldschmidt, ZHR 9, S. 15
125 Goldschmidt, Handbuch, §80, II 1 b, FN 11
126 Hahn, Kommentar zum ADHGB, Bd. 2, 2. Auflage, Art. 273, §7, S. 48; Hauser (S. 271 FN 36) lehnt diese Ansicht ab mit dem Argument, es handele sich nicht um benutzen und verbrauchen, sondern gerade um veräußern.
127 Hauser, S. 271; ebenso: Papendieck, S. 36; Puchelt, Art. 306, 5), S. 833

der Fall sei, solle erfaßt sein. Die Ansicht Hausers stützt auch Staub.[128] Notwendig sei nur, daß das Geschäft in den Handelsbetrieb falle. Entscheidend sei, daß das Geschäft vom „Streben nach Gewinn“ gekennzeichnet sei. Von diesem Streben würden in einem Handelsbetrieb auch Liberalitäten erfaßt.

dd) Übergabe der veräußerten Sache:
Eine spezifische Voraussetzung des Art. 306 ADHGB stellt die Übergabe dar. Weder das Römische Ersitzungsrecht noch das Germanische Prinzip kannte eine vergleichbare Voraussetzung (vgl. oben II. 1) b) bb)).

Eine Übergabe mußte insbesondere auch dort für einen gutgläubigen Eigentumserwerb vorliegen, wo ein Eigentumserwerb grundsätzlich durch bloßen Vertrag möglich war, also in den Gegenden, wo im Geltungsbereich des ADHGB für das Bürgerliche Recht der Code Civil Anwendung fand, und bei der Eigentumsübertragung von Seeschiffen.[129]
Außerdem verdient diese Voraussetzung eine besondere Beachtung im Hinblick auf die Ausformung und Entwicklung des Übergabebegriffs des Art. 306 ADHGB.[130] Bei der Entwicklung orientierte sich die Literatur an den bekannten Definitionen der Übergabe, berücksichtigte aber auch Eigenheiten des Art. 306 ADHGB.

Die Rechtsprechung betrachtete das Übergabeerfordernis als eigenständiges und grundsätzlich beispielloses Element des Art. 306 ADHGB. Diesen Blickwinkel hatte die Rechtsprechung automatisch deshalb, weil die Beurteilung, welcher Akt für die Übergabe des Art. 306 ADHGB zureichend oder unzureichend sei, für den ganzen Geltungsbereich des ADHGB erfolgen mußte. Was die Partikularrechte als Übergabe sahen, war nicht entscheidend.[131]

(1) Ausgangspunkt - Die Definition Goldschmidts:
Die frühe Erläuterung durch Goldschmidt enthielt schon alle letztlich für den Übergabebegriff des Art. 306 ADHGB wesentlichen Punkte. Diese Zusammenfassung, die der Autor voranstellte, soll deshalb Ausgangspunkt der Darstellung sein.

[128] Staub, 3./4. Auflage (1896), Art. 306, §2, S. 752
[129] Goldschmidt, ZHR 9, S. 15; ders., Handbuch, §80, II 1 c), S. 824, FN 13; auf die Seeschiffe aufmerksam macht Hauser, S. 275
[130] Staub, 3./4. Auflage (1896), Art. 306, §2 Staub macht darauf aufmerksam, daß der Übergabebegriff für den ganzen Geltungsbereich des ADHGB einheitlich zu entwickeln sei.
[131] RG 28, 39 (41)

Goldschmidt stellte in seinem Aufsatz fest, daß ein bloßes constitutum possessorium für die Übergabe i.S.d. Art. 306 ADHGB nicht genüge, die Sache müsse zur Übergabe in Gewahrsam des Erwerbers übergehen oder mittels brevi manu traditio in dessen Gewahrsam verbleiben, oder aber in Gewahrsam eines Dritten, der für den Erwerber detiniere (für den Erwerber, d.h. also mit Fremdbesitzerwillen, die tatsächliche Gewalt innehat), übergeben werden bzw. verbleiben.[132] Aus dieser ersten Definition Goldschmidts ergeben sich zwei wesentliche Gesichtspunkte. Erstens bedeutet Übergabe danach positiv auch, daß sie mittels Hilfspersonen erfolgen kann, zweitens, daß ein constitutum possessorium nicht reicht. Diesen Eckpunkten folgte die herrschende Meinung.
Im Folgenden soll das mit der Definition Goldschmidts vorweggenommene Ergebnis, was Übergabe im Sinne des Art. 306 ADHGB bedeutet, erläutert werden.

(2) Übergabe im Sinne des Art. 306 ADHGB (positive Begriffsbestimmung):
Zunächst soll dargestellt werden, was als für die Übergabe des Art. 306 ADHGB ausreichend angesehen wurde. In Goldschmidts Handbuch wird deutlich, wie dieser zu der Definition der Übergabe gelangte, die er in seinem früh erschienen Aufsatz voranstellte und der sich die herrschende Lehre anschloß, worauf er sie stützte und wodurch sie beeinflußt wurde.

(a) Besitzübergabe:
Goldschmidt erfand den Übergabebegriff nicht neu, sondern orientierte sich an den bekannten Möglichkeiten der „Besitzübergabe".[133] Danach war Übergabe grundsätzlich die „Einräumung des juristischen Besitzes" nach den für den Besitzerwerb geltenden Regeln des bürgerlichen Rechts.[134]
Der Begriff „Einräumung" sollte deutlich machen, daß ein Wille des Veräußerers dazu vorliegen mußte. Dieser mußte sich nicht auf eine konkrete Person beziehen, Wegnahme gegen den Willen schied jedenfalls aus.[135]

Wegen der abweichenden Terminologie des BGB soll hier kurz der Begriff des Besitzes erläutert werden, wie er in der zweiten Hälfte des 19. Jahrhunderts im gemeinen Recht überwiegend verwandt wurde, und wie auch Goldschmidt ihn

---

[132] Goldschmidt, ZHR 9, S. 15
[133] Goldschmidt, ZHR 9, S. 15, 2); ders., Handbuch, §80, S. 824, FN 13 / §79, I / §65 ff.
[134] Goldschmidt, Handbuch, §79 I, S. 802; vgl. auch §65 I, S. 608, FN 2, hier erläutert Goldschmidt, daß die Übergabe i.S.d. Art. 306 als Einräumung des juristischen Besitzes (im Gegensatz zur Einräumung bloßer Detention) zu verstehen ist.
[135] Goldschmidt, Handbuch, S. 802, FN 2

seinen Ausführungen zugrunde legte.[136] Unterschieden wurden Besitz und Detention.

„Juristischer Besitz“ wurde angenommen bei Vorliegen von tatsächlicher Gewalt über die Sache und dem gleichzeitigen Willen, die Sache für sich zu haben (sog. *„Aneignungswille“*).[137] Heute spricht man von Eigenbesitz. Dem gegenüber stand die bloße *„Detention“* (benutzt wurden auch die Begriffe: *„natürlicher Besitz“, „Innehabung“*), bei der kein Aneignungswille gegeben sein mußte, bei der ein Fremdbesitzwille, wie wir ihn heute bezeichnen, gegeben sein konnte. Die tatsächliche Gewalt über eine Sache konnte zudem auch bei Vermittlung durch eine andere Person bestehen.[138] Diese andere Person war dann Detentor. Dies deutet darauf hin, daß bei Zugrundelegung des gebräuchlichen Besitzbegriffs in den Vorgang der Besitzübergabe Hilfspersonen eingeschaltet werden konnten.

(b) Formen der Besitzübergabe, die im Rahmen des Art. 306 ADHGB Anwendung finden:

Goldschmidt ging grundsätzlich davon aus, daß sich im Handelsrecht der zur Übergabe erforderliche Erwerb des Besitzes nach den Regeln des bürgerlichen Rechts richte.[139] Ein übereinstimmender Wille sei dabei stets Grundvoraussetzung.[140] Eine Übergabe sei somit in den folgenden Fällen gegeben:

Zunächst stets dann, wenn die Sache in den Gewahrsam des Erwerbers übergehe.

Auch bei Verbleiben der Sache im Gewahrsam des Erwerbers nahm Goldschmidt Besitzübergabe an, denn der Erwerb des Besitzers mittels „brevi manu traditio“ war möglich.

Grundsätzlich fand im Handelsrecht auch das Besitzkonstitut seine Anwendung. Schon die oben angeführte Definition Goldschmidts macht deutlich, daß er hier im Rahmen des Gutglaubenserwerbs eine Ausnahme machte (vgl. oben (1)). Auf diese soll unten nochmals eingegangen werden (vgl. unten (3)).

In der Definition Goldschmidts kommt, wie festgestellt, die Möglichkeit der Einschaltung von Hilfspersonen zum Ausdruck. Für den Besitzerwerb durch „Mittelspersonen“ sei erforderlich, daß die Mittelsperson die Sache entgegennehme (Apprehention) und der Prinzipal durch die Mittelsperson und die

[136] Zu der Terminologie, Goldschmidt, Handbuch, §65 S. 607
[137] Endemann, Handbuch, §168, A.; Windscheid (4. Auflage), §149, S. 444 f.
[138] Windscheid (4. Auflage), §149, S. 446 f.
[139] Goldschmidt, Handbuch, §65 II, S. 609
[140] Goldschmidt, Handbuch, §65 II, S. 609

Mittelsperson für den Prinzipal den Besitz erwerben wolle.[141] Der Prinzipal erwerbe den Besitz bei Vorliegen dieser Voraussetzungen sogar ohne sein Wissen in dem Augenblick, in dem die Mittelsperson die Sache entgegennehme.[142] Konsequent deutet Goldschmidt schließlich auch die Möglichkeit der Besitzübertragung durch Anweisung der in Gewahrsam eines Dritten befindlichen Sache an.[143] Die Fälle, die Goldschmidt hier vor Augen hat, sind die, bei denen sich die Sache beispielsweise in den Händen eines Agenten, Frachtführers, Handlungsgehilfen oder Kommissionärs befindet.[144] Dies deutet darauf hin, daß Goldschmidt von Hilfspersonen ausgeht, Detentoren mit „Fremdbesitzerwillen".

(c) Festigung der Sichtweise Goldschmidts in der Literatur:
Hauser versteht die Übergabe als wirkliche Aushändigung der Sache von Seiten des Veräußerers oder dessen Stellvertreters[145] an den Erwerber oder dessen Stellvertreter.[146] Durch diese Definition möchte er betonen, daß auf der Seite des Veräußerers „Besitz" vorhanden sein müsse, den dieser übertrage. Aber auch Hauser läßt zur Übergabe genügen, daß die Sache zur Zeit der Veräußerung bereits in den Händen des Erwerbers (brevi manu traditio) sei.[147] Zudem sei es möglich, daß der Veräußerer bei der Übergabe Vertreter des Erwerbers sei. [148] Wie er diese Möglichkeit konstruiert, verdeutlicht Hauser nicht. Außerdem steht sie im Widerspruch zu seiner Aussage, mit der er das costitutum possessorium ausschließt. Er hatte gefordert, die Sache müsse, um der Übergabe des Art. 306 ADHGB zu genügen, aus dem Gewahrsam des Veräußerers in den Gewahrsam des Erwerbers gelangen.[149]

Auch Puchelt äußert sich in gleicher Weise. Mit der Übergabe müsse der „körperliche Besitz" auf den Erwerber oder dessen Vertreter übergehen, sofern sich dieser nicht schon bei dem Erwerber befinde.[150] Puchelt nimmt außerdem Stellung zu der von Goldschmidt angedeuteten Möglichkeit der Besitzübergabe

[141] Goldschmidt, Handbuch, S. 612
[142] Goldschmidt, Handbuch, S. 613
[143] Goldschmidt, Handbuch, §80, II 1. a., S. 825, FN 14
[144] Goldschmidt, Handbuch, §76, S. 768 ff.
[145] Stellvertreter ist hier nicht im Sinne des BGB zu verstehen. Hier geht es um einen „Stellvertreter im Besitz". Nach Fitting (ZHR 18 S. 381) ist beispielsweise der Mieter ein solcher.
[146] Hauser, S. 274
[147] Hauser, S. 274
[148] Hauser, S. 274
[149] Hauser, S. 274
[150] Puchelt, Art. 306, 6), S. 833; ebenso: Staub, 3./4. Auflage (1896), Art. 306, §2
Beide schließen sich der in der Zwischenzeit auch von der Rechtsprechung bestätigten Meinung an

mittels Anweisung.[151] Eine solche sei als Übergabe im Sinne des Art. 306 ADHGB anzusehen. Anders als beim Besitzkonstitut vollziehe sich nichts *„Geheimes“*, da die Sache bei der Veräußerung nicht in den Händen des Veräußerers, sondern in denen eines dritten Detentors war. Der Eigentümer könne sich daher nicht beklagen.
In Anlehnung an Goldschmidt ist anzunehmen, daß hierbei ein Detentor mit Fremdbesitzerwillen gemeint war, also eine Hilfsperson. Puchelt stützt sich auch auf eine Entscheidung des Reichsgerichtes, welches andeutet, daß es in Betracht zu ziehen sei, die Anweisung an einen Dritten, der die Sache in seinen Gewahrsam habe, als Übergabe im Sinne des Art. 306 ADHGB zu interpretieren.[152] Das Reichsgericht ließ diese Frage jedoch offen.

Zusammengefaßt ergibt sich bis hier als Übergabebegriff des Art. 306 ADHGB, daß Übergabe bedeute, daß der Veräußerer selbst oder durch seine Hilfsperson „juristischen Besitz“ (tatsächliche Gewalt über die Sache mit Aneignungswillen) hat, diesen juristischen Besitz dem Erwerber oder dessen Hilfsperson überträgt und infolgedessen keinen Besitz mehr hat. Diese letzte Anforderung hatte den nächsten Schritt zur Konsequenz.

(3) Keine Übergabe im Rahmen des Art. 306 ADHGB mittels constitutum possessorium (negative Begriffsbestimmung):
Nahezu einhellig schloß die Literatur ein constitutum possessorium i.R.d. Art. 306 ADHGB aus.[153] Mithin reiche eine Übergabe mittels Vereinbarung zur Anwendung des Art. 306 ADHGB nicht aus. Dagegen wendete sich nur Thöl, welcher bemerkte, daß es auf die Art der Übergabe selbst nicht ankomme. Der bloße Wille habe dieselbe Wirkung wie die *„Komödie des Hingebens und sofortigen Zurückgebens“*.[154] Dieser Ansicht wurde entgegengesetzt, die Möglichkeit der Umgehung rechtfertige nicht die Aufgabe des Prinzips.[155]

Für die herrschende Lehre wurden verschiedene Argumente angeführt. Diese sind auch deshalb beachtenswert, weil sie zu dem positiv formulierten Übergabebegriff führten. Eine Übergabe mittels constitutum possessorium entspreche

---

[151] Puchelt, Art. 306, 6), S. 834
[152] RG 28, 39 (41 f.)
[153] Behrend, Gutachten, S. 72; Goldschmidt, ZHR 9, S. 15; ders., Handbuch, S. 825; Endemann, §174, II B. 1., b.), S55; Fitting, ZHR 18 (1873), S. 335; Hahn, Kommentar zum ADHGB, Bd. 2, 2. Auflage, Art. 306, §4, S. 143; Hauser, S. 274; Puchelt, Art. 306, 6), S. 833
[154] Thöl, §234, S. 136 FN 5; später: Cosack, Handelsrecht, S. 112; ders., Das Sachenrecht im Entwurf, S. 28 f.
[155] Papendieck, S. 38

nicht der Behandlung und Auslegung der historischen Grundlage des Rechtsinstitutes, dem germanischen Rechtsprinzip.[156] Das germanische Recht verlange eine tatsächliche Übergabe der Sache in Gewahrsam des Dritten, denn der „Hand wahre Hand - Satz" schütze nur den tatsächlichen Besitz.[157] Das constitutum possessorium hingegen bestehe im bloßen Abschluß eines Rechtsgeschäftes, wodurch die Detention des bisherigen Eigentümerbesitzers und zugleich Detentors eine neue causa erhielt, körperlich aber mit der Sache nichts geschehe.[158] Die römischen Rechtssätze beruhten auf einer anderen Grundlage, deshalb sei eine Ergänzung durch diese nicht zulässig.[159] Infolgedessen sei der Ausschluß der Übergabe durch constitutum possessorium auch dort allgemein anerkannt, wo der Satz „Hand muß Hand" wahren gelte.[160]
Ein weiteres Argument basierte auf dem Gedanken, daß bei ansonsten gleichen Rechten das ältere vorgehe. Der Eigentümer und der Erwerber hätten der gleichen Person vertraut. Der eine, weil er ihr die Sache anvertraute, der andere, weil er die Sache vom vermeintlichen Eigentümer erwerben wollte. Befände sich die Sache noch bei der Vertrauensperson, seien Eigentümer und Erwerber in der gleichen Lage. Das ältere Recht, das Eigentum, müsse den Ausschlag geben, ein gutgläubiger Erwerb scheide aus.[161]
Schließlich wurde angeführt, nur bei dieser Sicht entspreche Art. 306 ADHGB den Bedürfnissen des Verkehrs.[162] Die Zurückhaltung durch den Veräußerer habe für den Verkehr eine nachteilige Verdunkelung der Vermögensrechte zur Folge, benachteilige und begünstige mithin Gläubiger und könne deshalb nicht die Einräumung des Gewahrsams ersetzen.[163] Durch diese Verdunkelung bei der Übergabe mittels constitutum possessorium würde auch der ursprüngliche Eigentümer gefährdet. Bleibe die Sache beim Veräußerer, könne sich der ursprüngliche Eigentümer nicht um Entschädigungsansprüche kümmern, denn dazu fehle ihm jede Veranlassung.[164] Ferner sei er dadurch gefährdet, daß er

---

[156] Goldschmidt, ZHR 9, S. 15 f.
a.A.: Leonhard, Gutachten, S. 105. Dieser sieht keinen genügenden Grund für eine Ausnahme beim constitutum possessorium. Insbesondere erkennt er den alten germanischen Grundsatz nicht als solchen an.
[157] Papendieck, S. 37
[158] Fitting, ZHR 18, S. 335
[159] Goldschmidt, ZHR 9, S. 16
[160] Goldschmidt, ZHR 9, S. 16, FN 13, ders., Handbuch, S. 826, FN 14
[161] Goldschmidt, Handbuch, S. 826, FN 14
[162] Goldschmidt, ZHR 9, S. 16
[163] Goldschmidt, Handbuch, §65 II., S. 611 f.
[164] Papendieck, S. 37

vom Veräußerer (bei welchem die Sache noch stehe), dem er vertraut habe, nicht die richtige Meinung bekomme, um sich für spätere Fälle vorzusehen.[165]

Die Rechtsprechung festigte den von der herrschenden Literatur erarbeiteten Standpunkt, daß i.R.d. Art. 306 ADHGB keine Übergabe mittels consitutum possessorium vonstattengehen kann.
In seiner Entscheidung vom 25. November 1887 hat das Reichsgericht in einem Nebensatz festgestellt, daß Art. 306 ADHGB deshalb keine Anwendung finde, weil derselbe eine körperliche Übergabe voraussetze, auf eine Übergabe mittels constitutum possessorium jedoch nicht anwendbar sei.[166]
Sehr viel ausführlicher äußerte sich das Reichsgericht zu dieser Fragestellung in seiner Entscheidung vom 30. Oktober 1890.[167] Art. 306 ADHGB sei dahingehend aufzufassen, daß die Übergabe der beweglichen Sache nicht in einem bloßen Besitzkonstitut bestehen dürfe, *„sondern eine körperliche Besitzübertragung sein muß"*.[168]
Im folgenden geht das Reichsgericht ausdrücklich auf die Meinung von Thöl ein.[169] Es werde von Schriftstellern gelehrt, daß i.R.d. Art. 306 an jede Art der Übergabe, auch an ein bloßes constitutum possessorium zu denken sei. *„Für richtig kann aber nur die entgegengesetzte Ansicht gehalten werden, wonach in Art. 306 [...] eine wirkliche Übergabe vorausgesetzt ist, also ein bloßes constitutum possessorium nicht genügt."*[170] Als Argumente für diese Ansicht nennt das Reichsgericht unter Hinweis auf Goldschmidt jene, welche dieser angeführt hatte.[171]
Besonders hebt das Reichsgericht in seiner Entscheidung den notwendigen Schutz des Eigentümers hervor.[172] Abschließend betont das Gericht, daß es der absolut herrschenden Meinung im Schrifttum folge.[173]

In einer weiteren Entscheidung vom 26. Februar 1894 nahm das Reichsgericht zu einer speziellen Problematik im Zusammenhang mit dem constitutum possessorium Stellung und entwickelte die Problematik weiter.[174]

---

[165] Papendieck, S. 38
[166] RG 19, 239 (242); RG 28, 39 (41)
[167] RG 27, 26 ff.; auch in Sächs. Arch. 1891, S. 502
[168] RG 27, 26 (27)
[169] RG 27, 26 (28)
[170] RG 27, 26 (28)
[171] RG 27, 26 (29)
[172] RG 27, 26 (29)
[173] RG 27, 26 (30)
[174] RG 33, 27 ff.

Im Ergebnis bejaht es die Möglichkeit der „Heilung“ einer unzureichenden Übergabe durch constitutum possessorium, wenn die Sache später in körperlichen Besitz des Erwerbers gelangt. Zu klären war in der Entscheidung zudem die Frage, ob eine (spätere) körperliche Besitzergreifung als Übergabe angesehen werden könne.

Zunächst äußerte sich das Reichsgericht zu dem Umstand, daß die „Erwerber“ die betreffenden Gegenstände oder zumindest *„einige davon, mit Hinblick auf die übrigen, berührten, unter den gegenseitigen Erklärungen hiermit Besitz und Eigentum übertragen bzw. erwerben zu wollen“*, diese aber im Geschäftsraume des Veräußerers blieben.[175] Dieses Vorgehen sei eine *„bloße Scheinübergabe“*, bei welcher die Sachen im Gewahrsam des Veräußerers bleiben sollten. Eine solche Scheinübergabe könne allenfalls als constitutum possessorium interpretiert werden, welches bekanntermaßen für Art. 306 ADHGB nicht ausreiche.[176]

Die eigentliche Problematik des Falls lag in der Frage, ob es zur Anwendung des Art. 306 I ADHGB ausreiche, wenn verabredet worden sei, daß die beweglichen Sachen durch Besitzkonstitut in den Besitz des redlichen Erwerbers übergehen sollten, daß letzterer jederzeit berechtigt sein solle, sich auch körperlich der Sachen zu bemächtigen, und daß er dies auch getan habe. Sollte diese nachträgliche Besitzergreifung zur Übergabe i.S.d. Art. 306 ADHGB ausreichen? Das RG ließ dies zur Übergabe genügen.[177] Damit erkannte es die Möglichkeit der „Heilung“ einer wegen Übertragung durch Besitzkonstitut zunächst gescheiterten Übergabe im Sinne des Art. 306 ADHGB an. Bezüglich der Besitzergreifung stellte es fest, daß man an der Einordnung als Übergabe zweifeln könne, wenn man einen Willen des Veräußerers voraussetze, nach dem Besitz- und Eigentumsübergang erst mit Besitzergreifung erfolgen sollten; denn der Wille ging im betrachteten Fall zunächst dahin, mit der frühen Vereinbarung (Scheinübergabe) Besitz und Eigentum übergehen zu lassen. Dies ließe sich jedoch allenfalls für die gemeinrechtliche Eigentumsübertragung vertreten. Für Art. 306 ADHGB genüge es, wenn zu dem einmal ausgesprochenen Willen des Besitzübergangs, die körperliche Besitzergreifung durch den Erwerber mit Willen des Veräußerers hinzukomme, die Gründe für den Ausschluß des constitutum possessorium fielen dann weg.[178]

---

[175] RG 33, 27 (28 f.) Ob ein solches Verhalten eine „Übergabe“ i.S.d. Art. 306 darstelle hatte das RG in RG 27, 27 ff. nicht entschieden.

[176] RG 33, 27 (29)

[177] RG 33, 27 (29)

[178] RG 33, 27 (30)

(4) Sonderprobleme im Zusammenhang mit der Übergabe im Sinne des Art. 306 ADHGB:

(a) Versendung der Ware (Der Vorschlag von Hauser):

Diskutiert wurde ferner, wann eine Übergabe i.S.d. Art. 306 ADHGB bei der Versendung von Ware vorliege. Hauser sieht bei einer Versendung der Ware vom „Erfüllungsort" an den „Ablieferungsort" die Übergabe in der Aushändigung der Ware an die Person, welche den Transport besorgen soll.[179] Es gehe hier ein Akt vor sich, welcher den Übergang des Besitzes vom Veräußerer an den Erwerber bewirke. Nur auf diese Weise könne der Veräußerer am rechten Ort erfüllen.[180] Während der juristische Besitz auf den Erwerber übergehe, verbleibe beim Veräußerer Detention.[181] Diese Ansicht Hausers setzte sich in der Literatur jedoch nicht durch. Überwiegend ging man davon aus, daß die bloße Versendung der Ware (also die Aufgabe einer Ware zur Beförderung an einen entfernten Empfänger) keine Übergabe derselben darstelle.[182] Ausdrücklich gegen Hausers Ausführungen wendete sich Papendieck, welcher sie für eine „gekünstelte Konstruktion" hielt.[183] Der Veräußerer behalte den Besitz bis zur Übergabe durch den Frachtführer an den Erwerber. Dafür spreche, daß der Frachtführer als „Stellvertreter" des Veräußerers diesem Folge zu leisten habe.

(b) Teleologische Auslegung, Einbeziehung der Traditionspapiere:

Der von der herrschenden Meinung vertretene Übergabebegriff führte dazu, daß ein Besitzkonstitut zur Übergabe nicht genügen sollte, und daß es der körperlichen Übergabe der beweglichen Sache bedurfte.

Art. 306 ADHGB, der gerade den Handelsverkehr von der Fessel des römischen Vindikationsprinzips befreien sollte, schuf mit dieser Anforderung ein neues Hindernis. In Übereinstimmung mit dem Ziel des Art. 306 ADHGB (Schutz des Handelsverkehrs) wurde deshalb durch die Anerkennung von Traditionspapieren ein Ausgleich zu dem strengen Übergabebegriff geschaffen. Die körperliche Übergabe eines solchen Papiers war somit als die Übergabe der Sache selbst zu betrachten.[184] Zur Begründung dieser Ausdehnung stellte Goldschmidt zunächst die Anwendbarkeit des Art. 649 ADHGB auch i.R.d. redlichen Erwerbs gemäß Art. 306 fest.[185] Sodann dehnte er den Grundsatz des Art. 649 ADHGB, der eine

[179] Hauser, S. 275
[180] Hauser, S. 275
[181] Hauser, S. 276
[182] Goldschmidt, Handbuch, §65 II, S. 617
[183] Papendieck, S. 40
[184] Endemann, Handbuch, §174, II B 1 b), S. 56; Staub, Art. 306, §2, S. 753
[185] Goldschmidt, ZHR 9, S. 17 f.

allgemeine Feststellung sei, auf andere, vom ADHGB den Cannossements gleich behandelte Verfügungspapiere aus.[186] Folglich kamen als Traditionspapiere nicht nur die in Art. 649 genannten Cannossements, sondern auch die Lagerscheine und Ladescheine in Betracht.
Die Folge war der Besitzübergang der Ware mit der Übertragung des Papiers. Somit waren diejenigen, welche die Waren in ihren Händen hielten, die Detentoren für die Erwerber des Papiers. Der Eigentumserwerb gemäß Art. 306 ADHGB konnte folglich mit der Übergabe des Papiers geschehen. Die geschilderten Ergebnisse wurden von der überwiegenden Meinung in der Literatur akzeptiert.[187]

Auch die Rechtsprechung sah in der Übergabe des Dispositionspapiers die Übergabe der betreffenden Sache selbst.[188]
Ein Lagerschein sei zur Vermittlung der Besitzübergabe deshalb besonders geeignet, weil nur gegen diesen die Sache herausgegeben werde. Gerade im Handelsverkehr sei es untunlich, jede Sache stets in eigenen Gewahrsam zu nehmen.

ee) Redlichkeit des Erwerbers:
Art. 306 ADHGB setzt einen redlichen Erwerber voraus. In der Literatur zu Art. 306 ADHGB werden die Begriffe der Redlichkeit und der des guten Glaubens in gleicher Weise verwandt. Daraus ergibt sich kein inhaltlicher Unterschied, m.a.W., ein redlicher Erwerber ist ein gutgläubiger Erwerber.[189]
Anders als im BGB (§932 II) findet man im ADHGB keine Begriffsbestimmung. Auch in den Protokollen der Kommission zum ADHGB findet sich keine Konkretisierung des Begriffs der Redlichkeit. Hier hatte man sich nur darauf einigen können, eine subjektive Komponente als Korrektiv aufzunehmen, diese jedoch nicht näher bestimmt und ausdrücklich der Bearbeitung durch die Rechtswissenschaft überlassen.

Art. 649 ADHGB: „Die Übergabe des an Ordre lautenden Cannossements an denjenigen, welcher durch dasselbe zur Empfangnahme legitimiert wird, hat, sobald die Güter wirklich abgeladen sind, für den Erwerb der von der Übergabe der Güter abhängigen Rechte dieselben rechtlichen Wirkungen wie die Übergabe der Güter."

[186] Goldschmidt, ZHR 9, S. 18
[187] Hauser, S. 283; Puchelt, Art. 306, 6), S. 834; Staub, 3./4. Auflage (1896), Art. 306, §2 a.E.
[188] RG 28, 39 (42) Übergabe des Lagerscheins
[189] vgl. Goldschmidt, ZHR 9, S. 25

(1) Grundlagen zur Konkretisierung des Begriffs:
Hahn vertrat in der ersten Auflage seines Kommentars die Ansicht, hinsichtlich der Voraussetzung der „bona fides“ und ihrer Konkretisierung kämen die allgemeinen Grundsätze des Bürgerlichen Rechts zur Anwendung.[190] In letzter Entscheidung habe der Richter freies Ermessen.[191] Konsequenz dieser Sicht ist es, den Begriff der bona fides aus dem Ersitzungsrecht als Grundlage des Begriffs der Redlichkeit zu nehmen.[192]
Endemann hingegen meinte, ob der Erwerber ein redlicher sei oder nicht, sei lediglich eine *„konkrete tatsächliche Frage des einzelnen Falls“*.[193] Diese Sichtweise Endemanns lehnte Goldschmidt ausdrücklich ab. Er vertrat die Auffassung es handele sich hierbei zunächst um eine Rechtsfrage. Da man aber nicht jeden Fall vorweg entscheiden könne, müsse man Rechtsgrundsätze aufstellen, anhand derer sich die Entscheidung im einzelnen Fall zu orientieren habe.[194] Innerhalb dieser Grundsätze bestehe dann ein Spielraum des Tatrichters.[195]
Den Ausführungen Goldschmidts schloß sich die Literatur in der Folgezeit weitgehend an und stellte Kriterien auf, um für den Einzelfall Entscheidungshilfen zu haben.[196] Dabei wurde auch, wie von Hahn gefordert, das gemeine Ersitzungsrecht berücksichtigt. Wie sich zeigen wird, ging man teilweise über den bona - fides - Begriff des Ersitzungsrechts hinaus, teilweise blieb man hinter diesem zurück.

Als Ausgangsbeispiel für eine Definition des guten Glaubens soll hier jene von Goldschmidt dienen. Danach ist der Erwerber in gutem Glauben, wenn er sich *„in unverschuldetem Irrtum über das Eigentum seines Vordermannes befindet“*.[197] Der Schwerpunkt der Arbeiten in der Literatur lag nun darin, die

[190] Hahn, Kommentar zum ADHGB, Bd. 2, 1. Auflage, Art. 306 §3
[191] Hahn, Kommentar zum ADHGB, Bd. 2, 1. Auflage, Art. 306 §3
[192] Puchelt, Art. 306, 7), S. 834 „Der Gute Glaube muß jener der Ersitzung sein...“
[193] Endemann, Das Deutsche Handelsrecht, §76, B. I., S. 376
[194] Goldschmidt, ZHR 9, S. 26
[195] Goldschmidt, Handbuch, S. 826; Papendieck, S. 43
[196] Endemann, Handbuch, §174, II. C., S. 58; Hauser, S. 286; Papendieck, S. 43
Endemann übernimmt in dieser späteren Veröffentlichung die Definition und Kriterien, die in der Zwischenzeit in der Lehre entwickelt wurden. Gleichfalls verteidigt er aber seinen alten Standpunkt (vgl. oben) mit der Bemerkung, daß trotz allem der Schwerpunkt auf der Erkenntnis der konkreten Tatumstände beruhe.
Goldschmidt (Handbuch S. 826) kommt der Auffassung Endemanns insoweit entgegen, als er bemerkt, eine gewisse Weite des richterlichen Ermessens sei unentbehrlich.
[197] Goldschmidt, Handbuch, S. 826

Rechtsgrundsätze zu formulieren, nach denen sich die Entscheidung über den guten Glauben im Einzelfall ergibt.

Das ROHG übernahm in seiner Entscheidung vom 23. Mai 1873 die Definition des guten Glaubens aus dem Handbuch von Goldschmidt.[198]
In dem zu entscheidenden Fall stellte dies kein Problem dar, denn der Erwerber hatte positive Kenntnis aller Umstände. Die Entscheidung ist jedoch deshalb wichtig, weil sie die erste höchstrichterliche Stellungnahme zum Element des guten Glaubens des Art. 306 ADHGB darstellt und zeigt, wie die Rechtsprechung auf die Literatur zurückgriff.

(2) Funktion der Voraussetzung: Subjektiver Tatbestand als Korrektiv
Breiten Raum nahm in der Literatur die Diskussion darüber ein, ob Seeschiffe Gegenstände des gutgläubigen Erwerbs gemäß Art. 306 ADHGB sein können.[199] Bei dieser speziellen Frage tauchte der allgemeingültige Gedanke auf,

---

[198] ROHG 10, 300 (304)

[199] Daß es sich bei Seeschiffen auch um bewegliche Sachen im Sinne dieser Norm handelt, wurde diskutiert jedoch nicht bestritten, doch bereitete Bedenken, daß verschiedene Landesgesetze und das ADHGB Seeschiffe in einzelnen Normen anders als bewegliche Sachen behandelten (Hauser, S. 259). Als erster hat sich dieser Fragestellung Hauser angenommen (Hauser, S. 259 f.; Goldschmidt (ZHR 9, S. 7, FN 1) hat die Seeschiffe von seiner Behandlung ausgeschlossen.) Er kam zu dem Ergebnis, Seeschiffe dem Art. 306 ADHGB unterzuordnen. Eine Ausnahme für Seeschiffe hätte, wie in anderen Normen geschehen, vom Gesetz ausgedrückt werden müssen. Die allgemeinen Bestimmungen über Handelsgeschäfte und damit auch Art. 306 ADHGB kämen regelmäßig auch im Seerecht zur Anwendung. Goldschmidt sprach sich in seinem Handbuch, in Reaktion auf die Ausführungen Hausers, gegen die Unterwerfung von Seeschiffen unter Art. 306 ADHGB aus (Goldschmidt, Handbuch I 2, §80, III, S. 830 f.). Schon zu Beginn seines zweiten Teilbandes des Handbuches Band I hatte er die besondere Stellung von Seeschiffen hervorgehoben und diese als „Immobilien des Handels" bezeichnet, die häufig den Grundsätzen des Immobilienrechts unterworfen seien (Goldschmidt, Handbuch I 2, §60, S. 527). Diesen Gedanken griff er wieder auf, um die Seeschiffe aus dem Anwendungsbereich des Art. 306 ADHGB zu nehmen. Dabei setzte er sich mit den anderen Ausnahmen für Seeschiffe auseinander und folgerte aus diesen eine Ausnahme auch für Art. 306 ADHGB. Darüber hinaus wies er auf das bislang geltende Recht und die Seerechtsberatungen hin. Aus beidem gehe hervor, daß die Anwendung des Satzes „Hand wahre Hand" auf die Veräußerung von Seeschiffen nicht gewollt gewesen sei (Goldschmidt, Handbuch I 2, §80 III, S. 831 f., insbes. FN 36 und 37 in denen Goldschmidt auf das bislang geltende Recht und die Protokolle eingeht.). Außerdem sei der Gesetzgeber erst in 3. Lesung und nach dem völligen Abschluß des Seerechts (vgl. oben - Entstehungsgeschichte) zu Art. 306 ADHGB gekommen. Diesen Umstand macht sich Goldschmidt zunutze und schließt daraus, daß die Kommission bei Schaffung des Art. 306 ADHGB nicht mehr an Seeschiffe gedacht habe. Die Kommission hätte sich sonst mit Sicherheit, wie dies regelmäßig der Fall gewesen sei, dem geltenden Recht angeschlossen (Diesen Gedanken, daß die Kommission vorzugsweise auf bekanntes Recht zurückgriff, äußerte Goldschmidt später nochmals im Zusammenhang mit Art. 306 IV (ZHR 9, S. 11 f.). Die überwiegende Mehrheit in der Literatur schloß sich der

unerwünschte Ergebnisse des Art. 306 ADHGB mittels des subjektiven Merkmales der Redlichkeit zu korrigieren.
Goldschmidt, welcher sich dafür aussprach, daß Seeschiffe nicht wie Gegenstände des Art. 306 ADHGB zu behandeln seien, erwog für den Fall, daß dieser Sichtweise nicht gefolgt werde, zumindest hohe Maßstäbe an die Redlichkeit zu stellen.[200] Als ungerecht empfundene Ergebnisse sollten so korrigiert werden. Diesen Gedanken hatte schon die Kommission geäußert.

(3) Auch der negative gute Glaube:
Grundsätzlich kann man einen guten Glauben einmal dann anerkennen, wenn die betreffende Person positiv davon überzeugt ist, daß dem Rechtserfolg kein Hindernis entgegensteht. Andererseits ist es auch denkbar, guten Glauben dann zu bejahen, wenn (negativ) einfach ein Nichtwissen bezüglich des Mangels des Eigentums (bzw. eines anderen Gegenstandes) vorliegt.
Goldschmidt widmet sich dieser Fragestellung und stellt fest, daß für die Redlichkeit im Sinne des Art 306 ADHGB, wie beim allgemeinen Verständnis von bona fides (nach seiner Ansicht), die negative Überzeugung ausreiche.[201]
Es handele sich zwar um einen seltenen Fall, denn meist sei die Nichtkenntnis eines Mangels mit der positiven Überzeugung der Rechtmäßigkeit des Erwerbs verbunden.[202] Es sei aber denkbar, daß ein vorsichtiger Mann trotz aller Gewissenhaftigkeit das Nichteigentum des Veräußerers nicht erkenne und dennoch nicht von dessen Eigentum überzeugt sei. Überall die positive Überzeugung zu verlangen, sei eine zu große Erschwerung des Verkehrs.[203] Deshalb genüge, daß der Erwerber nicht wisse, daß der Veräußerer Nichteigentümer sei.[204]

(4) Gegenstand des guten Glaubens:
In der Literatur wurde diskutiert, was Gegenstand des guten Glaubens sein solle. Die zu entscheidende Frage war dabei, ob nur der gute Glaube an das Eigentum des Veräußerers geschützt werde, oder auch derjenige an die Verfügungs-

---

von Hauser vertretenen Meinung an, dabei wurde immer wieder darauf verwiesen, daß Seeschiffe nun einmal bewegliche Sachen seien, nur in Ausnahmefällen den Immobilien gleichgestellt (Hahn, Kommentar zum ADHGB, Bd. 2, 2. Auflage, Art. 306, §2; Endemann, Handbuch, §174, II. A., S. 54; Papendieck, S. 26; Staub, 3./4. Auflage (1896), Art. 306, §4).

[200] Goldschmidt, Handbuch I 1, §80, III, S. 833

[201] Goldschmidt, ZHR 9, S. 26, FN 10 m.w.N. Goldschmidt bezieht mit dieser Aussage Stellung in dem bestehenden Streit, ob mit bona fides das Nichtwissen oder positiv das Glauben gemeint ist.

[202] Goldschmidt, ZHR 9, S. 29; Levy, S. 36

[203] Goldschmidt, ZHR 9, S. 27

[204] Goldschmidt, ZHR 9, S. 28

befugnis des Veräußerers bzw. das Bestehen einer Vollmacht. Zudem hatte die Literatur in Betracht zu ziehen, daß im gemeinen Ersitzungsrecht, dem römischen Recht folgend, auch der gute Glaube an das Bestehen eines wirksamen Veräußerungsgeschäfts geschützt war.[205] In der ADWO hatte diese Sichtweise Einzug gehalten und sich bei der Interpretation des Art. 74 ADWO durchgesetzt.[206]

Hauser macht deutlich, daß der Gegenstand des guten Glaubens i.R.d. Art. 306 ADHGB nur der Eigentumsmangel sein könne.[207] Schon bei der Kommentierung der Voraussetzung „Veräußerungsgeschäft" bemerkt er, daß dieses, abgesehen vom Eigentumsmangel, rechtsgültig sein müsse.[208] Andere Unwirksamkeitsgründe könne der gute Glaube nicht heilen. Dies ergebe sich schon aus dem Wortlaut des Art. 306 ADHGB *„So erlangt der redliche Erwerber Eigentum, auch wenn der Veräußerer nicht Eigentümer war"*.[209] In seinem Aufsatz geht Hauser auf Befugnisse ein, die er als Gegenstände des guten Glaubens ausdrücklich ausschließt.[210] Die Redlichkeit könne nicht auf die Veräußerungsbefugnis bezogen werden, so daß man (selbst) von einem Eigentümer, der Kaufmann sei und dem nur diese Befugnis fehle, nicht gemäß Art. 306 ADHGB Eigentum erwerben könne.[211] Als Argument diente ihm wieder der bereits zitierte Wortlaut des Gesetzes.
Ebensowenig könne sich der gute Glaube auf eine Vollmacht (*„Vertretungsbefugnis"*) beziehen.[212] Veräußere ein Dritter im Namen eines Kaufmanns mangels einer Vollmacht und Genehmigung ohne Vertretungsbefugnis, so falle dies nicht in den Anwendungsbereich des Art. 306 ADHGB. In einem solchen Fall liege für den Kaufmann keine Veräußerung vor, denn der Dritte war nicht sein Vertreter. Der Dritte selbst, die Kaufmannseigenschaft vorausgesetzt, veräußere nicht für sich, da er im Namen eines anderen auftrete. Rechtlich sei mithin nichts geschehen.[213]

---

[205] Hauser, S. 287, FN 60; Lux, S. 34; Wieling, Sachenrecht I, §10, III 1., S. 262
[206] Lux, S. 34; Wieling, Sachenrecht I, §10, III 1., S. 262 f.
[207] Hauser, S. 286
[208] Hauser, S. 272
[209] Hauser, S. 272
[210] Hauser, S. 285
[211] Hauser, S. 285
[212] Hauser, S. 285
[213] Hauser, S. 286

Goldschmidt macht deutlich, daß ein Putativtitel nicht genüge.[214] Mithin weicht Goldschmidt insoweit vom gemeinen Ersitzungsrecht und von Art. 74 ADWO ab, nach denen der gute Glaube an das Bestehen eines wirksamen Veräußerungsgeschäfts geschützt war. In diesem Punkt besteht Einigkeit mit Hauser, der ein rechtsgültiges Veräußerungsgeschäft voraussetzte und dessen Beschränkung des guten Glaubens auf das Eigentum diese Möglichkeit von vornherein ausschied.

Anders als Hauser sieht Goldschmidt den guten Glauben an die Vollmacht eines Dritten, der vorgibt, für einen anderen zu veräußern, als Redlichkeit i.S.d. Art. 306 ADHGB an.[215] In diesem Fall liege eben nicht nur ein nicht ausreichender Putativtitel vor, sondern ein gültiges Rechtsgeschäft mit allen Wirkungen für den Erwerber.[216] (Für Hauser besteht ohne Vollmacht kein gültiges Rechtsgeschäft.) Somit spiele es keine Rolle, ob der Nichteigentümer im eigenen Namen veräußere oder in dem Namen eines Dritten.[217] Daraus schließt Goldschmidt, daß es gleichgültig sei, ob der Erwerber über das Eigentum oder das Verfügungsrecht (!) des Veräußerers im Irrtum sei.[218] Er behandelt demnach Eigentum und Verfügungsrecht als Gegenstände des guten Glaubens. Unter „Verfügungsrecht" versteht er offensichtlich sowohl die Verfügungsbefugnis als auch eine Vollmacht. Zur Begründung seiner Erkenntnisse führt Goldschmidt die Ersitzungslehre des gemeinen Rechts an und verschiedene römische Quellen.[219]

Endemann schreibt, die Redlichkeit helfe *„selbstredend nur hinweg über den Mangel des Eigentums oder des Verfügungsrechtes des Tradenten"*,[220] nicht über die anderen Voraussetzungen des Art. 306 ADHGB. Mithin genüge insbesondere kein putativer Erwerbsgrund, es sei vielmehr eine wirkliche Veräußerung nötig. Als Quelle seiner Ausführungen gibt Endemann die sich widersprechenden Stellen bei Hauser und Goldschmidt an, ohne jedoch auf deren unterschiedliche Meinungen einzugehen.[221] Es bleibt daher unklar, ob er wie Hauser nur den guten Glauben an das Eigentum, oder gar wie Goldschmidt den guten Glauben an die Vollmacht geschützt wissen wollte.

Staub stellt in seinem Kommentar zu Art. 306 ADHGB fest, daß Redlichkeit nicht nur bedeute, daß man den Autor für den Eigentümer halte, sondern daß

---

[214] Goldschmidt, ZHR 9, S. 29 2)
[215] Goldschmidt, ZHR 9, S. 27, ders., Handbuch, S. 826, FN 17
[216] Goldschmidt, ZHR 9, S. 27, ders., Handbuch, S. 826, FN 17
[217] Goldschmidt, Handbuch, S. 826, FN 17
[218] Goldschmidt, Handbuch, S. 826, FN 17
[219] Goldschmidt, ZHR 9, S. 27; vgl. Ogris, S. 10
[220] Endemann, Handbuch, §174, II. C., S. 59
[221] Endemann, Handbuch, §174, II. C., S. 59, FN 56

Redlichkeit auch bestehe, wenn man glaube oder glauben dürfe, der Autor sei zur Veräußerung berechtigt. Ein solcher Autor könne auch der Nichteigentümer sein, der mit Einwilligung oder im Auftrage des Eigentümers handele.[222] Nach Staub ist demnach auch der gute Glaube an die Verfügungsbefugnis ausreichend für einen gutgläubigen Erwerb gemäß Art. 306 ADHGB.

Einigkeit bestand in der Literatur darüber, daß das Eigentum des Veräußerers Gegenstand des guten Glaubens sein könne.
Ebenfalls war man allgemein der Meinung, daß ein Mangel im Erwerbsgeschäft, anders als in der gemeinen Ersitzungslehre und Art. 74 ADWO, kein Gegenstand des guten Glaubens sein solle. Dies ist bemerkenswert, zeigt es doch deutlich, daß sich in Art. 306 ADHGB ein eigener Gutglaubensbegriff entwickelte. Stellungnahmen zu dem Schutz des guten Glaubens an die Vollmacht finden sich nur bei Hauser und Goldschmidt. Wie die Ausführungen deutlich machen, waren diese entgegengesetzter Auffassung. Mangels weiterer Einschätzungen in der Lehre bildete sich zu dieser Frage keine herrschende Meinung der Literatur.[223] Bezüglich der Verfügungsbefugnis nahm eine Mehrheit der Literatur an, daß diese Gegenstand des guten Glaubens sein könne. In diesem Punkt blieb die entgegengesetzte Auffassung Hausers, wenn diese Charakterisierung bei den wenigen Stellungnahmen überhaupt vorgenommen werden kann, eine Mindermeinung.

Das Reichsgericht äußerte sich nur am Rande zu der Frage, was Gegenstand des guten Glaubens sei.[224] Dabei ging es davon aus, daß der gute Glaube an die Verfügungsbefugnis mit umfaßt sei.
Die Problematik taucht in einer Entscheidung des Reichsgerichts vom 29. September 1889 auf.[225] Im Fall beschäftigt sich das Gericht mit dem Problem, ob ein Pfandnehmer, der weiß, daß die verpfändete Wertsache dem anderen nicht gehört, die Einwilligung des Eigentümers voraussetzen darf, oder sich diese nachweisen lassen muß, um nicht als unredlicher Pfandnehmer i.S.d. Art. 306 ADHGB zu erscheinen. Eine grundsätzliche Entscheidung dieser Frage hält das Reichsgericht nicht für möglich, es hinge in jedem einzelnen Fall von den Umständen ab. Hinsichtlich der im Vordergrund stehenden Problematik, die den Gegenstand des guten Glaubens i.S.d. Art. 306 ADHGB betraf, setzt das

[222] Staub, 3./4. Auflage (1896), Art. 306, §7, S. 754
[223] vgl. Ogris, S. 10, 65
[224] vgl. OLG Hamburg Seuff Arch 37 Nr. 195; Die Stellvertretung sei kein Gegenstand des guten Glaubens.
[225] abgedruckt bei: Bolze, Praxis des Reichsgerichtes, Band 6, Nr. 115

Reichsgericht voraus, daß die Redlichkeit auch den guten Glauben an eine Verfügungsbefugnis umfaßt, ohne auf anders lautende Meinungen einzugehen. Diese Sichtweise findet sich auch in einer Entscheidung des Reichsgerichtes vom 05. Mai 1892. Zur Konkretisierung des guten Glaubens beim redlichen Erwerb eines Pfandrechtes gemäß Art. 306 II ADHGB stellt das Gericht fest, es komme darauf an, ob der Pfandnehmer den Verfügenden für berechtigt halten durfte, über die Ware zu verfügen.[226]

Augenscheinlich sah das Reichsgericht also die Verfügungsbefugnis als Gegenstand des für den Erwerb nach Art. 306 ADHGB erforderlichen guten Glaubens an.

In den angeführten Entscheidungen stand zuvor der Schutz des redlichen Pfandnehmers gemäß Art. 306 II ADHGB im Zentrum der Betrachtung. Es ist jedoch nicht ersichtlich, daß das Reichsgericht beim redlichen Erwerb beweglicher Sachen einen anderen Maßstab an den Begriff des guten Glaubens angelegt hätte.

(5) Umfang des guten Glaubens:

Bezüglich des Umfangs des guten Glaubens setzte sich die Ansicht durch, daß grobes Verschulden die Redlichkeit des Erwerbers ausschließe. Der gute Glaube war mithin nicht nur bei positiver Kenntnis ausgeschlossen. Bei Gewinnung seiner Überzeugung durfte der Erwerber nicht grob fahrlässig verfahren.[227] Wie aufgezeigt, hatte die Kommission diese Frage nach einer Diskussion offengelassen. Vor diesem Hintergrund erscheint die schnelle Einigung im Schrifttum um so erstaunlicher.

Ein Argument war eine Analogie zu Art. 74 ADWO.[228] Dieser Artikel, der gemäß Art. 305 ADHGB auch für alle indossablen Ordrepapiere maßgebend war, schloß die Vindikation nur aus, wenn der Wechsel nicht in bösem Glauben erworben war, beziehungsweise beim Erwerb keine grobe Fahrlässigkeit zur Last fiel. Die Beziehung auf Art 74 ADWO ist besonders erstaunlich, weil die Kommission bewußt einen Unterschied von Art. 74 ADWO und Art. 306 ADHGB wollte und deshalb in Art. 306 ADHGB gerade nicht, wie in Art. 305 ADHGB, auf Art. 74 ADWO verwies.[229] Goldschmidt wies zur Begründung der

---

[226] RG 29, 47 (49)

[227] Endemann, Handbuch, §174, II C., S. 58; Goldschmidt, ZHR 9, S. 28 / 66; Hauser, S. 286; Papendieck, S. 44; Puchelt, Art. 306, 7), S. 834

[228] Goldschmidt, ZHR 9, S. 30; Hauser, S. 287

[229] Goldschmidt, ZHR 9, S. 66, Goldschmidt macht deutlich, daß er die Ansicht der Kommission in diesem Punkte für unbegründet hält; Anschütz / Völderndorff, Art. 306, I 5), S. 148: „In Wahrheit kann aber das Bestehen eines solchen Gegensatzes nicht zugegeben werden. Denn in den Fällen der Art. 306 und 307 wird von einer Redlichkeit des Erwerbers dann nicht

Analogie auf die gleiche Interessenlage hin. Er stellte fest, daß zwischen den Normen eine nahe Rechtsverwandtschaft bestehe (beide seien für die Bedürfnisse des Handels geschaffen worden), und daß deshalb dort, wo die unterschiedlichen Objekte nicht ein anderes Vorgehen erforderten, die wichtigen Grundsätze gleich zu behandeln seien.[230] Ein weiteres Argument war die Tatsache, daß das ADHGB in verschiedenen Normen das Wissenmüssen dem Wissen gleichstelle (Beisp.: Art. 25, 46 S.2, 115, 347, 395, 408).[231] Zudem wurde auf verschiedene Landesgesetze verwiesen, in denen die Frage in gleicher Weise gelöst wurde.[232] Schließlich meint Goldschmidt, die Interpretation ergebe sich aus Ausführungen in den Protokollen zum ADHGB.[233] Dieses Argument läßt sich allerdings nicht mit der Tatsache in Einklang bringen, daß die Protokolle gerade keine eindeutige Aussage machten (vgl. oben II. 1) b) cc) (3)). Aus den von Goldschmidt angeführten Stellen läßt sich eine eindeutige Aussage nicht entnehmen.

Das Reichsgericht setzte sich ausführlich mit der Frage auseinander, ob bei grob fahrlässiger Unkenntnis der gute Glaube ausgeschlossen sei oder nur bei Kenntnis. Schon das ROHG hatte die Redlichkeit bei grobem Verschulden ausgeschlossen.[234]
In seiner grundlegenden Entscheidung zur Redlichkeit vom 14. Dezember 1881 stellt das Reichsgericht fest, daß die Anforderungen an den Begriff der Redlichkeit des ADHGB keine wesentlich anderen seien als jene, welche man im gemeinen Recht und im ALR antreffe.[235] Schon eingangs hatte das Gericht festgestellt, daß in diesen Regelungskomplexen ein grobes Verschulden, zumindest nach der Interpretation der herrschenden Meinung, die Redlichkeit ausschließe.[236] Zudem spricht sich das Gericht in dieser Entscheidung für eine Ausdehnung des von Art. 305 ADHGB (i.V.m. Art 74 ADWO) ausgesprochenen Prinzips, welches die grobe Fahrlässigkeit in den Begriff des guten Glaubens einbezieht, auf die Artikel 306 und 307 ADHGB aus.[237]

gesprochen werden können, wenn dem Erwerber [...] eine grobe Fahrlässigkeit bei der Erwerbung zur Last fällt."

[230] Goldschmidt, ZHR 9, S. 31
[231] Goldschmidt, ZHR 9, S. 31
[232] Goldschmidt, ZHR 9, S. 31 ff.; Papendieck, S. 44
[233] Goldschmidt, ZHR 9, S. 31
[234] ROHG 10, 300 (304); 19, 83
[235] RG 6, 17 (21); auch in Seuff. Arch. Bd. 35 Nr. 136
[236] RG 6, 17 (20)
[237] RG 6, 17 (22)

Damit folgt das Reichsgericht der Auffassung der Lehre und bestätigt das von dieser gefundene Ergebnis. Dabei stützt das Gericht sich weitgehend auf die vorher von der Lehre formulierten Erkenntnisse.

Neu ist jedoch der Verweis auf §259 StGB (Hehlerei). Nach der damaligen Fassung des §259 StGB waren Gegenstand der Hehlerei Sachen, von denen der Hehler „wußte oder den Umständen nach hätte wissen müssen“, daß sie durch strafbare Handlung erlangt worden waren. Das Reichsgericht bemerkt dazu: *„wollte man aber die grobe Fahrlässigkeit bei der zivilrechtlichen Beurteilung der Redlichkeit des Erwerbers gänzlich ausscheiden, jeden Erwerb als rechtlichen gelten lassen, bei welchem der Erwerber sich nur nicht effektiv der Unrechtmäßigkeit der Erwerbung bewußt geworden ist, so würde man zu dem Resultate kommen, daß eine Erwerbshandlung, welche der Strafrichter [...] als ein Vergehen oder Verbrechen zu qualifizieren hat, von dem Zivilrichter als eine vollwirksame Handlung eines redlichen Mannes anerkannt werden müßte. Ein so großer Widerspruch in der Gesetzgebung desselben Reichsgebietes würde sich ohne zwingende Gründe nicht annehmen lassen.“*[238]
Letztlich argumentiert das Reichsgericht also mit der Einheit der Rechtsordnung. Auch wenn sich §259 StGB in der Zwischenzeit gewandelt hat, so ist diese Grundaussage des RG stets ein zu beachtender Gesichtspunkt. In seiner Entscheidung vom 22. Februar 1882 bestätigt das RG nochmals das in der soeben dargestellten Entscheidung gefundene Ergebnis bezüglich des Umfangs der Gutgläubigkeit.[239] Es betont dabei den schon bei der Darstellung der Literatur angeführten Gedanken, daß den Artikeln 306 und 307 ADHGB ein für den gesamten Geltungsbereich des ADHGB geltender einheitlicher Redlichkeitsbegriff zu Grund liege.

(6) Zeitpunkt des guten Glaubens:
Einigkeit bestand darüber, daß Redlichkeit zum Zeitpunkte des Erwerbs vorhanden sein müsse. Hauser fordert, daß der gute Glaube vorliegen müsse, bis alle zum Eigentumserwerb gehörenden Tatsachen eingetreten seien.[240] Dies meint die Zeit vom Abschluß des Veräußerungsgeschäfts bis zur Übergabe.[241]

---

[238] RG 6, 17 (23)
[239] RG 6, 86 (87)
[240] Hauser, S. 291
[241] Goldschmidt, ZHR 9, S. 37; Endemann, Handbuch, S. 59

Spätere Unredlichkeit schade nicht.[242] Der einmal erfolgte Eigentumserwerb bleibe bestehen.
Im Zusammenhang mit dem Zeitpunkt wurden in der Literatur noch erläuternde Beispiele angeführt. Lägen alle Voraussetzungen des Art. 306 ADHGB zum redlichen Erwerb beim Erwerb des ersten Erwerbers vor, so schade es nicht, wenn sie beim späteren Erwerber nicht mehr vorlägen.[243] War umgekehrt der erste Erwerber unredlich, so schade dies nicht den weiteren redlichen Erwerbern, doch müßten bei deren Erwerb alle Voraussetzungen vorliegen.[244]

(7) Beweislast:
Für Siegmann entsprach die von §16 des Sächsischen Einführungsgesetzes aufgestellte Präsumtion des guten Glaubens und die daraus folgende Beweislast für den Vindikanten den allgemeinen Beweisregeln.[245] Er war sonst der Ansicht, daß diese Verteilung der Beweislast Art. 306 ADHGB ohnehin zugrunde liege, und daß es sich bei der Feststellung im Einführungsgesetz um eine rein deklaratorische handele. Im Ergebnis sahen dies auch Puchelt und Staub so, welche in ihren Kommentaren darlegten, daß der Nachweis des bösen Glaubens dem Vindikanten obliege.[246] Puchelt sah darin eine Notwendigkeit. Die Voraussetzung des guten Glaubens, welche dem französischen Recht fremd sei (und auch nicht im französischen Vorbild, dem „Hand-wahre-Hand"-Prinzip vorgesehen war), verliere dadurch ihre nicht beabsichtigte Schärfe.[247]

Nicht alle Autoren vertraten die Auffassung, daß dem Vindikanten uneingeschränkt die Beweislast aufzuerlegen sei. Goldschmidt wandte sich gegen die herrschende Meinung, welche sich darauf stützte, daß im gemeinen Recht eine Rechtsvermutung für die Redlichkeit des Erwerbers bestehe.[248] Daß einzelne Gesetze von einer solchen Vermutung ausgingen, sei kein Grund zur generellen Annahme.[249] Der gute Glaube müsse wie jede Tatsache erwiesen werden. Dazu

[242] Anschütz / Völderndorff, Art. 306, III 4, S. 158; Goldschmidt, Handbuch, §80, II, S. 827; Hauser, S. 291
[243] Anschütz / Völderndorff, Art. 306, III 4, S. 158; Goldschmidt, ZHR 9, S. 38; Hauser, S. 291
[244] Goldschmidt, ZHR 9, S. 38; Papendieck, S. 46
[245] Siegmann, ZHR 6 (1863), S. 112
[246] Puchelt, Art. 306, 7), S. 834; Staub, 3./4. Auflage (1896), Art. 306, §21, S. 757; vgl. auch Thöl (1. Band, 1. Abteilung), §63, FN 9a
[247] Puchelt, Art. 306, 7), S. 834
[248] Goldschmidt, ZHR 9, S. 42; ders., Handbuch, §80 IV, S. 833
[249] Goldschmidt hat hier insbes. die Einführungsgesetze im Blick.

genüge selbstverständlich, die Umstände nachzuweisen, auf welche sich dieser stütze, da der innere Seelenzustand nicht zu beweisen sei. Ein erwiesener und gültiger Erwerbstitel sei demnach nur ein, wenn auch ein für den guten Glauben sprechender, Anhaltspunkt für das richterliche Ermessen.[250] Hauser schloß sich der Sichtweise Goldschmidts an. Der Erwerber nach Art. 306 ADHGB habe alle Tatsachen, die zum Eigentumserwerb führen, also auch die Redlichkeit, zu behaupten und im Falle der Bestreitung zu beweisen. Er müsse Umstände darlegen, aus denen auf seinen guten Glauben geschlossen werden könne.[251]

Frühe Ausführungen der Rechtsprechung zu der Frage, wem die Beweislast bezüglich des guten Glaubens im Rahmen des Art. 306 ADHGB obliege, findet man beim großherzoglichen Hofgericht zu Darmstadt.[252] Im zu entscheidenden Fall bestritt der klagende Vindikant, daß der Erwerb in gutem Glauben stattgefunden habe. Nach seiner Ansicht mußte der Erwerber den guten Glauben beweisen. In seinem Gutachten kommt das Gericht jedoch zu dem Schluß, daß die bona fides präsumiert werde (wie durch die allgemeinen Regeln bisher vorgesehen), und daß es somit dem Vindikanten obliege, den bösen Glauben zu beweisen. Art. 306 ADHGB enthalte eine Neuerung im Interesse der Sicherheit und zur Förderung des Handelsverkehrs. Dieses Ziel der Bestimmung werde verfehlt, lege man dem Erwerber die schwierige Beweislast für seinen guten Glauben auf. Zudem könne der Regelung des Art. 306 ADHGB eine solche Belastung des Käufers nicht entnommen werden, so daß die bislang geltenden prozessualen Regeln beizubehalten seien.
Diese Sichtweise des Darmstädter Gerichts blieb in der Rechtsprechung ohne Widerspruch. Später ergangene höchstrichterliche Entscheidungen wurden stets so interpretiert, daß diese die Beweislast dem Eigentümer auferlegten, welcher sein Eigentum verfolgt.[253]

ff) Kein Vorliegen der Ausnahme des Art. 306 IV ADHGB:
Die Regelung enthielt keine Bestimmung zur Erläuterung der Begriffe „gestohlen oder verloren". Auch bei Schaffung der Ausnahmeregelung hatte man diese

[250] Goldschmidt, ZHR 9, S. 43; ders., Handbuch, §80 IV, S. 833
[251] Hauser, S. 296
[252] Entscheidung des großherzoglichen Hofgerichts zu Darmstadt zu Art. 306 ADHGB, Archiv für Theorie und Praxis des Allgemein deutschen Handelsrecht, 13. Band, 1868, S. 262 f.
[253] so: Gierke, Deutsches Privatrecht, §134, S. 565; Leske, S. 408; Gierke und Leske führen zwei Entscheidungen (ROHG 15, 243; RG 6, 22) an, denen diese Auslegung jedoch nicht zu entnehmen ist.

nicht näher konkretisiert. Zur Klärung sollte das Bürgerliche Recht zur Anwendung kommen.[254]

(1) Auslegung des Art. 306 IV ADHGB:
In der Literatur bemühte man sich, für die gesetzgeberischen Vorgaben des Art. 306 IV ADHGB eine praktikable und schlüssige Auslegung zu finden. Hierzu wurden verschiedene Lösungsmöglichkeiten diskutiert. Dabei war die Bedeutung des Art. 306 IV ADHGB in der Lehre heftig umstritten.[255] Über einen Punkt bestand Einigkeit. Die Begriffe „gestohlen" und „verloren" konnten nicht in den verschiedenen Bedeutungen der Landesrechte erklärt werden. Art. 306 ADHGB und das gesamte ADHGB bezweckten, für ganz Deutschland ein einheitliches Recht herzustellen, und so mußte ein einheitlicher, für ganz Deutschland geltender Rechtssatz geschaffen werden.[256]
Unbestritten blieb ferner die Feststellung Hahns, daß mit den Begriffen „gestohlen" oder „verloren" nicht der römische Begriff des „furtum" gemeint sei.[257]
Jenseits dieser Eckpunkte war die Auslegung kontrovers.

Goldschmidt äußerte sich ausführlich zu dem Problem dieser Auslegungsfrage. Er kommt zu einer ausdehnenden Interpretation, also zu einer, die über den bloßen Wortlaut des Gesetzes hinausgeht. Die Auslegung von „gestohlen" oder „verloren" führt er auf die mittelalterliche deutsche Grundlage der Regelung zurück.[258] Seine Ausgangsthese ist, daß Art. 306 ADHGB auf der altgermanischen Unterscheidung des anvertrauten und verlorenen Gutes basiere.[259] Diese These stützt Goldschmidt auf verschiedene Stellen in den Protokollen der Kommission zum ADHGB.[260] Dabei sei der entscheidende Grund für die Aufnahme der Regelung des Art. 306 IV ADHGB seiner Ansicht nach die konservative Neigung der Kommission gewesen, sich nicht zu sehr von dem lange Zeit

---

[254] Goldschmidt, ZHR 9, S. 11
[255] Endemann, Handbuch, S. 61
[256] Goldschmidt, ZHR 9, S. 12; ders., Handbuch §80 I, S. 820; Endemann, Handbuch, S. 61 f.
[257] Anschütz / Völderndorff, Art. 306, III, 5), S. 159; Hahn, Kommentar zum ADHGB, Bd. 2, 1. Auflage, Art. 306, §11, S. 107, FN 3
[258] Im Germanischen Recht spielte die Unterscheidung von freiwillig und unfreiwillig eine entscheidende Rolle. Der Berechtigte konnte seine Sache bei Dritten grundsätzlich verfolgen, wenn sie ihm abhanden gekommen war. Bei freiwillig weggegebenen Sachen war dies jedoch nicht möglich. Nur bei unfreiwillig verlorenem Gewahrsam gab die verlorene Gewere einen Herausgabeanspruch gegen den Inhaber der Sache. (vgl. Wieling, sachenrecht Bd. I, §10 I 1., V 1.)
Auf diese Grundsätze stützte Goldschmidt seine Interpretation.
[259] Goldschmidt, Handbuch, §80, S. 820
[260] Goldschmidt, Handbuch, §80, S. 820 (FN 1)

bestehenden und bewährten Recht zu entfernen.[261] Vor diesem historischen Zusammenhang müsse die Regelung betrachtet werden.[262] In der Folge entwickelte Goldschmidt einen allgemein anwendbaren Rechtssatz. Im Anschluß an die germanische Grundlage seien „gestohlenes oder verlorenes" Gut mithin nur als Beispielsfälle anzusehen für unfreiwillig dem Besitz entzogenes Gut.[263] Sachen, deren Gewahrsam freiwillig aufgegeben worden sei, unterlägen nicht Art. 306 IV ADHGB.[264] Es mache keinen Unterschied, ob sie nach römischem Recht furtiv oder nach Landesrecht als gestohlene Sachen angesehen würden.[265] Solche Sachen aber, die dem Gewahrsamsinhaber wider oder ohne seinen Willen verloren gingen, unterfielen dem Abs. IV und seien vom Erwerb nach Art. 306 ADHGB ausgeschlossen.[266]

Um die Folgen seiner Auslegung und insbesondere die Folgen der Scheidung zwischen unfreiwillig und freiwillig deutlich zu machen, nennt Goldschmidt einige Beispiele.[267]
Sachen, die dem Anwendungsbereich des Art. 306 ADHGB entzogen seien, seien solche, die durch Diebstahl nach gemeinem deutschen Strafrecht, Raub und durch Mangel an Aufmerksamkeit oder durch Naturereignisse aus dem Gewahrsam des Inhabers gekommen seien, nicht aber solche, die durch Untreue, Unterschlagung oder Betrug verloren gingen. Die durch „Erpressung und sonstige rechtswidrige Drohung" verlorenen Sachen rechnet er den unfreiwillig verlorenen und mithin den „gestohlenen oder verlorenen" Sachen des Art. 306 IV ADHGB zu.[268] Einen durch Drohung beeinflußten Besitzaufgabewillen müsse man schon wegen der Verwandtschaft mit dem Raube unter den unfreiwilligen Besitzverlust zählen. Außerdem würden die germanischen Grundsätze dort, wo sie noch Anwendung fänden, so verstanden.[269]
Ebenfalls unter Art. 306 IV ADHGB fiele die durch „wesentlichen Irrtum (Mißgriff, Verwechslung)" aus dem Gewahrsam des Eigentümers gelangte Sache.[270]

---

[261] Goldschmidt, ZHR 9, S. 11 f.
[262] Goldschmidt, ZHR 9, S. 12
[263] Goldschmidt, ZHR 9, S. 13
[264] Goldschmidt; Handbuch, §80, II, S. 822
[265] Goldschmidt, ZHR 9, S. 13
[266] Goldschmidt, ZHR 9, S. 13; vgl. Goldschmidt, Handbuch, §80, I, S. 820 „... solche Sachen, deren Gewahrsam der Eigentümer oder dessen Vertreter im Besitz unfreiwillig, daß ist wider oder ohne seinen Willen verloren hat,..."
[267] Goldschmidt, ZHR 9, S. 13
[268] Goldschmidt, ZHR 9, S. 13
[269] Goldschmidt, ZHR 9, S. 13
[270] Goldschmidt, Handbuch, §80, I, S. 822

Hauser entwickelte unter ausdrücklicher Bezugnahme auf Goldschmidt andere Maßstäbe für die Auslegung des Art. 306 IV ADHGB. Er löste sich ausdrücklich von der historischen Grundlage und suchte eine eigenständige Auslegung für Art. 306 ADHGB. Auf diesem Wege gelangte er zu teilweise von Goldschmidt abweichenden Ergebnissen. Zunächst formulierte er den Grundgedanken der Ausnahmeregelung des Art. 306 IV ADHGB.[271] Gestohlenen und verlorenen Sachen sei gemeinsam, daß sie ohne den Willen des Eigentümers weggekommen seien. Der redliche Erwerb solcher ohne Hingabe des Eigentümers weggekommenen Sachen solle diesem nicht schaden.[272]
Anders als Goldschmidt vertrat er die Auffassung, daß die Ausnahme des Art. 306 IV ADHGB gerade nicht aus dem historischen Zusammenhange zu ermitteln sei.[273] Die historische Entwicklung erkläre zwar das entstandene Recht, das vergangene Recht müsse deshalb aber nicht in das neue Recht hinein gelesen werden.[274] In Folge dieser Überlegung stellt Hauser fest, daß in Art. 306 IV ADHGB nicht nach germanischem Vorbild das Merkmal der Unfreiwilligkeit als Gegenpol zur Freiwilligkeit aufgenommen worden sei. Von der historischen Fessel befreit, interpretiert er Art. 306 IV so, daß es nur auf das Fehlen eines Willens überhaupt und nicht auf den Mangel eines freien Willens ankäme. Entscheidend sei nur, ob die Sachen mit oder ohne den Willen abhanden gekommen seien. Ob der Wille frei oder unfrei, d.h. durch Irrtum, Zwang oder Betrug beeinflußt ist, war für Hauser ohne Belang. Dementsprechend hielt Hauser - von Goldschmidt abweichend - im Fall der Drohung und dem „wesentlichen Irrtum" Art. 306 IV nicht für einschlägig. Habe der Eigentümer die Sache unter Drohung oder irrtümlich hergegeben, so geschehe dies trotz allem nicht gegen oder ohne den Willen. Ein redlicher Erwerb sei demnach nicht gemäß Art. 306 IV ADHGB ausgeschlossen.

---

[271] Aus dem für die Ausnahme des Art. 306 IV entwickelten Grundgedanken leitet Hauser ein Prinzip zur Erklärung des Erwerbs vom Nichtberechtigten gemäß Art. 306 ab. Der redliche Erwerber werde geschützt, wenn die bewegliche Sache von Seiten des Eigentümers (oder hierzu ermächtigten) jemandem gegeben worden sei. Die Sachhingabe an einen Anderen (die nicht zur Übertragung von Eigentümern geeignet war) ginge im Verkehr im Falle des Mißbrauchs zu Lasten des Eigentümers. (Hauser S. 264)
[272] Hauser, S. 263
[273] Hauser, S. 264
[274] Hauser, S. 264

Eine dritte und im Gegensatz zu den beiden anderen sich stark am Wortlaut orientierende Interpretationsmöglichkeit vertrat Thöl in seinem Lehrbuch zum Handelsrecht.[275]
Dieser lehnte ausdrücklich die Sicht Goldschmidts, die zwischen freiwillig und unfreiwillig aufgegebenen Sachen unterschied, ab, auch wenn diese durchaus zu einer klaren Auslegung des Absatz IV gelange.[276] Es handele sich bei Absatz IV aber um eine Ausnahme, und Ausnahmen seien strikt auszulegen.[277] Mithin könne die Anwendung des Art. 306 ADHGB nur bei gestohlenen Sachen, denen geraubte gleich stünden, und verlorenen Sachen, zu denen auch weggeschlossene und von anderen irrtümlich mitgenommene Sachen zählten, ausgeschlossen werden. Im Fall des Art. 306 IV bleibe es dann bei den landesgesetzlichen Regelungen zum gutgläubigen Erwerb.[278]

In seiner grundlegenden und prominenten Entscheidung vom 20. April 1880[279] bezieht das Reichsgericht Stellung zu der Auslegung des Art. 306 IV ADHGB und seiner Begriffe „gestohlen oder verloren".
Wie schon Goldschmidt sieht auch das Reichsgericht den Art. 306 IV ADHGB als Kodifikation deutschrechtlicher Grundlagen an.[280] Jemand, der seine Sache freiwillig aus der Hand gegeben habe, könne diese nicht gegen dritte redliche Erwerber vindizieren. Art. 306 IV ADHGB dürfe deshalb nicht wortgetreu verstanden werden. Dafür spreche außer dem historischen Vorbild auch der Wort-

---

[275] Mit der Feststellung, es müsse nach dem maßgeblichen Kriminalrecht beurteilt werden, ob der „Tatbestand des Gestohlenseins" vorliege, vertrat auch Hahn in seiner 1. Auflage eine sich am Wortlaut orientierende Auslegung (Hahn, Kommentar zum ADHGB, Bd. 2, 1. Auflage, Art. 306 §11, S. 107). Dies ist nicht offensichtlich, geht jedoch aus der 2. Auflage seines Kommentars hervor. Hier wich er ausdrücklich von der 1. Auflage ab und sprach sich dafür aus, daß das Gesetz in Art. 306 IV der Ergänzung bedürfe (Hahn, Kommentar zum ADHGB, Bd. 2,, 2. Auflage, Art. 306, §12). Es ist anzunehmen, daß dieser Meinungswandel auf die Veröffentlichung Goldschmidts und in der Zwischenzeit ergangene Rechtsprechung (RG 1 (1880), 255 ff. vgl. dazu unten) zurückzuführen ist.
[276] Thöl, §234, 4., S. 138
[277] Thöl, §234, 4., S. 138
[278] Abschließend stellt Thöl fest, daß die abgelehnte Sichtweise und seine Meinung ohnehin nahezu dieselben Ergebnisse erzielten.
[279] RG 1, 255 ff.
[280] RG 1, 255 (256)

laut des Antrags, der die Ausnahme in die Verhandlungen der Kommission eingebracht habe und Grundlage derselben geworden sei.[281] Aus den Motiven dieses Antrags ergebe sich, daß Art. 306 IV ADHGB nicht wörtlich zu verstehen sei. Es erscheine nicht plausibel, daß der Gesetzgeber den naheliegenden Fall des Diebstahls und den entfernt liegenden Fall des Verlierens einer Sache aus Unachtsamkeit erfaßt wissen wollte, ohne die dazwischen liegenden Möglichkeiten des unfreiwilligen Verlusts zu bedenken.[282]
Den so als mißglückt bezeichneten Wortlaut des Art. 306 IV ADHGB führt das Reichsgericht auf Art. 2279 des Code Civil zurück.[283] Dieser spricht in seiner Ausnahme von „volé“ und „perdu“. Eine streng am Wortlaut orientierte Auslegung des Art. 306 IV ADHGB lehnt das Gericht somit ab. Es orientiert seine Deutung an der historischen Grundlage.
Art. 306 IV ADHGB wird vom Reichsgericht so interpretiert, daß er den Erwerb der Sachen ausschließe, an denen jemand *„wider seinen Willen und ohne sein Zutun den Gewahrsam [...] verloren hat“*.[284] Das Gericht folgte somit dem Auslegungsvorschlag Goldschmidts. Noch im selben Band der amtlichen Sammlung findet sich eine Bestätigung dieser Rechtsprechung.[285]

(2) Sonderproblem der Auslegung: Unterschlagene und veruntreute Sachen
Die Frage, ob unterschlagene bzw. veruntreute Sachen unter Art. 306 ADHGB fallen, ist eigentlich schon mit dem vorhergehenden Punkt beantwortet, sie soll hier deshalb nochmals, unabhängig von der allgemeinen Diskussion um die Auslegung des Art. 306 IV ADHGB behandelt werden, weil sie die neuere Entwicklungsgeschichte des Erwerbs vom Nichtberechtigten im Deutschen Recht stets begleitet hat. Immer wenn es um die Ausnahmen vom gutgläubigen Erwerb ging, tauchte diese spezielle Frage auf. Die Befürworter der Ausnahme in diesem Fall wollen nicht einsehen, daß der Eigentümer eine auf die beschriebene Weise durch Delikt verlorene Sache einbüßen muß.

---

[281] RG 1, 255 (256); In dieser Entscheidung ist die entscheidende Stelle der Motive des Antrags zitiert: „Durch dieses Amendement wird der Grundsatz zur Anwendung gebracht, daß bei einem Mißbrauch des Vertauens derjenige, welcher sein bewegliches Gut einem anderen anvertraut hat, dem redlichen Erwerber nachsteht.“ (Protokolle der Kommission zum ADHGB, S. 4616; Motive zu Antrag B)
[282] RG 1, 255 (257)
[283] RG 1, 255 (257)
[284] RG 1, 255 (257)
[285] RG 1, 415 (418); Doch verwundert die Bestätigung nicht sonderlich, da der selbe Senat entschieden hat.

So vertrat Koch in seinem Kommentar zum ADHGB die Ansicht, daß unter dem Begriff „verlorene" Gegenstände auch die veruntreuten und unterschlagenen zu fassen seien.[286] Dies ergebe sich aus der Absicht, welche diese Regelung verfolge. Ziel sei es gewesen, den Landesgesetzen einen möglichst großen Geltungsbereich einzuräumen. Denn aus diesen könne sich dann ergeben, welchen Ersatz der Eigentümer dem redlichen Erwerber leisten müsse. Um das Ziel zu erreichen, müsse Art. 306 IV ADHGB weit ausgelegt werden. Koch hat hier offensichtlich ein Lösungsrecht vor Augen, wie es in der preußischen Erinnerung noch vorgesehen war, in manchen Landesgesetzen galt, aber nicht in Art. 306 ADHGB aufgenommen wurde[287] Auf dem Umwege, den gutgläubigen Erwerb in möglichst allen Fällen auszuschließen und dem redlichen Erwerber mittels Landesrecht dann Ersatz zu verschaffen, versuchte Koch, ein solches Recht einzuführen. Die Argumentation Kochs ist jedoch nicht schlüssig. Sie fußt schon auf einer falschen Annahme. Um die Absicht der Regelung aufzuzeigen, verweist er auf die Motive des Antrags, der die Ausnahme einführte (Antrag B). Dieser Antrag zeichnet sich aber gerade dadurch aus, daß er auf das Lösungsrecht der preußischen Erinnerung verzichtet.

Die überwiegende Meinung lehnte es denn auch ab, unterschlagene und veruntreute Sachen unter Art. 306 IV ADHGB zu fassen.[288] Dieses Ergebnis folgt aus den Ausführungen zu der allgemeinen Auslegung der Ausnahme. Trotz der anderen Unstimmigkeiten kamen Goldschmidt, Hauser und Thöl in dieser Frage zum selben Ergebnis.

Auch zu dieser speziellen Frage liegt eine richterliche Stellungnahme vor. Bereits im Jahre 1879 stellt das Appelationsgericht zu Celle fest, daß Art. 306 IV ADHGB nicht auf unterschlagene Sachen auszudehnen sei.[289]
Die Kommission habe den Satz „Hand wahre Hand" aufnehmen wollen (wenn auch nicht mit allen seinen Streitigkeiten). Jedenfalls sei deshalb „Diebstahl" i.S.d. Art. 306 IV ADHGB nicht als römischer „furtum" zu verstehen, der die Unterschlagung umfaßt. Es liege kein Grund vor, „Diebstahl" anders zu interpretieren als nach dem Strafrecht.
Mit dieser Argumentation läßt das Gericht offen, ob es Art. 306 IV ADHGB wörtlich verstanden wissen möchte oder nicht. Einerseits führt es das „Hand wahre Hand"- Prinzip zur Auslegung an, welches alle unfreiwillig verlorenen

[286] Koch, Kommentar zum ADHGB, Art. 306, FN 86, S. 490
[287] Anschütz / Völderndorff, Art. 306, III, 3), S. 147
[288] Anschütz / Völderndorff, Art. 306, III, 5), S. 158
[289] Appelationsgericht zu Celle, Seuff. Arch. Bd. 35 Nr. 57

Sachen ausschließt und über den Wortlaut hinausgeht. Andererseits möchte es den „Diebstahl“ (“gestohlen“) wie im allgemeinen Strafgesetzbuch, also wortgetreu, interpretieren.
Eine Entscheidung zwischen den Möglichkeiten war nicht nötig, da nach beiden jedenfalls die unterschlagenen Sachen ausscheiden. Nur diese Frage war für das Urteil relevant.

(3) Konkretisierung der Regelung des Art. 306 IV ADHGB:
Über die besprochene Auslegungsfrage hinaus wurden in der Literatur noch andere Feststellungen getroffen, die zur Anwendung der Regelung wichtig waren. So wurde angenommen, es mache keinen Unterschied, ob die Sache direkt aus dem Besitz des Eigentümers oder eines „Besitzvertreters“ „gestohlen oder verloren“ sei. Danach lag - nach der heutigen Terminologie - ein „Abhandenkommen“ auch bei Verlust durch den Besitzmittler vor. [290] Des weiteren ging man davon aus, daß die Fehlerhaftigkeit des Besitzverlustes wegen Art. 306 IV ADHGB fortwirke. Selbst bei einer längeren Kette redlicher Besitzer, die alle von Kaufleuten in deren Handelsgewerbe erwerben, sei die Eigentumsverfolgung nicht ausgeschlossen.[291]

III. Fazit zu Art. 306 ADHGB

Die Umstände der Entwicklung des Art. 306 ADHGB hatten erheblichen Einfluß auf seine endgültige Ausgestaltung. Art. 306 ADHGB stellt einen unter zeitlichem Druck entstandenen Kompromiß dar, der möglichst alle Ideen und Vorschläge in sich vereinigen sollte. Römische und germanische Grundlagen wurden in Kenntnis bestehender Regelungen in dieser Absicht miteinander verbunden. Ein einheitliches Leitmotiv oder ein näher durchdachter und unteilbarer Vorschlag konnte sich nicht durchsetzten.
Die Kommission nannte als rechtspolitisches Ziel der Regelung über den gutgläubigen Erwerb, der Handelsverkehr solle durch die Regelung geschützt werden. Der Schlußfolgerung, daß die Möglichkeit des gutgläubigen Erwerbs vom Nichtberechtigten den Handelsverkehr schützt, liegt die Vorstellung zugrunde, daß der Handel mit Waren nur dann funktioniert, wenn derjenige, der bei einem Kaufmann kauft, davon ausgehen kann, daß er die Sache behalten darf. Nur wenn dies der Fall sei, werde der Handelsverkehr nicht durch Probleme beein-

[290] Goldschmidt, ZHR 9, S. 12; ders., Handbuch, §80 I, S. 820; Hauser, S. 263
[291] Goldschmidt, ZHR 9, S. 12; Hahn, Kommentar zum ADHGB, Bd. 2, 1. Auflage, Art. 306, §11, S. 108

trächtigt, die durch Mißtrauen des Erwerbers, welches der Angst entspringt, die Sache nicht behalten zu dürfen, oder durch Rückabwicklungen entstehen.
Mit Art. 306 ADHGB entstand eine Regelung, die auf der Grundlage dieser Vorstellung einen weiten Schutz gewährte. Die Norm schützt nicht nur den Verkehr mit beweglichen Sachen zwischen Kaufleuten, sondern jeden, der solche bei Kaufleuten erwirbt. In manchen Landesteilen verzichtete man sogar auf die Voraussetzung, daß bei einem Kaufmann erworben werde. Es lag somit eine Regelung vor, die teilweise die Reichweite erlangte, welche der heute für den gesamten bürgerlichen Rechtsverkehr geregelte Erwerb vom Nichtberechtigten hat.

Mangels eindeutiger Vorgaben der Kommission hatten die Arbeiten von Literatur und Rechtsprechung einen erheblichen Einfluß auf die Entwicklung der Regelung.
Schon früh stellte man fest, daß sich Art. 306 ADHGB nur auf körperliche Sachen beziehe, und insbesondere Forderungen keinen Gegenstand des gutgläubigen Erwerbs nach dieser Norm darstellten. Diese Frage stellte sich dann auch bei der Schaffung und Auslegung der §§932 ff. BGB nicht mehr.
Die Fragestellung hingegen, ob man auch bei einem unentgeltlichen Erwerb gutgläubig Eigentum gemäß Art. 306 ADHGB erwerben könne, wurde nicht abschließend geklärt. Art. 306 ADHGB enthielt hierzu keine eindeutige Formulierung. Dementsprechend wurden in der Literatur beide Möglichkeiten vertreten. Eine Stellungnahme der Rechtsprechung liegt nicht vor.
Die Voraussetzung der Übergabe stellt eine Neuerung im Zusammenhang mit dem gutgläubigen Erwerb beweglicher Sachen dar. Weder die römischen noch die germanischen Vorbilder verlangten eine solche. Zudem hielt diese Voraussetzung erst spät Einzug in die Arbeiten an Art. 306 ADHGB.
Erst in der letzten Lesung des Gesetztes tauchte die Voraussetzung der Übergabe in dem neuen preußischen Vorschlag auf. Der preußische Vorschlag sah noch keinen Eigentumserwerb vor. Er beschränkte sich auf den Ausschluß der Vindikation. Daher besteht nicht notwendig ein Zusammenhang zwischen dem Eigentumserwerb und der Aufnahme der Voraussetzung der Übergabe, die in manchen Landesrechten als Voraussetzung für die Eigentumsübertragung gefordert wurde. Die Diskussion in der Kommission um die Aufnahme des Eigentumserwerbs war zudem geprägt davon, daß in der Folge des Vindikationsausschluß klare Verhältnisse bestehen sollten.
Zur Erläuterung des Übergabebegriffs griff man auf den Vorgang der Besitzübergabe zurück. Es liegt nahe, daß auch die Väter des ADHGB diese im Blick hatten. Dieser Rückgriff hatte zur Folge, daß beinahe alle bekannten Möglich-

keiten der Besitzübergabe in Art. 306 ADHGB hineingelesen wurden. Ausgeschlossen von der Übergabe im Sinne des Art. 306 ADHGB wurde von der herrschenden Meinung die Besitzübergabe mittels Besitzkonstitut. Diese Ausnahme geht auf Goldschmidt zurück und setzte sich in der Wissenschaft und Rechtsprechung durch. Goldschmidt begründete diese Ausnahme in erster Linie mit dem germanischen Vorbild. Der „Hand-wahre-Hand-Satz" schütze nur den tatsächlichen Besitz, daher sei eine tatsächliche Übergabe in das Gewahrsam des Erwerbers erforderlich.

Es bildete sich somit trotz des Rückgriffs auf den Besitzbegriff ein eigenständiger Übergabebegriff im Rahmen des Art. 306 ADHGB. Dieser hat zur Bedingung, daß etwas mit der Sache geschieht. Nur dann liege ein Verkehr vor, den es zu schützen gelte. Auf der Grundlage dieser Sichtweise entwickelte das Reichsgericht die Möglichkeit der Heilung durch eine spätere körperliche Übergabe bzw. Besitzergreifung.

Als Reaktion auf die erhebliche Einschränkung des Anwendungsbereichs des Art. 306 ADHGB durch Ausschluß des Besitzkonstitutes diskutierte man Erleichterungen des Übergabegriffs. Um den Handel mit Waren zu erleichtern, ließ man zu, daß die Übergabe eines Traditionspapieres für eine Übergabe im Sinne des Art. 306 ADHGB genügt. Hierbei ging es um Traditionspapiere, wie sie im Verkehr zwischen Kaufleuten üblich sind, so daß es bei einer handelsspezifischen Ausnahme blieb.

Schon die Kommission wies bei Schaffung des ADHGB darauf hin, daß das Kriterium der Redlichkeit dazu dienen könne, als Korrektiv unbillige Entscheidungen zu verhindern. Wie dies zu geschehen habe, und wie der Begriff auszulegen sei, überließ die Kommission ausdrücklich der Rechtswissenschaft. In der Lehre war man dann auch darum bemüht, Kriterien für den Begriff zu entwickeln.

Großen Raum nahm dabei die Diskussion ein, was Gegenstand der Redlichkeit sei. Einigkeit bestand darüber, daß das Eigentum Gegenstand der Redlichkeit sei; außerdem auch darüber, daß Redlichkeit bezüglich des Mangels im Erwerbsgeschäft, anders als bei der Ersitzungslehre nicht geschützt werde. Daß daneben die Verfügungsbefugnis Gegenstand sei, nahmen die herrschende Lehre und das Reichsgericht an. Ob ein guter Glaube an die Vollmacht geschützt sei, blieb, wie heute im Rahmen des §366 HGB, umstritten.

Schnell herrschte Klarheit bezüglich des Umfangs der Redlichkeit, obwohl man sich noch in der Kommission hierüber nicht einigen konnte. Die Redlichkeit fehle nicht nur bei positiver Kenntnis, sondern auch bei grob fahrlässiger Unkenntnis.

Wer die Beweislast für die Redlichkeit trägt, regelt Art. 306 ADHGB nicht ausdrücklich. Nach den allgemeinen Regeln müßte der Erwerber seine Redlichkeit behaupten und nachweisen, weil er sich auf die Norm beruft, und die Redlichkeit eine Voraussetzung für seinen Erwerb darstellt. Anders sah dies jedoch die herrschende Meinung im Rahmen des Art. 306 ADHGB. Entgegen der allgemein Regel sollte der Vindikant den bösen Glauben des Erwerbers behaupten und nachweisen. Diese von der üblichen Herangehensweise und der Fassung der Norm abweichende Interpretation sollte den Verkehr stärken, dessen Schutz Aufgabe des Art. 306 ADHGB war. Diese Stärkung war von erheblichem Gewicht, denn es ist fast unmöglich, innere Tatsachen direkt zu beweisen, und besonders schwer, für solche Tatsachen Indizien vorzulegen.
Die Ansicht, die Begriffe „gestohlen" und „verloren" in Art. 306 IV ADHGB seien wörtlich zu verstehen, konnte sich nicht durchsetzten. Einigkeit erzielte man darin, daß der Berechtigte die Sache ohne den Willen aus seinem Gewahrsam verloren haben muß. Dementsprechend konnte sich die Ansicht nicht durchsetzten, nach welcher unterschlagene und veruntreute Sachen nicht gutgläubig erworben werden können. Sie bezog sich im wesentlichen darauf, daß es sich um deliktisch erworbene Sachen handelt.

In Lehre und Rechtsprechung bildete sich somit in den meisten für die Anwendung relevanten Fragestellungen ein Konsens. Sie fanden insbesondere auch für die von der Kommision noch offengelassenen Fragen schnell Lösungen. Dabei wurden keine Neuschöpfungen vorgenommen, sondern auf Bekanntes zurückgegriffen. Dies wurde unter Berücksichtigung des Ziels, dem Schutz des Verkehrs, für Art. 306 ADHGB nutzbar gemacht. Die unter Zeitdruck entstandene und in vielen Elementen nicht fertig durchdachte Vorschrift fand somit in kurzer Zeit ihre konkrete Ausgestaltung für die Rechtsanwendung.

B. Der Erwerb vom Nichtberechtigten im ersten Entwurf des BGB

I. Regelung in letzer Minute

1) Zur Entstehung des BGB

Zunächst existierte nur eine Reichszuständigkeit für das Obligationenrecht, nicht aber für eine umfassende Kodifikation des bürgerlichen Rechts. 1873 wurde dieser Zustand beseitigt und mit dem fünften diesbezüglichen Antrag die erforderliche Kompetenz in die Verfassung aufgenommen (Lex Miquel-Lasker).

So war der Weg offen für die Schaffung eines bürgerlichen Gesetzbuches. 1874 wurde eine aus fünf Mitgliedern zusammengesetzte Vorkommission eingesetzt, welche Vorschläge zu Plan und Arbeitsweise der Gesetzesarbeiten machen sollte und sich um die Zusammensetzung der Hauptkommission kümmern sollte. Noch im selben Jahr trat, eingesetzt durch den Bundesrat, die erste Kommission zusammen. Diese bestand aus 11 Mitgliedern[292], die unter dem Vorsitz des Präsidenten des Reichsoberhandelsgerichts, Eduard v. Pape (der schon bei Schaffung des ADHGB beteiligt war[293]), tagten. Zu Beginn wurden fünf Mitglieder der Kommission mit der Abfassung von Teilentwürfen beauftragt. Für die Abfassung des Teilentwurfs des Sachenrechts wurde Obertribunalrat Johow ausgewählt. Im Oktober 1881 begannen die Hauptberatungen. Die Teilentwürfe wurden nacheinander durchgearbeitet und die Beschlüsse von einem Redaktionsausschuß abgefaßt.
Die Ergebnisse der Kommission lagen schließlich im Jahre 1887 vor. Durch die Veröffentlichung des ersten Entwurfs und der „Motive"[294] (1888) wurden sie der Öffentlichkeit zugänglich gemacht. Die in der vorliegenden Arbeit als weitere Quelle herangezogenen Protokolle der ersten Kommission lagen zur damaligen Zeit nicht in allgemein zugänglicher Form vor.
Der erste Entwurf wurde bald schon in der Öffentlichkeit heftig kritisiert, und in der Folge entschloß man sich unter dem Druck der öffentlichen Meinung, erneut eine Kommission einzuberufen, die den Entwurf überarbeiten sollte.

2) Entstehung der Regelungen über den Erwerb beweglicher Sachen vom Nichtberechtigten im ersten Entwurf

a) Entwicklung der Regelung:
Nach einer kurzen Vorberatung wurde von der ersten Kommission ein Redaktor beauftragt, einen Teilentwurf zu verfassen. Auf der Grundlage dieses Teilentwurfs schuf die erste Kommission dann den ersten Entwurf.
Die zentrale Frage, welche in jedem Stadium der Regelung (Vorbeschluß / Teilentwurf / erster Entwurf) zu beantworten war, war letztlich die, welches Grundprinzip zur Vindikation beweglicher Sachen der Regelung zugrunde zu legen sei. Dieses Prinzip ist es, welches grundsätzlich entscheidet, wer im Konfliktfall die Sache behalten darf.

---

[292] Nach dem Ausscheiden Windscheids zum 01. Oktober 1883 wurde der elfte Platz nicht neu besetzt.
[293] Schubert, Einleitung ADHGB, S. X
[294] Für die Motive trug eine Gruppe von Hilfsarbeitern der Kommission die Verantwortung.

Zur Auswahl stand einmal das Prinzip, welches auf der Grundregel aufbaut, der Übergang des Eigentums auf den Erwerber hänge davon ab, ob der Veräußerer Eigentümer sei. Folge dieser Regelung ist es, daß der Eigentümer die Sache überall dort herausverlangen kann, wo er sie findet („Vindikationsprinzip").
Nach dem zweiten in Betracht gezogenen Prinzip, sollte der Mangel des Eigentümers auf Seiten des Veräußerers zu Gunsten des gutgläubigen Erwerbers außer Betracht bleiben („Prinzip des Art. 306 ADHGB").
Nach der Entscheidung in der zentralen Frage, welches dieser Grundprinzipien zu Grunde zu legen sei, wurden weitere Einzelheiten der Regelung festgelegt.

aa) Der Vorbeschluß:
Bevor die Teilentwürfe abgefaßt wurden, beriet die erste Kommission in einem ersten Arbeitsschritt Vorfragen von zentraler Bedeutung für das zu schaffende Gesetzbuch, um eine von der Mehrheit akzeptierte Grundlage für die Teilentwürfe vorzugeben.

In der neunten Sitzung der Vorberatungen am 18.10.1875 stand die Entscheidung über die Frage an, welche Prinzipien den Regelungen über die Vindikation von Mobilien zugrunde zu legen seien.[295] Zu dieser Frage lagen verschiedene Anträge vor.
Johow, der mit der Abfassung des Teilentwurfs für das Sachenrecht beauftragt war, hatte zu den zentralen Fragen des Sachenrechtes Vorschläge mit „Bemerkungen" entwickelt, welche eine Beratungsgrundlage für die Vorberatungen darstellten. Zur Verfolgbarkeit des Eigentums an beweglichen Sachen lautete seine Vorlage:
„Der Anspruch auf Herausgabe einer beweglichen Sache steht dem Eigentümer gegen jeden zu, der ihm dieselbe vorenthält. Der redliche Erwerber ist zu der Herausgabe nur verpflichtet gegen Erstattung dessen, was er für die Erwerbung der Sache gegeben oder geleistet hat. "[296]
V. Kübel hatte zu dieser Vorlage Johows einen Gegenantrag in die Beratungen eingebracht.[297] Dieser orientierte sich bewußt inhaltlich an den Artikeln 306 und 307 des ADHGB. Nur die Ausnahme des Art. 306 IV ADHGB ergänzte er durch die Möglichkeit, die gestohlene oder verlorene Sache nach *„kurzer"* Frist zu ersitzen. Anders als bei der Interpretation des Art. 306 sollte somit der die Ausnahme begründende Makel der Sache nicht andauernd anhaften (vgl. oben A. II. 2) b) ff) (3)).

---

[295] Protokolle der Sitzung, abgedruckt bei: Jakobs / Schubert, Die Beratung, S. 72
[296] Jakobs / Schubert, Die Beratung, S. 53
[297] abgedruckt bei Jakobs / Schubert, Die Beratung, S. 67

Ein weiterer Antrag sah mit Hinweis auf das französische Recht vor, die dingliche Herausgabeklage des Eigentümers in dem Fall abzuschneiden, in dem die Sache mit dem Willen des Eigentümers in den Besitz eines anderen gelangte und von dort in den Besitz eines Dritten.[298]
Schließlich wurde beantragt, es bei dem Prinzip des römischen und gemeinen Rechts der unbeschränkten Verfolgbarkeit zu belassen.[299] Dieser letzte Antrag unterschied sich von dem Vorschlag Johows nur dadurch, daß er kein Lösungsrecht vorsah.

Die beiden zuletzt angeführten Anträge lehnte die Mehrheit der Kommission ab.[300] Für den dem Art. 306 ADHGB entsprechenden Vorschlag von Dr. von Kübel sprachen sich nur fünf Mitglieder aus, was zur Annahme nicht genügte. Angenommen wurde mit 6 zu 5 Stimmen der Vorschlag des Redaktors. Diese Zustimmung geschah ausdrücklich vorbehaltlich noch zu bestimmender Ausnahmen insbesondere in bezug auf Inhaberpapiere.[301] Was die Ausnahmen angeht, wurde am Ende der Sitzung mit 4 zu 7 Stimmen abgelehnt, bei gestohlenen und verlorenen Sachen keinen Lösungsanspruch des redlichen Erwerbers vorzusehen.[302]

Ergebnis der Vorberatungen war also die Annahme des „Vindikationsprinzips".Dies sollte mit einem Lösungsanspruch des redlichen Erwerbers verbunden werden. Ein Ausschluß der Vindikation beweglicher Sachen bei redlichem Erwerber oder gar einem unmittelbaren Eigentumserwerb sah man nicht vor. Ausnahmen sollten aber für den gutgläubigen Erwerb von Inhaberpapieren geschaffen werden.

bb) Der Teilentwurf:
In seinem Teilentwurf löste Johow die Frage der Vindikation von Mobilien entsprechend dem Vorbeschluß aus dem Jahre 1875. Die Regelungen, welche der Teilentwurf zum Erwerb beweglicher Sachen vom Nichtberechtigten enthält, bauen auf dem Grundsatz auf, daß nur der Eigentümer das Eigentum übertragen kann (§132 TE).[303] Wie vom Vorbeschluß vorgesehen, steht nach dem Teilentwurf dem Eigentümer gegen jeden ein Herausgabeanspruch zu, bei dem er seine

[298] Jakobs / Schubert, Die Beratung, S. 72
[299] Jakobs / Schubert, Die Beratung, S. 73
[300] Jakobs / Schubert, Die Beratung, S. 73
[301] Jakobs / Schubert, Die Beratung, S. 73
[302] Jakobs / Schubert, Die Beratung, S. 73
[303] ausdrücklich in der Begründung von Johow, Johow, Begründung, S. 740

Sache findet (§178 TE). Derjenige, welcher eine bewegliche Sache vom Nichtberechtigten erworben hat, muß diese also grundsätzlich herausgeben. Gemäß §186 TE hat der Erwerber beweglicher Sachen jedoch einen Lösungsanspruch, wenn er die Sache zwar von einem Nichtberechtigten erwarb, zum Zeitpunkt des Erwerbs aber redlich war, d.h. der redliche Erwerber konnte dem vindizierenden Eigentümer einen Gegenanspruch auf „*Erstattung dessen, was er für die Erwerbung der Sache gegeben oder geleistet hat*" entgegenhalten.

Dieses grundsätzliche Regelungsschema, bestehend aus grundsätzlich zugelassener Vindikation und einem Lösungsrecht bei redlichem Erwerb, hatte man bei den Vorberatungen vorbehaltlich vom Redaktor festzustellender Ausnahmen angenommen. Es sollten danach Fälle vorgesehen sein, in denen der redliche Erwerber die bewegliche Sache nicht herauszugeben hat und Eigentümer der Sache wird. Johow nahm verschiedene solcher Fälle in den Teilentwurf auf. Zunächst sieht §134 TE vor, daß der Eigentümer, hat ein Nichteigentümer die bewegliche Sache veräußert, den Mangel durch nachträgliche Zustimmung beheben kann. Einen unmittelbaren gutgläubigen Eigentumserwerb regeln die Ausnahmen, die §135 TE aufstellt. Danach ist ein gutgläubiger Erwerb bei öffentlichen Versteigerungen (Nr. 1), Geld und Inhaberpapieren (Nr. 2) sowie den Erzeugnissen einer Sache (Nr. 3) möglich. Ansonsten ist nach dem Teilentwurf ein Erwerb beweglicher Sachen vom Nichtberechtigten nur noch durch Ersitzung möglich (§§139 ff. TE). Voraussetzung der Ersitzung einer Sache sind danach in jedem Fall guter Glaube und der Ablauf einer dreijährigen Ersitzungsfrist.

In §196 TE sieht der Entwurf von Johow einen Bereicherungsanspruch des bisherigen Eigentümers gegen den veräußernden Nichtberechtigten vor. Dieser hatte danach, wenn er die Sache veräußerte und der Dritte sogleich gemäß §135 TE oder durch Ersitzung das Eigentum erwarb, dem bisherigen Eigentümer den erlangten Vorteil zu zahlen. Nach §196 II TE hatte der Eigentümer diesen Anspruch auch in dem Fall, in dem er die Sache vom redlichen Erwerber mittels Befriedigung dessen Lösungsanspruchs aus §186 TE ausgelöst hatte. In diesem Fall ging der Anspruch gegen den Veräußerer, aber nicht über den zur Lösung gezahlten Betrag hinaus.
Voraussetzungen des Bereicherungsanspruchs im Teilentwurf waren neben dem Erwerb eines Dritten gemäß §135 TE oder durch Ersitzung, daß der Veräußerer die Sache ohne einen Erwerbsgrund erlangt hatte, und daß der Veräußerer in Unkenntnis der Tatsache handelte, die ihn selbst an der Erlangung des Eigentums hinderte.

Gerade aus heutiger Sicht fällt auf, daß der Bereicherungsanspruch des §196 TE auf den redlichen Veräußerer beschränkt ist, da im BGB (§816 BGB) eine solche Beschränkung nicht vorhanden ist. Man fragt sich, was mit dem unredlichen Veräußerer geschehen sollte. Für den redlichen Veräußerer konstruierte Johow einen Bereicherungsanspruch, weil dieser gemäß der Regelung des §180 TE aus keinem anderen Grund für die Veräußerung der Sache haftbar war.[304] Ihm könne kein schuldhaftes Verhalten gegen den Eigentümer und auch keine bewußte Führung fremder Geschäfte vorgeworfen werden.[305] Der unredliche Erwerber haftet nach dem Entwurf gemäß §182 TE. Er ist danach gemäß §181 TE *„nach den Grundsätzen des Schuldverhältnisses aus der wissentlichen Führung fremder Geschäfte ohne Auftrag verantwortlich."*

Bemerkenswert ist schließlich, daß der Teilentwurf im Zusammenhang mit dem redlichen Erwerb nirgendwo die Unterscheidung zwischen anvertrauten und abhanden gekommenen Sachen aufgenommen hat.

cc) Der erste Entwurf des BGB:
In ihrer 327. Sitzung vom 26.05.1884 beriet die erste Kommission den §135 des Teilentwurfs.[306] §135 TE regelt die einzige Möglichkeit des gutgläubigen und unmittelbaren Eigentumserwerbs, die der Teilentwurf vorsieht. Die in Rede stehende Norm ist als Ausnahmeregelung zu dem Grundprinzip konzipiert, welches vorsieht, daß nur der Eigentümer das Eigentum an beweglichen Sachen übertragen kann. Dies bedeutet, daß in der Regel der Eigentumserwerb davon abhängt, ob der Veräußerer Eigentümer war, und ob der Eigentümer die beweglichen Sachen von jedem herausverlangen kann, bei dem er sie findet.
Zu Beginn der Sitzung und bevor Detailfragen beraten wurden, stellte ein Antrag dieses Grundprinzip des Teilentwurfs in Frage. Der Antrag in der Fassung einer gesetzlichen Regelung beinhaltete das umgekehrte Prinzip, nach dem der gutgläubige Erwerber grundsätzlich und unmittelbar von einem veräußernden Nichteigentümer Eigentum erwirbt (Prinzip des Art. 306 ADHGB). Über dieses Prinzip des Antrags wurde im Rahmen der Kommission durch Abstimmung entschieden.
Bei Stimmengleichheit (5 zu 5 Stimmen) wurde mit ausschlaggebender Stimme des Vorsitzenden das dem Teilentwurf zugrunde liegende und in den Vorberatungen beschlossene Prinzip verworfen.[307] So sollte nunmehr der Eigentumser-

[304] Johow, Begründung, S. 950
[305] Johow, Begründung, S. 895
[306] Jakobs / Schubert, Die Beratung, Protokolle der ersten Kommission, S. 4002 ff.
[307] Jakobs / Schubert, Die Beratung, Protokolle der ersten Kommission, S. 4004

werb nicht mehr davon abhängen, daß der Veräußerer Eigentümer sei. Vielmehr sollte vorbehaltlich aller Einzelheiten und festzustellender Ausnahmen das Prinzip dem Entwurf zugrunde liegen, welches den Mangel des Eigentums auf Seiten des Veräußerers zu Gunsten des gutgläubigen Erwerbers außer Betracht läßt.[308] Zu Beginn der Kommissionsberatungen über den gutgläubigen Erwerb wiederholte sich somit die Situation aus den Vorberatungen. Die in Betracht gezogenen Grundprinzipien wurden zur Abstimmung gestellt. Anders war das Resultat. Während bei den Vorberatungen der Art. 306 ADHGB entsprechende Antrag abgelehnt wurde (vgl. oben 2) a) aa)), nahm man nun das dieser Regelung zugrunde liegende Prinzip für den zu schaffenden Entwurf auf. Bei den Vorberatungen stimmten von den 11 Kommissionsmitgliedern 6 für das Prinzip des Teilentwurfs und 5 für das Prinzip des Art. 306 ADHGB (vgl. oben). Nach dem Ausscheiden Windscheids aus der Kommission (am 01.10.1883) verblieben, da er nicht durch ein neues Mitglied ersetzt wurde, 10 Mitglieder in dem Gremium. Deshalb zählte, um eine Entscheidung herbeizuführen, bei Stimmengleichheit die Stimme des Vorsitzenden doppelt, was, wie bereits ausgeführt, ausschlaggebend für die Annahme des Prinzips des Art. 306 ADHGB war. Schubert macht auf den Umstand aufmerksam, daß bei einem Verbleib Windsscheids in der Kommission der das Prinzip des Art. 306 ADGHGB favorisierende Antrag wahrscheinlich wie in den Vorberatungen abgelehnt worden wäre.[309] Windscheid hatte bei den Vorberatungen dagegen gestimmt und hätte dies als Mitglied der Kommission wieder getan (Windscheid in seinem Brief an Planck vom 1. Juli 1884[310]). Die anderen Kommissionsmitglieder wichen genauso wenig von ihrer Meinung ab (Dies vermutet Windscheid in seinem zitierten Brief. Schubert führt den Nachweis, der die Vermutung bestätigt.[311]). Somit wäre bei einem Verbleib Windscheids in der Kommission die Abstimmung vermutlich 6 zu 5 gegen das angenommene Prinzip ausgegangen, oder der Antrag wäre gar nicht erst gestellt worden.

Dem genannten Prinzip folgen die Regelungen des 1. Entwurfs. Die §§877, 878 E I sehen einen gutgläubigen, lastenfreien Eigentumserwerb vor. §879 Satz 1 E I regelt spezifische Besonderheiten, die Übergabe im Rahmen des gutgläubigen Erwerbs betreffend.

§879 Satz 2 E I normiert eine Ausnahme von dem Grundsatz des gutgläubigen Erwerbs, wenn die veräußerte Sache *„gestohlen oder verloren oder in anderer Weise ohne den Willen des Eigentümers oder desjenigen, welcher sie für den-*

[308] Jakobs / Schubert, Die Beratung, Protokolle der ersten Kommission, S. 4003
[309] Schubert, SZ (rom. Abt.) 95 (1978) S. 302 FN 97
[310] in: SZ (rom. Abt.) 95 (1978), S. 302
[311] Schubert, SZ aaO.

selben innehatte, aus der Innehabung gekommen ist,... ". In diesen Fällen scheidet ein unmittelbarer, gutgläubiger Erwerb aus. Der erste Entwurf sieht jedoch nicht vor, daß der redliche Erwerber dem Vindikationsanspruch des Eigentümers in den Ausnahmefällen schutzlos ausgeliefert ist. §939 E I gewährt dem Erwerber bei Vorliegen der Ausnahmen des §879 Satz 2 E I einen Lösungsanspruch. Der Erwerber kann dann vom Eigentümer Ersatz dessen fordern, was er für den Erwerb geleistet hat.
Zum Schutz des Eigentümers sieht §880 E I schließlich einen Bereicherungsanspruch des Eigentümers gegen den unberechtigt Verfügenden vor.
Die Ersitzungsfrist wurde gegenüber dem Teilentwurf von drei auf zehn Jahre angehoben.

Die Regelung, wie sie im ersten Entwurf zu finden ist, wurde also erst bei den Hauptberatungen, gleichsam „in letzter Minute" aufgenommen. Hier wiederholt sich die Geschichte des Art. 306 ADHGB, der erst in dritter und letzter Lesung seine charakteristische Fassung bekam. Bemerkenswert ist auch, daß das Grundprinzip mit noch knapperer Mehrheit angenommen wurde als bei Schaffung des Art. 306 ADHGB.

b) Die entscheidende Sitzung und die Gründe für die Regelung:
Die Rechtfertigung des Abweichens vom Grundprinzip des Teilentwurfs erfolgte durch die Umkehr der den Teilentwurf begründenden Argumente.

aa) Die Begründung Johows für den Teilentwurf:
Begründungen Johows für die Lösung, welche sein Teilentwurf des Sachenrechts zur Frage des Gutgläubigen Erwerbs beinhaltet, finden sich in den „Bemerkungen"[312] zu seinem Vorschlag, der in den Vorberatungen angenommen wurde, und in den „Begründungen"[313], die Johow zu seinem Sachenrechtsentwurf verfaßte.

Johow schlug in seinem Entwurf das „Vindikationsprinzip" vor.
Er wendet sich mit seinem Entwurf gegen eine, wie er sagt, *„Tendenz"* seiner Zeit, *„den redlichen Erwerber der Sache das Eigentum nicht erst mit Ablauf einer Ersitzungsfrist, sondern sogleich mit der Erwerbung der Sache erlangen zu lassen."*[314] Regelungen, welche dieser Tendenz folgten, machten eine Verfolgung des Eigentums nur gegen den unredlichen Erwerber möglich. Eine

[312] abgedruckt bei Jakobs / Schubert, Die Beratung
[313] Johow, Begründung
[314] Johow, Begründung, S. 741

Ausnahme sähen diese Regelungen nur bei der Veräußerung gestohlener und verlorener Sachen vor, bei deren Vorliegen kein unmittelbarer Eigentumserwerb möglich sei. Mit diesen Ausführungen beschreibt Johow das Grundprinzip des Art. 306 ADHGB.
In dieser Norm des Art. 306 ADHGB sieht er mithin das Gegenmodell zu seinem Vorschlag. Ein Art. 306 ADHGB entsprechender Antrag war schon in den Vorberatungen seinem Vorschlag entgegengestellt worden. Seine Begründung hat Johow deshalb so konzipiert, daß er Argumente, die für eine Aufnahme einer Art. 306 ADHGB entsprechenden Regelung in das bürgerliche Gesetzbuch sprechen, anspricht und diesen eigene entgegenstellt.

Für eine Art. 306 ADHGB entsprechende Regel werde der Vergleich mit dem Grundstücksrecht angeführt.[315] Im Immobilienrecht sah auch der Teilentwurf Johows einen gutgläubigen Grundstückserwerb vom Nichtberechtigten vor (§24 TE). Grundlage für den gutgläubigen Erwerb von Grundstücken sei die Eintragung im Grundbuch, auf die sich der Erwerber verlasse, und auf die sich sein guter Glaube stütze. Entsprechende Basis im Mobiliarrecht könne nur der Gewahrsam an der Sache sein. Johow bemerkt, daß diese Grundlagen jedoch im Werte unterschiedlich seien.[316] Das Grundbuch sei eine sehr sichere Grundlage, gesichert durch eine Vielzahl gesetzlicher Vorschriften. Aufgrund dieser gesetzlichen Vorkehrungen sei es ein seltener Fall, daß der Eingetragene nicht zugleich Eigentümer sei. Das Grundbuch verdiene deshalb das Vertrauen des Erwerbers.[317] Anders verhalte es sich mit dem Gewahrsam an der beweglichen Sache im Zeitpunkt der Veräußerung. Es seien durchaus Interessen des redlichen Erwerbers zu berücksichtigen, wenn diesem eine bewegliche Sache veräußert wurde von jemandem, der sie im Gewahrsam hat. Das Gewahrsam lasse jedoch keinen sicheren Schluß zu, der stets einen unmittelbaren Verlust des Eigentumsrechts beim Eigentümer rechtfertige. Rechtfertigen könne man allenfalls die Einräumung eines Lösungsanspruch des Erwerbers.[318] Ein solches sah Johow folgerichtig in seiner Redaktorvorlage vor.

Das Argument, daß die Rücksicht auf die Verkehrssicherheit eine Steigerung des Schutzes des redlichen Erwerbs fordere, sei nicht von der Hand zu weisen.

---

[315] Johow, Begründung, S. 741
[316] Johow, Begründung, S. 742
In seinen „Bemerkungen" zum Vorschlag aus Anlaß der Vorberatungen stellt er fest, daß es unausführbar sei, die dinglichen Rechte an beweglichen Sachen durch ein öffentliches Buch erkennbar zu machen (Jakobs / Schubert, Die Beratung, S. 53).
[317] Johow, Begründung, S. 742
[318] Johow, Begründung, S. 742

Der Verkehrssicherheit werde aber mit einem Lösungsrecht des redlichen Erwerbers (§186 TE) genüge getan. Den Eigentumsanspruch auf Herausgabe weiter einzuschränken, sei jedoch keine mehr zu billigende Einschränkung der Interessen des Eigentümers.[319]

Durch eine Ausnahmeregelung, die den redlichen Erwerb bei gestohlenen und verlorenen Sachen ausschließt, werde versucht, den Interessen des Eigentümers gerecht zu werden. Wo eine solche Ausnahme aufgenommen sei, werde damit jedoch zugegeben, daß die Interessen des Eigentümers ohne die Ausnahme zu sehr eingeschränkt seien. So verhalte es sich bei Art. 306 IV ADHGB. Johow hält diese Ausnahme für den falschen Weg, die Interessen des Eigentümers zu wahren, und spricht sich gegen sie aus. Die Unterscheidung zwischen gestohlenen und verlorenen Sachen einerseits und nicht gestohlenen und nicht verlorenen Sachen andererseits sei willkürlich. Zudem sehe der Erwerber der Sache nicht an, ob sie gestohlen oder verloren sei.[320]
Die in Frage stehende Ausnahme wird auch damit begründet, daß die Fälle gestohlener und verlorener Sachen, die Fälle also, in denen der Eigentümer nach vorherrschender Auslegung die Sache ohne seinen Willen verliert, gerade die Situationen umfassen, in denen der Eigentümer keinen Einfluß auf den Verlust der Sache habe. In den übrigen Fällen, in denen er die Sache mit seinem Willen weggebe, könne er sich die Person, der er die Sache anvertraut, aussuchen und sie auf ihre Zuverlässigkeit überprüfen, so daß er deshalb keinen Schutz verdiene. Diese Argumentation hält Johow nicht für sachgerecht. Zunächst hänge auch der Diebstahl oft mit der Unvorsichtigkeit des Eigentümers zusammen, so daß dieser schon deshalb nicht schutzwürdig sei. Außerdem sei man häufig genötigt, seine Sache jemandem anzuvertrauen, ohne die Zuverlässigkeit der Person überprüfen zu können.[321] Mit dem letzten Fall dachte Johow beispielsweise an den Fall, in dem man eine Sache zu jemandem zur Reparatur bringt.
Im Verlaufe seiner Darstellung führt Johow an, daß das seinem Teilentwurf zugrunde liegende Vindikationsprinzip („römisches Prinzip") das vorherrschende Prinzip in Deutschland sei.[322] Der Entwurf habe „dem heutigen Rechtszustand in Deutschland zu entsprechen."[323] Aus dieser Maxime folge die Aufnahme des Vindikationsprinzips in den Entwurf.

---

[319] Johow, Begründung, S. 742
[320] Johow, Begründung, S. 743
[321] Johow, Begründung, S. 743
[322] Johow, Begründung, S. 743 / 745
[323] Johow, Begründung, S. 748

Schließlich spricht sich Johow ausdrücklich gegen die Ausdehnung des Grundsatzes aus Art. 306 I und IV ADHGB aus. Die eingangs angesprochene Behauptung, Art. 306 ADHGB sei Ausdruck einer allgemeinen Tendenz in der Rechtsbildung, weist er zurück. Aus der Entstehungsgeschichte des ADHGB gehe hervor, daß es sich nicht um ein allgemeines (handelsrechtliches) Prinzip, sondern um eine für den bestimmten Fall zugelassene Ausnahme handele.[324] Dies werde in der ersten und zweiten Lesung besonders deutlich, denn hier war die entsprechende Regel auf das Kommissionsgeschäft begrenzt (vgl. oben A. I. 2) a) a.E.). Auch aus der dritten Lesung gehe nach Johows Interpretation hervor, daß man mit Art. 306 ADHGB kein allgemeines Prinzip aufgenommen habe.

Für die Ausdehnung des Grundsatzes aus Art. 306 ADHGB werde angeführt, daß es schwierig sei, im einzelnen Fall festzustellen, ob Bürgerliches Recht oder Handelsrecht zur Anwendung käme. Diese Ansicht teilt Johow nicht. Es sei keine Schwierigkeit, aus den im Prozesse festgestellten Tatsachen zu ermitteln, ob eine Sache von einem Kaufmann in dessen Handelsbetriebe veräußert und übergeben worden sei oder nicht, wie dies zur Anwendung des Art. 306 ADHGB nötig sei.[325] Darüber hinaus sei nicht entschieden, ob Art. 306 ADHGB im Handelsgesetzbuch verbleibe. Bei einem Ausscheiden stelle sich das behauptete Problem nicht.[326]
Aus all dem folgert Johow, daß das Prinzip des Art. 306 ADHGB nicht zugrunde zu legen sei.

Seine in §135 TE vorgesehenen Ausnahmen rechtfertigt Johow kurz damit, daß diese den in Deutschland überwiegenden Anschauungen entsprächen.[327]

Wie bei der Darstellung der Regelungen des Redaktorentwurfs schon gezeigt wurde, kombinierte Johow das „römische" Vindikationsprinzip mit einem „preußischen"[328] Lösungsrecht. Das Lösungsrecht (§186 TE) bilde einen Ausgleich für Härten, welche der römische Rechtssatz, daß nur der Eigentümer Eigentum übertragen dürfe, mit sich führe.[329] Die auszugleichende Härte liege darin, daß ohne Milderung der redliche Erwerber die ganze Gefahr der Prüfung

[324] Johow, Begründung, S. 749
[325] Johow, Begründung, S. 749
[326] Johow, Begründung, S. 749
[327] Johow, Begründung, S. 761 f.
[328] Johow, Begründung, S. 928
[329] Johow, Begründung, S. 925

des Rechts seiner Vertrauensperson trüge.[330] Die Milderung des harten Prinzips durch §135 TE und Ersitzung genüge nicht. Deshalb entschied sich Johow für das Lösungsrecht, welches einen Ausgleich für die Fälle jenseits von §135 TE und Ersitzung darstelle.[331]

bb) Die Begründung für das dem ersten Entwurf zugrunde liegende Grundprinzip („Prinzip des Art. 306 ADHGB"):

Um Gründe für diese vom Redaktorentwurf abweichende Entscheidung zu liefern, weisen die Protokolle der ersten Kommission ausdrücklich auf die Argumente für das Art. 306 ADHGB entsprechende Prinzip hin, die von Johow in der Begründung zu seinem Teilentwurf angeführt wurden, um sie zu entkräften.[332] Auf diese von Johow entkräfteten Gegengründe stützte sich die Entscheidung der Kommission. Somit wurden die dem Teilentwurf zugrunde liegenden Argumente einfach umgekehrt. Dementsprechend wurde geltend gemacht, es sei für die Sicherheit des Verkehrs unerläßlich, dem gutgläubigen Erwerber beweglicher Sachen die Sicherheit seines Erwerbs zu gewährleisten.[333] Gewähre man diese Sicherheit nicht, so werde der Verkehr mit Waren unzumutbar gestört, denn der Erwerber könne sich nicht auf seinen Erwerb verlassen.

Entsprechend dem Grundbuch im Immobilienrecht bilde bei den beweglichen Sachen die „Innehabung und der Besitz des Veräußerers" die Grundlage für den zu schützenden guten Glauben.[334] Gegen den Eigentumsverlust könne sich der Eigentümer dadurch schützen, daß er die Innehabung der Sache nicht aus der Hand gebe und somit den Schein ausschließe, daß die Sache jemand anderem gehöre. Der Erwerber dagegen könne nicht so einfach das Recht des Veräußerers überprüfen. Es entspreche folglich der Billigkeit, den Eigentümer die Nachteile tragen zu lassen.[335]

Durch ein Lösungsrecht, wie im Teilentwurf vorgesehen, werde zwar die Notwendigkeit eines Anspruchs des redlichen Erwerbers auf Schutz anerkannt. Dieser Anspruch werde jedoch nur auf willkürliche Weise befriedigt.[336] Das

---

[330] Johow, Begründung, S. 927
[331] Johow, Begründung, S. 928
[332] Jakobs / Schubert, Die Beratung, Protokolle der ersten Kommission, S. 4004
[333] Jakobs / Schubert, Die Beratung, Protokolle der ersten Kommission, S. 4004
[334] Jakobs / Schubert, Die Beratung, Protokolle der ersten Kommission, S. 4004 f.
[335] Jakobs / Schubert, Die Beratung, Protokolle der ersten Kommission, S. 4005
[336] Jakobs / Schubert, Die Beratung, Protokolle der ersten Kommission, S. 4005

preußische Lösungsrecht biete darüber hinaus ohnehin nur einen inkonsequenten „Mittelweg“.[337] Konsequent seien nur das reine römische Prinzip, bei dem der Erwerber stets mit der größten Gefahr rechne oder das Prinzip des ADHGB, welches dem Erwerber nur das abverlange, was er leisten könne.

Schließlich sei es wünschenswert, eine Übereinstimmung mit dem Handelsrecht herbeizuführen. Als Grund für diesen Wunsch wird angeführt, es sei schwierig festzustellen, ob eine bewegliche Sache von einem Kaufmann in dessen Handelsbetrieb veräußert oder übertragen worden sei.[338] Diese Feststellung hielt Johow, wie beschrieben, in seiner Begründung für vollkommen unproblematisch (vgl. oben b) aa)).

Das einzige Argument, mit dem sich Johow nicht auseinandergesetzt hatte, das er bei Abfassung seiner Begründung auch noch nicht kennen konnte, ist schließlich die Tatsache, daß sich auf dem 15. Deutschen Juristentag die Mehrheit für die Ausdehnung des Prinzips aus Art. 306 ADHGB auf den bürgerlichen Verkehr ausgesprochen hatte.[339] Dieser Juristentag fand 1880 statt, also erst nach Abfassung des Teilentwurfs und vor den Beratungen der Kommission.[340]

3) Fazit

Wie schon bei der Schaffung von Art. 306 ADHGB standen sich auch bei Entwicklung des ersten Entwurfs die zwei zur damaligen Zeit in der Rechtslehre diskutierten Möglichkeiten zur Lösung des Konflikts, der durch Veräußerung einer beweglichen Sache durch einen Nichteigentümer entsteht, gegenüber. Dem Teilentwurf lag das Vindikationsprinzip zugrunde, welches dafür sorgte, daß der Eigentümer seine Sache wieder erhält. Johow ergänzte dieses einfache Prinzip durch ein Geflecht von Regelungen. So versuchte er durch Lösungsanspruch und schnelle Ersitzung die Härten für den redlichen Erwerber zu mildern und den Verkehr, soweit er es für nötig hielt, durch die vorgesehene Ausnahmeregelung zu schützten. Der erste Entwurf übernahm eine Art. 306 ADHGB ent-

---

[337] Jakobs / Schubert, Die Beratung, Protokolle der ersten Kommission, S. 4006
[338] Jakobs / Schubert, Die Beratung, Protokolle der ersten Kommission, S. 4006
[339] Jakobs / Schubert, Die Beratung, Protokolle der ersten Kommission, S. 4006
[340] Engstfeld (S. 45) weist darauf hin, daß der Ruf danach, den Erwerb vom Nichtberechtigten (wie in Art. 306 ADHGB bestimmt) in das Zivilrecht einzuführen, bereits auf dem 14. DJT (1878) laut wurde. Die Protokolle der ersten Kommission beziehen sich jedoch ausdrücklich auf den 15. DJT.

sprechende Regelung, die ergänzt wurde durch einen Lösungsanspruch des Erwerbers im Falle der Ausnahme (Art. 306 IV ADHGB).

Für beide diskutierten Grundmodelle liegen eine große Anzahl schlüssiger Argumente vor. Ein Übergewicht der einen oder anderen Seite ist nicht zu erkennen.

Besonders fällt das in den Protokollen der ersten Kommission als Argument angeführte Abstimmungsergebnis des 15. Deutschen Juristentages auf. Hier hatte man sich für die Aufnahme der Regel des Art. 306 ADHGB in das zukünftige Bürgerliche Gesetzbuch ausgesprochen.
Dies wird in der Literatur teilweise als ausschlaggebend für die Entscheidung der ersten Kommission gewertet.[341] Ob dies wirklich am Ende den Ausschlag gab, läßt sich nicht mehr nachprüfen. Für diese Vermutung spricht, daß man das Ergebnis der Abstimmung auf dem 15. Deutschen Juristentag als letztes gewichtiges Argument anführte. Außerdem kann man einen formalen Gedanken für diese These anführen. Es handelt sich um das einzige Argument, welches nicht durch ein Gegenargument entkräftet wurde. Während die anderen Argumente durch die Darstellungsweise Johows und der Kommission jeweils mit Gegengründen angeführt wurden und sich somit neutralisierten, blieb das Argument der Abstimmung unwidersprochen und konnte so für das Prinzip des Art. 306 ADHGB den Ausschlag geben.

II. Konkretisierung der Regelung

Um die Regelungen des ersten Entwurfs zu konkretisieren, machte die Kommission, anders als noch die Kommission zum ADHGB in Bezug auf Art. 306 ADHGB, zahlreiche Vorgaben. Im Zusammenhang mit den Regelungen des ersten Entwurfs sollen hier auch diese Interpretationshilfen dargestellt werden (1)).

Nach der Veröffentlichung des ersten Entwurfs und der „Motive", welche eine Begründung für die Regelungen und Auslegungshilfen beinhalten, wurden zahlreiche Stimmen in der Rechtswissenschaft laut, welche den neuen Entwurf teils lobten, teils heftig kritisierten (2)).

---

[341] Staudinger / Wiegand, 13. Bearbeitung (1995), Vorbem. zu §§932 ff. RN 4

1) Ausführliche Vorgaben der Kommission:[342]

a) Rechtfertigung der Regelung:
Bei Schaffung des Art. 306 ADHGB führte man zu dessen Rechtfertigung das Ziel an, welches mit der Einführung der Regelung verfolgt wurde. So sollte Art. 306 ADHGB dem Schutz des Handelsverkehrs dienen.
Das Ziel des Verkehrsschutzes, verfolgte man auch mit den Regelungen des Erwerbs vom Nichtberechtigten des ersten Entwurfs, denn ein funktionierender Verkehr mit Mobilien erfordere nach Ansicht der Kommission, daß sich der gutgläubige Erwerber im Regelfall seines Erwerbes sicher sein könne.[343]
Der Begründungsaufwand war bei den Regelungen des ersten Entwurfs jedoch ungleich größer. In Reaktion auf Johows Einwand, der Verkehrsschutz sei zwar ein Ziel, aber keine dogmatische Begründung, mühte man sich um eine dogmatische Konzeption, die den Mechanismus der Regelungen erklären sollte. Diese Konzeption lehnte man an das parallele System des Grundstücksrechtes an. Letzteres hatte man schon in früheren Sitzungen abschließend beraten.
Im Immobilienrecht verfolgte man das Ziel des Verkehrsschutzes durch den gesetzlichen Schutz des Vertrauens auf den öffentlichen Glauben des Grundbuchs.[344] Demnach war ein gutgläubiger Grundstückserwerb vom Nichtberechtigten durch Rechtsgeschäft vorgesehen, wenn der Nichtberechtigte im Grundbuch eingetragen war (§837 EI).
Bei beweglichen Sachen trete an die Stelle der Vertrauensgrundlage des Grundbuchs die Inhabung und der Besitz.[345] Inhabung und Besitz machten es dem Veräußerer möglich, den dinglichen Vertrag zu schließen, die Übergabe zu vollziehen und somit den Anforderungen der Übereignung, mit Ausnahme der Berechtigung, zu genügen. Deshalb bildeten Inhabung und Besitz die Grundlage des guten Glaubens.[346] Schließlich sei der wirkliche Eigentümer durch die Regelung nicht schutzlos. Er könne sich der Gefahr des Verlustes der Sache entziehen, indem er die Sache nicht weggebe, sondern bei sich behalte.[347] Diese Äußerungen der ersten Kommission wurden später so interpretiert, als lege sie das Rechtsscheinprinzip zu Grunde. Nach diesem Prinzip wird das Vertrauen in einen bestehenden Rechtsschein geschützt. Für den Vertrauenden gilt der

[342] Die Vorgaben finden sich in den Protokollen der ersten Kommission zum BGB und den sog. „Motiven“.
[343] Jakobs / Schubert, Die Beratung, Protokolle der ersten Kommission, S. 4004
[344] Jakobs / Schubert, Die Beratung, Protokolle der ersten Kommission, S. 4004; die entscheidende Sitzung zum Grundstücksrecht: S. 3572
[345] Jakobs / Schubert, Die Beratung, Protokolle der ersten Kommission, S. 4005
[346] Jakobs / Schubert, Die Beratung, Protokolle der ersten Kommission, S. 4005
[347] Jakobs / Schubert, Die Beratung, Protokolle der ersten Kommission; S. 4005

Schein als Wirklichkeit. Eine objektive Grundlage des Rechtsscheins rechtfertigt dieses Vertrauen.

Auch wenn die angeführten Stellen der Protokolle diesen Anschein erwecken, gilt es, genauer zu untersuchen, ob die erste Kommission den Rechtsscheingedanken tatsächlich zu Grunde legte. Im Grundbuchrecht ist diese objektive, das Vertrauen stützende Basis die Eintragung im Grundbuch. Diese vermittelt auch bei irrtümlicher, materiell unrichtiger Eintragung den Anschein, daß der als Eigentümer eingetragene der wirkliche Eigentümer sei. Die erste Kommission sah bei beweglichen Sachen „Inhabung und Besitz" als vergleichbare Grundlagen an. Die im Vergleich zur Eintragung weniger aussagekräftige Qualität dieser Rechtsscheinbasis war der Kommission jedoch bewußt. Zunächst hatte bereits Johow in seinen Begründungen zum Teilentwurf dieses Erklärungsmodell des Erwerbs vom Nichtberechtigten mangels Tragfähigkeit abgelehnt. Johow wies dabei ausführlich auf die Unterschiede des Grundbuchs und des Gewahrsams als Rechtsscheinträger hin.
Es wird deutlich, daß man sich nicht auf den Rechtsschein der Besitzlage verließ, sondern auch auf weitere objektive Tatsachen Wert legte. Wie sich ausdrücklich ergibt, war entscheidend, daß es dem Veräußerer möglich ist, den dinglichen Vertrag zu schließen und die Übergabe zu vollziehen, m.a.W., Tatsachen zu schaffen. Später nahm man auch das Vorliegen des bösen Glaubens ausdrücklich bei grob fahrlässiger Unkenntnis an (und nicht nur bei schlichter Kenntnis wie im Immobilienrecht) und begründete dies damit, daß Innehabung und Besitz keine sichere Rechtsscheingrundlage seien.[348]
Schließlich modifizierte man das Rechtsscheinprinzip auch, sollte es überhaupt existieren, durch eine §935 BGB entsprechende Regel. Daß eine Sache abhanden gekommen ist, kann ihr der Erwerber nicht ansehen.

Es zeigt sich, daß zumindest erhebliche Zweifel an der Brauchbarkeit des Rechtsscheinprinzips zur Rechtfertigung des gutgläubigen Erwerbs beweglicher Sachen inmitten der Kommission bestanden. Die bekannten Stellen können daher nicht als eindeutige Entscheidung für das Zugrundelegen dieses Prinzips gewertet werden. Letztlich war allein der Verkehrsschutz die ausschlaggebende Motivation.

b) Voraussetzungen für den Eigentumserwerb:
Nach der Entscheidung über das zugrunde liegende Prinzip wurden die Einzelheiten der Regelung beraten.[349] Die Kommission diskutierte ausführlich die einzelnen Voraussetzungen für den gutgläubigen Erwerb vom Nichtberechtigten. Diese langwierige Vorgehensweise war nötig, da man sich vom Vorschlag des Redaktors abgewandt hatte und deshalb nicht auf die umfangreichen Vorarbeiten zur Lösung der Detailfragen zurückgreifen konnte. Auf diese Weise wurde die ohnehin ausführliche Beratungsmethode der ersten Kommission noch ausgeweitet. Grundlage der Beratungen waren der Antrag[350], durch den die vom Teilentwurf abweichende Regelung des Erwerbs vom Nichtberechtigten und die zu diesem gestellten Unteranträge in den Entwurf aufgenommen wurde.

aa) Gegenstand: „Bewegliche Sache“
Die Regelungen stehen im ersten Entwurf unter dem Titel *„Erwerb des Eigentums an beweglichen Sachen“*. Sachen im Sinne des ersten Entwurfs sind körperliche Gegenstände (§778 EI). Anders als bei Art. 306 ADHGB stellt sich somit nicht mehr die Frage, ob beispielsweise Forderungen und andere Rechte Gegenstände der betrachteten Regelung sind.[351]

bb) Ein in §874 EI bezeichneter Vertrag:
§877 EI setzt zum Erwerb des Eigentums einen Vertrag voraus, wie er in §874 EI bezeichnet wird. §874 EI fordert einen zwischen dem Eigentümer und dem Erwerber unter Übergabe der Sache zu schließenden Vertrag, welcher die Willenserklärung der Parteien enthält, daß das Eigentum auf den Erwerber übergehen soll. Bei diesem Vertrag handelt es sich um einen dinglichen Vertrag, was bei den Beratungen zu §874 EI ausdrücklich festgestellt wurde.[352] Damit war er von dem Bestehen einer Verpflichtung zur Eigentumsübertragung unabhängig. Wie schon bei den Ausführungen zu Art. 306 ADHGB erwähnt, erübrigt sich so die Frage, ob ein Titel erforderlich sei, oder ein Putativtitel genüge.

Der erste Entwurf band den Erwerb vom Nichtberechtigten auf diese Weise in den rechtsgeschäftlichen Eigentumserwerb ein. Während Art. 306 ADHGB noch eigenständig eine Veräußerung in einem Handelsbetriebe voraussetzte und

---

[348] Motive III S. 346
[349] Jakobs / Schubert, Die Beratung, Protokolle der ersten Kommission, S. 4007 ff.
[350] Jakobs / Schubert, Die Beratung, Protokolle der ersten Kommission, S. 4003
[351] Trotzdem tauchte sie später in der Rechtsprechung auf (vgl. unten).
[352] Jakobs / Schubert, Die Beratung, Protokolle der ersten Kommission, S. 3991 ff.

somit für einen bestimmten Fall eine selbständige Ausnahmeregelung enthielt, verknüpfte der Entwurf den gutgläubigen Erwerb vom Nichtberechtigten systematisch mit den Regelungen über den rechtsgeschäftlichen Eigentumserwerb. Der Erwerb des Eigentums war nicht mehr nur die Folge des Ausschlusses der Vindikation, der die Ordnung der Rechtsverhältnisse zum Ziel hatte. So wählte man bei Art. 306 ADHGB die Folge des Eigentumserwerbs, um dem Besitzer, der die Sache behalten darf, auch das entsprechende Recht zuzuordnen, und um auf diese Weise „nacktes Eigentum" zu verhindern.

Der erste Entwurf stellte den Eigentumserwerb in den Vordergrund. Die Regelungen halfen über den Grundsatz hinweg, daß nur der Inhaber des Rechts das Recht übertragen kann. Diesen Grundsatz hatte noch Johow seiner Lösung für den betrachteten Konflikt vorangestellt.

Man kann heute nur vermuten, daß die im Grundsatz dem Art. 306 ADHGB entsprechende Regelung in Reaktion auf die Perspektive Johows andere Vorzeichen erhielt. Durch die Einordnung der gesamten Problematik in Johows Teilentwurf diskutierte man alle Fragen im Bereich des Eigentumserwerbs, da man die Paragraphen des Teilentwurfs nacheinander abhandelte.

Die neue Einordnung kann sich auch daraus ergeben haben, daß man generell versuchte, das bürgerliche Recht auf ein dogmatisch schlüssiges Fundament zu stellen.

cc) Übergabe im Sinne des redlichen Erwerbs:

(1) Ausgangspunkt:

§874 I Satz 1 EI setzt voraus, daß der Vertrag, der zur rechtsgeschäftlichen Übertragung des Eigentums an einer beweglichen Sache erforderlich ist, unter Übergabe der Sache geschlossen werden soll. Die Kommission stellte ausdrücklich fest, daß Übergabe im Sinne von Besitzübergabe zu verstehen sei,[353] die Regelung also einen Verweis auf die entsprechenden Regelungen des Besitzrechts darstelle.

Durch den Verweis des §877 I Satz 1 EI war eine solche Besitzübergabe grundsätzlich auch Voraussetzung für den Erwerb vom Nichtberechtigten. Wegen einiger Besonderheiten des Erwerbs vom Nichtberechtigten hielt die Kommission jedoch einige Ausnahmen von diesem Grundsatz für notwendig. Nicht jede Art der Besitzübergabe, die bei der rechtsgeschäftlichen Übertragung des Eigentums gemäß §874 EI zulässig war, genügte den Anforderungen, die im Rahmen des Erwerbs vom Nichtberechtigten im ersten Entwurf aufgestellt wurden.

(2) „Normalfall“ der Übergabe im Rahmen des §877 I EI:
Der Verweis des §877 EI brachte (mit Ausnahme der unten noch darzustellenden Fälle) die Übergabe des §874 EI im Rahmen des redlichen Erwerbs zur Anwendung. Im Rahmen des §874 EI seinerseits kamen die Regelungen über die Besitzübergabe zum Einsatz. Der erste Entwurf normierte anders als im BGB, dem Beispiel des Teilentwurfs folgend, den Erwerb und Verlust des Besitzes ausführlich im Besitzrecht.

Nach dem „Normalfall“ des §803 I EI wird der Besitz mittels Übergabe erworben, wenn *„Besitz von dem bisherigen Besitzer eingeräumt und von diesem ergriffen wird.“* Diese Regelung erfaßt die direkte Übertragung des Gewahrsams, geht aber auch darüber hinaus. Der Besitzbegriff des ersten Entwurfs machte das Einschalten von Hilfspersonen in den Übergabevorgang möglich.
Gemäß §804 EI kann die Übergabe dadurch erfolgen, daß der bisherige Besitzer den Inhaber anweist, die tatsächliche Gewalt fortan für den Erwerber auszuüben. Der Erwerber seinerseits muß den Besitzwillen erklären. Schließlich ist die Zustimmung des Inhabers erforderlich, die jedoch unwiderleglich vermutet wird, wenn nach der Anweisung nicht unverzüglich Widerspruch erfolgt (§804 I S. 2 EI).

(3) Keine Ausnahme im Rahmen des Erwerbs vom Nichtberechtigten für den Fall des §874 II EI:
Im Fall des §874 II EI sah die Kommission eine Ausnahme für den Erwerb des Nichtberechtigten nicht als notwendig an.

§874 II EI trifft eine Regelung der Eigentumsübertragung für den Fall, daß der Eigentümer nur Inhaber ist. Danach wird die grundsätzlich notwendige Besitzübergabe dadurch ersetzt, daß der Veräußerer dem Erwerber die Inhabung einräumt, und dieser den Besitz selbst ergreift. Eine Besitzübergabe liegt somit nicht vor. Hierbei handelt es sich um einen seltenen Fall, denn in der Regel ist der inhabende Eigentümer auch Besitzer. Er verfügt aller Erfahrung nach über den Willen, die Sache als die seinige zu haben, welcher den Besitz von der bloßen Inhabung unterscheidet (§797 EI). Trotz der Seltenheit der Konstellation des §874 II EI nahm die Kommission die Regelung auf. Die Bestimmung sei notwendig, denn dem Eigentümer könne seine Eigentümerstellung unbekannt sein, er könne von ihr erst später erfahren.[354] Für diesen Fall sieht das Besitz-

[353] Jakobs / Schubert, Die Beratung, Protokolle der ersten Kommission, S. 3993
[354] Jakobs / Schubert, Die Beratung, Protokolle der ersten Kommission, S. 3994

recht des ersten Entwurfs keine einvernehmliche Besitzübertragung vor. Es ist allenfalls eine einseitige Besitzergreifung gemäß §802 EI möglich. Dieses Defizit im Besitzrecht macht den Hinweis notwendig, daß in diesem Sonderfall auch ohne einvernehmliche Besitzübertragung eine Eigentumsübertragung möglich ist.

Bei den Beratungen zum rechtsgeschäftlichen Erwerb hatte man ausdrücklich offen gelassen, ob §874 II EI, also die „Übergabe" des bloßen Inhabers, im Falle der Veräußerung durch einen Nichtberechtigten für den Erwerb des Gutgläubigen genügen solle.[355] In der Sitzung vom 28.05.1884 zum Erwerb vom Nichtberechtigten wurde diese Frage bejaht. Dem Gutgläubigen gegenüber müsse außer Betracht bleiben, ob der Veräußerer Inhaber oder Besitzer sei.[356] Gerade in diesem Fall erlange die Vorschrift ihre eigentliche Bedeutung. Dies sei deshalb so, weil der Fall, daß der Eigentümer bloßer Inhaber ist, selten vorkomme und vom Zufall bestimmt werde. Der Fall hingegen, daß der Nichtberechtigte nur Inhaber sei, komme oft vor.[357] Es genüge folglich auch beim Erwerb vom Nichtberechtigten gemäß §877 EI eine Tradition des bloßen Inhabers, wie sie von §874 II EI vorgesehen wird.

(4) Ausnahme im Rahmen des Erwerbs vom Nichtberechtigten, Fall des §879 Satz 1, 1. Alt. EI (Übergabesurrogat „brevi manu traditio"):

Für die rechtsgeschäftliche Übertragung des Eigentums war ein Verzicht auf die Übergabe vorgesehen, wenn der Erwerber bereits im Besitz der Sache ist (§874 III EI; „brevi manu traditio"). Gemäß §879 Satz 1, 1. Alt. EI genügt eine solche Sachlage nicht der für den redlichen Erwerb erforderlichen Übergabe. Die Kommission begründete diese Ausnahme damit, daß der Grund der gesetzlichen Bestimmung des gutgläubigen Erwerbs in diesem Fall nicht vorliege. Grundlage für den gutgläubigen Erwerb sei die Annahme des Erwerbers, der Veräußerer sei Eigentümer. Diese Annahme finde ihre Basis in Inhabung und Besitz[358] Bei der Übertragung mittels „brevi manu traditio" fehle diese Basis des guten Glaubens. An dieser Lösung für die Situation der „brevi manu traditio" könne sich nur etwas ändern, wenn der Besitzer dem Eigentümer die Sache restituiere, und die Sache später vom Eigentümer an den Besitzer übertragen würde.[359] Aber

---

[355] Jakobs / Schubert, Die Beratung, Protokolle der ersten Kommission, S. 3995

[356] Jakobs / Schubert, Die Beratung, Protokolle der ersten Kommission, S. 4011

[357] Jakobs / Schubert, Die Beratung, Protokolle der ersten Kommission, S. 4022; Motive III S. 345

[358] Jakobs / Schubert, Die Beratung, Protokolle der ersten Kommission, S. 4011; Motive III S. 346

[359] Jakobs / Schubert, Die Beratung, Protokolle der ersten Kommission, S. 4012; Motive III S. 346

auch bei dieser Sachlage müsse der konkrete Fall eingehend betrachtet werden. Dabei sei zu berücksichtigen, ob die Restitution eine Lage schaffe, welche als Basis für den guten Glauben dienen könne. Ein schlichte Hin- und Rückgabe reiche dabei nicht in jedem Falle.[360] Diese Ausnahme sah die Kommission somit nicht als quasi garantierte Heilungsmöglichkeit der fehlenden Besitzübergabe bei zwischenzeitlicher Rückgabe. Vielmehr sollte der einzelne Fall berücksichtigt werden.
Bei der Begründung dieser Regelung stützte die Kommission sich somit auf die Gedanken des Rechtsscheinprinzips, welches sie dem Entwurf eingangs nur eingeschränkt zugrunde gelegt hatte.

(5) Ausnahme im Rahmen des Erwerbs vom Nichtberechtigten, Fall des §879 Satz 1, 2. Alt. EI (Übergabesurrogat „constitutum possessorium"):
Gemäß §805 EI ist eine Besitzübertragung mittels Besitzkonstitut möglich. Daher kann im Rahmen der rechtsgeschäftlichen Eigentumsübertragung gemäß §874 EI die vorausgesetzte Übergabe durch constitutum possessorium erfolgen. Nach der Regelung des §879 Satz 1, 2. Alt. EI ist diese Form der Übertragung jedoch nicht genügend für den gutgläubigen Erwerb vom Nichtberechtigten.
Zur Begründung dieser Ausnahme verwies die Kommission auf die Praxis zu Art. 306 ADHGB. Obgleich diese Regelung dies nicht ausdrücklich vorsehe, werde bei ihrer Anwendung nur körperliche Übergabe zugelassen, nicht aber Übergabe mittels constitutum possessorium, welche die Detention beim Veräußerer belasse. Dieser Praxis zu Art. 306 ADHGB schloß sich die Kommission für die in Rede stehende Regelung ausdrücklich an.[361]
Außerdem verlange die Grundentscheidung für einen Erwerb vom Nichtberechtigten nicht, daß der Schutz des redlichen Erwerbers starr und kompromißlos durchgesetzt werde.[362] Der Schutz des Eigentümers müsse auch Berücksichtigung finden. Deshalb solle die Vindikation so lange durchdringen, wie sich die Sache in den Händen der Person befinde, welche der Vindikation zunächst unterliege. Dieses Ergebnis sei auch für den redlichen Erwerber nicht unbillig. Er sei nicht schutzwürdig, da er durch das Belassen der Sache in den Händen des Veräußerers selbst die Gefahr geschaffen habe.[363] Mit dieser Argumentation

---

[360] Jakobs / Schubert, Die Beratung, Protokolle der ersten Kommission, S. 4012; Motive III S. 346
[361] Jakobs / Schubert, Die Beratung, Protokolle der ersten Kommission, S. 3453, S. 4012; Motive III S. 345
[362] Jakobs / Schubert, Die Beratung, Protokolle der ersten Kommission, S. 4013
[363] Jakobs / Schubert, Die Beratung, Protokolle der ersten Kommission, S. 4013; Motive III S. 345

griff die Kommission eine Begründung Goldschmidts zur Ablehnung des Besitzkonstitutes im Rahmen des Art. 306 ADHGB auf. Schließlich sei eine Heilung des durch §879 Satz 1, 2. Alt. EI verhinderten gutgläubigen Erwerbs möglich. Der Mangel solle durch spätere Herausgabe der Sache durch den Veräußerer behoben werden.[364] Eine Wiederholung des dinglichen Vertrages sei dazu nicht nötig.
Diese Möglichkeit der Heilung tauchte jedoch nicht ausdrücklich im Normtext auf. Man verließ sich auf eine dahingehende Auslegung der Rechtsprechung. Diese sah eine entsprechende Heilung bei Anwendung des Art. 306 ADHGB vor.

dd) Guter Glaube:
(1) Ausgangspunkt:
Art. 306 ADHGB bezeichnet als Begünstigten den *„redlichen"* Erwerber. Zu dem Begriff der Redlichkeit enthält die Norm keine näheren Konkretisierungen. Anders in §877 EI, der entsprechenden Norm des ersten Entwurfs zum BGB. Die entscheidende Passage, welche das subjektive Element näher beschreibt, lautet hier: *„der Erwerber aber diesen Umstand [...] nicht gekannt, seine Unkenntnis auch nicht auf grober Fahrlässigkeit beruht hat"*. Zweifellos ist der erste Entwurf in dieser Frage ausführlicher als das ADHGB. Die Regelung selbst enthält mit der genannten Formulierung mehrere Anhaltspunkte zur Lösung der im Zusammenhang mit dem guten Glauben zu entscheidenden Fragen.

(2) Entscheidung für das Genügen der negativen Überzeugung:
Nach dem ersten Entwurf bedeutet der gute Glaube rein negativ das Nichtwissen. Die Regelung macht somit deutlich, daß eine positive Überzeugung von der Eigentümerstellung des Veräußerers nicht gefordert wird. Es kann vorweggenommen werden, daß diese Sicht schließlich auch Einzug in das BGB hielt, so daß die Frage, ob eine positive Überzeugung vorliegen müsse oder eine negative ausreiche, sich anders als noch bei Art. 306 ADHGB nicht mehr stellte.

(3) Gegenstand des guten Glaubens:
Wie bereits festgestellt wurde, ist durch die abstrakte Regelung der Eigentumsübertragung der Erwerbstitel für die Eigentumsübertragung unerheblich. Mithin stellte sich nicht die Frage, ob ein wirksamer Titel vorliegen müsse, ein Putativtitel genüge oder kein Titel erforderlich sei, denn der erste Entwurf entschied

---

[364] Jakobs / Schubert, Die Beratung, Protokolle der ersten Kommission, S. 4013; Motive III S. 345

sich für die letzte Möglichkeit. Als Gegenstand des guten Glaubens kommt somit der Titel nicht in Betracht. Dies war auch die Sichtweise von Theorie und Praxis bei der Auslegung des Art. 306 ADHGB.

Aus den Materialien zum ersten Entwurf geht hervor, daß die Kommission die Auffassung vertrat, daß Gegenstand des guten Glaubens nur das Eigentum des Veräußerers sein solle.
Erstes Indiz ist, daß sich Antrag 3 §a[365] bei den Beratungen nicht durchsetzte.[366] Dieser Antrag verfolgte das Ziel, als Gegenstand des guten Glaubens ausdrücklich auch die Verfügungsbefugnis aufzunehmen. In der Begründung der Ablehnung des Antrags findet sich zudem die Feststellung, daß es Sache des Erwerbers sei, sich bei Kenntnis des Nichteigentums des Veräußerers der Befugnis und Ermächtigung des Veräußerers zu vergewissern.[367] Mit diesen Ausführungen stellt die Kommission klar, daß nicht der gute Glaube an Vollmacht und Verfügungsbefugnis geschützt werden solle. In Bezug auf die Vollmacht bekräftigt die Kommission diese Sicht noch einmal ausdrücklich im Anschluß. Schutz für Unkenntnis des Mangels der Vollmacht bestehe nur bei einer ausdrücklichen Regelung im Gesetz.[368] Schließlich bekräftigen auch die Motive das Ergebnis unmißverständlich mit der Feststellung: „*Der Entwurf läßt nur den Mangel des Eigentums des Veräußerers durch die bona fides des Erwerbers gedeckt werden.*“[369] Mit dieser eindeutigen Feststellung wollte man ganz bewußt die Unklarheiten in Bezug auf den Gegenstand des guten Glaubens ausräumen, welche noch bei Art. 306 ADHGB bestanden.[370]

(4) Umfang des guten Glaubens:
§877 EI legt mit seinen Ausführungen den Umfang des guten Glaubens eindeutig fest. Um in gutem Glauben zu sein, darf der Erwerber den Umstand, daß der Veräußerer nicht Eigentümer ist, nicht kennen, und seine Unkenntnis darf nicht auf grober Fahrlässigkeit beruhen (§877 EI). Zur Begründung des Ausschlusses des guten Glaubens bei grob fahrlässiger Unkenntnis verwies die Kommission auf die parallele Vorschrift im Immobilienrecht. Diese hatte schon als Vorbild für die Konzeption des Erwerbs beweglicher Sachen vom Nichtberechtigten gedient. Bei der hier behandelten Frage des Umfangs des guten Glaubens nutzte

---

[365] Jakobs / Schubert, Die Beratung, Protokolle der ersten Kommission, S. 4008
[366] Jakobs / Schubert, Die Beratung, Protokolle der ersten Kommission, S. 4014
[367] Jakobs / Schubert, Die Beratung, Protokolle der ersten Kommission, S. 4015
[368] Jakobs / Schubert, Die Beratung, Protokolle der ersten Kommission, S. 4015; ebenso: Motive III S. 344
[369] Motive III S. 344
[370] Motive III S. 345

man die Regel aus dem Immobilienrecht jedoch nicht als Vorbild. Man verwies vielmehr auf einen Unterschied, der im Recht der Mobilien eine Besonderheit nötig mache. Im Immobilienrecht muß Kenntnis vorliegen, um den gutgläubigen Erwerb zu hindern (§837 II Satz 1 EI). Diese Anforderung beschränke die Nachforschungspflicht auf das Grundbuch.[371] Durch die Aufnahme der grob fahrlässigen Unkenntnis neben der bloßen Kenntnis werde dem Erwerber beweglicher Sachen eine im Vergleich zum Grundstücksrecht erhöhte Nachforschungspflicht auferlegt.[372] Der Unterschied rechtfertige sich dadurch, daß Besitz und Inhabung keine so sicheren Erkenntnisquellen seien wie das Grundbuch.[373] Durch die höheren Anforderungen an den guten Glauben im Recht der beweglichen Sachen werde die unterschiedliche Wertigkeit der Grundlagen für die Redlichkeit ausgeglichen. Dabei sei die grobe Fahrlässigkeit ein geeigneter Maßstab, denn mit noch höheren Anforderungen an den Erwerber liefe man Gefahr, das mit der Vorschrift verfolgte Ziel zu verfehlen.[374]
Auf diesem Wege wurde offensichtlich versucht, den Bedenken, die Johow bezüglich des Rechtsscheinträgers Inhabung und Besitz geäußert hatte, Rechnung zu tragen. Wie schon bei Auslegung und Handhabung des Art. 306 ADHGB kam der subjektiven Komponente somit eine Korrekturfunktion zu. Schließlich wies man in den Motiven darauf hin, daß man durch die Gleichstellung von Kenntnis und grob fahrlässiger Unkenntnis der in der Lösung dieser Frage herrschenden Auslegung von Art. 306 ADHGB und Art. 74 ADWO entspreche.[375]

(5) Zeitpunkt des guten Glaubens:
§877 EI nennt als Zeitpunkt für den guten Glauben: *„bei dem sich vollziehenden Erwerbe"*. Der gute Glaube muß mithin bei Abschluß des dinglichen Vertrages und zu der Zeit der Übergabe gegeben sein. In den Materialien zum ersten Entwurf findet sich zur Begründung nur ein Verweis auf die Regelung des Art. 306 ADHGB.[376] Diese wurde, wie festgestellt, so ausgelegt, daß der gute Glaube während des gesamten Zeitraumes vorliegen müsse.

---

[371] Jakobs / Schubert, Die Beratung, Protokolle der ersten Kommission, S. 4014; Motive III S. 346
[372] Jakobs / Schubert, Die Beratung, Protokolle der ersten Kommission, S. 4014; Motive III S. 346
[373] Motive III S. 346
[374] Motive III S. 346
[375] Motive III S. 346, mit ausdrücklichem Hinweis auf die Auslegung des Art. 306 ADHGB durch das Reichsgericht in den Entscheidungen: RG 6, 17 (23) und RG 6, 86 (87).
[376] Jakobs / Schubert, Die Beratung (Begründung der Redaktionsvorlage), S. 608

(6) Beweislast (Beweispflicht des Erwerbers):
Bezüglich der Beweislast des guten Glaubens legte die Kommission fest, daß derjenige zum Beweise verpflichtet sei, welcher den Eigentumsübergang behaupte.[377] Dabei ließ sie der Redaktionskommission die Wahl, wie dies im Normtext auszudrücken sei. Die Redaktionskommission kam dieser Anforderung nach, indem sie die subjektive Komponente einfach als Voraussetzung für den Eigentumserwerb formulierte (vgl. Redaktionsvorlage und Fassung des ersten Entwurfs, §877 EI).[378]

ee) Ausnahme von der Regelung, §879 Satz 2, 1. HS EI:
(1) Ausnahme des §879 Satz 2, 1. HS EI:
(a) Entstehung, Auslegung und Begründung:
§879 Satz 2, 1. HS EI bestimmt, daß ein gutgläubiger Erwerb gemäß §877 EI keine Anwendung findet, *„wenn die veräußerte Sache gestohlen oder verloren oder in anderer Weise ohne den Willen des Eigentümers oder desjenigen, welcher sie für denselben innehatte, aus dessen Inhabung gekommen ist."*
Diese Formulierung entstand aus der Kombination von zwei Anträgen.
Zunächst dem ursprünglichen Antrag, der den gutgläubigen Erwerb in den ersten Entwurf einführte.[379] Dieser Antrag sah eine Ausnahme bei *„gestohlenen und verlorenen"* Sachen vor.
Dazu kam der dritte Unterantrag zu §135 TE, der in seinem §b in genereller Formulierung darauf abstellte, ob die Inhabung der Sache ohne seinen Willen dem Eigentümer oder demjenigen, der die Sache für den Eigentümer inne hatte, entzogen wurde.[380]
Mit seiner Fassung *„gestohlen und verloren"* kopierte der ursprüngliche Antrag einfach die Ausnahme des Art. 306 IV ADHGB. Der dritte Unterantrag ging einen Schritt weiter. Er zielte darauf ab, auch die differenzierte Auslegung des Art. 306 IV ADHGB, wie sie in der Rechtswissenschaft vorgenommen wurde, in das neue Gesetz aufzunehmen. Um die herrschende Auslegung des Art. 306 IV ADHGB in den ersten Entwurf einzuführen,[381] wurde die als zu unbestimmt bezeichnete Fassung des ursprünglichen Antrags durch §b des dritten Unterantrags ergänzt.[382] Die Motive drücken zweifelsfrei aus, daß es sich bei der von

[377] Jakobs / Schubert, Die Beratung, Protokolle der ersten Kommission, S. 4014
[378] Jakobs / Schubert, Die Beratung (Begründung der Redaktionsvorlage), S. 698; Motive III 346
[379] Jakobs / Schubert, Die Beratung, Protokolle der ersten Kommission, S. 4003
[380] Jakobs / Schubert, Die Beratung, Protokolle der ersten Kommission, S. 4009
[381] die erste Kommission stellte dabei ausdrücklich auf die grundlegende Entscheidung des Reichsgerichtes zu Art. 306 IV ADHGB ab (RG 1, 255 ff.).
[382] Jakobs / Schubert, Die Beratung, Protokolle der ersten Kommission, S. 4020

der Rechtsprechung zu Art. 306 IV ADHGB erkannten, prinzipiellen Voraussetzung für die Ausnahme um den Verlust der Inhabung ohne den Willen des Inhabers handelt.[383] Generell wurde die Ausnahme damit begründet, daß die Regelung des gutgläubigen Erwerbs einen Kompromiß darstelle zwischen den Interessen des bisherigen Eigentümers und den Interessen des gutgläubigen Erwerbers.[384] Die Kommission wollte mit der Ausnahme den notwendigen Ausgleich schaffen.

Der ursprüngliche Antrag, der zu §135 TE gestellt wurde, enthielt noch ein innovatives Detail, welches die Ausnahmeregelung für den Fall *„gestohlener oder verlorener“* Sachen abrunden sollte. Der Antrag sah vor, den Anspruch des Eigentümers gegen den redlichen Erwerber auf Herausgabe[385] der *„gestohlenen oder verlorenen“* Sachen nach drei Jahren verjähren zu lassen.[386] Die Verjährung sollte mit dem Zeitpunkt beginnen, in dem die Sache gestohlen wurde oder verloren ging. Außerdem sollte der Erwerber nach Ablauf der Verjährung Eigentümer werden.[387] Im Unterschied zur Ersitzung mußte der gute Glaube nicht die gesamte Zeitspanne bis zum endgültigen Erwerb vorliegen.

Diese Regelung wurde jedoch abgelehnt[388], da sie nach Ansicht der Kommission nicht mit den Regelungen über die Ersitzung im Einklang stand.[389]

(b) Nähere Konkretisierung des Verlustes ohne Willen (Problematische Fälle: Geschäftsunfähiger, beschränkt Geschäftsfähiger, Drohung und Betrug):

Einigkeit bestand bei den Beratungen der Kommission darüber, daß bei Aufgabe der Inhabung durch einen Geschäftsunfähigen ein Verlust der Inhabung ohne Willen anzunehmen sei.[390] Die Ausnahme des §879 Satz 2, 1. HS EI lag somit nach herrschender Kommissionsauffassung vor. Dieser Fall war deshalb unproblematisch und bedurfte keiner speziellen Regelung.

---

[383] Motive III S. 348

[384] Jakobs / Schubert, Die Beratung, Protokolle der ersten Kommission, S. 4020

[385] dieser Anspruch heute: §985 BGB

[386] Der Antrag sah für diesen Fall einen Lösungsanspruch des Erwerbers vor.

[387] Jakobs / Schubert, Die Beratung, Protokolle der ersten Kommission, S. 4004

[388] Jakobs / Schubert, Die Beratung, Protokolle der ersten Kommission, S. 4022

[389] In das BGB hielt mithin eine vergleichbare Regelung nicht Einzug. Eine „abhanden gekommene“ Sache im Sinne des §935 BGB kann nicht gutgläubig erworben werden (sofern nicht eine der Ausnahmen des §935 II BGB vorliegt). Es bleibt dem Erwerber nur die Ersitzung; Hübner sprach sich später für die Einführung einer der im betrachteten Antrag vergleichbaren Lösung aus (Hübner, Rechtsverlust, s. 128 f.).

[390] Jakobs / Schubert, Die Beratung, Protokolle der ersten Kommission, S. 4020; Motive III S. 348

Nicht so einhellig wurde der Fall beurteilt, daß ein beschränkt Geschäftsfähiger die Inhabung aufgab, oder die Aufgabe der Inhabung in Folge rechtswidriger Einwirkung auf den Willen des Aufgebenden, also durch Drohung oder Betrug, erfolgte. Ziel des vierten Unterantrags §b war es, in den genannten Fällen Klarheit zu schaffen und in diesen Fällen stets einen gutgläubigen Erwerb auszuschließen.[391] Zur Erreichung des Ziels sollte durch den Antrag die Ausnahmeregelung um die Formulierung *„ohne seinen rechtsgültigen Willen verloren"* ergänzt werden.[392] Die Mehrheit der Kommission lehnte diesen Antrag jedoch ab. Die pauschale Regelung schränke den Schutz des gutgläubigen Erwerbers zu stark ein.[393] In den Motiven findet sich auch die Auffassung der Kommissionsmehrheit. Zu den angeführten Fällen (beschränkt Geschäftsfähiger, Drohung und Betrug) heißt es hier, daß der in diesen Fällen vorliegende willentliche Verlust der Inhabung nicht durch die rechtsgeschäftlichen Mängel als Verlust ohne Willen erscheine und deshalb eine derartige Ausdehnung der Norm zu weit führe.[394] Eine eindeutige Klärung durch eine pauschale Lösung der genannten Problemfälle, die sich schon bei der Auslegung des Art. 306 IV ADHGB gezeigt hatten, und für die sich schon hier keine Lösung durchsetzte, kam bei den Beratungen somit nicht zustande.

(2) Regelung des §879 Satz 2, 2. HS EI:
§879 Satz 2, 2. HS EI legt Tatbestände fest, bei deren Vorliegen die Einschränkung nicht zur Anwendung kommt. Als Ausnahmefälle nennt der zweite Halbsatz den Erwerb von Geld und Inhaberpapieren und den Erwerb von Sachen auf einer öffentlichen Versteigerung. In diesen Fällen erwirbt demnach der Gutgläubige das Eigentum, auch wenn es sich um abhanden gekommene Sachen handelt.
Der Schutz ist stärker als bei einem „gewöhnlichen" gutgläubigen Erwerb beweglicher Sachen ausgestaltet. Die Regelung wurde mit der erhöhten Sicherheit des Verkehrs begründet. Sie lasse bei Geld und Inhaberpapieren nicht zu, den redlichen Erwerb wegen eines dem Erwerber unsicheren Umstandes in Frage zu stellen.[395] Gehe es um Geld und Inhaberpapiere, verliere die Ausnahme wegen des bestehenden Lösungsanspuchs des Erwerbers im Fall des §879 Satz 2, 1.

---

391 Jakobs / Schubert, Die Beratung, Protokolle der ersten Kommission, S. 4020
392 4. Unterantrag, Jakobs / Schubert, Die Beratung, Protokolle der ersten Kommission, S. 4009
393 Jakobs / Schubert, Die Beratung, Protokolle der ersten Kommission, S. 4021
394 Motive III S. 348 f.
395 Jakobs / Schubert, Die Beratung, Protokolle der ersten Kommission, S. 4022

HS EI ohnehin praktisch ihre Bedeutung.[396] Ebensowenig ertrage die Verkehrssicherheit die Ausnahmenorm bei öffentlichen Versteigerungen. Der Verkehr dürfe nicht in seinem Vertrauen auf die Wirksamkeit unter öffentlicher Autorität vollzogener Veräußerungen getäuscht werden.[397]

c) Lösungsanspruch, §939 EI:

Johows Teilentwurf sah einen Lösungsanspruch des redlichen Erwerbers immer dann vor, wenn dieser kein Eigentum erwarb. Da der redliche Eigentumserwerb im Teilentwurf einen seltenen Ausnahmefall darstellte, kam dem Lösungsanspruch hier große praktische Bedeutung zu. Die erste Kommission beschloß, beeinflußt vom Teilentwurf, einen Lösungsanspruch des gutgläubigen Erwerbers für den Fall aufzunehmen, daß er wegen der Ausnahme (§879 Satz 2, 1. HS EI) kein Eigentum an der beweglichen Sache erwerben konnte. Er sollte vom bisherigen Eigentümer wenigstens Lösung verlangen können. Teilentwurf und erster Entwurf sprechen dem redlichen Erwerber somit einen Lösungsanspruch zu, wenn dieser kein Eigentum erwirbt. Beide Entwürfe gehen somit für dieses Instrument von dem gleichen Grundgedanken aus. Die Weite der Anwendung ist jedoch unterschiedlich.

Bei der ersten Beratung der Regelungen des gutgläubigen Erwerbs und der Entscheidung, ob grundsätzlich ein solcher Anspruch aufzunehmen sei, lieferte die Kommission zunächst nur eine kurze Begründung. Ein Lösungsanspruch sei aus Rücksicht auf die Sicherheit des Verkehrs erforderlich, denn dem gutgläubigen Erwerber dürfe kein materieller Schaden entstehen.[398] Der Lösungsanspruch wurde von der Kommission jedoch ein zweites Mal beraten. Die Vorgehensweise, die Bestimmungen des Teilentwurfs nacheinander zu besprechen, führte in der 339. Sitzung bei der Beratung von §186 TE (welcher einen Lösungsanspruch vorsah) dazu, daß der Anspruch nochmals zur Sprache kam. Der frühere Beschluß, einen Lösungsanspruch zu Gunsten des redlichen Erwerbers aufzunehmen, wurde nochmals in Frage gestellt. Man entschied sich mehrheitlich für die Beibehaltung des in der 328. Sitzung gefundenen Ergebnisses. Dabei nahm man bewußt in Kauf und hielt ausdrücklich in den Protokollen fest, daß man durch einen solchen Lösungsanspruch des Erwerbers dem Eigentümer die durch die Ausnahme eingeräumten Vorteile größtenteils wieder nehme.[399] Resultat der nochmaligen Beratungen der Regelung waren in erster Linie Änderungen der

[396] Jakobs / Schubert, Die Beratung, Protokolle der ersten Kommission, S. 4022
[397] Jakobs / Schubert, Die Beratung, Protokolle der ersten Kommission, S. 4022
[398] Jakobs / Schubert, Die Beratung, Protokolle der ersten Kommission, S. 4021
[399] Jakobs / Schubert, Die Beratung, Protokolle der ersten Kommission, S. 4190 f.

Fassung des ersten Entwurfs. Hervorzuheben ist hierbei die ausführlichere Bezeichnung des Umfangs des Lösungsanspruchs. Die Kommission entschied sich für die Begrenzung, wie sie in §939 EI zu finden ist. Danach ist grundsätzlich Ersatz für das Geleistete zu gewähren, jedoch nur bis zur Höhe des Wertes der Sache.[400] Dem Erwerber sei nur eine gewisse Entschädigung zu gewähren.[401] Ohne eine derartige Begrenzung vereitele man in vielen Fällen praktisch die Vindikation.[402] In den Motiven betonte man, daß die Ausnahme vom gutgläubigen Erwerb im Fall des §879 Satz 2 EI für den redlichen Erwerber eine Härte darstelle. Diese wirke zudem störend für den Verkehr, denn auch einem besonders vorsichtigen Erwerber könne ohne Verschulden ein den Erwerb hindernder Umstand unbekannt bleiben, was ihn hindere, die Wirksamkeit seines Erwerbs zu überschauen.[403] Um für diese Probleme Abhilfe zu schaffen, sei das Lösungsrecht trotz bestehender Schwierigkeiten der richtige Weg. Zur Bekräftigung wies man darauf hin, daß man sich mit dem Lösungsrecht an das in einem großen Teil des Reiches geltende Recht anlehne.[404]

d) Bereicherungsanspruch, §880 EI:

Die Kommission zum BGB regelte den Bereicherungsausgleich im Zusammenhang mit den Bestimmungen über den Erwerb vom Nichtberechtigten. Während die Kommission zum ADHGB für diesen Bereich des Zivilrechts über keine Zuständigkeit verfügte, und derartige Bestimmungen vom Landesrecht abhängig waren, hatten die Väter des BGB mit dieser Kompetenz ein weiteres Instrument, um eine den Interessen der Beteiligten entsprechende Lösung zu entwickeln. Zudem verlagerte die zweite Kommission auf der Suche nach einer interessengerechten Lösung die Frage des unentgeltlichen gutgläubigen Erwerbs, die die Diskussion über den gutgläubigen Erwerb stets begleitet, auf die Ebene des Bereicherungsrechts.

aa) Die Regelung des Bereicherungsanspruchs:

Der erste Entwurf stellt mit §880 EI dem Regelungskomplex des Erwerbs vom Nichtberechtigten direkt einen Bereicherungsanspruch des Eigentümers zur Seite. Anders als später im BGB (§816 I BGB) stand der Bereicherungsanspruch somit in redaktionellem Zusammenhang mit den Regelungen über den gutgläubigen Erwerb. §880 EI macht es dem Eigentümer möglich, unter der Vorausset-

[400] Jakobs / Schubert, Die Beratung, Protokolle der ersten Kommission, S. 4091
[401] Jakobs / Schubert, Die Beratung, Protokolle der ersten Kommission, S. 4091 f.
[402] Jakobs / Schubert, Die Beratung, Protokolle der ersten Kommission, S. 4092
[403] Motive III S. 418
[404] Motive III S. 418

zung, daß er sein Eigentum an den gutgläubigen Erwerber verliert, von dem Nichtberechtigten, der über seine Sache verfügte hatte, die Herausgabe der durch die Verfügung erlangte Bereicherung zu fordern. Der Eigentümer kann sich somit durch Inanspruchnahme des Nichtberechtigten schadlos halten. §939 III EI stellt zudem klar, daß dieser Rückgriff gegen den Nichtberechtigten auch dann möglich ist, wenn der Eigentümer dem Erwerber Lösung gezahlt hat. Außerdem macht §880 Satz 2 EI durch einen Verweis auf §748 III EI deutlich, daß Ansprüche aus unerlaubter Handlung daneben anwendbar bleiben.
Anders als im Teilentwurf sollte der Bereicherungsanspruch nach dem Willen der Kommission nicht davon abhängen, daß der Veräußerer die Sache ohne rechtlichen Grund besaß.[405] Der Ausschluß der Kondiktion gegenüber einem Veräußerer, welcher sich auf einen rechtlichen Erwerbsgrund stütze, aber dennoch nicht Eigentümer sei, habe nach den bisher gefaßten Beschlüssen nur Bedeutung bei „gestohlenen und verlorenen" Sachen.[406] Schließlich sei nicht ersichtlich, warum das Vorhandensein des Titels überhaupt Einfluß auf die Konditionsfrage nehmen solle, da der nicht titulierte Nichtberechtigte in gleichem Maße sein Vermögen mehre.[407]

bb) Problem: Unentgeltlicher Erwerb

Bei Art. 306 ADHGB stritt die Rechtswissenschaft darum, ob der Gutgläubige bei unentgeltlichen Geschäften Eigentum erwerbe. Die Norm bietet zur Lösung dieser Frage keine konkreten Anhaltspunkte.

Bei den Beratungen der ersten Kommission tauchte diese Frage im Zusammenhang mit den bereicherungsrechtlichen Ansprüchen auf. Der Antrag,[408] gegen den Erwerber, der die Sache durch unentgeltliche Veräußerung bekam, einen Bereicherungsanspruch zuzulassen, wurde von der ersten Kommission abgelehnt.[409] Einen vergleichbaren Anspruch gebe es nicht im Immobilienrecht, und es läge kein Grund vor, den Erwerber beweglicher Sachen anders zu behandeln. Außerdem hielt man entgegen, daß häufig die Abgrenzung zweifelhaft sein werde, ob und inwieweit ein unentgeltlicher Erwerb vorliege.[410] Man entschied sich somit, den gutgläubigen Erwerber bei unentgeltlichem Erwerb genauso zu schützten wie bei entgeltlichem.

---

[405] Jakobs / Schubert, Die Beratung, Protokolle der ersten Kommission, S. 4226
[406] Jakobs / Schubert, Die Beratung, Protokolle der ersten Kommission, S. 4027
[407] Jakobs / Schubert, Die Beratung, Protokolle der ersten Kommission, S. 4227
[408] abgedruckt: Jakobs / Schubert, Die Beratung, Protokolle der ersten Kommission, S. 4222
[409] Jakobs / Schubert, Die Beratung, Protokolle der ersten Kommission, S. 4227 f.
[410] Jakobs / Schubert, Die Beratung, Protokolle der ersten Kommission, S. 4228

e) Fazit:
Die Kommission beschäftigte sich sehr ausführlich mit der dogmatischen Rechtfertigung der Regelungen über den gutgläubigen Erwerb. Dies ist eine Änderung im Vergleich zu Art. 306 ADHGB, bei dessen Schaffung nur auf den notwendigen Schutz des Handelsverkehrs verwiesen wurde. Dabei mühte man sich, angeregt durch die Kritik Johos, um eine schlüssige Grundlage für den gutgläubigen Erwerb.
In diesem Zusammenhang tauchen Gedanken des Rechtsscheinprinzips zur Begründung der Regelung auf. In Analogie zum Grundbuch bei Immobilien sah man in „Innehabung und Besitz“ eine Rechtsscheingrundlage für die Berechtigung in Bezug auf bewegliche Sachen. Eine intensivere Auseinandersetzung mit diesem Prinzip erfolgte jedoch trotz der kritischen Hinweise Johows nicht. Dieser hatte auf die Schwächen von Innehabung und Besitz als vertrauensbildende Rechtsscheingrundlage hingewiesen.

Bezüglich der Voraussetzungen machte die Kommission ausführliche Vorgaben. Dabei ging sie ausdrücklich auf zahlreiche Streitfragen ein, die bei dem Vorbild der Regelungen, Art. 306 ADHGB, bestanden. Für viele dieser Problempunkte entwickelte die Kommission Lösungen. Diese entsprachen in der Regel der herrschenden Auslegung des Art. 306 ADHGB.
Durch den Verweis auf §874 EI verknüpfte die Kommission die Regelungen über den gutgläubigen Erwerb mit den Regelungen über den rechtsgeschäftlichen Eigentumserwerb. Hiermit folgte sie einer Entwicklung, die Art. 306 ADHGB in Gang gesetzt hatte. Es ging nicht mehr nur in erster Linie um die Ausnahme von der Vindikation, sondern um Eigentumserwerb.
Diese Eingliederung in die Eigentumserwerbsvorschriften führte dazu, daß ein dinglicher Vertrag Voraussetzung wurde.
Auch die Voraussetzung der Übergabe orientierte sich an der zum Eigentumserwerb erforderlichen Übergabe. Grundsätzlich wurde daher eine Besitzübergabe verlangt. Dieser Grundsatz wurde jedoch durch Ausnahmen in beide Richtungen durchbrochen, welche nach Meinung der Kommission beim gutgläubigen Erwerb erforderlich seien. Der gutgläubige Erwerb erhielt somit seinen eigenständigen Übergabebegriff. Den Ausnahmen ist gemein, daß sie darauf abstellten, daß sich mit der Sache ein tatsächlicher Akt vollzieht, es also nicht nur um Übergabe des Besitzes geht. So sollte §874 II EI im Rahmen des gutgläubigen Erwerbs Anwendung finden. Es genügt danach die Übergabe durch den bloßen Inhaber (Detentor), denjenigen also, der zwar die tatsächliche Gewalt, nach dem Verständnis des EI nicht aber den Besitz hatte. Besitzer ist nach dem

EI nur derjenige, der die tatsächliche Gewalt mit Eigenbesitzwillen hat. Fehlt letzterer, so spricht man in der Terminologie des EI vom Inhaber.
Darüberhinaus sollte ein gutgläubiger Erwerb bei Besitzübergabe mittels brevi manu traditio und constitutum possessorium ausgeschlossen sein. Die brevi manu traditio stelle keine ausreichende Basis für den guten Glauben dar. Diese Ausnahme ist daher als Folge des zur Rechtfertigung herangezogenen Rechtsscheinprinzips zu verstehen. Der Ausschluß bei Besitzübergabe mittels contitutium possessorium wurde aus der gängigen Interpretation von Art. 306 ADHGB übernommen.
Ausführlich konkretisiert der EI die Voraussetzung des guten Glaubens. Um bei Art. 306 ADHGB bestehende Unklarheiten zu beseitigen, stellte man fest, daß Gegenstand das Eigentum sei. Auch der Umfang des guten Glaubens wurde ausführlich geregelt. Der ausdrückliche Ausschluß des Erwerbs bei grober fahrlässiger Unkenntnis sollte eine Nachforschungspflicht begründen. Die Beweislast sollte schließlich beim Erwerber liegen. Dies ist bemerkenswert, weil dies bei Art. 306 ADHGB anders gesehen wurde. In diesem Punkt schränkte somit der EI die Reichweite des gutgläubigen Erwerbs ein.
Die Ausnahmeregelung wurde ausdrücklich aus Art. 306 ADHGB und der hierzu bestehenden herrschenden Auslegung übernommen.
Schließlich sah der EI einen Lösungsanspruch des Gutgläubigen für den Fall vor, daß der Erwerber aufgrund der Ausnahmevorschrift (heute §935 BGB) kein Eigentum erlangte. Diese Regelung schützte somit den Gutgläubigen, der nicht erwerben konnte.

In ihrer Argumentation hebt die Kommission hervor, daß die Interessen des Eigentümers in der Regelung über den gutgläubigen Erwerb nicht vernachlässigt werden dürften. Mit dem Schutz des Eigentümers begründet sie ausdrücklich den Ausschluß der Übergabe mittels consitutium possessorium und die Ausnahmeregelung (heute §935 BGB). Diese einschränkenden Regelungen übernahm die Kommission jedoch dem Art. 306 ADHGB und dessen herrschender Auslegung, so daß der Schutz des Eigentümers nicht weiter ging als in dem handelsrechtlichen Vorbild. Johow, welcher sich zum Schutze des Eigentümers deutlich von Art. 306 ADHGB entfernen wollte, und daher in seinem Teilentwurf den Eigentumserwerb nur ausnahmsweise vorsah, konnte sich somit nicht durchsetzten.
Eine Erweiterung des Schutzes des Eigentümers gegenüber Art. 306 ADHGB erreichte man durch die Beweislastverteilung. Die Beweislast für die Gutgläubigkeit legt man dem Erwerber auf. Durch den Lösungsanspruch des gutgläubigen Erwerbers nahm die Kommission dem Eigentümer jedoch auch Vorteile.

Die den Eigentümer schützende Ausnahmeregelung verlor dadurch an Kraft. Ob die Regelungen des EI eigentümerfreundlicher sind als die des Art. 306 ADHGB ist daher fraglich.

Abschließend sei nochmals betont, daß man sich bei der Entscheidung für das Grundprinzip und bei der näheren Ausgestaltung der Regelung über den gutgläubigen Erwerb stark an Art. 306 ADHGB und dessen Bearbeitung durch Literatur und Rechtsprechung orientierte.

Die ausführlichen Vorgaben und die Preisgabe der Motivationen eröffneten der Rechtswissenschaft die Möglichkeit zur intensiven Auseinandersetzung mit dem Entwurf und letztlich auch zur Kritik.

2) Reaktionen der Rechtswissenschaft

Die teilweise heftige Kritik der Rechtswissenschaft am ersten Entwurf, welche zur nochmaligen Beratung des Gesetzesvorhabens durch die zweite Kommission führte, erfaßte auch die Regelungen des Erwerbs vom Nichtberechtigten in den §§877 - 879, 880 und 939 EI.
Einige Autoren lehnten die Vorschriften über den Gutglaubenserwerb des ersten Entwurfs vollständig ab. Teilweise schlugen sie neue Modelle vor. Andere Kritiker beanstandeten einzelne Elemente und forderten den Verzicht auf einzelne Voraussetzungen oder zumindest deren Umgestaltung. Die Kritik an den Bestimmungen läßt sich folglich in zwei Lager einteilen. Das Lager, welches das Grundprinzip und die Konzeption der Regelungen ablehnte und zum Teil die statt dessen favorisierten Lösungen in Gegenmodelle kleidete (a)). Daneben stehen die Autoren, welche nur Teile der Lösung des ersten Entwurfs rügten, die Regelungen jedoch grundsätzlich akzeptierten (b)).

a) Ablehnung des Gutglaubenserwerbs im ersten Entwurf, Gegenmodelle:
In seiner bekannten und viel zitierten *„Streitschrift gegen den Entwurf"* (wie der Autor seine Veröffentlichung *„Das bürgerliche Recht und die besitzlosen Volksklassen"* selbst bezeichnet[411]), lehnt Menger die Regelungen des redlichen Erwerbs, wie sie sich im ersten Entwurf finden, ab. Der Entwurf orientiere sich überwiegend an reinen *„Zweckmäßigkeitsrücksichten."*[412] Dies sei schon so im

[411] Menger, Das Bürgerliche Recht und die besitzlosen Volksklassen, Vorrede zur ersten Auflage, 2. Aufl., S. III / 4. Aufl.; S. V
[412] Menger, 2. Aufl., S. 119 / 4. Aufl., S. 125

Grundstücksrecht des ersten Entwurfs. Hier werde das Grundeigentum dem öffentlichen Glauben an das Grundbuch geopfert.[413] Eine Formalie (die Eintragung) bestimme die Lösung einer Rechtsfrage. Dies führe dazu, daß jemand, der (unberechtigt - beispielsweise durch eine betrügerische Handlung verursacht) eingetragen sei, auf Grund der schlichten Eintragung über das Recht am Grundstück verfügen könne.[414] Bezüglich beweglicher Sachen gehe der erste Entwurf noch weiter.[415] Menger legt dar, daß der Eigentümer einer beweglichen Sache auch ohne, daß ihn ein Verschulden treffe, seine Sache an den Erwerber, den möglicherweise mehr Verschulden[416] treffe, abgeben müsse.[417] Das Interesse, rechtmäßig erworbenes Privateigentum zu genießen, werde durch das nach Meinung Mengers geringere Interesse an der Sicherheit des Verkehrs verdrängt. Er sieht hier das grundlegende Prinzip der Unverletzlichkeit des Privateigentums in höchstem Maße bedroht.[418] Zusammenfassen kann man seine Meinung dahingehend, daß er an den Regelungen über den gutgläubigen Erwerb vom Nichtberechtigten den zu geringen Schutz des Eigentümers anprangert. Seine Ausführungen sind flankiert von kämpferischen Sätzen, welche dafür sorgten, daß seine Schrift einen hohen Grad an Bekanntheit erlangte. Die Bestimmungen über den redlichen Erwerb im ersten Entwurf enthielten *„eine umfassende und dauerhafte Konfiskation des Privateigentums zu Gunsten der Sicherheit des Verkehrs.“* Menger sieht hier *„einen Sieg des Handelsgeistes über die Eigentumsordnung, des Verkehrsrechts über das Sachenrecht.“*[419]

Eine zeitnahe Kommentierung der Ausführungen Mengers zum Gutglaubenserwerb liefert Rießer.[420] Letzterer zeigt sich verwundert darüber, wie der Sozialist Menger, der, wie er meint, aus Sicht der *„besitzlosen Volksklassen“* den Entwurf teilweise zu Recht angreife, die Eigentumsordnung noch verteidigen könne. Menger spreche sich in seiner Schrift gegen die zu komplizierte Rechtsverfolgung und Rechtsverteidigung aus. Gerade deshalb müsse er doch ein Interesse daran haben, daß die Sachen ohne komplizierten Eigentumsbeweis möglichst schnell von Hand zu Hand gingen.

---

[413] Menger, 2. Aufl., S. 119 f. / 4. Aufl., S. 125
[414] Menger, 2. Aufl., S. 120 / 4. Aufl., S. 126
[415] Menger, 2. Aufl., S. 120 / 4. Aufl., S. 126
[416] Der leicht fahrlässige Erwerber erwirbt das Eigentum gemäß §877 EI. Deshalb ist es möglich, daß ihn ein höherer Grad an Verschulden trifft, als den Eigentümer.
[417] Menger, 2. Aufl., S. 121 / 4. Aufl., S. 127
[418] Menger, 2. Aufl., S. 118 / 4. Aufl., S. 124 f.; Menger macht hier auch auf den „Verfassungsrang“ des Grundsatzes aufmerksam.
[419] Menger, 2. Aufl., S. 121 / 4. Aufl., S. 127

Rocholl lehnt in seinem Aufsatz (*„Der dingliche Vertrag"*) die Regelungen des ersten Entwurfs über den redlichen Erwerb ab und präsentiert seine eigene Vorstellung. Der Autor ist der Auffassung, der Eigentumsbegriff werde durch §877 EI geradezu *„zerstört."* Es bliebe nur der *„Name ohne Inhalt"*, wenn jeder Inhaber einer beweglichen Sache, gleichgültig wie er zur Inhabung gekommen sei, Eigentum übertragen könne, und der Erwerb durch den Erwerber nur von dessen Redlichkeit bezüglich des Eigentums des Auctors abhänge.[421] Um die so mißbilligten Regelungen des Entwurfs zurückzuweisen, setzt Rocholl sich mit den einzelnen Begründungen und Elementen der Bestimmungen auseinander.
Die §§877 - 879 und 939 EI verflüchtigten den Eigentumsbegriff mehr, als es in allen anderen Rechtsanschauungen und Gewohnheiten geschehe.[422] Man könne die Regelung nicht dadurch begründen, daß man sie, wie die Motive (III S. 342), auf deutsches Recht zurückführe. Das ältere deutsche Recht schlösse nur die Vindikation aus, von einem Erwerb des Eigentums sei keine Rede gewesen.[423] Diese Aussage Rocholls verdeutlicht anschaulich die Neuerung des Art. 306 ADHGB, der dem Ausschluß der Vindikation einen Eigentumserwerb folgen ließ.
§877 EI unterscheide sich auch in großem Maße von (seinem Vorbild) Art. 306 ADHGB. Die Regelung des ersten Entwurfs (§877 EI) knüpfe an §874 EI an. Dadurch sei ein dinglicher, abstrakter Vertrag vorausgesetzt. Art. 306 ADHGB hingegen erfordere eine *„Veräußerung von Waren oder anderen beweglichen Sachen von einem Kaufmann in dessen Handelsgewerbe."* Letztere Norm sei damit nur eine Ausnahmeregel für einige Geschäfte und verfüge nicht über die Weite des §877 EI.[424] Der Bezug auf Art. 306 ADHGB zur Begründung sei somit nicht möglich. Die weite Ausdehnung, die der Gedanke des Art. 306 ADHGB in §877 EI erfahre, ließe sich auch nicht durch den Beschluß des 15. Deutschen Juristentages rechtfertigen. Dort sei man sich einer solchen Tragweite nicht bewußt gewesen.[425] Auch die Ausnahmen des §879 EI retteten nichts, da sie wegen des Lösungsrechts in §939 EI nur über wenig Wirkung verfügten.[426] Konkret wendet sich Rocholl gegen die vorgesehene Beweislastverteilung in §877 EI, welche für die Praxis ungeeignet sei.[427]

---

420 Rießer, S. 50, FN 2
421 Rocholl, S. 496
422 Rocholl, S. 496
423 Rocholl, S. 495
424 Rocholl, S. 495
425 Rocholl, S. 496
426 Rocholl, S. 496
427 Rocholl, S. 497

Schließlich ließe sich auch nicht die Verkehrssicherheit für §877 EI anführen. Für den bürgerlichen Rechtsverkehr sei es von größerer Bedeutung, das Eigentum zu schützen, denn auf der Sicherheit des Eigentums beruhe die Rechtsordnung.[428] Am Ende präsentiert Rocholl sein Modell für eine gesetzliche Regelung des Erwerbs vom Nichtberechtigten.[429] Grundsätzlich solle nur der Eigentümer Eigentum übertragen können. Als Ausnahme sei eine Art. 306 ADHGB entsprechende Regelung beizubehalten. All jene Fälle, in denen ein redlicher Erwerb wünschenswert sei, die aber nicht von Art. 306 ADHGB gedeckt würden, seien von zu vernachlässigender praktischer Relevanz.

Auch Kindel gehört zu den Kritikern des ersten Entwurfs. In seiner kritischen Schrift (*„Das Recht an der Sache"*) bemüht er sich, den gesamten ersten Entwurf einer Prüfung zu unterziehen und dort, wo es ihm angemessen erscheint, Regelungen aus bestehendem Recht, insbesondere des ALR und des Code Civil, aufzugreifen und mit ihnen den Entwurf zu korrigieren.[430] Im Rahmen dieser Arbeit wendet er sich auch gegen die Regelungen des ersten Entwurfs über den Erwerb vom Nichtberechtigten.

§877 EI gründe sich auf die Fiktion einer Unwahrheit, denn er schreibe dem unberechtigten Besitzer Eigentum zu.[431] Zu dieser Sichtweise gelangt Kindel, indem er den Grundsatz zugrunde legt, nach dem niemand mehr Rechte übertragen kann, als ihm selbst zustehen.[432] Danach kann nur der Eigentümer selbst das Eigentum übertragen. Weicht man nicht von diesem Prinzip ab, so muß der Nichtberechtigte, der in §877 EI das Eigentum überträgt, Eigentümer sein. Diese Annahme ist die Fiktion in §877 EI, die Kindel erblickt.
Mit der Fiktion vermische der erste Entwurf nicht nur Recht und Unrecht, sondern sei zudem inkonsequent. Konsequent wäre es nur gewesen, auch die Verfügung des *„fiktiven Eigentümers"* an den schlechtgläubigen Erwerber zu schützen.[433] Kindel erblickt in all dem eine *„Verwirrung der Rechtsbegriffe."* Für diese Verwirrung seien letztlich falsche Vorstellungen der Glossatoren verantwortlich,[434] welche es als unmöglich angesehen hätten, daß ein Nichtberechtigter über Eigentum verfüge, und deshalb das Eigentum des unberechtigten Be-

[428] Rocholl, S. 497 f.
[429] Rocholl, S. 517
[430] Kindel, Einleitung, S. X
[431] Kindel, S. 185
[432] vgl. zu dem Grundsatz: Kindel, S. 16 f.
[433] Kindel, S. 185
[434] Kindel, S. 186

sitzers konstruiert hätten.[435] Die römischen Juristen seien von dieser Unklarheit frei gewesen. Die Verfügung eines „Nichteigentümers“ habe man einfach als Ausnahme anerkannt.[436]

Zur Lösung schlägt Kindel schließlich vor, auf die „modernen Gesetzgebungen“ (ALR, Code Civil) zurückzugreifen, welche das römische Recht richtig verstünden.
Danach solle der Eigentümer, welcher den Besitz seiner Sache ohne seinen Willen verloren habe, diesen bei jedem zurückfordern können.[437] Habe er die Sache hingegen mit seinem Willen verloren, könne er sich grundsätzlich nur an den ersten Besitzer halten und nur ausnahmsweise das Eigentum von schlechtgläubigen Erwerbern zurückfordern. Das Modell Kindels sah folglich eine Scheidung von mit und ohne Willen verloren vor. Einen Eigentumserwerb hingegen erachtete er nicht als notwendig. Im Ergebnis favorisierte er also einen bloßen Vindikationsausschluß und nahm im Kauf, daß Besitz und Eigentum auseinanderfallen.

Cosack steht den Regelungen des Entwurfs bezüglich des Erwerbs vom Nichtberechtigten ablehnend gegenüber.[438] Er zählt auch zu den Autoren, welche die gesamte Konzeption der Regelungen angreifen. Dabei setzte er sich ausführlich mit einzelnen Punkten der Regelung auseinander und machte zahlreiche Änderungsvorschläge.[439] Abschließend entwickelt Cosack einen Gegenvorschlag. Dieses Modell Cosacks ist das Ergebnis seiner Kritik an den Einzelpunkten. Es ergibt sich aus der Zusammenfassung seiner Beanstandungen zu einzelnen Fragen.
Angemerkt sei an dieser Stelle, daß die ausführliche Darstellung der einzelnen Kritikpunkte eine strategische Vorgehensweise Cosacks ist. Er gewährleistete auf diese Weise, daß wenigstens diese bei eventueller Änderung des ersten Entwurfs Berücksichtigung finden konnten. Mit der Annahme seines Gegenmodells konnte er nicht ernsthaft rechnen.
Hier soll zunächst das Gegenmodell vorgestellt werden. Unter Gliederungspunkt b) wird Cosacks Kritik an einzelnen Elementen der Regelung dargestellt.

---

[435] Kindel, S. 184
[436] Kindel, S. 186
[437] Kindel, S. 186 / S. XXIV
[438] Cosack, Das Sachenrecht im Entwurf, S. 25 ff.
[439] In seiner Einleitung weist Cosack darauf hin, mit welchen Quellen er arbeitete. Er hatte Einsicht in Johows Begründung zu dessen Teilentwurf, die Motive und den Entwurf selbst.

Vorbild für das Gegenmodell Cosacks ist die *„altdeutsche Regel."*[440] Er ist der Auffassung, daß sich der erste Entwurf dem deutschen Recht zu sehr verschließe. Zunächst stellt der Autor fest, daß sich der erste Entwurf, anders als der Teilentwurf, der sich dem römischen Recht angeschlossen habe, in der Frage des Gutglaubenserwerbs auf Art 306 ADHGB stütze, welcher auf der deutschen Rechtsregel beruhe. Der erste Entwurf habe sich somit prinzipiell in dieser Frage dem deutschen Recht anschließen wollen.[441] Die Gesetzesvorlage übernehme das deutsche Recht jedoch nicht richtig und führe dessen Grundgedanken nur unzureichend durch.[442] Man habe einzelne Elemente des deutschen Rechts aus ihrem Zusammenhang gerissen und mit dem unveränderten römischen Recht kombiniert.[443] Was seine eigene Vorstellung angeht, so ist sich Cosack im klaren darüber, daß man das deutsche Recht nicht unverändert übernehmen könne. Die Veränderungen im Entwurf seien jedoch nicht zu rechtfertigen. So möchte er wie der Entwurf seinen Vorschlag durch die deutsche Rechtsregel begründen, aber darüber hinaus aus seiner Sicht notwendige Modifikationen anbringen. Sein Modell kleidet Cosack in eine Regelung, die bestimmt, wann der Eigentümer die Sache vindizieren kann, und wann der redliche Erwerber das Eigentum an der Sache erwirbt.[444]
Danach kann der Eigentümer die Sache vom Besitzer herausverlangen, wenn sich der Besitzer persönlich dazu verpflichtete, wenn der Besitzer die Sache von einem Dritten unredlich oder unentgeltlich erwarb, und wenn der Besitzer eine Sache erwarb, an welcher der Eigentümer den Gewahrsam unfreiwillig verlor.

Der Eigenbesitzer soll dann das Eigentum an der Sache erwerben, wenn er nicht der dinglichen Klage des Eigentümers ausgesetzt ist. In diesem Modell verwirklichte Cosack alle seine Änderungsvorschläge. Besonderes Gewicht legte er jedoch auf die Umkehr der Beweislast.
Nach der deutschen Regel müsse der Vindikant den Fortbestand des Eigentums beweisen.[445] Er müsse alle Tatsachen darlegen, die nicht zum Eigentumserwerb des Beklagten geführt hätten. Diese Regelung sei beizubehalten, denn es sei für den Eigentümer viel einfacher als für den Besitzer, seinen Besitzerwerb nach-

---

[440] Cosack, Das Sachenrecht im Entwurf, S. 25; Diese deutsche Regel komme klar zum Ausdruck in dem Sprichwort: „Wo du deinen Glauben verloren hast, da sollst du ihn suchen".
[441] Cosack, Das Sachenrecht im Entwurf, S. 25
[442] Cosack, Das Sachenrecht im Entwurf, S. 25
[443] Cosack, Das Sachenrecht im Entwurf, S. 26
[444] Cosack, Das Sachenrecht im Entwurf, S. 43
[445] Cosack, Das Sachenrecht im Entwurf, S. 39; Der Kläger müsse also die besonderen Gründe dartun, aus welchen sein Recht an der Sache auch dem Besitz des Beklagten gegenüber fortdauere.

zuweisen.[446] Cosack führt die mißglückte Beweisregel des ersten Entwurfs auf einen mißlungenen Verbesserungsversuch der Kommission zurück. Man habe die deutsche „Hand-wahre-Hand" - Regel entgegen ihrer ursprünglichen Zweckbestimmung mit den Regelungen über den Eigentumserwerb kombiniert und dabei die Beweislastregel aus den Augen verloren.[447] Der Autor knüpft aus diesem Grund die Regelung an den Vindikationsanspruch an. Danach hat der Vindikant das fortdauernde Eigentum zu beweisen.

Das Modell Cosacks verband den Gutglaubenserwerb folglich nicht mit dem rechtsgeschäftlichen Eigentumserwerb, sondern mit der Regelung des Vindikationsanspruchs. Bestand dieser Anspruch nicht (mehr), so führte dies zum Erwerb des Eigentums. In der letzten Frage ging Cosack ebenso wie der Entwurf über die deutsche Regelung hinaus.
Gerade der letzte Punkt zeigt, daß der Gegenvorschlag letztlich keine wesentlich anderen Resultate im Auge hat als der Entwurf. Der einzige gravierende Unterschied ist letztlich das Ziel Cosacks, die dem deutschen Recht entsprechende Beweislastverteilung einzuführen.
Schubert weist darauf hin, daß man diese auch durch eine einfache Änderung des §877 EI hätte erreichen können.[448]

Gierke schließt sich in seiner Beurteilung des Gutglaubenserwerbs des ersten Entwurfs den Ausführungen Cosacks an.[449] Auch er befürwortet grundsätzlich die alte deutsche Regel und sieht diese in einer Reihe von Punkten unzureichend verwirklicht.[450]

b) Kritik an einzelnen Elementen des Gutglaubenserwerbs im ersten Entwurf:
aa) Ein in §874 EI bezeichneter Vertrag:
Gemäß §877 EI findet nur dann ein Eigentumserwerb vom Nichtberechtigten statt, wenn zwischen Erwerber und Nichtberechtigtem ein auf Übereignung gerichtetes Rechtsgeschäft vorliegt. Diese Voraussetzung wurde von Cosack beanstandet. Wie bereits ausgeführt, ging er davon aus, daß der Entwurf die

[446] Cosack, Das Sachenrecht im Entwurf, S. 40; Cosack nennt hier einige Beispiel, um nachzuweisen, daß es für den Eigentümer einfacher sei.
[447] Cosack, Das Sachenrecht im Entwurf, S. 41
[448] Schubert, Die Entstehung, S. 158
[449] Gierke, Der Entwurf, S. 338 FN 1
[450] Gierke, Der Entwurf, S. 337 f.

Grundsätze der deutschen Regel nicht richtig umsetzte.[451] Nach der alten deutschen Regel genüge für den Gutglaubenserwerb eine tatsächliche Übergabe, ohne daß ein Vertrag vorausgesetzt sei.[452] Habe man die Sache freiwillig fortgegeben, sei man auf die Klage gegen den Vertrauensmann beschränkt. Der für Cosack entscheidende Unterschied ist, daß man nach der deutschen Regel die Sache jedoch wieder als eigene erlangt, wenn man den Besitz an ihr wieder begründet. Gegenseitige Willenserklärungen sind dann ebensowenig wie beim Verlust erforderlich. Die Verschärfung der Voraussetzung im ersten Entwurf, die Erforderlichkeit eines dinglichen Vertrages, lasse sich nicht rechtfertigen, und der Unterschied sei unerträglich.[453] Diesen Gedankengang zeigt Cosack zur Veranschaulichung durch ein Fallbeispiel auf.[454] Er bildet folgenden Fall: „A hat im Stalle des Pferdehändlers B ein Pferd eingestellt; B verkauft das Pferd widerrechtlich an C und übergibt es ihm; nach einiger Zeit stellt auch C das Pferd bei B ein; B aber gibt das Pferd auf A´s Verlangen diesem, ohne die inzwischen verübte Unterschlagung zu verraten, heraus."
Nach Ansicht Cosacks soll hier A das Pferd behalten dürfen. Er habe Besitz am Pferd , ansonsten seien A und C in der gleichen Situation. Nur weil eine „Willenserklärung der Vertragschließenden" fehle, das Eigentum zu übertragen, sei A nach den Regeln des ersten Entwurfs nicht wieder Eigentümer geworden. Dies widerspreche der „unbefangenen Auffassung" (damit meint Cosack wohl das Rechtsgefühl), nach der kein Zweifel bestehe, daß A das Pferd behalten solle.
Im Gegensatz zu den Regelungen des EI knüpft Cosack den Eigentumserwerb nicht an eine rechtsgeschäftliche Übertragung. Für ihn ist die Grundlage für den Eigentumserwerb der Ausschluß der Vindikation. An diesen Ausschluß knüpft der Eigentumserwerb. Dies bedeutet aber, wie sein Beispiel zeigt, daß dann, wenn die Gründe für den Ausschluß der Vindikation wegfallen, auch der Eigentumserwerb wieder in Gefahr ist und rückgängig gemacht werden kann.

Der erste Entwurf knüpfte den gutgläubigen Eigentumserwerb systematisch an die Regelungen über den rechtsgeschäftlichen Eigentumserwerb an (vgl. oben B. II. 1) b) bb)). Hierdurch wurden eine rechtsgeschäftliche Übertragung und insbesondere ein dinglicher Vertrag Voraussetzung. Diese Neuerung brachte zahlreiche Änderungen mit sich, die über die von Cosack aufgezeigten Unter-

[451] Cosack, Das Sachenrecht im Entwurf, S. 25
[452] Cosack, Das Sachenrecht im Entwurf, S. 26
[453] Cosack, Das Sachenrecht im Entwurf, S. 27
[454] Cosack, Das Sachenrecht im Entwurf, S. 26 f.

schiede hinausgehen. Mit der Forderung nach einer dinglichen Einigung eröffnete man die Möglichkeit, daß diese selbst nicht frei von Mängeln ist.
Noch bedeutender ist aber die Änderung im Hinblick auf die Funktion des gutgläubigen Erwerbs im Rechtssystem. Er ist nicht mehr nur ein ordnendes Rechtsinstitut, das Besitz und Eigentum zusammenfügt, um bei Ausschluß der Vindikation der faktischen Lage zur rechtlichen Durchsetzung zu verhelfen. Die Regelungen über den gutgläubigen Erwerb helfen dem Veräußerer, der dem Erwerber den Übergang des Eigentums verspricht, über den Umstand hinweg, daß ihm diese Übereignung mangels Eigentum eigentlich unmöglich ist. Die bei Art. 306 ADHGB durch Einführung des Eigentumserwerbs angestoßene Entwicklung wurde hier durch Angleichung an die Eigentumserwerbsvorschriften zu Ende gebracht.
Die Gegenüberstellung von Cosack verdeutlicht somit besonders gut die Neuartigkeit der Lösung des EI und die Abkehr von der alten Problemlösung.

Gierke schloß sich den Ausführungen Cosacks auch zu diesem Punkt an. Der Schutz des redlichen Erwerbers werde dadurch verkümmert, daß ein Erwerb auf Grund eines Übereignungsgeschäftes gefordert werde.[455]

bb) Übergabe im Sinne des redlichen Erwerbs:
Meischeider nennt einige (seltene) Fälle, in denen die Bestimmung des §874 II EI von praktischer Relevanz sein könne. Er sieht Raum für die Anwendung dieser Bestimmung, wenn ein Entleiher, ein Verwahrer oder ein sonstiger Inhaber der Sache sich davon überzeuge, daß ihm das Eigentum an der Sache zustehe, und dann den Entschluß fasse, die Sache zu veräußern, ohne zuvor mit demjenigen, von welchem er die Sache zur Innehabung habe, auseinanderzusetzten. Außerdem greife diese Vorschrift ein, wenn der Innehaber, der sich von seinem Eigentum überzeugt habe, die Sache an denjenigen veräußere, von dem er die Sache zur Innehabung erhalten habe. Nach seiner Ansicht komme die Rechtsprechung bei diesen zu entscheidenden Fragestellungen auch ohne die betreffende Vorschrift zum richtigen Ergebnis. Er hält eine spezielle Regelung deshalb für überflüssig.[456]
Diese Kritik ist ein Beispiel dafür, daß der Entwurf für zu dogmatisch und mit theoretischen Problemen überfrachtet gehalten wurde. Er enthalte zu viele Vorgaben und Details, die letztlich in der Praxis nicht von Bedeutung seien.

---

[455] Gierke, Der Entwurf, S. 338
[456] Meischeider, Streitfragen, S. 90

§879 Satz 1, 1. Alt. EI schränkt die Übergabe im Rahmen des Gutglaubenserwerbs ein, indem er eine Übergabe mittels „brevi manu traditio", also den Fall des §874 III EI, für den gutgläubigen Erwerb ausschließt. Meischeider kritisiert, daß der Entwurf den in den Motiven (III S. 345) ausgesprochenen Grundsatz, daß zum Gutglaubenserwerb stets körperliche Übergabe erforderlich sei, nicht konsequent genug durchführe.[457] Er beanstandet konkret, daß die Regelung der Übertragung mittels „brevi manu traditio" in Bezug auf das Erfordernis der körperlichen Übergabe nicht weit genug gehe.[458] Diese Behauptung bedarf der Erläuterung. Zum Zwecke der Erklärung führt der Autor aus, daß im Entwurf unbedingt zwei Fälle der „brevi manu traditio" zu unterscheiden seien. Er erwähnt zunächst den Fall, in dem Eigentum durch bloße Willenserklärung übertragen wird, wenn der Erwerber schon im Besitz ist, der Fall also, den § 874 III EI im Auge hat und auf den sich §879 Satz 1, 1. Alt EI bezieht, sodann die Konstellation, in welcher dem Erwerber, der bislang Inhaber der Sache war, Besitz und Eigentum übertragen werden. Auf diesen zweiten Fall beziehe sich §874 III EI dem Wortlaut nach nicht. Folglich sei in diesem Fall der gute Glaube des Erwerbers wirksam. Er unterfalle dem §877 EI, so daß ein Gutglaubenserwerb, entgegen der eigentlichen Vorgaben, ohne körperliche Übergabe möglich sei.[459]

Das gleiche Problem, die Umgehung der körperlichen Übergabe, sieht Meischeider im Fall der Übergabe durch Anweisung gemäß §804 EI.[460] In diesem Sinne äußert sich auch Kindel. Er rügt, daß der Fall der Besitzanweisung (§804 EI) in §879 EI keine Erwähnung finde.[461] Die Autoren decken mit ihren Ausführungen von ihnen empfundene Lücken im System des Gutglaubenserwerbs des ersten Entwurfs auf.

§879 Satz 1, 2. Alt. EI schließt eine Übergabe mittels Besitzkonstitut im Rahmen des gutgläubigen Erwerbs aus. Positiv wertete diese Regelung Rieß, welcher die §§877 ff. EI insgesamt als „Fortschritt und Verbesserung" ansah.[462] Der anormale Eigentumserwerb nach §877 EI sei nur gerechtfertigt, wenn sich auch die Übergabe der Sache vollziehe, wobei sich diese nicht auf ein an den äußeren Innehabungsverhältnissen nichts änderndes Besitzkonstitut beschränken sol-

---

[457] Meischeider, Streitfragen, S. 90
[458] Meischeider, Streitfragen, S. 91; Anders beurteilt Meischeider hingegen den Fall des Besitzkonstitutes. Für diesen sei unzweideutig festgelegt, daß der gute Glaube des Erwerbers beim Eigentumsmangel des Veräußerers die Eigentumswirkung nicht habe (S. 90).
[459] Meischeider, Streitfragen, S. 91
[460] Meischeider, Streitfragen, S. 91
[461] Kindel, S. 94
[462] Rieß, S. 642

le.[463] Das formale Element der Übergabe sei an strenge Regeln und an äußerlich auch für dritte erkennbare Übergabeakte zu knüpfen. Wie Meischeider unterstreicht Rieß damit die Notwendigkeit einer körperlichen Übergabe.

Cosack hält diesen Ausschluß für überflüssig. Die Vereinbarung eines Besitzkonstitutes solle auch für die „Übergabe" im Rahmen des Gutglaubenserwerbs ausreichen.[464] Er argumentiert, daß eine §879 Satz 1, 2. Alt. EI entsprechende Regelung dem älteren deutschen Recht fremd sei. Auch im Handelsgesetzbuch (Art. 306 ADHGB) existiere eine solche Regelung nicht. Ausdrücklich war eine solche Einschränkung in Art. 306 ADHGB tatsächlich nicht vorgesehen. Die herrschende Meinung nahm jedoch an, daß im Rahmen des Art. 306 ADHGB die Übergabe mittels Besitzkonstitut ausgeschlossen sei. Mit seiner anders lautenden Interpretation vertrat Cosack zu Art. 306 ADHGB eine Mindermeinung.[465] Cosack führt an, daß das Besitzkonstitut gleich der körperlichen Besitzübergabe gelten müsse, denn der Gedanke, daß Besitz nur bei eigenem Gewahrsam vorliege, sei überwunden.[466] Es seien nur Ausnahmen zu machen, wenn sachliche Gründe bestünden. Das Verbot des Konstitutes im Rahmen des Gutglaubenserwerbs sei eine „leere Form". Es könne dadurch umgangen werden, daß der Erwerber für kurze Zeit (ein Augenblick genüge) Gewahrsam an der Sache ergreife, sie dann aber an den Veräußerer zurückgebe.[467] Dies verdeutliche, daß kein ernsthafter Grund gegen das Besitzkonstitut spreche.[468]

---

[463] Rieß, S. 643 f.

[464] Cosack, Das Sachenrecht im Entwurf, S. 28

[465] Cosack, Handelsrecht, S. 112

[466] Cosack, Das Sachenrecht im Entwurf, S. 28

[467] Cosack, Das Sachenrecht im Entwurf, S. 28 f.

[468] Cosack, Das Sachenrecht im Entwurf, S. 29; Anders sei es beispielsweise im Pfandrecht. Im deutschen Recht und im Entwurf sei die Begründung eines Pfandrechts durch Konstitut ausgeschlossen. Das Faustpfandrecht ginge zudem bei Rückgabe der Pfandsache an den Pfandbesteller wieder unter. Für diese Regelung spreche ein ernsthafter Grund. Näher äußert sich Cosack jedoch nicht. Der Verfasser versteht die Ausführungen so, daß Cosack hier die Gründe meint, die klassisch für die Vorgehensweise angeführt werden, bei der die Pfandsache in den Händen des Pfandgläubigers weilt. Nur in den Händen des Pfandgläubigers kann sie diesem als Sicherheit dienen. Die Sicherheit geht verloren, gibt er die Pfandsache an den Pfandbesteller zurück. Außerdem sei bemerkt, daß das Pfandrecht durch Inhabung anderen Gläubigern erkennbar sein soll.
Schon bei der Auslegung des Art. 306 ADHGB hat Thöl darauf hingewiesen, daß der Wille dieselbe Wirkung habe wie die Komödie des Hingebens und des sofortigen Zurücknehmens (vgl. oben). Cosack trat diesem Gedanken schon zu dieser Zeit bei.
In das BGB hielt trotz dieser Kritik die Regelung Einzug, die den gutgläubigen Erwerb mittels Besitzkonstitut ausschließt (§933 BGB). Bemerkenswert ist in diesem Zusammenhang eine Aussage von Rud. Fischer (Archiv für Revisions- und Treuhandwesen, 1931, 216 (219)), wel-

Schließlich setzt sich Cosack mit weiteren Argumenten auseinander, die gegen das Konstitut angeführt werden (Motive S. 345).[469] Daß das Konstitut wenig in Erscheinung trete, spreche nicht dagegen. Kurz aufeinanderfolgende Hin- und Rückgabe und Besitzüberweisung mittels Anweisung seien nicht offensichtlicher. Das Argument, daß in dem Belassen der Sache in den Händen eine Vertrauenserweisung liege, deren Gefahr (bei nochmaliger Veräußerung) den Vertrauenden treffe, spreche auch nicht gegen das Besitzkonstitut. Am Ende weist Cosack in einem Fallbeispiel auf die Folgen des Konsitutes hin, welche angemessen seien.[470]
In dem von Cosack gebildeten Fall verkauft Bankier A Wertpapiere,[471] welche B bei ihm hinterlegte, und überträgt sie mittels Konstitut hintereinander an C und D. Cosack stellt fest, daß in dem Fall alle drei Kunden (B, C und D) dem A vertraut hätten, soweit sei ihre Lage gleich. Der Entwurf „denke römisch" und belasse das Eigentum bei B, für den sein (früheres) Eigentum spreche, während für die anderen nur ihr guter Glaube angeführt werden könne. Cosack meint, man müsse in dem Fall dem D den Vorzug geben. Jeder müsse seinen Glauben da suchen, wo er ihn gelassen habe. Vorliegend finde nur D seinen Glauben unverletzt wieder, da letztlich A nur ihm die Treue hielt. Cosack meint, dies sei „deutsch gedacht" und zudem die zweckmäßigste Lösung.
Schließlich bildete Cosack eine Abwandlung. In dieser händigt der Bankier die Papiere an einen der drei Kunden aus. Cosack stellt fest, daß der Entwurf in der Abwandlung den Kunden bevorzuge, an den die Papiere ausgehändigt würden. Dies hält er im Ergebnis für richtig. Es sei aber nicht der Besitzübergabe der Vorzug zu geben, wie dies der Entwurf mache, sondern vielmehr zu berücksichtigen, daß die Übergabe eine spätere Rechtshandlung sei. Nach den im Ausgangsfall geschilderten Grundsätzen verletzt diese Übergabe bei Übergabe an B oder C auch das bis zu diesem Zeitpunkt noch unverletzte Vertrauen des D. In dieser Konstellation hält dann A einem anderen die Treue.

Gierke schließt sich auch hier den Ausführungen Cosacks uneingeschränkt an.[472]

---

cher 1931 feststellt, daß es der üblichen Vorgehensweise entspreche, eine Besitzübergabe zu inszenieren mit dem Ziel, der von §933 BGB ausgehenden Gefahr auszuweichen.

[469] Cosack, Das Sachenrecht im Entwurf, S. 29

[470] Cosack, Das Sachenrecht im Entwurf, S. 30

[471] Cosack bildet den Fall zur Erläuterung des gutgläubigen Erwerbs beweglicher Sachen. Besonderheiten des Wertpapierrechts bleiben außen vor.

[472] Gierke, Der Entwurf, S. 338 f.; S. 339, FN 1

Zu dem Ausschluß des Besitzkonstitutes im Rahmen des gutgläubigen Erwerbs äußert sich auch v. Liebe.[473] Er beanstandet ebenfalls, daß dieser Ausschluß zu weit gehe.[474] Der Erwerb in gutem Glauben solle nicht ausgeschlossen bleiben, wenn die Sache schließlich in die Hand des Erwerbers gekommen sei. Zwar sei die spätere Herausgabe in den seltensten Fällen als „Übergabe" anzusehen, da sie nicht mit der Absicht erfolge, Eigentum zu übertragen, doch solle man eine Bekräftigung des constitutum durch spätere Herausgabe zulassen.

cc) Guter Glaube:

Zu redaktionellen Fragen der Voraussetzung des guten Glaubens äußert sich Bähr in Anmerkungen zu seinem Gegenentwurf.[475] Um die Regelungen des Gutglaubenserwerbs klarer zu formulieren, schlägt er vor, den Ausschluß des guten Glaubens durch grob fahrlässige Unkenntnis in einem eigenen Paragraphen anzusprechen.[476] §875 seines Gegenentwurfs lautet *„Als des guten Glaubens entbehrend ist auch derjenige anzusehen, dessen Unkenntnis von dem ihm entgegenstehenden Rechte auf grober Fahrlässigkeit beruht."* Darüber hinaus tritt er dafür ein, den Begriff des guten Glaubens in das Gesetz einzuführen. Dieser Ausdruck sei zwar ein Romanismus, habe sich aber bereits im täglichen Leben eingebürgert.[477]

Cosack hält die Umschreibung der Redlichkeit in §877 EI auch für zu unklar. Sie sei *„musterhaft schwerfällig."*[478]

Anders als Bähr schlägt er keine Regelung vor, sondern hält jegliche Umschreibung für überflüssig. Art. 306 ADHGB habe auch keiner näheren Definition der Redlichkeit bedurft.

Nach dem ersten Entwurf war es am Erwerber, den Eigentumsübergang und damit auch den guten Glauben zu beweisen. Die Motive, welche der Rechtsleh-

---

[473] Reichsgerichtsrat v. Liebe fungierte als Hilfsarbeiter der ersten Kommission und war maßgeblich an der Erstellung der Protokolle beteiligt.

[474] V. Liebe, Sachenrechtliche Erörterungen, S. 45

[475] Was die Vorschriften des Gutglaubenserwerbs insgesamt angeht, hat Bähr versucht, diese klarer zu fassen (vgl. Bähr, Gegenentwurf, S. 194 f., FN zu §871). Dieses Ansinnen ist Folge der im „Vorwort zum ersten Buch" geäußerten allgemeinen Kritik am Entwurf, der Entwurf sei zu lebensfremd. Dies äußere sich in der Sprache. „Der Entwurf will nicht zum deutschen Volke, sondern nur zu den Juristen reden." Aber auch der Inhalt des Entwurfs sei zu sehr entfernt von praktischer Lebensanschauung (Bähr, Gegenentwurf, Vorwort zum ersten Buch, S. V f.).

[476] Bähr, Gegenentwurf, S. 194, FN zu §871

[477] Bähr, Gegenentwurf, S. 194, FN zu §871

[478] Cosack, Das Sachenrecht im Entwurf, S. 28; ebenso: Gierke, Der Entwurf, S. 339, FN 2

re zugänglich waren, sprachen dies unmißverständlich aus.[479] Zahlreiche Autoren wendeten sich gegen diese Regelung und setzten sich dafür ein, die Beweislast dem Eigentümer aufzuerlegen.[480] Binger setzte sich dabei mit einer Auslegungshilfe der Motive auseinander. Dort heißt es, daß die Vermutung für den guten Glauben spreche, wenn sich bei dem Beweise des tatsächlichen Vorgangs der Übergabe und der begleitenden Umstände nichts ergebe, was auf bösen Glauben hindeute.[481] Diese Interpretationshilfe genüge jedoch nicht, es sei ausdrücklich festzuschreiben, daß die Vermutung für den guten Glauben spreche.[482]

Rieß sprach sich demgegenüber für die Beweislastverteilung des ersten Entwurf aus. Nur durch diese sei die anormale Begünstigung des Erwerbers zu begründen.[483]

dd) Ausnahme von der Regelung, §879 Satz 2, 1. HS EI:

Bei Vorliegen der Voraussetzungen des §879 Satz 2, 1. HS EI ist ein gutgläubiger Erwerb nach §877 EI ausgeschlossen.

Rieß beanstandete die Fassung.[484] Aus der alternativen Fassung („*ohne den Willen des Eigentümers oder desjenigen, welcher sie für denselben innehatte, aus deren Inhabung gekommen ist*“) könne man nicht zweifelsfrei folgern, daß es, auch wenn nicht der Eigentümer selbst, sondern ein Dritter für ihn die Inhabung habe, beim Verlust der Inhabung auf den Willen des Eigentümers und nicht vielmehr des Inhabers ankomme.

Cosack zeigte sich grundsätzlich mit der Regelung einverstanden. Der Entwurf erkenne zutreffend, daß der Eigentümer nicht persönlich getroffen sein müsse.[485] Die Vorschrift gehe jedoch nicht weit genug. Dem Eigentümer sei nicht nur der Inhaber gleichzustellen, welcher für den Eigentümer innehalte (so §879 Satz 2 EI), sondern auch all jene Inhaber, welche die Sache für sich selbst oder Dritte im Gewahrsam hätten und der Eigentumsklage unterworfen seien.[486]

---

[479] Motive III S. 346; „Der Erwerber hat hiernach bei Geltendmachung seines Eigentums die negative Tatsache der Abwesenheit eines bösen Glaubens zu behaupten, näher zu begründen und zu beweisen.“

[480] Binger, Sächs. Arch., 1891, S. 103; Cosack, Das Sachenrecht im Entwurf, S. 27 / 40; Gierke, Der Entwurf, S. 338; v. Liebe, Sachenrechtliche Erörterungen, S. 45; Rocholl, S. 497

[481] Motive III S. 347

[482] Binger, Sächs. Arch., 1891, S. 103

[483] Rieß, S. 643

[484] Rieß, S. 648

[485] Cosack, Das Sachenrecht im Entwurf, S. 30

[486] Cosack, Das Sachenrecht im Entwurf, S. 31; Einen solchen Inhaber bezeichnet Cosack als „rechtlosen Besitzer.“ Später (S. 43) macht er deutlich, daß er unter Besitzer immer auch den

ee) Lösungsanspruch, §939 EI:
Cosack spricht sich in seiner Schrift für die Abschaffung des Lösungsanspruchs des redlichen Besitzers (§939 EI) aus, welcher wegen §879 Satz 2 EI kein Eigentum erwarb.[487] Er legt dar, daß die grundsätzliche Kombination des Lösungsanspruchs mit der „Hand-wahre-Hand“ Regel, wie sie im ersten Entwurf zu finden sei, eine Neuschöpfung darstelle.[488] Das geltende Recht gewähre entweder einen Lösungsanspruch (zum Beispiel das ALR), oder folge dem „Hand-wahre-Hand“ Prinzip, und nur in Ausnahmefällen regele es eine Verbindung beider Regelungsmodelle (zum Beispiel bei Versteigerungen oder Marktkäufen).[489] Der erste Entwurf gehe somit über das geltende Recht hinaus. Diese Erfindung hält Cosack für wenig geglückt. Es sei zutreffend, daß der redliche Erwerber zu bedauern sei, müsse er die Sache herausgeben, doch dasselbe Bedauern treffe den Eigentümer, der seine Sache teuer auslösen müsse.[490] Die Verkehrssicherheit spreche auch nicht für einen Lösungsanspruch. Man könne sie beim gewerblichen Verkehr anführen, doch überzeuge sie beim bürgerlichen „Gelegenheitskauf“ nicht. Verkehrssicherheit setzte demnach solche Geschäfte voraus, welche häufig und gleichmäßig wiederkehrten, so daß für den rechtswirksamen Abschluß ein Bedürfnis bestehe. Dies sei beispielsweise beim Grundstückskauf und Wertpapierhandel so, nicht aber beim „Gelegenheitskauf.“[491] Ferner sei dem Besitzer der Rückgriff gegen den Dritten (nicht berechtigten Veräußerer) eher zuzumuten.[492] Der Besitzer kenne seinen Veräußerer und habe sich ihn ausgesucht. Dem bestohlenen Eigentümer sei sein „Rückgriffsschuldner“ möglicherweise nicht einmal bekannt. Cosack plädiert mithin dafür, den Rechtsgedanken „wo du deinen Glauben gelassen hast, da sollst du ihn suchen“, auch auf das Rückgriffsrecht anzuwenden. *„Der Besitzer hat seinem Veräußerer und nicht der Bestohlene seinem Dieb „geglaubt“.*[493]

Gegen das Argument Cosacks wendet sich ausdrücklich Neumann. Er hält entgegen, daß der Bestohlene, seiner Bewachung vertraut habe, deshalb solle auch er den Schaden tragen.[494] Neumann ist so zu verstehen, daß er die Berücksichti-

---

Inhaber verstehen will, und daß „rechtlos“ bedeute, der dinglichen Herausgabeklage des Eigentümers ausgesetzt zu sein; ebenso: Gierke, Der Entwurf, S. 338 FN 2
[487] Cosack, Das Sachenrecht im Entwurf, S. 50
[488] Cosack, Das Sachenrecht im Entwurf, S. 48
[489] Cosack, Das Sachenrecht im Entwurf, S. 47 f.
[490] Cosack, Das Sachenrecht im Entwurf, S. 48
[491] Cosack, Das Sachenrecht im Entwurf, S. 48
[492] Cosack, Das Sachenrecht im Entwurf, S. 49
[493] Cosack, Das Sachenrecht im Entwurf, S. 49
[494] Neumann, Literatur zum Entwurf, S. 706

gung der Verantwortung des Eigentümers möchte. Deshalb spricht er sich für die Beibehaltung des im ersten Entwurf vorgesehen Lösungsrechts aus.

Schließlich hält Cosack auch eine bloße Beschränkung des Lösungsanspruchs auf den Erwerb Gewerbetreibender für ungenügend.[495] Er weicht in diesem Punkt bewußt vom mittelalterlichen deutschen Recht ab mit dem Hinweis, gestohlene und verlorene Sachen hätten nicht mehr dieselbe Bedeutung wie in jener Zeit. Sollte der Lösungsanspruch entgegen seiner Ansicht beibehalten werden, so sei er auf den Erwerb von Gewerbetreibenden zu beschränken.

Auch Gierke wendet sich gegen die Regelung des §939 EI. Zunächst beanstandet er formale Aspekte, oder, wie er sagt, die *„verunglückte Fassung"* der Regelung.[496] Er kritisiert, daß §939 EI, ein für den Schutz des redlichen Erwerbers wichtiger Satz, bei den Regeln zum Gutglaubenserwerb nicht auftauche, sondern weit entfernt im Gesetz stehe. Durch diese Verweisung werde der Rechtssatz entstellt. Außerdem hält er die Formulierung für *„verkünstelt"*.[497] Zudem ist er mit dem Inhalt der Regelung nicht einverstanden. Während Cosack es bevorzugte, den Lösungsanspruch ganz auszuschließen,[498] sprach sich Gierke dafür aus, diesen Anspruch auf den Erwerb von Gewerbetreibenden (bzw. die Verpfändung an gewerbsmäßige Pfandnehmer) zu beschränken.[499] Er stützt sich dabei auf die Ausführungen Cosacks gegen die Ausdehnung des Lösungsanspruchs im bürgerlichen Verkehr.[500] Außerdem werde im geltenden Recht in Deutschland überwiegend nur dann der „Kaufschilling" ersetzt, wenn die Sache auf einem Markt, einer Messe oder von einem Kaufmann erworben worden sei.[501] Durch eine Verallgemeinerung dieser Sätze werde nur die Hehlerei gefördert.[502]

---

[495] Cosack, Das Sachenrecht im Entwurf, S. 50
[496] Gierke, Der Entwurf, S. 339
[497] Gierke hält die Fassung des gesamten ersten Entwurfs für mißglückt. Manche Sätze bedürften einer „Übersetzung ins Deutsche" um ihren Gedankengehalt zu offenbaren (S. 339).
[498] Cosack, Das Sachenrecht im Entwurf, S. 50
[499] Gierke, Der Entwurf, S. 340 FN 3; Mißverständlich Schubert, der den Eindruck erweckt, Gierke sei ebenso wie Cosack generell gegen den Lösungsanspruch (Schubert, Die Entstehung, S. 160). Cosack bevorzugte die Ansicht Gierkes, den Lösungsanspruch auf den Erwerb von Gewerbetreibende zu beschränken, nur für den Fall, daß dieser Anspruch nicht vollständig abgeschafft werde (Cosack, Das Sachenrecht im Entwurf, S. 50).
[500] Gierke, Der Entwurf, S. 340, FN 3
[501] Gierke, Der Entwurf, S. 340
[502] Gierke, Der Entwurf, S. 340 f.

ff) Bereicherungsausgleich, §880 EI:
Cosack wertete den Bereicherungsanspruch in §880 EI als sachgerecht.[503] Manche Autoren sprachen sich demgegenüber für eine Erweiterung der Haftung aus. So ersetzte Bähr in seinem Gegenentwurf §880 EI durch die Regelung des §874 des Gegenentwurfs. Dieser erweiterte §880 EI um den Fall, daß der veräußernde Nichtberechtigte nicht in gutem Glauben handelte. Dies soll offensichtlich dann der Fall sein, wenn sich der Nichtberechtigte nicht für den Eigentümer hält. In dieser Situation kann nach §874 des Gegenentwurfs derjenige, der durch die Gutglaubensvorschrift sein Recht an der Sache verliert, von dem Nichtberechtigten den vollen Wertersatz verlangen. Es sollte also nicht nur, wie gemäß §880 EI, die Herausgabe der Bereicherung geschuldet sein.

gg) Problem: Unentgeltlicher Erwerb
Eine große Anzahl von Autoren sprach sich dafür aus, den Gutglaubenserwerb nur bei entgeltlichem Erwerb zuzulassen, m.a.W. unentgeltlicher Erwerb sollte wie Erwerb in bösem Glauben behandelt werden.[504] Zur Begründung wurde auf Art. 306 ADHGB verwiesen, der in diese Richtung ausgelegt werde.[505]
Zudem sei es ungerecht, daß der Eigentümer seine Sache verliere, weil sie ein anderer verschenkt habe, und somit der mit fremder Sache Beschenkte bevorzugt werde.[506]

Gierke stellt fest, daß die Frage des unentgeltlichen Erwerbs in den Motiven nicht auftauche. Er vermutet deshalb, man habe sich dem Art. 306 ADHGB angeschlossen, bei dem die Schenkung mangels Bedeutung im Handelsverkehr keine Rolle spiele, ohne die Möglichkeit der Schenkung im bürgerlichen Rechtsverkehr zu bedenken.[507] Der Autor spricht es nicht aus, doch seine Überlegung legt den Schluß nahe, daß er sich vorstellen kann, der unentgeltliche Erwerb solle von §877 EI nicht erfaßt werden. Gierke konnte mangels Zugriffsmöglichkeit auf die Protokolle der ersten Kommission nicht wissen, daß diese anders entschieden hatte. Ähnlich äußerte sich Rieß. Er stellte jedoch fest, daß nach dem ersten Entwurf der unentgeltliche gutgläubige Erwerb unabweisbar sei, da die Schenkung als Veräußerung behandelt werde (§441 EI).[508]

---

503 Cosack, Das Sachenrecht im Entwurf, S. 32
504 Bähr, Gegenentwurf, §871 des Gegenentwurfs, S. 197; Bolze, AcP 74 (1889), 97 (101); Cosack, Das Sachenrecht im Entwurf, S. 27; Gierke, Der Entwurf, S. 338; Rieß S. 645
505 Bolze, AcP 74 (1889), 97 (101)
506 Bolze, AcP 74 (1889), 97 (101); Cosack, Das Sachenrecht im Entwurf, S. 27; Rieß, S. 645
507 Gierke, Der Entwurf, S. 338, FN 6
508 Rieß, S. 646

hh) Ersitzung:

Einige Autoren hielten Änderungen der Regelungen über die Ersitzung im Zusammenhang mit Modifikationen des Gutglaubenserwerbs für erforderlich. Die Ersitzung sollte verschiedene Fälle auffangen. Der Entwurf sah eine Ersitzungsfrist von zehn Jahren vor (§881 EI). Gierke spricht sich dafür aus, bei einem vollständigen oder teilweisen Verzicht auf den Lösungsanspruch eine kurze Ersitzungsfrist zu regeln.[509] Er hält dies anscheinend zum Schutz des redlichen Erwerbers gestohlener und verlorener Sachen für notwendig. Cosack schlug eine Herabsetzung der Frist auf ein Jahr vor.[510]

c) Fazit:

Die Kritik an den Regelungen des EI äußerte sich entweder als Ablehnung der Regelungen über den gutgläubigen Erwerb insgesamt oder behandelte einzelne Punkte der Regelung.

Menger, der die Regelung ganz ablehnte, sprach sich gegen den Verkehrsschutz und für den Erhalt des Eigentums aus. Interessant an seiner Kritik ist, daß er als Sozialist, die Tendenzen zum Kapitalismus bekämpfend, versuchte, das Privateigentum gegen die Verkehrssicherheit auszuspielen. Seine Kritik wurde aufgrund der Wortwahl prominent und ist daher von historischem Interesse. Sie blieb aber ohne Auswirkungen.

Auch die anderen ablehnenden Kritiker sahen das Eigentum in zu großer Gefahr. Rochol und Kindel sprachen sich dafür aus, den Eigentümer zu stärken. Dies sollte ihrer Ansicht nach durch Verzicht auf eine Regelung des gutgläubigen Erwerbs geschehen.

Cosack wandte sich gegen das Anknüpfen der Regelung an jene über den rechtsgeschäftlichen Eigentumserwerb. Anders als Rocholl lehnte er den Eigentumserwerb aber nicht vollständig ab. Der Erwerb des Eigentums solle aber an den Vindikationsausschluß, nicht jedoch an einen dinglichen Vertrag anknüpfen. Für Cosack ist damit der Eigentumserwerb nur die rechtliche Folge einer faktischen Situation. Er folgt den Verhältnissen, die durch den Ausschluß der Vindikation entstanden sind. So vermeidet er einen Eigentümer, der keine Befugnisse mehr bezüglich der Sache hat, und einen Besitzer, der zwar die Sache behalten darf, jedoch kein Eigentümer werden kann. Dieses Ziel war schon entscheidend für die Aufnahme des Eigentumserwerbs in Art. 306 ADHGB.

---

509 Gierke, Der Entwurf, S. 341

510 Cosack, Das Sachenrecht im Entwurf, S. 32

Auch wenn Cosack dies nicht anspricht, so vermeidet sein Vorschlag die Einbeziehung aller Probleme, die ein dinglicher Vertrag mit sich bringen kann. Daß auch in einem dinglichen Vertrag Fehler vorliegen können, die ihn unwirksam machen, wurde nicht angesprochen. Die juristischen Probleme kamen somit nicht zur Sprache.
Auch zu der Voraussetzung der Übergabe wurden Vorschläge gemacht. Es bildeten sich zwei Lager. Meischeider forderte die konsequentere Durchführung der tatsächlichen Übergabe. Er nennt die bervi manu traditio als Beispiel dafür, daß der Entwurf inkonsequent sei. In diesem Sinne verlangte auch Rieß, daß nur an äußerlich erkennbare Akte angeknüpft werde.
Cosack, Gierke und v. Liebe vertraten die Gegenposition. Es solle nicht nur der tatsächliche Akt entscheiden, vielmehr solle auch die Übergabe mittels constitutium possessorium genügen.
Gegenstand der Kritik war auch der vorgesehene Lösungsanspruch. Für Cosack ist dieser Anspruch das gravierendste Anzeichen für die Vermischung von Prinzipien und einen daher mißglückten Entwurf. Es werde das Hand-wahre-Hand Prinizp mit der im ALR vorgesehenen Regelung vermischt. Darüberhinaus sieht er auch Schwächen in der Begründung. Der Lösungsanspruch könne bei Geschäften außerhalb des Handelsverkehrs keine Rechtfertigung durch das Argument der Verkehrssicherheit erlangen. Verkehrssicherheit sei nur bei Geschäften nötig und möglich, die gleichmäßig wiederkehrten, nicht bei bürgerlichen Gelegenheitskäufen. Bei solchen besteht nach Cosacks Ansicht kein zu schützender Verkehr.

Die Kritik am ersten Entwurf führte dazu, daß dieser überarbeitet wurde. Es wird sich zeigen, welche weiteren Auswirkungen die Kritik auf die Arbeiten der zweiten Kommission hatte. Es ist eine Tatsache, daß dieser die kritischen Anmerkungen bekannt waren, und daß sie bei den Beratungen gewürdigt wurden, auch wenn eine Bezugnahme darauf den Protokollen der zweiten Kommission nur in seltenen Fällen zu entnehmen ist.[511]

C. Der Erwerb vom Nichtberechtigten im zweiten Entwurf des BGB

I. Zur Entstehung des BGB (historischer Hintergrund)

Von 1890 bis 1893 tagte die Vorkommission des Reichsjustizamtes und beriet Teile des ersten Entwurfs unter Berücksichtigung der kritischen Schriften. Än-

derungsvorschläge und Bemerkungen dieses Gremiums wurden als Anträge und Protokolle festgehalten.
Nach ihrer Konstituierung im Dezember 1890 trat im April 1891 die zweite Kommission zur zweiten Lesung des Entwurfs zusammen. Unter der Leitung von Generalreferent Gottlieb Planck beriet sie den ersten Entwurf und arbeitete ihn um.
Der zweite Entwurf wurde dem Bundesrat zugeleitet und nach einigen Änderungen im Jahre 1896 dem Reichstag vorgelegt. Dieser setzte die sog. XII. Reichstagskommission ein, welche ihrerseits Modifikationen des Textes vornahm. Der umgearbeitete Text wurde vom Reichstag angenommen, vom Bundesrat akzeptiert und schließlich vom Kaiser am 18. August 1896 vollzogen.

II. Die Weiterentwicklung der Regelungen über den Erwerb vom Nichtberechtigten des ersten Entwurfs, die Regelungen des zweiten Entwurfs

Die Weiterentwicklung des ersten Entwurfs wurde vor allem in der Vorkommission des Reichsjustizamtes und der zweiten Kommission vorangetrieben. Weitere Modifikationen wurden in Bundesrat und Reichstag vorgenommen.
Teil der Weiterentwicklung des gesamten Projekts war die Überarbeitung der Regelungen über den Gutglaubenserwerb beweglicher Sachen.

Die zweite Kommission beriet und modifizierte zahlreiche Elemente der Regelung.

1) Rechtfertigung

Das den Regelungen über den Erwerb vom Nichtberechtigten des ersten Entwurfs zugrunde liegende Prinzip wurde von der zweiten Kommission nicht angezweifelt. Der den §§877 - 880 EI zugrunde liegende Gedanke, daß ein redlicher Erwerber einer beweglichen Sache unabhängig vom Eigentum des Veräußerers unter bestimmten Voraussetzungen Eigentum erwerben können solle, wurde beibehalten.[512]

Man verwies dazu kurz auf die gewünschte Übereinstimmung mit dem Handelsrecht.[513] Die nur kurze Auseinandersetzung mit den Grundlagen ist erstaunlich, wenn man bedenkt, wie knapp sich dieses Grundprinzip noch in der ersten

---

[511] Finkenauer, S. 25
[512] Protokolle der Kommission für die zweite Lesung III S. 207
[513] Protokolle der Kommission für die zweite Lesung III S. 207

Kommission durchsetzte. Offensichtlich hatten sich die Gegner damit abgefunden. Ausdrücklich bemerken die Protokolle, daß man sich überwiegend mit den Voraussetzungen des Eigentumserwerbs des redlichen Erwerbers auseinandersetzte.[514]

2) Voraussetzungen für den Eigentumserwerb

a) Übergabe:

aa) Vorbemerkung:
Die zweite Kommission beschloß für den neuen Entwurf ausführlichere Regelungen zur Übergabe im Rahmen des redlichen Erwerbs, als sie im ersten Entwurf zu finden sind. Die erneute eingehende Behandlung hängt damit zusammen, daß man aus dem Besitzrecht die als zu dogmatisch empfundenen Regelungen über den Erwerb und Verlust des Besitzes herausnahm und sie, soweit notwendig, in den rechtsgeschäftlichen Eigentumserwerb, der Besitzübertragung voraussetzt, integrierte. Dies führte dazu, daß man auch die Regelungen über den Erwerb vom Nichtberechtigten im Hinblick auf die Übergabe überarbeiten mußte. Dabei glich die zweite Kommission diese Regelungen jenen über den Erwerb vom Berechtigten an. Dadurch wurden die Normen über den rechtsgeschäftlichen Erwerb vom Berechtigten und vom Nichtberechtigten insgesamt noch enger verzahnt als im ersten Entwurf. Der Wandel vom reinen Vindikationaausschluß, der bei Schaffung des Art. 306 ADHGB diskutiert wurde, über den Ausschluß der Vindikation mit Eigentumserwerb, wie er in Art. 306 ADHGB vorgesehen ist, zum eigenen Eigentumserwerbstatbestand ist damit vollzogen. Die Kritik an diesen Grundsätzen, insbesondere jene Cosacks, blieb folgenlos.

bb) brevi manu traditio:
§879 Satz 1, 1. Alt. EI schließt einen Erwerb gemäß §877 EI aus, wenn keine Übergabe stattfindet, weil die Sache schon im Besitz des Erwerbers ist. Bei zwischenzeitlicher Restitution hielt die erste Kommission eine Heilung für möglich. Hierbei war jedoch jeder einzelne Fall zu beurteilen.
§846 I Satz 2 EII bestimmt, daß eine Übergabe mittels brevi manu traditio im Rahmen des gutgläubigen Erwerbs ausreicht, wenn der Erwerber den Besitz an der Sache vom Veräußerer erlangt hat. Im zweiten Entwurf findet sich somit eine schematische Regelung, die nicht den Spielraum läßt, der noch im ersten

[514] Protokolle der Kommission für die zweite Lesung III S. 207

Entwurf besteht. Die Kommission begründete diese Regelung mit der Feststellung, daß der Erwerber, der den Besitz schon früher vom Veräußerer erlangte, damit nicht weniger Grundlage für sein Vertrauen auf das Eigentum des Veräußerers habe als der Erwerber, bei dem Veräußerung und Übergabe der Sache zusammenfielen.[515] Zudem behauptete die zweite Kommission, daß die gefundene Lösung ohnehin mit dem ersten Entwurf sachlich übereinstimme.

cc) constitutum possessorium:
Bei Übergabe mittels constitutum possessorium sollte ein gutgläubiger Erwerb nicht möglich sein. Dies legt schon der erste Entwurf fest. Die von der ersten Kommission bei Übergabe mittels Besitzkonstitut schon vorgesehene Möglichkeit der Heilung dadurch, daß die Sache später herausgegeben wird (die sich an der Praxis zu Art. 306 ADHGB orientierte), sollte nach dem Willen der zweiten Kommission in das künftige Gesetz aufgenommen werden. Sie bevorzugte es, diese Möglichkeit ausdrücklich festzuhalten, da eine dementsprechende Auslegung der Norm entgegen der Ansicht der ersten Kommission nicht selbstverständlich sei (vgl. §847 EII).
Wie dargestellt, hatte v. Liebe eine derartige ausdrückliche Regelung gefordert.

dd) Abtretung des Herausgabeanspruchs:
(1) Abtretung des Herausgabeanspruchs bei Innehabung des mittelbaren Besitzes (§847 II 1. Alt. EII):
Unter der Voraussetzung, daß der Veräußerer den mittelbaren Besitz innehat, ist nach dem zweiten Entwurf ein unmittelbarer gutgläubiger Erwerb mit der Abtretung des Herausgabeanspruchs möglich. Begründet wurde die Regelung damit, daß der Erwerber in diesem Fall durch die Abtretung eine wirkliche rechtliche Herrschaft über die Sache erlange. Die Macht des Veräußerers, diese Herrschaft zu verschaffen, sei die Grundlage für das Vertrauen des Erwerbers auf das Eigentum des Veräußerers.[516] Diese Grundlage sei ebenso aussagekräftig wie der Besitz des Veräußerers. Die Kommission rückt aber ein weiteres Argument in den Vordergrund und zeigte damit dieselbe Skepsis gegenüber der reinen Rechtsscheinlehre wie die erste Kommission. Das Bedürfnis des Verkehrs erfordere, daß in diesem Fall der Erwerber direkt das Eigentum habe, um darüber verfügen zu können, und daß der Erwerb nicht dadurch gefährdet sei, daß der Erwerber vom Nichteigentum des Veräußerers erfahre.[517]

---

[515] Protokolle der Kommission für die zweite Lesung III S. 208
[516] Protokolle der Kommission für die zweite Lesung III S. 210
[517] „Vor allem aber verlange das Bedürfnis des Verkehrs..." Protokolle der Kommission für die zweite Lesung III S. 210

Aus Anlaß der Revisionslesung der zweiten Kommission lag noch ein Antrag zur Beratung vor, der zum Ziel hatte, die „Übergabe“ mittels Abtretung des Herausgabeanspruchs im Rahmen des gutgläubigen Erwerbs einzuschränken.[518] Danach sollte im Falle der ersten Alternative des §847 II EII (heute: §934, 1. Alt. BGB) der Gutgläubige, wenn der ihm veräußernde Nichtberechtigte selbst durch constitutum possessorium lediglich den mittelbaren Besitz erworben hatte,[519] erst dann Eigentum erwerben, wenn er den Besitz der Sache von einem Dritten, dem unmittelbaren Besitzer, welcher den Besitz dem Eigentümer mittelt, erlangt hatte.[520] Andernfalls verliere der Eigentümer sein Recht, noch während die Sache bei demjenigen sei, durch welchen er den mittelbaren Besitz an der Sache habe (welchem er die Sache anvertraut habe). Der Antrag wurde abgelehnt.[521] Ebenso ein später Vorstoß mit der gleichen Zielrichtung.[522] Die mit dem Vorschlag verbundenen praktischen Schwierigkeiten seien zu groß. Bei Annahme des Antrags müsse der Erwerber, welcher mittels Abtretung des Herausgabeanspruchs erwerbe, untersuchen, wie sein Veräußerer den mittelbaren Besitz erlangt habe, und wie der Dritte in den Besitz gekommen sei. Damit stelle man die durch §847 II EII erstrebte und erreichte Verkehrserleichterung völlig in Frage.[523]

(2) Abtretung des Herausgabeanspruchs, nur Besitz eines Dritten (§847 II 2. Alt. EII):

Hat nur ein Dritter Besitz an der Sache, der Veräußerer aber keinen, so tritt nach dem zweiten Entwurf der Eigentumserwerb bei Abtretung des Herausgabeanspruchs erst dann ein, wenn dem Erwerber der Besitz vom Dritten eingeräumt wird.[524]

---

[518] Protokolle der Kommission für die zweite Lesung VI S. 263; §847 II EII sollte den folgenden Zusatz erhalten: „Die Erlangung des Besitzes von dem Dritten ist auch dann erforderlich, wenn der Dritte den Besitz in solcher Weise erlangt hat, daß der Eigentümer mittelbarer Besitzer geworden ist.“

[519] wegen §847 I EII (heute: §933 BGB)

[520] Der Antrag betraf also folgenden Fall (Beispiel): Der Eigentümer A leiht dem B ein Buch. B überträgt dem gutgläubigen C mittels Besitzkonstitut kein Eigentum (§933 BGB). C wird aber mittelbarer Besitzer. C tritt dem gutgläubigen D seinen Anspruch auf Herausgabe gegen B ab. Nach dem Antrag sollte D erst Eigentum erwerben, wenn er von B den Besitz erlangt.

[521] Protokolle der Kommission für die zweite Lesung VI S. 263

[522] Protokolle der Kommission für die zweite Lesung VI S. 335

[523] Protokolle der Kommission für die zweite Lesung VI S. 264

[524] Die Bundesregierungen von Mecklenburg - Schwerin und Mecklenburg - Strelitz brachten im Justizausschuß des Bundesrates eine Anregung bezüglich der Übergabe (im Rahmen des gutgläubigen Erwerbs) mittels Abtretung des Herausgabeanspruchs vor. (Jakobs / Schubert, Die Beratung, S. 618 f. (I.1., Antrag zu §919 Bundesratsvorlage (heute: §934 BGB)))

In dieser Situation fehle zunächst jede Grundlage für das Vertrauen des Erwerbers darüber, daß der Veräußerer Eigentümer sei, denn der Dritte stehe zum angeblichen Eigentümer nicht in einem ihn zur Herausgabe verpflichtenden Rechtsverhältnis.[525] Räume der Dritte später Besitz ein und entspreche dem Verlangen des Veräußerers, werde das „Eigentum" des Veräußerers anerkannt.[526] Das Vertrauen auf diesen Umstand müsse beachtet werden.[527]

Abschließend stellt die Kommission noch eine für die Auslegung wichtige Frage klar. Für den Eigentumserwerb gemäß §847 II 2. Alt. EII sei es nicht entscheidend, ob der Erwerber den Besitz selbst erlange (unmittelbarer Besitz), oder ob er mit dem Dritten ein Rechtsverhältnis eingehe, das diesen verpflichte, die Sache nach Beendigung herauszugeben.[528] Die Erlangung „mittelbaren Besitzes" sollte somit ausreichen.

ee) Fazit zur Übergabe:

Die Begründungen zeigen, daß die Kommission sich zur Argumentation ausführlich mit der Grundlage des Vertrauens auseinandersetzte.[529] Eine Grundlage für das Vertrauen in das Eigentum des Veräußerers fand sie dabei in verschiedenen Fällen in den unterschiedlichen objektiven Umständen. Diese Sichtweise verstärkt noch den Eindruck, daß die Kommission nicht vom reinen Rechtsscheinprinzip, sondern von einem nur vom Besitz ausgehenden Rechtsschein ausging.

Sie sprachen sich dafür aus, wie es für den Fall des Besitzkonstitutes bestimmt ist, einen Eigentumserwerb stets erst mit der Besitzerlangung (unmittelbaren Besitz) eintreten zu lassen. (Jakobs / Schubert, Die Beratung, S. 619)
Die Unterscheidung der Alternativen „mittelbarer" und „kein Besitz" des Veräußerers sollte nach diesem Modell wegfallen. Aus dem Bericht des Ausschußmitglieds Heller über die Verhandlungen vom 15.10.1895 ergibt sich, daß dieser Antrag zurückgezogen wurde. (Jakobs / Schubert, Die Beratung, S. 619 (II.))

[525] Protokolle der Kommission für die zweite Lesung III S. 209

[526] Protokolle der Kommission für die zweite Lesung III S. 209 f.

[527] Protokolle der Kommission für die zweite Lesung III S. 210

[528] Protokolle der Kommission für die zweite Lesung III S. 210

[529] In der vom Plenum des Reichstags eingesetzten sog. XII. Kommission wurde für die Grundnorm des Gutglaubenserwerbs (heute: §932 BGB) die zusätzliche Voraussetzung beantragt, daß dem nicht berechtigten Veräußerer, der Besitz an der Sache, die er veräußert, von dem Eigentümer der Sache übergeben wurde. (Jakobs / Schubert, Die Beratung; S. 619 (E.I.1., Antrag zu §916 Reichstagsvorlage (heute: §932 BGB))) Nur in diesem Fall sollte der gutgläubige Erwerber Eigentum erwerben können. Man suchte so den Gedanken zu stärken, daß der Eigentümer dem Veräußerer Vertrauen geschenkt habe. Dieser Antrag wurde von der Mehrheit gegen nur drei Stimmen abgelehnt, nachdem man auf die anders lautende Fassung des Handelsgesetzbuchs und die Gefahr, die von einer solchen Ausnahme für den Verkehr ausgehe, hingewiesen hatte. Jakobs / Schubert, Die Beratung, S. 619 (II.)

Bemerkenswert ist auch, daß die Regelungen des zweiten Entwurfs sich mehr als ihre Vorgänger an den Bestimmungen über den rechtsgeschäftlichen Eigentumserwerb beweglicher Sachen orientierten. Während der erste Entwurf in dem Zusammenhang nur auf die Grundnorm des rechtsgeschäftlichen Eigentumserwerbs verwies, setzten sich die Bestimmungen des zweiten Entwurfs ausführlich mit den Übergabesurrogaten auseinander, die beim rechtsgeschäftlichen Erwerb bestehen. Die Regelungen des zweiten Entwurf erfuhren dadurch eine Schematisierung und verfügten nicht mehr über den Auslegungsspielraum, den noch der erste Entwurf für einzelne Fälle vorsah.

b) Guter Glaube:

aa) Beweislast:

Die Beweislastverteilung war einer der umstrittensten Punkte bei der Überarbeitung des Gutglaubenserwerbs durch die zweite Kommission. Davon zeugt vor allem das knappe Abstimmungsergebnis.

Die zweite Kommission entschied sich, die Beweislastverteilung, wie sie im ersten Entwurf vorgesehen ist, umzukehren. Sie sprach sich dafür aus, daß der böse Glaube des Erwerbers vom Eigentümer bewiesen werden müsse, wolle letzterer den Eigentumserwerb des Erwerbers verhindern. Diese gewichtige Entscheidung wurde mit sehr knappem Abstimmungsergebnis von 9 zu 8 Stimmen getroffen.[530]

Die Protokolle legen den Schluß nahe, daß sich die im Rahmen der ersten Kommission noch heftig geführte Diskussion um das Grundprinzip (mit letztlich knapper Entscheidung) in der zweiten Kommission auf die Frage der Beweislast verlagerte. Mit dem Grundprinzip des Art. 306 ADHGB hatten sich die Gegner zu diesem Zeitpunkt abgefunden. Sie verlagerten ihre Bemühungen auf die Frage der Beweislast. Zu entscheiden war nun die Frage, ob das Institut mit der vom ersten Entwurf vorgesehenen Beweislastverteilung in der Praxis eher eine seltene Ausnahmeerscheinung bleibe, oder ob es durch eine Umkehr der Beweislast ein für den Erwerber einfach zu handhabendes und in der Folge häufig genutztes Institut werde. Hier tauchten die alten Gegensätze aus der Diskussion um das Grundprinzip und auch die bekannten Argumentationsmuster wieder auf.

Die Seite, welche die Beweislast des ersten Entwurf beibehalten wollte, argumentierte damit, daß der Gutglaubenserwerb eine anormale Bestimmung sei. Es müsse eine Ausnahme bleiben, daß dem Eigentümer zugunsten des Erwerbers

---

[530] Protokolle der Kommission für die zweite Lesung III S. 208

das Eigentum entzogen werde.[531] In den Vertretern dieser Seite kann man die Gegner des Gutglaubenserwerbs erkennen, die versuchen, das Institut so weit wie möglich einzuschränken. Sie führten außerdem an, daß dem Eigentümer der Beweis des bösen Glaubens des Erwerbers in der Regel unerbringbar sei. Der Erwerber hingegen könne den Hergang des Erwerbs und damit den guten Glauben eher darlegen. Wenn dies für den Erwerber wegen vergehender Zeit zu schwer werde, helfe ihm die Ersitzung.[532]

Das Lager, welches die Beweislast dem Eigentümer auferlegen wollte und sich damit durchsetzte, führte das Verkehrsschutzinteresse an. Der redliche Verkehr müsse ausreichend geschützt werden. Mute man dem redlichen Erwerber die Beweislast zu, so sei dieser erheblich gefährdet. Zudem entspreche eine solche Beweislast Art. 74 ADWO und den verwandten Artikeln des ADHGB.[533] Hier wurden somit die Argumente angeführt, welche auch für das Grundprinzip des Gutglaubenserwerbs ins Feld geführt wurden. Schließlich entspreche die Beweislastverteilung auch anderen angenommenen Regelungen.
Die beschlossene Beweislastumkehr wurde redaktionell dadurch erreicht, daß man nicht mehr den guten Glauben als Voraussetzung des Eigentumserwerbs anführte, sondern den bösen Glauben als Ausschlußgrund für den Erwerb bezeichnete (§846 II EII). Dadurch muß derjenige, der den Erwerb bestreitet (bisheriger Eigentümer), den bösen Glauben des Erwerbers beweisen.

Die Befürworter des Gutglaubenserwerbs setzten sich mithin nochmals durch und weiteten den Anwendungsbereich der Regelungen erheblich aus.

bb) Zeitpunkt:
Ausführlich nahm die zweite Kommission zu der Frage Stellung, zu welchem Zeitpunkt der gute Glaube gegeben sein müsse. Dabei orientierte sie sich an den möglichen Fällen der Übergabe.[534] Wo sie nicht als selbstverständlich erschienen, benennt der Normtext des zweiten Entwurfs ausdrücklich den entscheidenden Zeitpunkt. Bei körperlicher Übergabe ist der Zeitpunkt der Übergabe maßgeblich.
Im Fall der brevi manu traditio zählt der Zeitpunkt der Willenseinigung. Beim Besitzkonstitut komme es auf den Zeitpunkt des Eigentumserwerbs an, entscheidend sei dabei der Moment, in dem nachträglich der Besitz erlangt werde

---

[531] Protokolle der Kommission für die zweite Lesung III S. 207
[532] Protokolle der Kommission für die zweite Lesung III S. 207 f.
[533] Protokolle der Kommission für die zweite Lesung III S. 208
[534] Protokolle der Kommission für die zweite Lesung III S. 210

(§847 I EII). In den Konstellationen der Abtretung des Herausgabeanspruchs wurde weiter differenziert (vgl. §847 II EII). Bei Vorliegen mittelbaren Besitzes des Veräußerers, der Situation also, in der das Eigentum mit der Abtretung übergeht, ist der Zeitpunkt des guten Glaubens derjenige der Abtretung.[535] Für dic zweite Alternative dieser Konstellation, nach welcher der Veräußerer keinen Besitz hat, entschied man nach einer Diskussion, daß der gute Glaube zur Zeit der Besitzeinräumung (nicht auch bei Abtretung) vorliegen müsse.[536]
Zusammenfassend kann man sagen, daß stets die letzte Erwerbshandlung entscheidend ist. Dies wurde nach Inkrafttreten (und bis heute) in einigen Fällen angezweifelt. Zum Teil wurde hier vertreten, der Erwerber müsse vom Zeitpunkt der Willenseinigung an bis zur Besitzeinräumung durch den Dritten gutgläubig sein.[537] Diese Ansicht setzte sich jedoch nicht durch.

c) Ausnahme bei „abhanden gekommenen" Sachen:

aa) Redaktionelle Änderungen:
Die Änderungen der Regelungen bezüglich der Ausnahme waren überwiegend solche, welche die Fassung betrafen.[538]
So nahm man bei der Redaktion der Norm den Begriff „abhanden gekommen" auf, der am Inhalt jedoch ausdrücklich nichts ändern sollte (§848 I EII).[539]

bb) Auswirkungen durch Einführung des Besitzdieners:
Inhaltliche Modifikationen gab es durch die Einführung des Besitzdieners.
Vor der Einführung dieser Rechtsfigur handelte es sich bei den betreffenden Personen zumeist um Inhaber der Sache. Im ersten Entwurf ist bestimmt, daß eine Sache nicht als abhanden gekommen gilt, wenn ein Inhaber sie freiwillig weggegeben hat.

---

[535] Protokolle der Kommission für die zweite Lesung III S. 211
[536] Protokolle der Kommission für die zweite Lesung III S. 211
[537] Protokolle der Kommission für die zweite Lesung III S. 211
[538] Ein Antrag der XII. Kommission wollte die Ausnahmevorschrift des Gutglaubenserwerbs (heute: §935 BGB) um den Fall des unentgeltlichen Erwerbs erweitern. (Jakobs / Schubert, Die Beratung, S. 619 (E.I.2.a), Antrag zu §919 Reichstagsvorlage (heute: §935 BGB))) Gutgläubiger Erwerb sollte bei unentgeltlichem Erwerb nicht eintreten. Dies war auch von der Mehrheit der Lehre gefordert worden, die sich mit den Regelungen auseinandersetzte. Außerdem sollte die Ausnahme, die Geld, Inhaberpapiere und auf einer öffentlichen Versteigerung erlangte Sachen ausschließt, gestrichen werden. Jakobs / Schubert, Die Beratung, S. 619 (E.I.2.b)) Der Antragsteller führte an, daß die Regelungen über das Bedürfnis (des Verkehrsschutzes) hinausgingen. Die große Mehrheit der Kommission lehnte bei zwei Gegenstimmen die Änderungen ab. Jakobs / Schubert, Die Beratung, S. 619 (E.II.)
[539] Protokolle der Kommission für die zweite Lesung III S. 213

Bei freiwilliger Weggabe einer Sache durch einen Besitzdiener ist diese bei genauer Anwendung der Normen jedoch als abhanden gekommen zu werten. Dieser Auslegung folgend, erfaßt die Norm des zweiten Entwurfs mehr Fälle des Abhandenkommens und schränkt den gutgläubigen Erwerb zu Lasten des Erwerbers in mehr Fällen als der erste Entwurf ein. Diese Sichtweise wurde nach Inkrafttreten angezweifelt.

3) Lösungsanspruch:

In der Sitzung vom 07. April 1893 behandelte die Vorkommission des Reichsjustizamtes §939 EI und den Lösungsanspruch des redlichen Erwerbers, der in diesem normiert ist.[540] Zu §939 EI lagen zwei redaktionelle Anträge vor, die jedoch inhaltlich keine Modifizierung der Regelung brachten. Sie sollten nur der Klarheit und Übersichtlichkeit dienen. In den Verhandlungen wurden Bedenken bezüglich §939 EI geäußert.[541] §939 EI gebe nur dem jetzigen Besitzer einen Lösungsanspruch. Er könne Ersatz für Leistungen verlangen, die er gemacht oder noch zu machen habe. Frühere Besitzer, durch deren Hände die Sache vorher gegangen sei, hätten keinen solchen Lösungsanspruch. Für die Berechnung der Lösungssumme sei daher nur zu berücksichtigen, was der letzte Besitzer aufgewandt habe. Beispielsweise bei Schenkung erhalte er nichts. Besser sei es daher, §937 EI zur Anwendung zu bringen. Diese Regelung ermögliche es, dem (jetzigen) Besitzer wegen Vorbesitzern, deren Rechtsnachfolger er geworden sei, Ersatz in dem Umfange zu fordern, in welchem die Vorbesitzer Ersatz hätten fordern können, wenn sie die Sache dem Eigentümer hätten herausgeben müssen.
Die Kommission stellte fest, daß es Fälle gebe, in denen der Vorschlag durchaus der Billigkeit entspreche. Andererseits gebe es jedoch auch Situationen, in denen der Entwurf die bessere Lösung darstelle. Zudem kompliziere der Vorschlag die Regelung sehr.
Abschließend kommt die Kommission daher zu der Erkenntnis, daß es besser sei, bei der Regelung des ersten Entwurfs zu bleiben.

Bei den Beratungen der zweiten Kommission lagen zu §939 EI vier Anträge zur Entscheidung vor.[542] Die Anträge eins bis drei strebten eine Änderung der Fas-

---

[540] Jakobs / Schubert, Die Beratung, S. 821; Protokolle der Vorkommission des Reichsjustizamtes, S. 964
[541] Jakobs / Schubert, Die Beratung, S. 821; Protokolle der Vorkommission der Reichsjustizamtes, S. 965
[542] Protokolle der Kommission für die zweite Lesung III S. 367 f.

sung der Norm an. Der vierte Antrag sprach sich für die vollständige oder zumindest teilweise Streichung des §939 EI und somit des Lösungsanspruchs aus. Zunächst nahm die Kommission bei Ablehnung des zweiten und dritten Antrags den ersten Antrag an. Dieser gebe sachlich den Entwurf wieder und bringe redaktionell die Vorschrift in Einklang mit anderen Regelungen. Schließlich einigte man sich jedoch darauf, den Lösungsanspruch vollständig zu streichen. Dabei lehnte man ausdrücklich ab, diesen Anspruch nur auf den Erwerb von Gewerbetreibenden zu beschränken.[543] Ein solches Vorgehen war auch teilweise in der Lehre gefordert worden.

Im Justizausschuß des Bundesrates wurde von Seiten Bayerns die Entscheidung der zweiten Kommission, den Lösungsanspruch des gutgläubigen Erwerbers gestohlener Sachen generell zu streichen, kritisiert.[544] Die Rücksicht auf den Verkehr erfordere es, diesen Anspruch für Erwerb auf Märkten, Messen oder von Gewerbetreibenden aufrechtzuerhalten.
Der Antrag wurde gegen die Stimme Bayerns abgelehnt.[545]

4) Bereicherungsausgleich:

Die Mehrheit der zweiten Kommission sprach sich dafür aus, §880 EI seinem sachlichen Inhalt nach beizubehalten.[546] Die Regelung wurde nur durch einen von zwei Seiten beantragten Zusatz ergänzt.[547] Dem Eigentümer wurde danach ein Bereicherungsanspruch auch gegen den redlichen Erwerber zugestanden, wenn letzterer die Sache unentgeltlich erworben hatte (§850 EI). Eine solche Bestimmung hatte man zuvor dem Bereicherungsausgleich im Grundstücksrecht beigefügt. Die Kommission entschied sich somit für eine parallele Lösung. Für das Grundstücksrecht hatte die Kommission bei Stimmengleichheit mit ausschlaggebender Stimme des Vorsitzenden beschlossen, den gutgläubigen Erwerb von Grundstücken nicht auf entgeltliche Geschäfte zu beschränken.[548]
Geht man davon aus, daß dieser Ausschluß bei seiner Annahme im Immobiliar-

[543] Protokolle der Kommission für die zweite Lesung III S. 368
[544] Jakobs / Schubert, Die Beratung, S. 826 f. (D.I.)
[545] Jakobs / Schubert, Die Beratung, S. 827 (II.); Der Vertreter Badens äußerte, man habe die Erfahrung gemacht, daß ein Lösungsanspruch für den Verkehr nicht notwendig sei. Von Seiten Preußens äußerte man, daß der Anspruch sich nicht mit dem „Hand-wahre-Hand“ - Prinzip vertrüge und leicht zur Begünstigung der Hehlerei führe.
[546] Protokolle der Kommission für die zweite Lesung III S. 367
[547] Protokolle der Kommission für die zweite Lesung III S. 215 f.; 1. Antrag Abs. II / 2. Antrag Abs. II
[548] Protokolle der Kommission für die zweite Lesung III S. 82

sachenrecht höchstwahrscheinlich auch Eingang in das Mobiliarsachenrecht gefunden hätte, sind die Gründe für diese Entscheidung auch an dieser Stelle von Bedeutung. Aber auch, wenn man es nicht für wahrscheinlich hält, daß im Grundstücksrecht eine Vorentscheidung getroffen wurde, sind die Argumente für den Gutglaubenserwerb beweglicher Sachen nicht ohne Aussagekraft.

Gegen den Schutz wurde als ausschlaggebend die Billigkeit angeführt. Diese spreche dafür, daß eine Schenkung nicht auf Kosten eines unbeteiligten Dritten gemacht werden dürfe.[549] Von der entgegengesetzten Auffassung werde häufig die Schwierigkeit angeführt festzustellen, ob ein unentgeltliches oder entgeltliches Geschäft vorliege. Dies überzeuge nicht.[550] Eine solche Abgrenzung sei grundsätzlich möglich. Deshalb liefe ein Verzicht nur auf die Berücksichtigung der Bequemlichkeit des Richters hinaus. An anderer Stelle (zum Beispiel dem gemischten Geschäft oder bei der Frage des Widerrufs der Schenkung) müsse der Richter ohnehin eine solche Entscheidung treffen. Schließlich sei eine solche Entscheidung in anderen Rechtskreisen bekannt und deshalb nichts Außergewöhnliches.

Für die Zulassung des unentgeltlichen, gutgläubigen Erwerbs wurde angeführt, daß dieser durchaus auch Schutz verdiene.[551] Auch der unentgeltliche Erwerber könne in anständiger, redlicher Weise erworben haben. Außerdem sei die Qualifizierung eines Rechtsgeschäftes als unentgeltliches durchaus mit Schwierigkeiten verbunden. Die subjektive Sicht der Parteien oder nur einer Partei könne nicht entscheidend sein. Zudem sei es zu vermeiden, gegebenenfalls das Geschäft als teilweise ungültig anzusehen.

Einigkeit bestand darüber, daß man den Eigentümer (bisherigen Berechtigten) bei einem gutgläubigen unentgeltlichen Erwerb nicht ohne Schutz lassen könne. Man ergänzte daher die bereicherungsrechtliche Regelung dahingehend, daß der gutgläubige Erwerber, der Eigentümer wird und damit dinglich Berechtigter ist, bei einem unentgeltlichen Erwerb obligatorisch zur Rückübertragung des Eigentums verpflichtet ist.

Gegen Ende der Beratungen faßte die zweite Kommission die bereicherungsrechtlichen Ansprüche aus dem Bereich des Gutglaubenserwerbs an Grundstücken (§812 EI), an beweglichen Sachen (§850 EI) und den Bereicherungsan-

[549] Protokolle der Kommission für die zweite Lesung III S. 83
[550] Protokolle der Kommission für die zweite Lesung III S. 83
[551] Protokolle der Kommission für die zweite Lesung III S. 84

spruch des wahren Erben gegen den Erbscheinerben (§2232 EI) in einer allgemeinen Regel zusammen und fügte sie in das „Bereicherungsrecht“ ein (heute §816 I BGB).[552]

D. Endgültiges Inkrafttreten

Die zweite Kommission hielt trotz der Kritik an einer Regelung über den gutgläubigen Erwerb fest. Die von der ersten Kommission entwickelten Prinzipien wurden nicht angezweifelt. Auffällig ist, daß man auf die gewünschte Übereinstimmung mit dem Handelsrecht verwies und dann auch alle Punkte, in denen der erste Entwurf noch von Art. 306 ADHGB abwich, zu Gunsten eines Art. 306 ADHGB und dessen Interpretation entsprechenden Regelung abänderte. So wurde die Beweislast zu Gunsten des Erwerbers geändert. So entsprach es der herrschenden Auslegung zu Art. 306 ADHGB. Zudem wurde der Lösungsanspruch des Erwerbers vollständig gestrichen. Einen solchen sah man auch in Art. 306 ADHGB nicht vor.

Insbesondere durch die Vereinfachung der Bestimmungen zur Übergabe, der Umkehr der Beweislast und der Entscheidung für die grundsätzliche Möglichkeit des gutgläubigen unentgeltlichen Erwerbs, stärkte man den gutgläubigen Erwerb vom Nichtberechtigten und dehnte seine Anwendungsfälle gegenüber dem ersten Entwurf aus. Von der von Johow in seinem Teilentwurf angestrebten und von manchen Autoren geforderten Stärkung des Eigentümers gegenüber der Regelung des ADHGB, die im ersten Entwurf im wesentlichen nur durch die günstige Beweislastverteilung erreicht wurde, blieb nichts mehr. Eine Stärkung wurde nur durch Streichung des Lösungsanspruchs des Erwerbers in den Fällen des §935 BGB erreicht. Der Vorteil, der durch §935 BGB dem Eigentümer entsteht, wurde somit nicht mehr finanziell ausgehöhlt.

Die Ausführungen haben verdeutlicht, daß es stets durch knappe Entscheidung zu der Regelung des gutgläubigen Erwerbs beweglicher Sachen vom Nichtberechtigten kam, die schließlich in das BGB Einzug hielt. Dies war bei der Schaffung des Art. 306 ADHGB so und auch bei der Regelung des ersten Entwurfs. Beim zweiten Entwurf wurde die bedeutsame und für die endgültige Bestimmung charakteristische Beweislastverteilung bezüglich des guten Glaubens mit einem sehr knappen Ergebnis angenommen. Auch nach Inkrafttreten wurde

---

552 Protokolle der Kommission für die zweite Lesung VI S. 199

die Regelung von vielen abgelehnt. Erstaunlich ist deshalb, daß die zu jeder Zeit heftig umstrittenen Regelungen über den gutgläubigen Erwerb (§§932 - 935 BGB) bis heute keine Änderung erfuhren. Die weitere Entwicklung der Regelung besteht deshalb nicht mehr aus gesetzgeberischen Arbeiten, sondern ist in den Veränderungen der Wahrnehmung der gesetzlichen Normen zu sehen, m.a.W. in deren Umformung durch Interpretation und Auslegung.

Letztlich hat man mit den Regelungen zum Gutglaubenserwerb beweglicher Sachen, wie sie sich im BGB finden, die entscheidende Weichenstellung des Art. 306 ADHGB in das bürgerliche Gesetzbuch übernommen. Dies gilt sowohl für die entscheidende Motivation, das Ziel, den Verkehr zu schützen, als auch für die Ausgestaltung der Regelung. Schon der erste Entwurf nahm Bezug auf die Regelungen des ADHGB. Insbesondere verwertete die erste Kommission auch Erkenntnisse der Rechtswissenschaft im Umgang mit Art. 306 ADHGB. Als Beispiele können hier insbesondere der Ausschluß des constitutum possessorium als Übergabemöglichkeit, der Gegenstand und der Umfang des guten Glaubens und die Ausgestaltung des Ausnahme (heute §935 BGB) genannt werden, alles Fragen, in denen man die zu Art. 306 ADHGB entwickelten Lösungen übernahm.
Durch die Aufgabe des Lösungsrechts und die Umkehr der noch im ersten Entwurf vorgesehenen Beweislastverteilung bezüglich des guten Glaubens näherte die zweite Kommission bewußt den zweiten Entwurf der Regelung des Art. 306 ADHGB sogar noch mehr an. Durch diese Übernahme des Art. 306 ADHGB bewahrheitete sich die frühe Prophezeiung Goldschmidts, daß diese Norm eines Tages in den bürgerlichen Mobiliarverkehr übergehe.[553]
Die Übernahme von Art. 306 ADHGB und insbesondere seiner anerkannten Auslegung (letzteres teils ausdrücklich im Normtext, teils nach dem in den Materialien zu erkennenden Willen der Kommissionen) und die darüber hinaus der neuen Regelung zugefügten Konkretisierungen hatten zur Folge, daß ein ausführliches Regelungskonzept entstand. Anders als bei Art. 306 ADHGB machte man somit bei der Schaffung der §§932 - 935 BGB erstaunlich viele Vorgaben für die endgültige Anwendung. Man suchte in vielen Fällen Streitigkeiten und Rechtsfragen vorab zu lösen. Dies war ungleich einfacher als bei Art. 306 ADHGB, waren die Streitigkeiten doch durch die Bearbeitung des Art. 306 ADHGB aufgetaucht und daher bekannt.

---

[553] Goldschmidt, ZHR 8, S. 227: „...so dürfte in voraussichtlich nicht allzulanger Zeit, zumal in einem gemeinsamen Deutschen Gesetzbuch, auch der bürgerliche Mobiliarverkehr nach den gleichen Grundsätzen geregelt werden."

2. Kapitel: Entwicklung nach dem Inkrafttreten

A. Die Zeit nach dem Inkrafttreten und der Umgang mit den neuen Regelungen über den gutgläubigen Erwerb

In den ersten Jahrzehnten nach Inkrafttreten wurden in der Lehre die ersten dogmatischen Fragen herausgearbeitet, und schon bald stellten sich der Rechtsprechung Probleme im Zusammenhang mit den §§932 ff. BGB.

Natürlich fanden sich in dieser Zeit Kritiker der Bestimmungen,[1] doch der überwiegende Teil der Rechtslehre hielt sich nicht mit solcher Kritik auf, sondern suchte die vorliegenden Gesetzesnormen wissenschaftlich zu durchleuchten.

Einen der Schwerpunkte der wissenschaftlichen Bearbeitung der Regelung stellt in dem betrachteten Zeitabschnitt die Entwicklung dogmatischer Erklärungen zur Rechtfertigung der Regelungen dar (I.). Die Ergebnisse dieser Bearbeitung schlugen sich teilweise auf die Interpretation der einzelnen Voraussetzungen für den Erwerb vom Nichtberechtigten nieder (II.).

I. Rechtfertigung der Regelung

Wie die bisherige Darstellung zeigt, spielte die Rechtfertigung der Regelungen über den Erwerb vom Nichtberechtigten bei der Schaffung und Interpretation des Art. 306 ADHGB und bei der Entstehung des ersten Entwurfs und der endgültigen Regelung des BGB eine untergeordnete Rolle.
In Bezug auf Art. 306 ADHGB berief man sich, an Stelle langer dogmatischer Ausführungen auf das Ziel, welches man verfolgte, den Schutz des Handelsverkehrs. Dieser mache die Regel nötig. Auch bei der Entwicklung des ersten und zweiten Entwurfs des BGB nahm die Rechtfertigung der Bestimmungen keinen großen Raum ein. Es finden sich Ansätze des Rechtsscheingedankens. Wie die Ausführungen gezeigt haben (vgl. oben 1. Kap. B. II. 1) a)), war jedoch den Vätern des ersten Entwurfs die Schwäche dieses Gedankens bekannt. In der zweiten Kommission verzichtete man auf die Erarbeitung einer theoretischen Begründung. Man berief sich in erster Linie auf die Angleichung der Regelung an Art. 306 ADHGB.

---

[1] Binding, Die Ungerechtigkeit, S. 19 ff.; Stintzig, S. 102 f.

Nach dem Inkrafttreten änderte sich dies. In der Rechtswissenschaft wurden mehr und mehr Erklärungsmodelle entwickelt, welche ein hinter den Regelungen stehendes System aufzeigen sollten. Diese Modelle wurden nicht aus reinem Interesse an dogmatischer Forschung entwickelt. Die Systeme sollten helfen, Fragen zu klären und Interpretationsweisen zu begründen.

Die vorgenommene Einteilung in Konzepte stellt nur zum Teil eine Unterteilung in Meinungsgruppen dar, denen sich Vertreter zuordnen lassen. Sie orientiert sich an bekannten Bezeichnungen und Thesen und bezweckt die Verdeutlichung einzelner Gedanken. Dabei ergeben sich Überschneidungen. Insbesondere die historischen und dogmatischen Erklärungen ergänzen sich, da Entstehung und Ursprünge als Argumentationshilfen herangezogen wurden.

1) Historische Erklärungen

a) Germanische Grundlagen der Regelung:
Vielfach wurden die Regelungen über den Erwerb vom Nichtberechtigten im Sinne der §§932 ff. BGB auf deutsch-germanische Rechtsprinzipien zurückgeführt.

Zahlreiche Autoren stellten fest, die §§932-935 BGB basierten auf dem alten deutsch-rechtlichen Grundsatz: „Hand muß Hand wahren".[2] Bekanntermaßen besagt der Grundsatz zunächst nur, daß derjenige, der seine Sache freiwillig aus der Hand gegeben hat, diese nur gegen den Empfänger verfolgen darf, nicht jedoch bis zu dem Dritten, der an der Sache (unangreifbaren) Besitz erwarb.[3] Der Rechtserwerb (Erwerb des Eigentums) durch den Dritten, wie in den §§932 ff. BGB als Rechtsfolge vorgesehen, ist demnach eigentlich kein Ausfluß dieses germanischen Prinzips.[4]

Aber auch der Rechtserwerb war, nach Ansicht einiger Rechtswissenschaftler, im germanischen Recht angelegt. Der historischen Herleitung der rechtlichen Übertragungsmacht widmet sich ausführlich Gierke. Er erblickt in den Regelungen des BGB über den Erwerb vom Nichtberechtigten insgesamt, d.h. auch den Rechtserwerb betreffend, die Fortführung germanischer Rechtstraditionen.

---

[2] Biermann, §932, 1., S. 140; Endemann, F., §81, 1., S. 317; Kretzschmar, S. 208
[3] vgl. Einleitung; Endemann, F., §81, 1.; Kretzschmar, S. 208
[4] Das germanische Fahrnisrecht kannte keinen Eigentumsbegriff. Es stellte ausschließlich auf die Herrschaft über die Sache ab. Zur Herausgabe einer freiwillig aus der Gewere entlassenen Sache sah das Recht keine Klagemöglichkeit vor. (vgl. Einleitung)

Er beschreibt, wie sich die betreffenden Regelungen aus der germanischen Fahrnisklage entwickelt haben.[5] Entscheidend ist für ihn dabei letztlich, daß im neuen deutschen Recht trotz zahlreicher Einflüsse in der Entwicklungszeit (zum Beispiel durch die Rezeption[6]) zentrale Grundgedanken des ursprünglichen germanischen Fahrnisrechts zur Geltung kommen.[7] Dabei habe sich im Rahmen des Erwerbs vom Nichtberechtigten der Grundgedanke der Publizität der Gewere niedergeschlagen.

An dieser Stelle sind einige allgemeine Ausführungen zum Besitzrecht, wie Gierke es sieht, nötig. Für Gierke stellt dieses eine Verbindung aus römischen und deutschen Gedanken dar. Er erblickt im Besitzrecht des BGB nicht nur die „römische possessio", sondern auch das Fortleben der germanischen „Gewere".[8] Anhand zahlreicher Beispiele zeigt Gierke, wie durch deutschrechtlichen Einfluß der Besitzbegriff von seinem „römischen Urbild" abwich.[9] Um die Funktion der „Gewere" zu veranschaulichen, beschreibt Gierke sie als „Kleid des Sachenrechts".[10] Die „Gewere" sei eine rechtlich anerkannte Erscheinungsform der dinglichen Rechte. Jede „Gewere" sei somit Ausdruck eines in ihr behaupteten Rechts. Es sei zwar möglich, daß „Gewere" und verkörpertes dingliches Recht auseinanderfielen, doch begründe die „Gewere" eine Vermutung für das in ihr erscheinende Recht.[11]
Dieser rein deutschrechtliche Gedanke finde sich in der Funktion des Besitzes als Legitimationsmittel im Rechtsverkehr.[12] Das BGB knüpfe, insbesondere im Rahmen der §§932-935, diese typischerweise der „Gewere" anhaftende Funktion an den Besitz.[13] Diese Funktion der „Gewere", welche sich im Besitz finde, sei somit die historische Grundlage für den Erwerb des Rechts, den Eigentumserwerb. Damit dieser Funktion entsprochen werde, sei erforderlich, daß der Besitzwechsel offensichtlich erfolge.[14] Mit dieser Aussage bezieht Gierke sich auf die §§933 / 934 BGB, welche durch besondere Anforderungen den Besitzwechsel veranschaulichen und somit nach seiner Auffassung zugleich die These stützen, daß sich in den Regelungen des BGB der beschriebene germanische Gedanke finde. Die historische Einordnung Gierkes wurde von verschiedenen

---

[5] Gierke, Deutsches Privatrecht, §134, I, S. 552 ff.
[6] vgl. Gierke, Deutsches Privatrecht, §134, I, S. 561 ff.
[7] Gierke, Deutsches Privatrecht, §134, I, S. 575
[8] Gierke, Fahrnisbesitz, S. 1 ff.
[9] Gierke, Fahrnisbesitz, S. 2 ff., 8 f.
[10] Gierke, Fahrnisbesitz, S. 9
[11] Gierke, Fahrnisbesitz, S. 22
[12] Gierke, Fahrnisbesitz, S. 17; ders., Deutsches Privatrecht, §134, VII, S. 575
[13] Gierke, Fahrnisbesitz, S. 17, 31

Autoren geteilt. So vertritt auch R. Hübner die Auffassung, daß die Regelungen der §§932 ff. BGB den Gedanken der Publizitätsfunktion der „Gewere“ zum Ausdruck bringen.[15]

b) Einflüsse der römischen Ersitzung:

Daß in der Regelung des gutgläubigen Eigentumserwerbs das „Hand-wahre-Hand“ - Prinzip fortlebt, wurde nicht angezweifelt. Die Beeinflussung des germanischen Rechtssatzes durch römische Rechtsgedanken, insbesondere im Zuge der Rezeption, wurde auch von niemandem bestritten.[16] Deshalb wurde darauf hingewiesen, daß es sich um eine Verquickung römischer und germanischer Rechtsprinzipien handele.[17]

Es erhoben sich jedoch auch Stimmen in der Rechtswissenschaft, die den Einfluß der Ersitzung und damit den Einfluß eines römischen Rechtsgedankens auf die Regelungen über den Gutglaubenserwerb für erheblicher hielten als den des beschriebenen germanischen Rechtsprinzips. Regelsberger weist auf die „Verwandtschaft“ des Erwerbs vom Nichtberechtigten nach den §§932 ff. BGB mit dem Erwerb durch Ersitzung hin.[18] Die Erwerbsarten wiesen erhebliche Parallelen auf. So geschehe der Erwerb in beiden Fällen auf Kosten des Berechtigten und unter Umständen, die wie ein normaler Übergang des Rechts aussähen. Deshalb sei es durchaus berechtigt, die §§932 ff. BGB betreffend, von einer „fristlosen Ersitzung“ zu sprechen.[19] Zu dieser Sichtweise paßt der Hinweis einiger Rechtslehrer, daß die Fristen der Ersitzung im alten römischen Zivilrecht sehr kurz gewesen seien, und daß der redliche Erwerber einer Sache sogar den Ersitzungsbesitz seines Rechtsvorgängers hätte einrechnen dürfen. Dieser Hinweis ließe den Schluß zu, daß die Frist zu vernachlässigen sei.[20] Folglich seien die §§932 - 935 BGB die Fortführung der römischen Ersitzung. Auch in der heutigen Zeit wird teilweise wieder auf eine stärkere Bedeutung des römischen Rechts als Ursprung und Vorbild für die §§932 - 935 BGB hingewiesen.[21]

---

[14] Gierke, Fahrnisbesitz, S. 17; ders., Deutsches Privatrecht, §134, VII, S. 575

[15] Hübner, R., Grundzüge, S. 451 f.

[16] Gierke, Deutsches Privatrecht, §134, I, S. 561 ff.; Meister, S. 411

[17] Reichel, GrünhutsZ 42 (1916), S. 174

[18] Regelsberger, JherJahrb 47 (1904), S. 372; vgl. auch Sohm S. 55

[19] Regelsberger, JherJahrb 47 (1904), S. 373; Der Gedanke ist nicht neu. Schon in den Motiven (III S. 342) und den Protokollen zum ADHGB tauchte er auf.

[20] Regelsberger, JherJahrb 47 (1904), S. 373

[21] Söllner, FS für Coing, S. 363 ff.

2) Dogmatische Erklärungen

Mit der Betrachtung der historischen Grundlage allein begnügte sich die Lehre nicht.[22] Diese war jedoch in der Regel der Aufhänger für die Darlegung der dogmatischen Grundlage zur Rechtfertigung der Regelungen.

a) Verkehrsschutz:

Schon bei der Schaffung des ADHGB und der Entwürfe des BGB berief man sich zur Begründung der Regelungen über den Erwerb vom Nichtberechtigten auf den Verkehrsschutz. Auch nach Inkrafttreten wurde an diesem rechtspolitischen Zweck festgehalten und festgestellt, die Regelungen entsprächen dem Bedürfnis des modernen Verkehrs.[23] Ein solcher sei nicht funktionsfähig, wenn man stets versuche das einmal entstandene Recht zu konservieren.[24] Mancher Autor steigerte jedoch den Verkehrsschutz zu einem allgemeinen gesellschaftlichen Interesse, welches die Interessen des einzelnen überwiege.[25] So wurden diese Regelungen der Verkehrssicherheit als unabdingbar für das „Wohl der Allgemeinheit" angesehen.[26]

Die Vorgehensweise, das Hauptgewicht der Begründung der Regelungen auf den Schutz des Verkehrs zu legen, wurde kritisiert. Der Verkehrsschutz sei zwar eine zu beachtende Erwägung, genüge jedoch alleine nicht zur Rechtfertigung der Regelungen.[27]
Ganz im Sinne dieser Kritik ließ die Mehrheit der Rechtswissenschaft es nicht mit dem allgemein anerkannten Ziel der Regelung (dem Verkehrsschutz) als Rechtfertigungsgrund bewenden. Es wurden verschiedene andere Theorien zur Erklärung und dogmatischen Durchdringung der gesetzlichen Regelung entwickelt.[28]

---

[22] Ausnahme: Meister, S. 412: „Die geschichtliche Betrachtung muß die Rechtfertigung bringen."
[23] Endemann, F., §81, 1; Heck, Sachenrecht, §58, I 1
[24] Hachenburg, S. 130
[25] Fischer, O., Spalte 1453; Hachenburg, S. 130
[26] Ercklentz, S. 110: „Dem Dritterwerber Eigentum zuzusprechen, heißt dem Wohl der Allgemeinheit nützen."
[27] Reichel, GrünhutsZ 42 (1916), S. 175 f.: „Der Verkehr ist der Güter höchstes nicht." (frei nach Schiller: „Das Leben ist der Güter höchstes nicht...", aus „Die Braut von Messina")
[28] Planck / Brodmann, 5. Auflage (1933), §§932-935, 4., S. 466: Vor der rein rechtspolitischen Frage nach der Berechtigung [...] ist die Frage zu unterscheiden **nach dem inneren Grund** der Sätze des geltenden Rechts" (Hervorhebung nicht im Original)

b) Legitimation des Besitzes:
In der ersten Zeit nach Inkrafttreten führte die überwiegende Mehrheit der Autoren zur Erklärung und Rechtfertigung der Regelungen über den Erwerb vom Nichtberechtigten die sogenannte „Legitimationstheorie“ an. Danach habe der nicht berechtigte Veräußerer durch den bloßen Besitz die Verfügungsmacht über das fremde Eigentum.[29] Der gute Glaube hingegen sei nur eine Voraussetzung, nicht aber Rechtsgrund des Erwerbers.[30]
Begründet wurde diese Theorie mit historischen Vorbildern. So folgte für Gierke die „Legitimationstheorie“ aus der historischen Grundlage. Die Legitimationskraft des Besitzes wurzele in der Publizitätsfunktion der Gewere, auf die das BGB zurückgegriffen habe.[31] Der Besitz ermögliche es im rechtsgeschäftlichen Verkehr, mit dem Besitz das in ihm erscheinende Recht zu übertragen. Daher könne der Besitzer auch über fremdes Eigentum wirksam verfügen.[32] Im Hinblick auf Unstimmigkeiten der These mit §935 BGB stellt Gierke sehr knapp fest, daß der Besitz diese legitimierende Kraft nicht habe, wenn er entrissen worden sei. Nur der vom Berechtigten anvertraute Besitz verleihe die Verfügungsmacht.[33] Gierke begründet dies damit, daß sich die legitimierende Kraft nicht gegen denjenigen kehren solle, dem der Besitz ohne sein Zutun entfremdet worden sei.

Cosack, der auch der Legitimationstheorie zuzuordnen ist, spricht von einer Fiktion als Mittel der These, um das beschriebene Ergebnis zu erlagen. Der Scheineigentümer werde unter bestimmten Voraussetzungen als Eigentümer fingiert. Er habe dadurch die Rechtsmacht, die sich in seinem Besitz befindliche Sache zu übereignen.[34]

Die zur Erklärung und Rechtfertigung herangezogene „Legitimationstheorie“ hatte verschiedene Auswirkungen auf die Regelung. Solche zeigen sich bei der

---

[29] Cosack, Lehrbuch, §198, IV; Crome, §38, (a) 1., S. 216; Endemann, F., §81, S. 318: „Die Erklärung aber, wie von einem Nichteigentümer Eigentum abgeleitet werden kann, liegt in der von der Besitzgewalt geschaffenen formalen Legitimation, in der gesetzlich mit dem Besitz verbundenen, objektiv bestimmten Verfügungsgewalt.“; Gierke, Fahrnisbesitz, S. 17 ff.; ders., Deutsches Privatrecht, §134, VII, S. 575; Staudinger / Kober 5./6. Auflage (1910) S. 344; Wendt, AcP 89 (1899) S. 76: „Funktion des Besitzes als Legitimationsmittel im Mobiliarverkehr“
[30] Gierke, Deutsches Privatrecht, §134, VII, S. 575; Wendt, AcP 89 (1899) S. 16 f.
[31] Gierke, Deutsches Privatrecht, §134, VII, S. 575
[32] Gierke, Deutsches Privatrecht, §134, VII, S. 575
[33] Gierke, Deutsches Privatrecht, §134, VII, S. 576
[34] Cosack, Lehrbuch, §198, VI, S. 120

Interpretation einzelner Voraussetzungen für den Erwerb vom Nichtberechtigten. Außerdem nahmen die Vertreter dieses Erklärungsmodells an, daß es sich bei dem Erwerb vom Nichtberechtigten nach den §§932 ff. BGB um einen abgeleiteten Erwerb handele.[35] Regelsberger macht zwar darauf aufmerksam, daß es sich bei der Verbindung von „Legitimationstheorie“ und abgeleitetem Erwerb nicht um einen zwingenden Schluß handele,[36] doch trifft dieser Rückschluß bei der weitaus größten Zahl der Vertreter zu.[37] Die Legitimationstheorie wurde von vielen auch gerade dazu vertreten, den abgeleiteten Erwerb zu begründen. Brodmann macht in diesem Zusammenhang eine Schwäche deutlich. Nach der Legitimationstheorie sei nicht geklärt, wer der Rechtsurheber des Erwerbs sei, der Veräußerer oder der frühere Eigentümer.[38]

c) Guter Glaube als Rechtsgrund für den Erwerb:
Manche Autoren vertraten die Auffassung, daß allein der gute Glaube den entscheidenden Rechtsgrund für den Erwerb trotz fehlenden Eigentums des Veräußerers darstelle.[39] Das durch die Umstände gerechtfertigte Vertrauen des Erwerbers in den rechtlichen Erfolg seines Geschäfts stelle den Grund für den Rechtserwerb dar.[40] Die Vertreter dieser Sichtweise stellen den Erwerb vom Nichtberechtigten nach den §§932 ff. BGB in die Tradition der römischen Ersitzung (vgl. oben A. I. 1) b)). Es sei der entscheidende Gesichtspunkt der Ersitzung gewesen, den redlichen Erwerber zu schützen.[41] Andere Anforderungen neben jener der Redlichkeit im Moment des Erwerbs hätten ihre Bedeutung für den Rechtserwerb mit der Zeit verloren.[42]

---

[35] Endemann, F., §81, 2., S. 318
[36] Regelsberger, JherJahrb 47 (1904), S. 369
[37] wie hier: Gierke, Deutsches Privatrecht, §134, VII, FN 108 und 110, Gierke zeigt hier diese Verbindung auf; Planck / Brodmann, 5. Auflage (1933), §§932 - 935, 5., S. 466
[38] Planck / Brodmann, 5. Auflage (1933), §§932 - 935, 5., S. 466
[39] Dernburg, Sachenrecht, §98, 2., S. 294; Goldmann / Lilienthal §17, I. 1., S. 73; Regelsberger, JherJahrb 47 (1904), S. 356: „..., sein guter Glaube ist die Grundlage seines Erwerbs, nicht irgend eine Übertragungsmacht des Veräußerers.“; Reichel, GrünhutsZ 42 (1916), S. 187: „...seine [des Instituts] Begründung liegt einzig und allein in der Redlichkeit des Erwerbers“; Romeick, Zur Technik, S. 35 ff., 38 ff:
[40] Regelsberger, JherJahrb 47 (1904), S. 356
[41] Regelsberger, JherJahrb 47 (1904), S. 346 f., Regelsberger weist ausdrücklich darauf hin, daß der redliche Erwerb genügte und ein redlicher Besitz nicht einmal erforderlich gewesen sei; m.a.W., nachträgliche Kenntniserlangung (während der Ersitzungszeit) hätte den Erwerb des Eigentümers nicht gehindert.
[42] Regelsberger, JherJahrb 47 (1904), S. 344; Romeick, Zur Technik, S. 22

Diejenigen, die den guten Glauben als entscheidend ansahen, lehnten ausdrücklich die „Legitimationstheorie“ ab.[43] Durch die Akzentuierung des guten Glaubens des Erwerbers und die Ablehnung des Besitzes auf Veräußererseite als Erwerbsursache löste sich nach dieser Ansicht die Grundlage für den Erwerb von der Seite des Veräußerers. Der Erwerb leite sich somit nicht mehr denknotwendig vom Veräußerer ab, sondern finde seinen entscheidenden Gesichtspunkt beim Erwerber. Dieser Umstand und die von den Vertretern erblickte Nähe zur Ersitzung ließ diejenigen, welche den guten Glauben als Rechtsgrund für den Erwerb ansahen, häufig den Erwerb vom Nichtberechtigten nach den §§932 ff. BGB als originären Erwerb einordnen.[44]

d) Gutgläubiger Mobiliarerwerb als Anwendungsfall der „Rechtsscheinlehre“:
aa) Grundgedanken der Rechtsscheinlehre:
Zur Rechtfertigung des gutgläubigen Eigentumserwerbs vom Nichtberechtigten zog man schließlich mehr und mehr die „Rechtsscheinlehre“ heran. Im Regelfall stützt sich nach der allgemeinen Rechtsscheinlehre eine rechtliche Konsequenz (Erwerb) auf das Vertrauen (guten Glauben des Erwerbers), welches seine Basis in der objektiven Vertrauenslage des Rechtsscheines findet.[45] Mitunter wird dieser Zusammenhang dadurch ergänzt, daß es möglich sein muß, den bestehenden Rechtsschein demjenigen zuzurechenen, welcher durch die Konsequenz belastet wird. Vereinfacht kann man sagen, daß die objektive Grundlage mit den subjektiven Elementen verbunden wird. Schon bei der Legitimationstheorie und der Erklärung, welche die Rechtfertigung für den Erwerb vom Nichtberechtigten im guten Glauben sieht, finden sich Andeutungen einer solchen Verbindung von objektiver Grundlage und gutem Glauben.
So heißt es bei F. Endemann, welcher der Legitimationstheorie zuzuordnen ist, daß sich der Eigentumserwerb auf das durch den Besitzstand des Veräußerers bestätigte Vertrauen stütze.[46]
Der erklärte Gegner der Legitimationstheorie, Regelsberger, der die alleinige Grundlage im guten Glauben sieht, spricht davon, daß sich das Vertrauen durch die „Umstände“ rechtfertige.[47] Solche Verbindungen, die das Prinzip der Rechtsscheinlehre andeuten, dürfen aber nicht darüber hinweg täuschen, daß für

[43] Regelsberger, JherJahrb 47 (1904), S. 356 ff., 360 ff.; Reichel, GrünhutsZ 42 (1916), S. 187: „Sie [Die Begründung] liegt nicht in der „legitimierenden“ Besitzerstellung des Veräußerers“.
[44] Regelsberger, JherJahrb 47 (1904), S. 377; Romeick, Zur Technik, S. 35 ff., 37
[45] vgl. Frotz, S. 146 f.
[46] Endemann, F., §81, 2 b.), S. 319
[47] Regelsberger, JherJahrb 47 (1904), S. 356

die Legitimationstheorie der *„äußere Besitzstand die rechtliche Machtbefugnis schafft"*[48], wie F. Endemann nur einen Absatz weiter klarstellte, und daß für die Gegenseite nur der gute Glaube Rechtsgrund für den Erwerb ist. Sie zeigen aber, daß sich, wie eingangs angedeutet, die „Erklärungsmodelle" nicht scharf voneinander trennen lassen, und die Rechtsscheinlehre auch in den anderen Modellen angelegt ist.

bb) Vertrauen auf äußere Tatbestände:

Als Vordenker und Begründer der modernen „Rechtsscheinlehre" wird Wellspacher bezeichnet.[49] Er sieht in dem Vertrauen auf äußere Tatbestände einen rechtspolitischen Gedanken, der sich in der Entwicklung befinde.[50] In verschiedenen Regelungen des bürgerlichen Gesetzbuchs komme dieser Gedanke unterschiedlich stark entwickelt zum Ausdruck.[51] Das allgemeine Prinzip des Schutzes des *„Vertrauens auf äußere Tatbestände"* faßt er wie folgt zusammen: *„Wer im Vertrauen auf einen äußeren Tatbestand rechtsgeschäftlich handelt, der zufolge Gesetzes oder Verkehrsauffassung die Erscheinungsform eines bestimmten Rechts, Rechtsverhältnisses oder eines anderen rechtlich relevanten Moments bildet, ist in seinem Vertrauen geschützt, wenn jener Tatbestand mit Zutun desjenigen zustande gekommen ist, dem der Vertrauensschutz zum Nachteil gereicht."*[52] Grundlage des Vertrauens und damit die erste Voraussetzung dieser Lehre ist mithin ein äußerer Tatbestand. Diesbezüglich unterscheidet Wellspacher künstliche (z.B. Registereintragungen, Erbschein) und natürliche Rechtsscheintatbestände.[53]

Der Eigentumserwerb vom Nichtberechtigten dient Wellspacher als Beispiel, um seine Schrift einzuleiten, in die Problematik einzuführen und seine Theorie anschaulich zu entwickeln. Auf diese Weise kommt dem Gutglaubenserwerb die Rolle des „ersten" Anwendungsfalls seiner These zu. Dabei muß man sich jedoch vor Augen halten, daß Wellspacher sein Prinzip in den in Frage kommenden gesetzlichen Regelungen manchmal nur zum Teil verwirklicht sieht, denn nicht alle Aspekte seiner allgemeinen Formulierung tauchen letztlich in seinen Ausführungen zu den §§932 ff. BGB auf.

---

[48] so nur ein Absatz weiter: Endemann, F., §81, 3., S. 320
[49] so: Ernst, S. 95
[50] Wellspacher, S. 114
[51] Wellspacher, S. 117
[52] Wellspacher, S. 115
[53] Wellspacher, S. 21

Nach seiner Auffassung findet sich in diesen Regelungen als legislativer Grundgedanke der germanische Grundsatz der „Publizitätsfunktion des Fahrnisbesitzes“.[54] Hinsichtlich dieser Publizitätsfunktion seien die Grundbucheintragung und der Besitz gleichzustellen. Wie im Immobiliarsachenrecht die Grundbucheintragung sei deshalb im Recht der beweglichen Sache der Besitz der äußere Tatbestand, an den der Schutz des guten Glaubens anknüpfe.[55] Der Dritte dürfe sich darauf verlassen, daß der Besitzer der wahre Berechtigte, also der Eigentümer sei. Für Wellspacher ist somit der Besitz des Veräußerers die objektive Grundlage für das Vertrauen des Erwerbers. Anders ausgedrückt, der gute Glaube müsse auf tatsächliche Umstände zurückzuführen sein. Letztlich rechtfertige sich der gutgläubige Erwerb durch den „Rechtsschein“, auf den vertraut werde.

Wellspacher erblickt diesen, die Regelung rechtfertigenden Gedanken sowohl in den Grundlagen des Gesetzes als auch in den gesetzlichen Regelungen des gutgläubigen Erwerbs selbst. So finde sich der Gedanke in den modernen Gesetzeswerken und insbesondere in den Materialien zum BGB.[56] Außerdem halte sich das BGB im wesentlichen daran, den gutgläubigen Erwerb nur dann zu begründen, wenn auf Seiten des Veräußerers ein Besitzstand vorhanden sei, der zur Begründung des gutgläubigen Erwerbs ausreiche.[57] Konkret heißt dies für ihn, daß er den unmittelbaren Besitz für ausreichend hält. Wellspacher weist aber auch auf Schwächen des BGB hin, die er darin sieht, daß beispielsweise im Fall des §934, 1. Alt. BGB der Veräußerer nur mittelbarer Besitzer sei.[58] Nach seiner Ansicht vermag der mittelbare Besitz die Publizitätsfunktion nicht zu tra-

---

[54] Wellspacher, S. 1

[55] Wellspacher, S. 1

[56] Wellspacher, S.2, Wellspacher verweist ausdrücklich auf die Motive.

[57] Wellspacher, S. 5

[58] Wellspacher, S. 11 / 13, Auf Seite 13 betont Wellspacher: „Die konsequente Durchführung des Gedankens , von welchem die Redaktoren ausgegangen sind, würde demnach erfordern, daß ein Schutz des gutgläubigen Erwerbers nur dann eintritt, wenn der Erwerber bei der Übereignung oder nachträglich den Besitz vom unmittelbaren Besitzer erlangt. Nur in diesem Fall ist ein äußerer Tatbestand vorhanden, der bei dem Erwerber den Schein des Rechtes zu erzeugen vermag und sein Vertrauen zu einem schutzwürdigen macht.“. Außerdem nennt er hier einen Beispielfall, der die praktische Bedeutung des Erfordernisses des unmittelbaren Besitzes neben der dogmatischen Bedeutung als Rechtsscheingrundlage im Rahmen des §934 BGB hervorheben soll: „A hat ein Buch aus einer Universitätsbibliothek entliehen und dem B weitergeliehen. Der mittelbare Besitzer A veräußert nun das Buch an den C durch Abtretung des Herausgabeanspruchs. Hier wird der „gutgläubige“ C sofort Eigentümer und daran ändert auch die Tatsache nicht, daß C, sobald er das Buch erhält, aus den amtlichen Stempeln ersehen muß, daß das Buch nicht dem A gehörte.“

gen. Konsequent wäre es, gutgläubigen Erwerb nur zuzulassen bei unmittelbarem Besitz des Veräußerers.[59]
Wie dargestellt, stellt Wellspacher Besitz und Grundbuch hinsichtlich der Publizitätsfunktion zwar grundsätzlich gleich, doch versäumt er es nicht, auf die Unterschiede hinzuweisen. Daß der Besitz nicht stets die gleiche Kraft habe wie das Grundbuch, habe der Gesetzgeber berücksichtigt. Durch verschiedene Regelungen habe er den fahrnisrechtlichen Verkehrsschutz abgeschwächt. Wellspacher hat hier die §855 BGB und §935 BGB im Blick, und die Tatsache, daß guter Glaube nicht nur bei Kenntnis vorliegt, sondern auch bei fahrlässigem Nichtwissen.[60]
Kritisch äußert sich Wellspacher schließlich bezüglich der Legitimationstheorie, welche er als Gegensatz zu seiner Theorie sieht. Diese lege dem germanischen Grundgedanken eine falsche Bedeutung bei.[61] Richtig sei die Theorie insoweit, als sie den Besitz im Verkehr als genügenden Ausweis der Berechtigung sehe.[62] (Hier zeigt sich nochmals, wie die getrennt dargestellten Sichtweisen miteinander verwandt sind.) Die Theorie gehe aber zu weit, wenn sie behaupte, der Besitz verschaffe eine „rechtliche Macht“ oder eine „rechtliche Befugnis“.

cc) Rechtsschein und „Veranlasserprinzip“:
Meyer folgt grundsätzlich der Sichtweise Wellspachers. Auch er setzt sich mit dem Rechtsscheinprinzip auseinander und sieht dies als Grundlage für den Gutglaubenserwerb der §§932 ff. BGB.[63] So knüpfe das Gesetz die Wirkungen des Rechtsscheins an den Besitz.[64] Dieser erzeuge als typische äußere Form des Eigentums auch den Schein desselben. Dabei stützt sich der Autor auf die Behauptung, daß in 99 von 100 Fällen die typische Form und ihr Recht zusammen fielen.[65]
Zudem stellt Meyer im Anschluß an Wellspacher fest, daß der mittelbare Besitz eine unglückliche Erfindung sei, da er anders als der unmittelbare nicht wirklich dazu geeignet sei, Kundbarkeitswirkungen an ihn zu knüpfen.[66] Einen entscheidenden und gegenüber den Ausführungen Wellspachers neuen Aspekt stellt das „Veranlasserprinzip“ dar, welches er dem Rechtsscheingedanken zur Erklärung

---

[59] Wellspacher, S. 13
[60] Wellspacher, S. 18 f.
[61] Wellspacher, S. 16 f.
[62] Wellspacher, S. 17
[63] Die Legitimationstheorie lehnt er ausdrücklich ab.
[64] Meyer, H., Das Publizitätsprinzip, S. 85
[65] Meyer, H., Das Publizitätsprinzip, S. 84
[66] Meyer, H., Das Publizitätsprinzip, S. 85, FN 1

der §§932 ff. BGB hinzufügt. Während Wellspacher in seiner angeführten allgemeinen Formel des Rechtsscheinprinzips von *„Zutun"* desjenigen spricht, dem der Vertrauensschutz zum Nachteil gereiche, taucht dieser Aspekt in seinen Ausführungen im Zusammenhang mit dem Gutglaubenserwerb beweglicher Sachen nicht mehr auf. Meyer hingegen greift diesen Zusammenhang auf, sieht darin ein altes germanisches Prinzip und verwendet diesen „Veranlassergedanken" zur ergänzenden Erklärung des §935 BGB. Er betont, daß es gerade nicht um ein Verschulden gehe. Der Eigentümer, der die Sache freiwillig aus der Hand gegeben habe, habe damit die Veranlassung für den Rechtsschein gegeben, aus dem in der Person des gutgläubigen Erwerbers das materielle Recht entstand.[67]

Meyer wendet sich in seinen Ausführungen auch dem Gegenargument zu, daß man der Sache nicht ansehe, ob sie abhanden gekommen sei oder nicht, und daß deshalb §935 BGB nicht mit dem Rechtsscheingedanken vereinbar sei. Um diese Kritik zurückzuweisen und um seine Kombination der Prinzipien zu verteidigen, führt er aus, daß gestohlener und abhanden gekommener Besitz anders aussehe als der Besitz an sonstiger Fahrnis.[68] *„Er ist Diebes- und Hehlerbesitz, der nicht offen zutage tritt, sondern sich ins Dunkle flüchtet."* Wohl selbst nicht ganz von dieser Aussage überzeugt, weist er zudem darauf hin, daß in den Fällen der abhanden gekommenen Sachen die Schadloshaltung schwieriger sei, als wenn der Eigentümer die Sache einem Vertrauensmann gegeben habe.[69] Von diesem könne er sein Geld einfacher bekommen. Schließlich sei es schlicht *„ungerecht"*, den Verlierer an einen Dieb zu verweisen, der nach allgemeiner Erfahrung nicht solvent sei.[70]

Am Ende geht Meyer über die von Wellspacher formulierten Thesen hinaus. Sah letzterer das Rechtsscheinprinzip als in der Entwicklung stehend und nur in einigen Institutionen des BGB mehr oder weniger verwirklicht an, so hielt Meyer es für ein wesentliches Grundprinzip, welches das gesamte BGB durchziehe.[71]

---

[67] Meyer, H., Das Publizitätsprinzip, S. 95
[68] Meyer, H., Das Publizitätsprinzip, S. 84
[69] Meyer, H., Das Publizitätsprinzip, S. 86
[70] Meyer, H., Das Publizitätsprinzip, S. 86
[71] Meyer, H., Das Publizitätsprinzip, s. 96: „...ein beherrschendes Prinzip unseres ganzen bürgerlichen Rechts. Überall schützt im Verkehr der Menschen untereinander das Recht die typische Form als die regelmäßige, erkennbare, kundbare, äußere Erscheinung der Rechte und geht nur ausnahmsweise und mit Widerstreben auf den von der Norm abweichenden versteckten inneren Kern der Erscheinung ein.[...]...und stets trägt der die Last des Nachweises und gegebenenfalls den entstandenen Nachteil oder Schaden, der in seiner Person die Veranlassung zu der entstandenen Inkongruenz gegeben hat."

e) Die weitere Entwicklung:

Die Ausführungen haben schon auf die bestehenden Zusammenhänge zwischen den vertretenen Theorien hingewiesen. Insbesondere die Legitimationstheorie war in ihren Formulierungen nicht weit von der Rechtsscheinlehre entfernt. Dies hat schon die eingangs angeführte Ausführung von F. Endemann deutlich gemacht. Als weiteres Beispiel für die Nähe der Theorie ist Sohm zu nennen. Bezüglich des Besitzes hält er zwar an dem Begriff der *„Legitimation"* fest, spricht aber von *„Ausweis der Berechtigung"*.[72] Diese Formulierungen sind beispielhaft dafür, wie sich die Grundgedanken der Rechtsscheinlehre mehr und mehr durchsetzten. Der Begriff der „Legitimationstheorie" verschwand aus der wissenschaftlichen Diskussion.

Der überwiegende Teil der Lehre sah mithin die Grundlage der §§932 - 935 BGB in dem Vertrauen des Erwerbers auf den von der objektiven Sachlage ausgehenden Rechtsschein. Teilweise kombinierten die Autoren diesen mit dem Veranlassergedanken zur Erklärung des §935 BGB. Wolff äußert, den §§932 ff. BGB liege der Gedanke zugrunde, daß derjenige, der an das Eigentum des *veräußernden Besitzers* glaube, schutzwürdig sei und deshalb erwerbe.[73] Oertmann hielt das Vorhandensein eines Rechtsscheins für das Wirksamwerden des Erwerbs vom Nichtberechtigten für notwendig.[74] Für Heck ist die Grundlage der Regelungen dieselbe wie die der §§892 / 893 BGB. Es werde in all diesen Bestimmungen das Vertrauen auf den Schein des Rechts gestützt.[75] Folglich fordert er als Voraussetzung für den Erwerb das Vorliegen einer rechtfertigenden Besitzlage.[76] Auch Brodmann erblickt den *„inneren Grund"* der Regelungen im Schutz des guten Glaubens an die dem Besitz entsprechende Rechtslage.[77]

Diese Äußerungen können jedoch nicht darüber hinweg täuschen, daß in der Lehre auch Unstimmigkeiten zwischen der Theorie und den §§932 - 935 BGB bekannt waren. Vor allem die den Rechtsschein ausstrahlende Grundlage bereitete Probleme. Schon Wellspacher und H. Meyer hatten darauf hingewiesen, daß der („unsichtbare") mittelbare Besitz keine geeignete Rechtsscheingrundlage darstelle. In Reaktion auf diese Unstimmigkeiten wandelte Wolff seine These um. Der zugrunde liegende Gedanke war in späteren Auflagen seines Buches

---

[72] Sohm, S. 52 / vgl. auch S. 54 f.

[73] Wolff, 3. Bearbeitung (1919), §69, II., S. 195

[74] Oertmann, Recht und Handel 1926, 315 (317), Oertmann weist aber darauf hin, daß nach seiner Ansicht nur der durch das Verhalten des Eigentümers hergestellte Rechtsschein der entscheidende sei (S. 318).

[75] Heck, Sachenrecht, §43, I 1., S. 173, §58, I 4., S. 247

[76] Heck, Sachenrecht, §59, 1., S. 249

[77] Planck / Brodmann, 5. Auflage (1933), §§932 - 935, 4., S. 466

nicht mehr die Schutzwürdigkeit des Glaubens an das Eigentum des *„veräußernden Besitzers"*, sondern der Glaube an das Eigentum des *„Besitz verschaffenden Veräußerers"*.[78]

Skeptisch äußerte sich auch Oertmann. Dieser wendet sich gegen die bei Wellspacher und insbesondere H. Meyer erkennbar geäußerten Bestrebungen, aus den §§932 ff. BGB einen allgemeinen Grundsatz des Rechtsscheins für das bürgerliche Recht abzuleiten.[79] Oertmann hält eine restriktivere Sicht für angebracht, denn es bestehe die Gefahr, daß das Schlagwort des Rechtsscheins dazu führe, daß jedermann glaube, er könne sich auf den tatsächlichen Zustand verlassen.

Zu der Durchsetzung der Rechtsscheinlehre trug auch die Rechtsprechung bei. In den Entscheidungen des Reichsgerichts finden sich nur wenige aussagekräftige Anmerkungen zur rechtstheoretischen Rechtfertigung der Regelungen über den gutgläubigen Erwerb. Sie lassen sich in den frühen Jahren nach Inkrafttreten auch nicht eindeutig einer Ansicht zuordnen. Die ersten Äußerungen des Reichsgerichtes sind ohne Zweifel weder der Legitimationstheorie, noch der Rechtsscheinlehre zuzuordnen. So stellt das Reichsgericht in einer frühen Entscheidung fest, daß beim gutgläubigen Erwerb der veräußernde Nichteigentümer zur Zeit der Einigung noch Besitzer gewesen sein oder den Besitz zumindest vorher auf den Käufer übertragen haben muß (letzteres bezieht sich auf den Fall der brevi manu traditio).[80]
In einer weiteren Entscheidung wird jedoch eine Tendenz zur Rechtsscheinlehre deutlich. Das Reichsgericht stellt fest: *„Nur für den Eigentumserwerb spielt der gute Glaube eine Rolle, nur für ihn kommt die Unterstützung des guten Glaubens durch die Erlangung des unmittelbaren Besitzes in Betracht.*[81] Das Reichsgericht beschreibt hier die Verknüpfung von gutem Glauben und einem Tatbestand, auf den sich dieser stützt. Wie dies Wolff in seiner umgewandelten These darstellte, so sah auch das Reichsgericht den Rechtsscheintatbestand nicht im Besitz des Veräußerers, sondern in der Macht des Veräußerers, den Besitz zu verschaffen.
Nach 1945 hat sich der Bundesgerichtshof deutlicher für die Rechtsscheinlehre ausgesprochen und die Grundlage für den Rechtsschein im Besitz des Veräußerers gesehen. So hat er entschieden: *„Voraussetzung für den gutgläubigen Er-*

---

[78] Wolff, 8. Bearbeitung (1929) §69, II, S.[...]
[79] Oertmann, Recht und Handel 1926, 315 (316)
[80] RG 72, 309 (312)
[81] RG 105, 143 (414)

werb des Eigentums an einer beweglichen Sache ist neben dem guten Glauben der auf dem Besitz beruhende Rechtsschein."[82] „*Der Rechtsgrund für den gutgläubigen Erwerb nach §§932 ff. BGB ist immer ein auf dem Besitz beruhender Rechtsschein, auf den der Erwerber sich verlassen durfte.*"[83]

Parallel zu der Diskussion um die Grundlage verlor die anfangs heftig geführte Debatte, ob es sich beim Erwerb nach den §§932 - 935 BGB um einen originären oder derivativen handele, an Intensität. Die Vertreter der „Legitimationstheorie" glaubten überwiegend einen derivativen Erwerb, diejenigen, die den guten Glauben als Grundlage sahen, in der Regel einen originären Erwerb zu erkennen. Zu der letzten Einordnung paßt auch die von den Vertretern zumeist aufgezeigte Parallele der §§932 ff. BGB zur römischen Ersitzung. Schon die zweite Kommission hatte die Frage nach der Natur des Erwerbs (mangels praktischer Relevanz) offen gelassen.[84] Die einzige praktische Bedeutung, welche dieser Frage letztlich zugestanden wurde, ist die Entscheidung, ob die Begriffe Rechtsnachfolge und Rechtsvorgänger aus ZPO und KO auch den Erwerb vom Nichtberechtigten einbeziehen.[85] Diese Frage aber hat das Reichsgericht schon zur Zeit der Diskussion entschieden.[86] Das Gericht ging von der Eigenständigkeit der prozessualen Begriffe aus und sah die Rechtsfolgen der §§265 und 325 ZPO weder durch originären noch derivativen Erwerb ausgeschlossen. Diese Entscheidung und der Mangel an praktischer Relevanz führten dazu, daß bald nach Beginn die Diskussion wieder zum Erliegen kam.[87] Mit diesem Streit verschwand eines der wichtigsten Ziele der übrigen Thesen, so daß dies der Sicht der Rechtsscheinlehre die Durchsetzung erleichterte.

II. Voraussetzungen für den Eigentumserwerb

Schon der Umfang macht deutlich, daß die §§932 bis 935 BGB eine ausführlichere Regelung darstellen als ihr Vorbild Art. 306 ADHGB. Zudem wurden bei der Schaffung der Regelungen von der Kommission zahlreiche Anhaltspunkte bezüglich der Auslegung und Handhabung der Regelungen gegeben. Trotzdem ergaben sich noch unvorhergesehen Probleme, vor allem solche, die man bei

[82] BGH 10, 81
[83] BGH 56, 123 (128 f.)
[84] Protokolle der Kommission für die zweite Lesung III S. 213
[85] Stintzig, S. 92 f.; vgl auch Hübner, Rechtsverlust, S. 45 f.
[86] Hübner, S. 46 m.w.N.
[87] Hübner, Rechtsverlust, S. 45

Art. 306 ADHGB noch nicht kannte, da sie sich erst durch besondere Regelungen des BGB ergaben und die vorher nicht von der Kommission bedacht worden waren. Für diese mußte die Rechtswissenschaft Lösungen finden. Diese Lösungen und weitere neue Interpretationskonzepte entwickelten die Voraussetzungen des Rechtsinstitutes fort.

1) Übergabe im Sinne der §§932 ff. BGB

Durch den Verweis in §932 BGB auf §929 BGB macht das Gesetz deutlich, daß es zum gutgläubigen Eigentumserwerb gemäß §932 BGB neben der dinglichen Einigung einer Übergabe bedarf. In den §§932 ff. BGB werden darüber hinaus spezielle Anforderungen für die Übergabesurrogate im Rahmen der Gutglaubenserwerbs aufgestellt. Nach Inkrafttreten des BGB kristallisierte sich heraus, was zur Übergabe im Rahmen des gutgläubigen Erwerbs als erforderlich angesehen wurde. Dabei war man sich in der Literatur nicht immer einig.
Die Konkretisierung des Begriffs ist zudem von einer Entwicklung des Übergabebegriffs in §929 BGB geprägt. Diese Entwicklung hatte eine Ausdehnung des Begriffs der Übergabe zur Folge. Wie sich zeigen wird, wurden mehr und mehr Handlungsweisen als „Übergabe" gewertet. Regelmäßig nahm man diese Erweiterung zunächst im Zusammenhang mit §929 BGB vor, um sie dann auf §932 BGB zu übertragen.
Die Entwicklung ist in der Betrachtung des Normalfalls der Übergabe (§932 I 1 BGB) zu erkennen. Weniger Spielraum zur Interpretation lassen hingegen die Regelungen der Übergabesurrogate.

a) §932 I Satz 1, Normalfall der Übergabe:

aa) Ausgangspunkt, Übergabe des unmittelbaren Besitzes:
Allgemein ging man davon aus, bei der Übergabe im Sinne des §932 BGB handele es sich wie schon bei der Übergabe im Sinne der Art. 306 ADHGB um eine Besitzübergabe.[88] Es sei ein „voller Besitzwechsel" notwendig, der Veräußerer müsse seinen Besitz vollständig zugunsten des Erwerbers aufgeben, und dieser müsse Besitz erwerben.[89]
In der Folge sah man die Übergabe als eine Übertragung des unmittelbaren Besitzes. Der Veräußerer müsse den unmittelbaren Besitz aufgeben und der Er-

---

[88] Endemann, F., §81, 2., S. 318; Gierke, Deutsches Privatrecht, §134, III 1., S. 567; Heilfron, §22, I 2., S. 313; Levy, S. 21; Wolff, 3. Bearbeitung (1919), §69, II. 2., S. 196
[89] Gierke, Deutsches Privatrecht, §134, III 1., S. 567

werber ihn erlangen.[90] Dabei beurteile sich der Erwerb nach §854 I BGB, d.h. der unmittelbare Besitz sei mit Erlangen der tatsächlichen Gewalt über die Sache gegeben.[91] Diese Auslegung des Übergabebegriffs stimmt mit dem Leitbild des Gesetzgebers überein, das man heute überwiegend in dem Wechsel des unmittelbaren Besitzes zwischen Veräußerer und Erwerber durch Geben und Nehmen sieht.[92]
Auch die Rechtsprechung ging zur Konkretisierung des Übergabebegriffs des §932 I Satz 1 BGB wie schon für die Übergabe im Sinne des Art. 306 ADHGB und im Anschluß an die allgemeine Ansicht der Literatur von einer Besitzübergabe aus. Erforderlich sei mithin, daß der Besitz des veräußernden Nichteigentümers auf den Erwerber übergehe. Dies wird durch die Forderung deutlich, daß §932 BGB *„einen zur Zeit der Einigung noch vorhandenen oder schon früher auf den Käufer übertragenen Besitz des veräußernden Nichteigentümers"* voraussetze.[93]

bb) Einschaltung von Mittelspersonen:
Bei Darstellung der Entwicklung darf man sich nicht zu sehr auf dieses „Leitbild" beschränken, wie es gegenwärtig dem Gesetzgeber überwiegend unterstellt wird. Dadurch läuft man Gefahr zu übersehen, daß schon zur Zeit der Interpretation der Übergabe i.S.d. Art. 306 ADHGB die Möglichkeit der Einschaltung von Mittelspersonen in den Besitzübergabevorgang bekannt und akzeptiert war. Sie wurde auch im Zusammenhang mit Art. 306 ADHGB in Erwägung gezogen. Dabei sind die wenigen Ausführungen, die eine Einschaltung von Mittelspersonen auch bei Art. 306 ADHGB in Betracht zogen, so zu verstehen, daß die Mittelsperson mit Fremdbesitzerwillen handeln muß (vgl. 1. Kap. A. 2) b) dd) (2) (b)), und nicht jede dritte Hilfsperson sein kann.
Dies beachtend ist es keine Überraschung, daß man nicht bei dem Leitbild stehen blieb. Bis zu einem gewissen Grad stellte dies keine neue Entwicklung des Übergabebegriffs dar, sondern die Übernahme bekannter Möglichkeiten. Man forderte nicht ausschließlich, daß die Sache von der Hand der Veräußerers in die des Erwerbers übergehe. Auf Erwerber- und Veräußererseite sollten Hilfspersonen eingeschaltet werden können.[94]

[90] Levy, S. 21; Planck / Greiff, 1./2. Auflage (1902), §929, 2.
[91] Levy, S. 21
[92] vgl. Staudinger / Wiegand, 13. Bearbeitung (1995), §929 RN 46 und §932 RN 16
[93] RG 72, 309 (312)
[94] vgl. Heilfron, §22, I 2., 313 f.; Maenner, §25, 1., S. 195 Heilfron und Maenner stellen dies ausdrücklich für die Übergabe im Sinne der §929 BGB fest. Aus diesen und anderen Schriften dieser Zeit geht nicht immer ausdrücklich hervor, ob der Übergabebegriff, der bei §929 BGB angeführt wurde, auch bei §932 BGB gelten soll.

(1) Übergabe durch Besitzmittler des Veräußerers bzw. an den Besitzmittler des Erwerbers:
Greiff in Plancks Kommentar (erste Auflage) stellte fest, daß es genüge, wenn der Veräußerer mittelbarer Besitzer sei und sein Vertreter den unmittelbaren Besitz aufgebe. Auch auf Seiten des Erwerbers genüge es, wenn dieser mittelbarer Besitzer werde.[95] Für diese erweiternde Auslegung des Leitbildes führte er das „praktische Bedürfniß" an. Das BGB habe diese Möglichkeit der Interpretation außerdem nicht ausschließen wollen.
Das Reichsgericht stellte ausdrücklich fest, daß ein Besitzmittler in den Übergabevorgang eingeschaltet werden könne.[96] Jemand könne für einen anderen Besitz ergreifen, wenn er dies tue, um sich den unmittelbaren und zugleich dem Erwerber den mittelbaren Besitz zu verschaffen (z.B. auf Grund eines Besitzmittlungsverhältnisses).[97]

(2) Übergabe und Besitzdiener:
Die Figur des Besitzdieners wurde erst von der zweiten Kommission in das Gesetzeswerk eingefügt. Es lag nun an der Rechtswissenschaft herauszufinden, wie sich dieses Institut im einzelnen auswirkt. An diesem Punkt setzte somit eine neue Entwicklung ein.

(a) Einschaltung des Besitzdieners in den Übergabevorgang:
Fraglich war, welche Rolle der Besitzdiener bei der Übergabe spielt. Früh wurde die Möglichkeit erkannt, den Besitzdiener in den Übergabevorgang einzuschalten. Er könne auf Seiten des Veräußerers bei der Übergabe der Sache durch den Besitzherrn als „Werkzeug" mitwirken.[98] Auch auf der Seite des Erwerbers könne ein Besitzdiener auftreten. Erwerbe der Besitzdiener die tatsäch-

---

[95] Planck / Greiff, 1./2. Auflage (1902), §929, 6., S. 180, Greiff macht diese Ausführungen im Rahmen des Übergabebegriffs des §929 BGB. Zur Erläuterung der Übergabe des §932 BGB verweist er jedoch ausdrücklich auf diese Kommentierung; Wolff, 3. Bearbeitung (1919), §66, I. 1., S. 184: „Übergabe ist nur die Übertragung unmittelbaren, nicht die mittelbaren Besitzes." Wolff schließt aber unmittelbar an: „Wenn aber der Veräußerer mittelbarer Besitzer ist und auf sein Geheiß der Besitzmittler die Sache dem Erwerber übergibt, so ist diese Übergabe, in Ansehung des Eigentumserwerbs, einer Übergabe durch den Veräußerer selbst gleichzusetzen. Entsprechend genügt zur Übereignung an den Erwerber, daß der Veräußerer die Sache an jemand übergibt, der sie fortab als Besitzmittler des Erwerbers unmittelbar besitzen soll."
[96] vgl. auch RG 100, 190 (193), RG 137, 23 (25)
[97] RG 137, 23 (25 f.)
[98] Planck / Greiff, 1./2. Auflage (1902), §929, 2., S. 178; Wolff, 3. Bearbeitung (1919), §66, II., FN 17, S. 186

liche Gewalt, so werde der Erwerber unmittelbar Besitzer.[99] Der Einsatz der Besitzdiener auf beiden Seiten wurde somit für möglich gehalten.
Auch das Reichsgericht vollzog diese Möglichkeit. So ließ es das Reichsgericht für die Übergabe genügen, daß der Erwerber den Besitz durch Einschaltung seines Besitzdieners erwirbt.[100] In einer späteren Entscheidung (zu §933 BGB) bekräftigte das Gericht die Möglichkeit der Einschaltung eines Besitzdieners.[101]

(b) Besitzdiener übergibt Sache des Besitzherrn als eigene:
In der Literatur behandelte man auch den Fall, daß der Besitzdiener eine Sache des Besitzherrn als seine eigene übergebe. Planck führt aus, daß dies zur Übergabe genüge. Der Besitzdiener hebe das Besitzdienerverhältnis durch sein Verhalten auf.[102] Die Übergabe habe dadurch zwei Folgen, eine eigenmächtige Ergreifung des Besitzes durch den Besitzdiener und die Einräumung des Besitzes an den Erwerber. Praktische Bedeutung habe der Fall jedoch wenig. Greiff geht davon aus, daß im Rahmen des gutgläubigen Erwerbs ohnehin §935 BGB eingreife und der Erwerb nicht stattfinde.[103] Eine Ausnahme bestehe bei Geld und Inhaberpapieren. Das Eingreifen des §935 BGB in dieser Konstellation war und ist jedoch umstritten (vgl. unten 3) a) dd)).

(c) Sogenannter „Wechsel der Besitzbeziehung“:
Weiterhin wurde die Frage aufgeworfen, ob eine Übergabe i.S.d. §932 BGB vorliege, wenn der Besitzdiener eine Sache an einen (neuen) Besitzherrn veräußere und die Sache dabei aber in seiner tatsächlichen Gewalt bleibe. Levy ging davon aus, daß dies zur Übergabe genüge, denn der Besitzherr werde unmittelbarer Besitzer, die tatsächliche Gewalt übe der Besitzdiener für ihn aus.[104] Er hielt jedoch das Resultat einer „Übergabe“ ohne körperlichen Übergang, insbesondere beim gutgläubigen Erwerb vom Nichtberechtigten, für bedenklich, denn der Erwerb des Eigentums werde nicht offengelegt und der ursprüngliche Eigentümer sei dadurch gefährdet.[105] Es entspreche jedoch dem Gesetzestext, und man könne nur in Erwägung ziehen, dies durch eine Gesetzesänderung zu verwerfen.[106]

---

[99] Planck / Greiff, 1./2. Auflage (1902), §929, 6., S. 180 f.
[100] RG 74, 354 (355 f.)
[101] RG 137, 23 (25)
[102] Planck / Greiff, 1./2. Auflage (1902), §929, 2., S. 178
[103] Planck / Greiff, 1./2. Auflage (1902), §929, 2., S. 179
[104] Levy, S. 23
[105] Levy, S. 23
[106] Levy, S. 24

(3) Verzicht auf jegliche Besitzbeziehung, sog. „Geheißerwerb“:
Schließlich wurde in der Literatur auch vertreten, daß man im Rahmen der Übergabe i.S.d. §932 BGB auf jegliche Besitzbeziehung des Veräußerers oder des Erwerbers zur Sache verzichten könne. Zur Übergabe sollte genügen, was heute unter dem Schlagwort „Geheißerwerb“ bekannt ist.[107]
Diese Möglichkeit der Übergabe wurde für das geltende Recht[108] zum erstenmal 1914 von Brodmann im Zusammenhang mit §929 BGB beschrieben.[109] Es sollte genügen, wenn der Veräußerer dem Erwerber Besitz verschaffen könne. Eine Besitzbeziehung des Veräußerers zur Sache sei nicht erforderlich. Vielmehr reiche es aus, daß der Veräußerer seinen Lieferanten, der weder Besitzdiener noch Besitzmittler sei, anweise, die Sache direkt dem Erwerber zu liefern. Später wurde diese Erweiterung auf die Seite des Erwerbers übertragen, so daß in letzter Konsequenz keinerlei Besitzbeziehung von Veräußerer und Erwerber zur Sache mehr erforderlich sein sollte. Wolff bringt 1929 diesen „Geheißerwerb“ ausdrücklich in Zusammenhang mit dem Übergabebegriff des §932 BGB. Es genüge, wenn der unmittelbare Besitzer die Sache auf Geheiß des Veräußerers übergebe, letzterer müsse nicht mittelbarer Besitzer sein.[110] Zur Begründung führt er die Regelung des §934, 2. Fall BGB an. In dieser gesetzlichen Regelung komme der Grundgedanke zum Ausdruck, daß der Gutgläubige Eigentum vom nichtbesitzenden Nichteigentümer erwerbe, wenn dieser ihm den Besitz verschaffen könne. Über den Einzelfall der Anspruchsabtretung hinaus verfüge dieser Gedanke über allgemeine Geltung. Dies könne man deshalb annehmen, weil die Anspruchsabtretung selbst vom Gesetz als ohne rechtliche Konsequenz dargestellt werde. Heck stimmte ausdrücklich den Ausführungen Wolffs zu.[111]
Zu dem sogenannten „Geheißerwerb“ im Rahmen der Übergabe im Sinne des §932 BGB findet sich in der reichsgerichtlichen Rechtsprechung keine ausdrückliche Stellungnahme. Die Forderung des Reichsgerichts, daß eine Besitzposition des veräußernden Nichtberechtigten für den Erwerb gemäß §932 BGB Voraussetzung sei[112], steht einer Übergabe im Sinne des §932 BGB auf Geheiß des Veräußerers entgegen.

---

[107] Der Begriff „Geheißerwerb“ erfaßt in der vorliegenden Abhandlung die Fälle, in denen Hilfspersonen in den Übereignungsvorgang eingeschaltet werden, die in keiner Besitzbeziehung zu Veräußerer und / oder Erwerber stehen. Ebenso: Kolb, Geheißerwerb, S. 25; MK / Quack, §929 RN 141; Martinek, AcP 188, 573 (600)
[108] zu den historischen Vorbildern: Wieling, Sachenrecht I, §9, VIII a)
[109] Kolb, Geheißerwerb, S. 90; Wadle, JZ 1974, 689 (690)
[110] Wolff, 8. Bearbeitung (1929), §69, II 2. a), Die Konstellation erläutert Wolff mit einem Beispielsfall.
[111] Heck, Sachenrecht, §59, b), 2., S. 249

b) Übergabesurrogate:
Das BGB enthält ausführliche Regelungen zu den Übergabesurrogaten mit Besonderheiten im Zusammenhang mit dem Erwerb vom Nichtberechtigten. Trotz eingehender Diskussion in den Kommissionen und sich daraus ergebender ausführlicher Regelungen tauchten Fragen und Probleme auf, die von der Rechtswissenschaft zu lösen sind.

aa) §933 BGB:
(1) Ausschluß des Erwerbs mittels Besitzkonstitut:
§933 BGB betrifft den Fall der Veräußerung durch einen Nichtberechtigten nach Maßgabe des §930 BGB. Es kommt der Gedanke zum Ausdruck, daß eine Übereignung mittels constitutum possessorium beim Erwerb vom Nichtberechtigten nicht die Kraft hat, Eigentum zu verschaffen. Mit §933 BGB hat man bei Schaffung des BGB gezielt die zu Art. 306 ADHGB bestehende Auslegung übernommen (vgl. oben 1. Kap. B. II. 1) b) cc) (5)). Dies war auch allgemein bekannt.[113] Die Kritiker der Ausnahme fanden sich deshalb mit ihr ab. Cosack, der diese Ausnahme schon bei der Auslegung des Art. 306 ADHGB kritisiert hatte und die betreffende Regelung des ersten Entwurfs ablehnte (vgl. oben 1. Kap. B. II. 2) b) bb)), schilderte sie nun in seinem Lehrbuch wie vom Gesetzgeber ausdrücklich gewollt. Seine ablehnende Sichtweise zeigte er jedoch mit einer Reihe von Fallbeispielen, mit denen er versuchte, die von ihm gesehenen dogmatischen Schwächen der Bestimmung aufzuzeigen.[114] So sei nicht einzusehen, warum, wenn der Eigentümer eine Sache mehrfach mittels Besitzkonstitut übereigne, nur der erste Erwerber Eigentümer werde. Zudem sieht Cosack keinen einleuchtenden Grund dafür, daß dieser Erwerb dadurch durchbrochen werde, daß der Übereignende die Sache für einen Augenblick einem der weiteren Eigentümer übergebe.
Auch Heck machte aus seiner ablehnenden Haltung kein Geheimnis, stellte jedoch unmißverständlich fest, daß die Regelung eindeutig vom Gesetzgeber gewollt sei.[115]
Wellspacher setzt sich mit den von den Motiven und den Protokollen (zum ersten Entwurf) aus der Praxis zu Art. 306 ADHGB übernommenen Begründungen

---

[112] RG 72, 309 (312)
[113] Gierke, Deutsches Privatrecht, §134, III 1., S. 569, FN 81; Planck / Greiff, 1./2. Auflage (1902), §933, S. 187; Staudinger / Kober, 5./6. Auflage (1910), §933, 1., S. 349; Wellspacher, S. 7
[114] Cosack, Lehrbuch, §199, IV. 3., S. 129
[115] Heck, Sachenrecht, §59, 4., S. 250

auseinander. Er hält diese nicht für schlüssig.[116] Dadurch veranlaßt, vermutet er den wahren Grund für die Einführung des §933 BGB in allgemeinen Bedenken gegenüber der Übereignung mittels constitutum possessorium. Aber auch dies überzeugt ihn nicht. Er vertritt die Auffassung, man hätte dann konsequenterweise diese Übereignungsform ganz verbieten müssen. Auf der anderen Seite sei es aus der Sicht des Verkehrs konsequent gewesen, auch den gutgläubigen Erwerb mittels constitutum possessorium zuzulassen. Letztlich spricht sich Wellspacher jedoch für die von ihm als inkonsequent erkannte Regelung aus. §933 BGB sei in den Fällen zu begrüßen, in denen der Veräußerer nur mittelbarer Besitzer sei, denn der mittelbare Besitz stelle keine ausreichende Rechtsscheingrundlage dar.[117]

(2) Gutgläubiger Erwerb bei Übergabe:

(a) Übergabe im Sinne des §933 BGB:

Wie durch die zweite Kommission ausdrücklich in die Fassung des §933 BGB aufgenommen, erlangt der Erwerber das Eigentum an der Sache, wenn diese ihm von dem Veräußerer „übergeben" wird. Zu dem Begriff der Übergabe i.S.d. §933 BGB gibt es in der Literatur wenige und zudem nur wenig aufschlußreiche Stellungnahmen. Allgemein forderte man das Hinzutreten der „leiblichen Übergabe".[118] Doch ist auch dieser Begriff wenig aussagekräftig.

Endemann nahm ausdrücklich, aber ohne nähere Begründung an, daß bei §933 BGB erst mit Erlangen des unmittelbaren Besitzes der Eigentumserwerb eintrete.[119] In gleicher Weise wird man Kober verstehen müssen. Ein Erwerb liege vor, wenn der Erwerber die Sache selbst in unmittelbaren Besitz nehme.[120] Dies sei so, weil der Erwerber nach §930 BGB zunächst nur mittelbaren Besitz erwerbe. Später schrieb auch Schliewen, daß der Eigentumserwerb eintrete, wenn dem Erwerber nachträglich der unmittelbare Besitz vom Veräußerer eingeräumt werde.[121]

Insgesamt blieb die Zahl derer in der Literatur, die äußerten, der Erwerber müsse nach §933 BGB unmittelbaren Besitz erlangen, gering. Greiff hebt hervor, daß §933 BGB keinen *eigenen* Regelungsgehalt habe, daß vielmehr durch die nachfolgende Übergabe nur die Voraussetzungen von §§929, 1 / 932 BGB er-

---

[116] Wellspacher, S. 7 ff.

[117] Wellspacher, S 9 / 13

[118] Gierke, Deutsches Privatrecht, §134, III 1., S. 569

[119] Endemann, F., §81, FN 26

[120] Staudinger / Kober, 5./6. Auflage (1910), §933, 1., S. 349

[121] RGRK / Schliewen, 5. Auflage (1923), §933, S. 250

füllt würden.[122] Bei diesen Normen bedarf es aus seiner Sicht nicht des Erwerbs des unmittelbaren Besitzes durch den Gutgläubigen. Dies spricht dafür, daß der Autor jedenfalls keine Beschränkung auf den Erwerb des unmittelbaren Besitzes für notwendig hält.

Während sich in der Literatur zunächst keine einheitliche Sichtweise herausbildete, schien die höchstrichterliche Rechtsprechung schnell eine klare Linie zu finden. Früh stellte das Reichsgericht in einer Entscheidung fest, daß nach seinem Verständnis der Erwerber zur Übergabe im Sinne des §933 BGB den unmittelbaren Besitz erlangen müsse.[123]
Die gleiche Ansicht äußerte das Gericht in einer späteren Entscheidung. Zunächst stellte es, den §933 BGB konkretisierend, fest, daß zum Eigentumserwerb eine Wiederholung des dinglichen Vertrages nicht erforderlich sei. Außerdem komme es auch nicht darauf an, daß die Parteien davon ausgingen, der Erwerber sei bereits Eigentümer. Letztlich sei nur entscheidend, daß auf Grund des Veräußerungsgeschäfts der bisherige mittelbare Besitz des Erwerbers in unmittelbaren Besitz umgewandelt werde.[124]
Einen unmittelbaren Besitz des Erwerbers forderte das Reichsgericht schließlich noch in einer weiteren Entscheidung. Nach §933 BGB könne auf dem Wege des §930 BGB das Eigentum nicht schon mit der Erlangung des mittelbaren Besitzes erworben werden.[125]
Dem durch die angeführten Entscheidungen des Reichsgerichts über Jahre entstandenen Eindruck, die Übergabe des §933 BGB verlange stets die Erlangung des unmittelbaren Besitzes durch den Erwerber[126], wirkte das Gericht dann in einer grundlegenden Entscheidung zu §933 BGB und zum Übergabebegriff entgegen, indem es deutlich machte, daß es nicht pauschal um den unmittelbaren Besitz des Erwerbers gehe, sondern unter Umständen auch ein mittelbarer Besitz ausreichen könne. Das Gericht stellt zunächst fest, daß §933 BGB nicht von Erwerb des unmittelbaren Besitzes, sondern von „Übergabe" spreche.[127] Darunter sei nichts anderes zu verstehen als in §932 BGB bzw. §929 BGB, also Übertragung unmittelbaren Besitzes.[128] Dies bedeute im einzelnen nicht ein Geben von Hand zu Hand, sondern vielmehr, daß der Veräußerer nicht den geringsten

122 Planck / Greiff, 1./2. Auflage (1902), §933, S. 187; ebenso: Biermann, §933, S. 142, der auf die Übergabe des §929, 1 BGB verweist.
123 RG JW 1908, 717, Nr. 14
124 RG 81, 141 (143)
125 RG Soergel 1927, §933, S. 204; ausführlicher in: Das Recht 1927, Nr. 35
126 So auch die Argumentation der Revisionsinstanz der nun folgenden Entscheidung.
127 RG 137, 23 (24)
128 RG 137, 23 (24 f.)

Rest von Besitz (im Sinne der tatsächlichen Gewalt) in seiner Hand behalten dürfe, und der Erwerber den Besitz in vollem Umfang ergreifen müsse.[129] Daraus folge denknotwendig, daß die Übergabe nicht darin bestehen dürfe, daß der Erwerber aus der Hand des Veräußerers mittelbaren Besitz erwerbe, denn dann behielte der Veräußerer ja Besitz. Dies schließe aber nicht aus, daß auf Seiten des Erwerbers (oder Veräußerers) ein Mittelsmann eingeschaltet werden könne.[130] Als solche Mittelsleute führt das Reichsgericht den Besitzdiener und den Besitzmittler an. Bei Zuhilfenahme eines Besitzdieners werde der Erwerber unmittelbarer Besitzer. Werde ein Besitzmittler auf Seiten des Erwerbers eingeschaltet, so erwerbe nur dieser den unmittelbaren Besitz, und der Erwerber werde nur mittelbarer Besitzer.[131] Dies genüge aber den Anforderungen der „Übergabe", es entspreche dem Gesetz und werde zudem den Anforderungen des Verkehrs gerecht, so daß ein Erwerb mittels §933 BGB unter Umständen auch möglich sei. Der Erwerber erhielte (nur) mittelbaren Besitz.

(b) Besitzergreifung durch den Erwerber:
Auch zu der Frage, ob eine Besitzergreifung durch den Erwerber eine Übergabe im Sinne des §933 BGB darstelle, finden sich in der Literatur Stellungnahmen. Wolff nahm an, daß ein Eigentumserwerb gegeben sei, wenn der Erwerber die Sache dem Veräußerer nach Abschluß des Konstitutes gewaltsam wegnehme, und die beiden dann das Ende des Besitzmittlungsverhältnisses vereinbarten.[132] Dieser Ausführung trat Brodmann ausdrücklich bei.[133] Man war sich also einig, daß in dieser Konstellation eine Besitzübertragung vorliege, wie sie gefordert werde.

In der Rechtsprechung stellte man nur fest, daß eine eigenmächtige, einseitige Besitzergreifung des Erwerbers jedenfalls nicht genüge.[134]
Der Bundesgerichtshof entschied später, eine einseitige Wegnahme genüge auch dann nicht zur Übergabe im Sinne des §933 BGB, wenn den Veräußerer den Erwerber bereits bei der Veräußerung zur Wegnahme ermächtigt habe (!).[135]
Zu der Problematik der Besitzergreifung gab es bis zu dieser Entscheidung nur

---

[129] RG 137, 23 (25)
[130] RG 137, 23 (25)
[131] RG 137, 23 (26)
[132] Wolff, 8. Bearbeitung (1929), §69, II 2. c. (a.E)
[133] Planck / Brodmann, 5. Auflage (1933), §933, 2. a), S. 471
[134] Soergel 1912, §933, S. 312
[135] BGH 67, 207 (209), sog. „Kompressorfall"

wenige Stellungnahmen in Literatur und Rechtsprechung. Man kann aber festhalten, daß der Bundesgerichtshof hiermit von der Meinung des Reichsgerichtes abrückte, welche dieses noch im Zusammenhang mit Art. 306 ADHGB vertrat (RG 33, 27 ff. (vgl. oben 1. Kap. A. II. 2) b) dd) (3) a.E.).
Letztlich blieb die Entscheidung bislang eine singuläre.

bb) §934 BGB:
§934 BGB betrifft den Fall der Veräußerung durch einen Nichtberechtigten nach Maßgabe des §931 BGB. Dabei unterscheidet er zwei Fälle. Im ersten hat der Veräußerer den mittelbaren Besitz (1) und im zweiten hat er keine Besitzposition (2).

(1) §934, 1. Alt. BGB:
In diesem Fall des §934 BGB, in dem der Veräußerer mittelbarer Besitzer ist, genügt auch beim Erwerb vom Nichtberechtigten die Abtretung des Herausgabeanspruchs für den Eigentumserwerb.

(a) Wertungswiderspruch zu §933 BGB:
Ein Problem sah man in dem Zusammenspiel von §933 BGB und §934, 1. Alt. BGB. Um in das Problem einzuführen, sei ein Beispielsfall vorangestellt, wie er schon kurz nach Inkrafttreten gebildet wurde.[136]
Der Eigentümer A hat dem B ein Buch geliehen (oder unter Eigentumsvorbehalt verkauft[137]). B veräußerte es durch Konstitut an C. C kann trotz seines guten Glaubens kein Eigentum erwerben (§933 BGB). Veräußert nun C die Sache weiter an D durch Abtretung des ihm gegen B zustehenden Herausgabeanspruchs, so wird der gutgläubige D sofort Eigentümer, da C mittelbarer Besitzer ist (§934, 1. Alt. BGB). Letztlich kann somit derjenige, welcher beim Erwerb mittels Konstitut wegen §933 BGB kein Eigentum erwirbt, aber (dennoch) mittelbaren Besitz erlangt, einem gutgläubigen Erwerber gemäß §§931 / 934, 1. Alt. BGB durch Abtretung seines Herausgabeanspruchs Eigentum verschaffen. Es sei hier darauf hingewiesen, daß man schon in der zweiten Kommission zum BGB diesen Problem-Fall gesehen und diskutiert hatte. Die Kommission akzeptierte, insbesondere gestützt auf das Argument der gewünschten Verkehrserleichterung, mehrheitlich dieses Ergebnis und lehnte eine Ausnahme für den Fall, daß der Veräußerer den Besitz mittels Besitzkonstitut erworben hätte, aus-

[136] Fall nach Wellspacher, S. 12
[137] So in dem von Müller konstruierten Fall (AcP, 137 (1933) S. 87 f.), mit dem er den später dem BGH zur Entscheidung vorliegenden „Fräsmaschinen - Fall“ (BGH 50, 45) vorwegnahm.

drücklich ab. Für manche Autoren war damit die Frage entschieden.[138] Sie nahmen sie als ausdrücklichen Willen des Gesetzgebers hin.
Von anderen wurde dies als Wertungswiderspruch empfunden. Wellspacher erkennt den Widerspruch darin, daß derjenige, welcher sich auf die Aussagekraft des unmittelbaren Besitzes verlasse (im Fall C, dem das Buch von B durch Konstitut veräußert wird), kein Eigentum erwerbe, während derjenige, welcher sich auf den (weniger aussagekräftigen[139]) mittelbaren Besitz verlasse (im Fall D, dem der Herausgabeanspruch abgetreten wird), Eigentümer werde.[140] Außerdem kritisiert Wellspacher, daß bei einer Veräußerung von C an D, wenn sie statt der Abtretung mittels Konstitut vorgenommen werde, D kein Eigentum erwerbe. Für dieses unterschiedliche Ergebnis sieht er keinen Grund, da die Vertrauensgrundlagen die gleichen seien.[141] Die Kritik Wellspachers setzt somit an den Punkten der Regelung an, die sich nur schlecht mit seinem Rechtsscheinsystem verbinden lassen.
Müller sah das von ihm als positiv empfundene Ergebnis des §933 BGB als durch die Regelung des §934, 1. Alt. BGB zerstört an. §933 BGB lasse zu Recht den Erwerb nicht zu, denn der Besitz bleibe beim Veräußerer, und ein heimliches Geschäft führe nicht zum gutgläubigen Erwerb. Dieses berechtigte Ergebnis werde in der problematischen Konstellation durch ein heimliches Geschäft zerstört.[142]

Um diesen Widerspruch aufzulösen, suchten mache Autoren nach Korrekturkonzepten.[143] Wolff setzte einen Korrekturversuch bei §933 BGB an. Ohne weitere Begründung nahm er an, daß bei dem Scheitern der Eigentumsübertragung gemäß §933 BGB auch das Besitzmittlungsverhältnis wegen §139 BGB ungültig sei, und somit der Erwerber keinen Besitz erlange.[144] Eine Übereignung mittels §§931 / 934, 1. Alt. BGB käme dann nicht in Frage. Dieser Gedanke setzte sich schon in der damaligen Lehre nicht durch.[145] Das Entstehen des Besitzmittlungsverhältnisses hängt alleine von dem Bestehen des Fremdbesitzwillens ab.

---

[138] Planck / Brodmann, 5. Auflage (1933), §934, 3., S. 477; Biermann, §934, 1., a)
[139] Wellspacher, S. 13
[140] Wellspacher, S. 12; ebenso: Müller, AcP 137 (1935) S. 87; Heck, Sachenrecht, §59, 5. c), S. 251
[141] Wellspacher, S. 12 f.
[142] Müller, AcP 137 (1933) S. 87
[143] Wellspacher präsentierte kein Konzept, sondern begnügte sich damit, das Problem aufzuzeigen.
[144] Wolff, 8. Bearbeitung (1929), §69, II 2. c), FN 17, S. 214
[145] ablehnend: Müller, AcP 137 (1933) S. 87; Planck / Brodmann, 5. Auflage (1933), §933, 2. b)

Einen anderen Weg zur Lösung des Wertungswiderspruchs eröffnet sie der sog. Lehre vom Nebenbesitz. Die zentralen Gedanken dieser Lehre wurden von Wolff entwickelt.[146] Ihren Namen erhielt diese Ansicht von Dölle.[147] Ursprünglich wurde diese Lehre für ein Problem entwickelt, das man im Zusammenhang mit §934, 2. Alt. BGB sah. Bei der Interpretation des §934, 2. Alt. BGB war man sich einig, daß der Erwerb mittelbaren Besitzes zur Besitzerlangung im Sinne des §934, 2. Alt. BGB, genüge (vgl. unten (2) (a)). Diese Sichtweise eröffnet die Möglichkeit, daß der Erwerber mittelbarer Besitzer wird, während der Eigentümer noch mittelbaren Besitz hat. Dies führte in der Rechtswissenschaft zu der Frage, ob man dem Erwerber das Eigentum zusprechen könne, obwohl sich der Eigentümer in derselben Position befinde wie dieser (Erwerber und Eigentümer sind grundsätzlich in der selben Besitzlage und vertrauen beide demselben). Letztlich muß man in der Situation entscheiden, ob der Erwerber das Eigentum erhält und der ursprüngliche Eigentümer automatisch seine Besitzposition verliert, oder aber eine Patsituation vorliegt, in welcher der Erwerber noch kein Eigentum erwirbt, und der Eigentümer es noch nicht verliert.

Diese problematische Lage des gleichzeitigen mittelbaren Besitzes von Erwerber und Eigentümer besteht auch in dem betrachteten Fall im Rahmen des §934, 1. Alt. BGB.[148] Nach der Lehre vom Nebenbesitz besteht der mittelbare Besitz des Eigentümers in einer solchen Situation fort. Der Erwerber erlangt nur „gleichstufigen“ mittelbaren (Neben-) Besitz, der für den Eigentumserwerb nicht ausreicht.[149] Erst bei Verlust dieser Besitzposition durch den Eigentümer soll der Erwerber das Eigentum erhalten.

Müller steht dem Nebenbesitz skeptisch gegenüber.[150] Auch er entwickelte ein Korrekturkonzept für §934 BGB, durch welches er den Anwendungsbereich der Norm begrenzte. Da §933 BGB nach seiner Ansicht die Norm mit dem zentralen Gedanken des Abschnitts darstellt, ist es für ihn konsequent, die Überlegung, die der Gesetzgeber bei §933 BGB gehabt habe, auf §934, 1. Alt. BGB auszudehnen und somit diesen sachgerecht einzuschränken.[151] §933 BGB hindere den Erwerb, solange die Sache beim Besitzmittler verbleibe. Auf diese

---

[146] Gutachten von M. Wolff vom 7. Mai 1931; vgl. Bezugnahme des RG (JW 1932, 1212 ff.)
[147] Dölle, JW 1932, 1212
[148] Allerdings nicht für den Begründer der Lehre vom Nebenbesitz M. Wolff, der, wie festgestellt, wegen §139 BGB annimmt, daß der Erwerber keinen mittelbaren Besitz erhält.
[149] vgl. RG JW 1932, 1212 (1214)
[150] Müller, AcP 137 (1933), 86 (88f.)
[151] Müller, AcP 137 (1933), 86 (89)

Weise berücksichtige §933 BGB zu Recht, daß auch der Eigentümer dem Besitzmittler Vertrauen entgegengebracht habe, und dieses nicht weniger wert sei als das Vertrauen des gutgläubigen Erwerbers, der die Sache in den Händen des Veräußerers belasse.[152] Wenn man diesen Gedanken auf §934 BGB übertrage, bedeute dies für die Anwendung der Norm, daß hier ein gutgläubiger Erwerb erst mit Erlangen des unmittelbaren Besitzes eintrete, wenn der gegenwärtige Besitzer zunächst dem bisherigen Eigentümer den Besitz vermittele, und seitdem weder eine Veränderung des unmittelbaren Besitzes eingetreten sei, noch der Eigentümer den mittelbaren Besitz auf den Veräußerer oder den Erwerber übertragen habe.[153]

In einem Urteil zu §934, 2. Alt. BGB, lehnte das Reichsgericht die Existenz eines sog. „Nebenbesitzes" ab. Es hielt einen Erwerb trotz gleichzeitigen mittelbaren Besitzes eines Dritten für möglich.
Das Reichsgericht setzte sich ausführlich mit der Ansicht von M. Wolff auseinander. Es lehnte die Existenz eines „gleichstufigen" mittelbaren Besitzes (sog. „Nebenbesitz") ab. Durch die Begründung neuen mittelbaren Besitzes (durch den Erwerber) werde der bislang bestehende mittelbare Besitz zerstört.[154] Folge dieser Feststellung ist, daß der Erwerber mit der Erlangung des mittelbaren Besitzes auch dann das Eigentum erwirbt, wenn ein Dritter mittelbaren Besitz hatte. Zur Begründung stützt sich das Reichsgericht im wesentlichen auf den Wortlaut des Gesetzes. Da es nach diesem an einer Sache nur einen Besitz gebe, käme auch nur ein Besitzer in Frage. Außerdem sei der Gedanke des „gleichstufigen" Besitzes dem Gesetze fremd. Dieses kenne nur einen mittelbaren Besitz. Schließlich erzeugten mehrere Besitzer nebeneinander Rechtsunsicherheit. Das Gericht denkt hierbei vor allem an Unklarheiten im Zusammenhang mit §1006 BGB und der Frage, auf wen die Besitzschutzvorschriften anzuwenden seien. Diese Auffassung bestätigte das Gericht in späteren Entscheidungen.[155] Nach 1945 entschied sich die höchstrichterliche Rechtsprechung für eine Kontinuität dieser Rechtsprechung.[156]

---

[152] Müller, AcP 137 (1933) 86 f. / 89
[153] Müller, AcP 137 (1933) 86 (93)
[154] RG JW 1932, 1212 (1213); Dagegen wendet sich Dölle mit einer ausführlichen Auseinandersetzung mit den Argumenten des Reichsgerichtes (JW 1932, 1212). Dölle hält einen Nebenbesitz durchaus für möglich. Daß er dem Ergebnis des Reichsgerichtes in dem besprochenen Fall dennoch zustimmt, liegt, wie man später erfährt (JW 1932, 3763, zu 4.), an einem Mißverständnis bezüglich des Sachverhaltes.
[155] RG 138, 265 (267)
[156] BGH 50, 45 ff. (sog. „Fräsmaschinenentscheidung"), Das Gericht setzt sich in dieser Entscheidung mit einigen Korrekturversuchen für das Verhältnis zwischen §933 BGB und §934

Aus der Entscheidung zu §934, 2. Alt. BGB kann man schlußfolgern, daß das Reichsgericht bei Anwendung des §934, 1. Alt. BGB und insbesondere in dem geschilderten Problemfall sich ebensowenig für eine Korrekturmöglichkeit entschieden hätte.

Die Ansicht, welche die Rechtsfigur des Nebenbesitzes bemüht, und die Ansicht Müllers schränken somit die Möglichkeit des gutgläubigen Erwerbs im Rahmen des §934, 1. Alt. BGB ein. Dies geht nicht nur am Wortlaut des Gesetzes vorbei, sondern untergräbt auch den Verkehrsschutz, das erste Ziel der Regelung. Wille des Gesetzgebers war es, mit den Normen des §933 und §934 BGB klare Verhältnisse zu schaffen. Korrigierende Neuinterpretationen schaffen Rechtsunsicherheit und machen die erreichte Klarheit wieder zunichte. Eine schematische Regelung entstehen zu lassen, wurde angestrebt, nicht der Gedanke, daß man besitzmäßig näher an die Sache herankommen muß, wie dies die Lehre vom Nebenbesitz fordert. Daher orientierte man sich einfach an den §§929 ff. BGB und ließ mögliche Widersprüche absichtlich unberücksichtigt. Schließlich ist §933 nicht die zentrale Norm, in der sich der Grundgedanke der Regelungen über den gutgläubigen Erwerb ausdrückt, wie dies Müller behauptet, sondern die Kodifikation einer lange Zeit bestehenden Ausnahmeregelung. Die Rechtsprechung ist somit konsequent.

(b) Bestehen des Anspruchs:

Vereinzelte Stimmen nahmen Stellung zu der Frage, ob im Rahmen des §934, 1. Alt. BGB der auf einem Rechtsverhältnis im Sinne des §868 BGB beruhende Herausgabeanspruch wirklich bestehen müsse. Die wenigen, welche sich der Frage annahmen, bejahten sie.[157]

Erst nachdem auch das Reichsgericht diese Frage für §934, 1. Alt. BGB dahingehend entschieden hatte, ein Anspruch müsse bestehen,[158] mehrten sich die Stellungnahmen und folgte somit die herrschende Lehre.[159]

BGB auseinander. Es kommt dabei jedoch nicht zu einer Auseinandersetzung mit der Theorie des Nebenbesitzes.

[157] Biermann, §934, 1. c); diesem folgend: Staudinger / Kober, 5./6. Auflage (1910), §934, 3. Beide bejahten diese Frage für den gesamten §934 BGB, d.h. die erste und zweite Alternative.

[158] RG 89, 348 (349)

[159] RGRK / Schliewen, 5. Auflage (1923), §934, S. 251; Gegen die Interpretation des Reichsgerichtes: Planck / Brodmann, 5. Auflage (1933), §934, 3., S. 474

(2) §934, 2. Alt. BGB:
Der zweite Fall des §934 BGB fordert für den gutgläubigen Erwerb des Eigentümers, über die Abtretung des Herausgabeanspruchs hinausgehend, daß der Erwerber Besitz erlangt.

(a) Besitzerlangung:
Die zweite Kommission stellte ausdrücklich fest, daß im Rahmen des §934, 2. Alt. BGB der Erwerb des mittelbaren Besitzes ausreichen solle.
Zum Teil wurde gefordert, daß der Erwerber den unmittelbaren Besitz erlange.[160]
Überwiegend nahm man jedoch, den Vorgaben der zweiten Kommission entsprechend, an, daß der Erwerb des mittelbaren Besitzes ausreichen solle.[161] Somit solle jede denkbare Art der Besitzübertragung möglich sein.

(b) Bestehen des Anspruchs:
Anfangs gab es wenige Stellungnahmen zu der Frage, ob die Forderungsabtretung gemäß §934, 2. Alt. BGB einen wirklich bestehenden Herausgabeanspruch voraussetzte, oder ob eine angebliche Forderung genüge. Vereinzelt wurde im Schrifttum vertreten, der Herausgabeanspruch müsse wirklich bestehen, ein vermeintlicher Herausgabeanspruch reiche nicht aus.[162]

Anders als zu §934, 1. Alt. BGB beantwortete das Reichsgericht zu §934, 2. Alt. BGB die Frage, ob der abgetretene Anspruch wirklich bestehen müsse. Es kam zu dem Ergebnis, daß dieser Herausgabeanspruch dem Veräußerer nicht zustehen müsse.[163] So wie es nicht des guten Glaubens des Veräußerers bedürfe, erfordere die Norm nicht, daß der Anspruch bestehe oder der Veräußerer an das Bestehen glaube. Wie in §932 BGB gehe es darum, den guten Glauben des Erwerbers und nicht des Veräußerers zu schützten.[164] Mit dieser Stellungnahme verwarf die Rechtsprechung die gegenteiligen Stimmen der Literatur.

---

[160] Endemann, F., §81, FN 26, ohne nähere Begründung
[161] Biermann, §934; Crome, §382, b) I. 1. c); Cosack, Lehrbuch, §199, IV 4., S. 129; Goldmann / Lilienthal, §17, I 4 c) (§934); Gierke, Deutsches Privatrecht, §134, III 1., FN 83 a.E.; Heilfron, S. 321; Staudinger / Kober, 5./6. Auflage (1910); Kretzschmar, S. 212; Wellspacher, S. 10; Wolff, 8. Bearbeitung (1929), S. 214; RG JW 1908, 717, Nr. 14; RG 89, 348 (350) Mit einem Hinweis auf die Entscheidung der Kommission; RG JW 1926 (800); RG 135, 75 (77); RG 138, 265 (267)
[162] Biermann, §934, 1. c), S. 143, Ein Erwerb sei nur unter Zuhilfenahme des §932 BGB möglich; diesem folgend: Staudinger / Kober, 5./6. Auflage (1910), §934, 3.; a.A. Kretzschmar, S. 212
[163] RG 89, 348 (350); RG 138, 265 (267)
[164] RG 89, 348 (350)

2) Guter Glaube

a) Definition:
§932 II BGB hält eine Definition des guten Glauben bereit. Danach ist derjenige nicht im guten Glauben, dem bekannt oder in Folge grober Fahrlässigkeit nicht bekannt ist, daß die Sache nicht dem Veräußerer gehört. Die Formulierung der Norm sah sich der Kritik ausgesetzt, was bei den Ausführungen zur Beweislastverteilung deutlich wird (vgl. unten e)).

b) Gegenstand des guten Glaubens:
aa) Gegenstand nur das Eigentum:
Umstritten war anfangs in der Literatur, ob nur der gute Glaube daran geschützt sei, daß der Veräußerer Eigentümer sei, oder ob auch andere Gegenstände des guten Glaubens in Betracht zu ziehen seien.

Wendt vertritt die Auffassung, daß nicht nur der gute Glaube an das Eigentum geschützt werde, sondern auch der gute Glaube an „Vollmacht, Vertretungsmacht oder Verfügungsbefugnis.“[165] Diese Interpretation stellt sich für Wendt als Folge der Funktion des Besitzes als Legitimationsmittel im Mobiliarverkehr dar (Legitimationstheorie). Die legitimierende Wirkung des Besitzes gehe weiter als nur bis zum Eigentum. Ein besitzender Nichteigentümer mit angeblicher Vollmacht, Vertretungsmacht oder Verfügungsbefugnis werde ebenfalls durch den Besitz legitimiert. Schließlich sei der Eigentümer, wenn er eine Sache weggegeben habe, in derselben Lage wie der Veräußerer, wenn dieser als Eigentümer oder als Bevollmächtigter auftrete.[166] Konsequent folgert Wendt, daß §366 HGB nur eine Wiederholung und Bestätigung der Regelung des bürgerlichen Gesetzbuches sei.[167]

Etwas später sieht auch Kohler den guten Glauben an die Verfügungsbefugnis als durch die §§932 ff. BGB geschützt an.[168] Der gute Glaube gehe soweit wie der sachenrechtliche Rechtsschein. Im Verkehr müsse man den Fall der Veräußerung durch den Eigentümer und den Fall der Veräußerung durch den Inhaber der Veräußerungsgewalt gleich behandeln.[169] Es gehe letztlich nur um eine Frage, die Frage, ob die Sache in der Eigentumsveräußerungsgewalt des Veräuße-

---

[165] Wendt, AcP 89 (1899), S. 77
[166] Wendt, AcP 89 (1899), S. 79
[167] Wendt, AcP 89 (1899), S. 79
[168] Kohler, Lehrbuch, S. 232
[169] Kohler, Lehrbuch, S. 227 / 232

rers stehe. Dieser Mangel in der Beziehung zur Sache könne durch den Rechtsschein überwunden werden. Folglich kann nach der Auffassung Kohlers der gute Glaube, der so weit wie der Rechtsschein reiche, auch den Mangel der Verfügungsbefugnis überwinden. Die abweichende Meinung, die auf Grund des Wortlautes des §932 BGB das Gegenteil behaupte, sei *„unlogisch und unjuristisch"*.[170] Ob die Sache dem Veräußerer *„gehöre"*, sei so zu verstehen, daß er so erscheine, als habe er die Gewalt, das Eigentum zu veräußern.

Greiff in Plancks Kommentar geht bezüglich des Gegenstandes des guten Glaubens nicht so weit wie Wendt und Kohler. Er hält es aber grundsätzlich für möglich, die §§932 ff. BGB auch ohne ausdrückliche Bestimmung auf Veräußerungen durch einen nicht verfügungsberechtigten Eigentümer auszudehnen.[171] Bei Greiff muß der nicht Verfügungsberechtigte also Eigentümer sein. Dies halten Kohler und Wendt nicht für notwendig. Greiff hält in diesem Fall den Erwerber für so schutzwürdig wie in dem Fall des Erwerbs vom Nichteigentümer.

Die herrschende Meinung ließ nur den guten Glauben an das Eigentum zu.[172] Diese Ansicht stützte sich vor allem auf den ausdrücklichen Willen des Gesetzgebers, der aus den Materialien hervorgehe (Motive III S. 344) und in der Sonderregel des Art. 366 HGB zum Ausdruck komme. Für Wellspacher ist dieses Ergebnis Konsequenz seiner Rechtsscheinlehre. Sein Gedanke ist der, daß der Besitz die objektive Basis für das Vertrauen bilde, der gute Glaube folglich auch nicht weiter reichen könne als diese Basis. Nehme man daher an, der Besitz als objektive Grundlage des guten Glaubens sei der normale äußere Tatbestand des Eigentums, so folge daraus, daß andere Mängel als der Mangel des Eigentums nicht gedeckt würden.[173] Ähnlich äußerten sich auch die anderen Autoren der herrschenden Meinung. So stellte auch Heck fest, der Besitz spreche für das Eigentum und nicht für die Verfügungsbefugnis.

Die höchstrichterliche Rechtsprechung ließ schon kurz nach Inkrafttreten und durch zahlreiche Entscheidungen mit dem gleichen Tenor keinen Zweifel daran aufkommen, daß als Gegenstand des guten Glaubens nur das Eigentum in Be-

---

[170] Kohler, Lehrbuch, S. 232

[171] Planck / Greiff, 1./2. Auflage (1902), §§932 - 935, 2., S. 185

[172] Biermann, §932, 6., S. 141 (Argument S. 142); Cosack, Lehrbuch, §198, IV 1. a), S. 120 f.; Endemann, F., §81, 3. a), S 320; Franke, Seuff.Bl., 1906, S. 645 ff.; Fuld, AcP 89 (1899), S. 408 f.; Gierke, Deutsches Privatrecht, §134, III 2., S. 571; Heck, Sachenrecht, §58, II 2.; Heilfron, S. 320 / 325; Leske, S. 410; Levy, S. 46 (mit besonders ausführlicher Argumentation gegen Wendt); Reichel, GrünhutsZ 42 (1916) S. 203; Wellspacher, S. 15

[173] Wellspacher, S. 15

tracht komme.[174] Demzufolge wurden die Vertretungsmacht, die Verfügungsbefugnis und die Geschäftsfähigkeit nicht als Gegenstände des guten Glaubens beurteilt.[175]

bb) Guter Glaube an das Eigentum des Zustimmenden:
Es stellt sich auch die Frage, wie die Situation zu beurteilen ist, in der der Erwerber gutgläubig darauf vertraut, daß der Dritte, welcher der Veräußerung des Nichtberechtigten zustimme, Eigentümer sei. Eine unmittelbare Anwendung der §§932 ff. BGB kommt hier nicht in Betracht. Deshalb sprachen sich schon früh Teile des Schrifttums dafür aus, die Regelungen entsprechend anzuwenden.[176] Wolff hält diese entsprechende Anwendung auch für möglich, macht aber in seinen früheren Bearbeitungen eine Einschränkung dahingehend, daß der Zustimmende mittelbarer Besitzer der Sache sein müsse oder einmal (unmittelbareren) Besitz gehabt haben müsse, bevor der Veräußerer unmittelbarer Besitzer geworden sei, denn nur der gute Glaube an das Eigentum des Besitzers werde geschützt (Rechtsscheinlehre).[177]

Brodmann wendet sich gegen eine entsprechende Anwendung der §§932 ff. BGB. Letztlich handele es sich um einen Erwerb vom Nichtberechtigten, was zudem dem Erwerber sogar bewußt sei, und ein guter Glaube liege deshalb nur bezüglich der Verfügungsberechtigung vor. Dies reiche, wie er festgestellt hatte, nicht aus.[178] Diese Ansicht Brodmanns konnte sich jedoch nicht durchsetzten. Heute geht man überwiegend davon aus, daß der gute Glaube an das Eigentum des Zustimmenden ausreiche.[179]

cc) Der erweiterte Gegenstand des guten Glaubens im Rahmen des §935 II BGB:
Staub forderte in der ersten Neuauflage seines HGB Kommentars nach Inkrafttreten des BGB, daß bei Vorliegen des Tatbestandes des §935 II BGB der Er-

---

[174] RG 58 (1904) 162 (164); RG 100, 190 (194) Das Kammergericht in Berlin als Vorinstanz stellte auf die Verfügungsbefugnis ab; RG JW 1924, 1427, Nr. 5 §366 HBG stelle eine Ausnahme für das Handelsrecht dar.
[175] OLG Stettin, Soergel 1904, s. 212 (kein guter Glaube an die Vertretungsmacht); RG Seuff. Arch. 66, Nr. 68, S. 134: „Der §932 BGB bezieht sich nicht auf die Fälle, in denen der Eigentümer geschäftsunfähig, nicht gehörig vertreten oder in der Verfügungsbefugnis schlechthin beschränkt ist.“; RG 106, 44
[176] Biermann, §932; Windscheid / Kipp I S. 793; Wolff, 8. Bearbeitung (1929), §69, II 1., S. 212 (mit einer Einschränkung in der 3. Bearbeitung, vgl. die folgenden Ausführungen)
[177] Wolff, 3. Bearbeitung (1919), §69, II 1., S. 196
[178] Planck / Brodmann, 5. Auflage (1933), §§932 - 935, 2. d) ,S. 465
[179] BGH 10, 81; Palandt §932 RN 8

werber auch gutgläubig bezüglich des Abhandenkommens des Geldes und der Inhaberpapiere sein müsse.[180] Diese These wurde von Levy abgelehnt. Nach seiner Ansicht könne die Kenntnis des Abhandenkommens zwar ein Indiz für bösen Glauben sein, es seien jedoch auch andere Fälle denkbar.[181] In späteren Auflagen wich auch „Staubs Kommentar" unter Hinweis auf den anders lautenden Gesetzestext von dieser Einschränkung des §935 II BGB ab.[182]

c) Umfang des guten Glaubens:

aa) Kenntnis und grob fahrlässige Unkenntnis:

Gemäß §932 II BGB ist der gute Glaube nicht nur bei Kenntnis, sondern auch bei grob fahrlässiger Unkenntnis ausgeschlossen. Das erste Merkmal stellt kein sonderliches Problem dar: Der Erwerber darf nicht wissen, daß der Veräußerer nicht Eigentümer ist.

Zur Erläuterung des Begriffes und der Reichweite der groben Fahrlässigkeit finden sich in der frühen Literatur wenig Hinweise. Zur Bestimmung des Begriffs der groben Fahrlässigkeit wurde von der Fahrlässigkeitsdefinition des §276 BGB ausgegangen.[183] Dies half jedoch nur in Maßen weiter. Im Einklang nahmen Rechtsprechung und Literatur an, daß die Frage, wann eine grobe Verletzung der im Verkehr erforderlichen Sorgfalt vorliege, im Hinblick auf den konkreten Einzelfall zu lösen sei.[184] Bloße Zweifel an dem Eigentum reichten jedenfalls nicht aus.[185]

bb) Nachforschungspflicht:

Eine der bedeutendsten Forderungen, an der man das Vorliegen von grober Fahrlässigkeit deutlich machen kann, stellt die sogenannte Nachforschungspflicht des Erwerbers dar. Daß die Gesetzesregelung durch die Gleichstellung von Kenntnis und grob fahrlässiger Unkenntnis dem Erwerber eine gewisse Nachforschungspflicht auferlegt, stellten schon die Motive zum ersten Entwurf fest.[186] Das Schlagwort der Nachforschungspflicht griff vereinzelt auch die Literatur auf, um den wenig konkreten Begriff der groben Fahrlässigkeit anschaulicher zu machen.[187] So meint Greiff, eine grobe Verletzung der im Verkehr er-

---

[180] Staub, 6./7. Auflage (1900), §366, Anmerkung 21, S. 1175
[181] Levy, S. 41 f.
[182] Staub / Gadow, 14. Auflage (1933), §366, Anmerkung 22, S. 417
[183] Levy, S. 36
[184] RG Warn 1913 Nr. 325 und Nr. 359; Wolff, 3. Bearbeitung (1919), §69, II 1., S. 195
[185] Cosack, Lehrbuch, §198, IV 1 c), S. 121
[186] Motive III 346
[187] Matthias (1899), §19, I, S. 49

forderlichen Sorgfalt und damit eine grobe Fahrlässigkeit liege vor, wenn es der Erwerber trotz Kenntnis von Umständen, die zu dringenden Zweifeln Anlaß gäben, unterlassen habe, weitere Nachforschungen anzustellen.[188] Mit dieser Umschreibung trifft Greiff die Bedeutung der Pflicht. Er macht deutlich, daß es keine generelle Pflicht ist, sondern eine, die durch gewisse Umstände hervorgerufen wird.

Schon kurz nach Inkrafttreten des BGB im Jahre 1904 und in seiner ersten Entscheidung zu §932 II BGB griff das Reichsgericht diesen Gedanken auf.[189] In zahlreichen Folgeentscheidungen entwickelte es ihn kontinuierlich fort.
Das Reichsgericht stellte fest, daß der Erwerber, um nicht grob fahrlässig zu handeln, bei Kenntnis verdächtiger Umstände Nachforschungen anstellen müsse.[190] Es sei sogar möglich, daß die Sachlage darüber hinaus erfordere, daß sich der Erwerber Kenntnis solcher Umstände verschaffe. Das Gericht knüpfte somit an eine konkrete Verdachtssituation die Obliegenheit, den Verdacht zu überprüfen. Allein im Unterlassen von Nachforschungen liegt hier die grobe Fahrlässigkeit. Zahlreiche weitere Gerichtsentscheidungen zogen die Nachforschungspflicht bei Vorliegen verdächtiger Umstände heran. Mit ihr hatten die Gerichte ein Instrument an der Hand, den abstrakten Begriff der groben Fahrlässigkeit auszufüllen.
In einer weiteren Entscheidung nahm das Reichsgericht zu der Frage Stellung, ob es der Nachforschungspflicht genügt, wenn man sich die Eigentümerstellung vom Veräußerer versichern läßt.[191] Im Fall (Veräußerung eines Kfz) hatte sich der Erwerber vom Veräußerer das Eigentum schriftlich bestätigen lassen. Der Veräußerer hat zudem beschrieben, daß er das Fahrzeug aus dem Konkurs eines Unternehmens als Ersatz für eine Geldforderung erhalten habe. Das Reichsgericht sah hier eine Verletzung der Sorgfalt, denn Kraftwagen würden in der Regel auf Abzahlung und unter Eigentumsvorbehalt verkauft. Um dieser Erfahrung entgegenzutreten, hätte es nach Ansicht des Gerichts weiterer Erkundigungen bedurft.
Eine spätere Entscheidung suchte die so etablierte Pflicht zu begrenzen. Das Reichsgericht stellte fest, daß man dann nicht grob fahrlässig handele, wenn man auf die Versicherungen eines bislang zuverlässigen Geschäftspartners ver-

---

[188] Planck / Greiff, 1./2. Auflage (1902), §932, 2.
[189] Der Begriff der Nachforschungspflicht existierte in der Rechtsprechung schon vor dem Aufgreifen durch das Reichsgericht (vgl. OLG Naumburg, Soergel 1900/01, S. 114, 932).
[190] RG 58, 162 (166)
[191] RG JW 1929, 582

traue.[192] Um der Nachforschungspflicht bei verdächtigen Umständen zu genügen, reicht es somit aus, beim bekannten Veräußerer nachzufragen. Anders als in der vorher beschriebenen Entscheidung genügte es, den Veräußerer zu fragen.
Damit war die Entwicklung aber noch nicht abgeschlossen (vgl. unten B. I. 2) a) aa).

d) Zeitpunkt des guten Glaubens:
Überwiegend nahm man in der Literatur an, daß der gute Glaube in dem Zeitpunkt vorliegen müsse, in dem auch alle sonstigen Erfordernisse für den Erwerb gegeben seien.[193] Dies ist der Fall, wenn der letzte zum Erwerb erforderliche Akt vorliegt. Mithin ist nach dieser Auffassung der entscheidende Zeitpunkt in der Regel die Übergabe, da diese der Einigung folgt.[194]
Bei der sogenannten brevi manu traditio (§932 I Satz 2 BGB) sei jedoch der Zeitpunkt der Einigung entscheidend und bei der Abtretung des mittelbaren Besitzes (§934, 1. Alt. BGB) der Zeitpunkt der Abtretung, da sich in diesem Zeitpunkt der Erwerb vollziehe.

Für manche Fallkonstellationen vertraten einige Rechtslehrer von diesem Grundsatz abweichende Lösungen.

Umstritten war der Fall der aufschiebend bedingten Übereignung. Es stellt sich in dieser Konstellation die Frage, ob die letzte Erwerbshandlung oder der spätere Eintritt der Bedingung als letzter Erwerbsakt den entscheidenden Zeitpunkt markiert. Zahlreiche Autoren vertraten die Auffassung, daß es auf den guten Glauben zur Zeit des Eintritts der Bedingung ankomme, da erst in diesem der Erwerb des Eigentums stattfinde.[195] Dagegen hielten andere die letzte Erwerbshandlung für ausschlaggebend.[196] Die Vertreter dieser Ansicht gaben zu, daß die Gegenansicht durchaus dem Wortlaut und somit dem oben geschilderten

---

[192] RG 135, 75 (85)
[193] Gierke, Deutsches Privatrecht, §134, III 2., S. 570; Matthias, §13, I, S. 49; Kretzschmar (S. 210) stellt fest, daß eine spätere Kenntnis den Erwerb nicht wieder aufhebe.
[194] a.A. Biermann, §932, 2., S. 140, Biermann fordert generell einen guten Glauben bei Einigung und Übergabe. Dies zeigt sich insbesondere bei den unten geschilderten umstrittenen Einzelfällen; ebenso: Reichel, GrünhutsZ 42 (1916), S. 206
[195] Biermann, § 932, 2., S. 140; Cosack, Lehrbuch, §198, IV 1 c), S. 122; Gierke, Deutsches Privatrecht, §139, III 2., FN 85, S. 570; Planck / Greiff, 1. / 2. Auflage (1902), §932, 1. a); Reichel, GrünhutsZ 42 (1916) S. 207; Wolff, 8. Bearbeitung (1929), §69, II 2., FN 15, S. 212
[196] Dernburg, Sachenrecht, §103, II., FN 8, S. 306; Heck, Sachenrecht, §58, III. 3., S. 248; Planck / Brodmann, 5. Auflage (1933), §932, 1 a), S. 468

Grundsatz entspreche.[197] Man müsse jedoch davon ausgehen, daß die Gesetzesfassung nur auf den Normalfall der unbedingten (und unbetagten) Übergabe abziele. Dafür spreche, daß im ersten Satz des §932 BGB auch von den Fällen des Satzes 2 die Rede sei, und dadurch die Bestimmung unklar werde. Die Äußerung der 2. Kommission (Protokolle III 210) machte indessen deutlich, daß diese grundsätzlich die Übergabe für ausschlaggebend hielt.[198] Zudem könne es in dem späteren Zeitpunkt des Eintritts der Bedingung (oder des Termins) nicht mehr auf den guten Glauben ankommen, denn hier sei der Erwerber nicht mehr tätig.

Derweilen wurde bezüglich des Zeitpunktes des guten Glaubens die Frage aufgeworfen, ob guter Glaube im Fall des §933 BGB sowohl im Zeitpunkt der Einigung als auch der Übergabe vorliegen müsse, oder ob ein guter Glaube zur Zeit der Übergabe ausreiche. Teile der Lehre nahmen an, daß bei beiden Akten guter Glaube gegeben sein müsse.[199] Andere bevorzugten die dem Wortlaut entsprechende Lösung, nach welcher der gute Glaube nur bei der Übergabe vorliegen muß.[200]

In die gleiche Richtung ging die Frage, ob im Falle des §934, 2. Alt. BGB der gute Glaube nur bei der Übergabe oder auch schon bei der Abtretung vorliegen müsse. Auch dies wurde uneinheitlich beantwortet. Mit dieser Frage hatte sich schon die zweite Kommission bei Schaffung des BGB beschäftigt. Dabei konnte sich die Ansicht, die den guten Glauben in beiden Zeitpunkten forderte, nicht durchsetzen. Trotzdem wurde diese Sichtweise auch nach Inkrafttreten vertreten.[201] Überwiegend ging die Lehre jedoch davon aus, daß der gute Glaube im Zeitpunkt der Übergabe ausreiche.[202]
Das Reichsgericht trat der herrschenden Lehre entgegen. Es entschied sich dafür, daß der gute Glaube zur Zeit der Abtretung des Herausgabeanspruchs und des Erwerbs des mittelbaren Besitzes vorliegen müsse.[203]

---

[197] Dernburg, Sachenrecht, §103, II., FN 8, S. 306; Planck / Brodmann, 5. Auflage (1933), §932, 1 a) S. 468
[198] Planck / Brodmann, 5. Auflage (1933), §932, 1 a), S. 468
[199] Biermann, §933, S. 142; Reichel, GrünhutsZ 42 (1916), S. 120; Wolff, 3. Bearbeitung (1919), §69, II. 2 c), S. 197
[200] Cosack, Lehrbuch, §199, IV 3., S. 129; Gierke, Deutsches Privatrecht, §134, III 2, FN 85, S. 570
[201] Biermann, §934, 1., S. 142
[202] Cosack, Lehrbuch, §199, IV 4., S. 129; Gierke, Deutsches Privatrecht, §134, III 2., FN 85, S. 570; Planck / Greiff, 1./2. Auflage (1902); §934, 2., S. 188; Windscheid / Kipp, I S. 793
[203] RG 138, 265 (268); Kritik an der Entscheidung: RGRK / Schliewen, 8. Auflage (1934), §934, 1., S. 273

e) Beweislast:

Allgemeine Auffassung war es, daß der ursprüngliche Eigentümer das Fehlen des guten Glaubens beim Erwerber nachzuweisen habe.[204] Diese Beweislastverteilung hatte der Gesetzgeber nach langer Diskussion durch die negative Fassung des §932 II BGB festgelegt.
Dies wurde von einigen Autoren heftig kritisiert. Bezüglich der Interpretation war man sich aber einig. Auch die Lösung der Frage der Beweislastverteilung wurde, obwohl von der zweiten Kommission nur knapp angenommen, allgemein gebilligt. Die Kritik wirkte sich mithin nicht auf die Anwendung der Rechtsregel aus.

Grund für die Kritik waren die Widersprüche zwischen der Formulierung im Gesetz und den zur Rechtfertigung vertretenen Theorien.[205] Regelsberger sieht, wie festgestellt, den guten Glauben als Grundlage für den Erwerb. Er kritisiert, daß die Formulierung den Anschein gebe, es werde grundsätzlich der Erwerb vom Nichtberechtigten geschützt mit dem Ausnahmefall, daß der Erwerber in bösem Glauben handele.[206] Das leitende Motiv, der Erwerb wegen des guten Glaubens, werde somit aus rein praktischen Erwägungen zurückgedrängt.[207]
Auch die Rechtsscheinlehre hatte Probleme mit der Fassung. Wellspacher beanstandet, sie erschwere das Verständnis des legislativen Grundgedankens.[208] Die Beweislastregel paßt nicht mit Wellspachers Rechtsscheingedanken zusammen, denn durch sie wird der Bezug zwischen Rechtsscheintatbestand und Vertrauen aufgelöst. Letztlich ist nach der Regelung in dieser Fassung nicht nötig, daß ein guter Glaube vorliegt. Es genügt, wenn der ursprüngliche Eigentümer keinen bösen Glauben nachweisen kann. Der Autor sieht die Gefahr, daß durch diese Verwischung des legislativen Grundgedankens aus rein praktischen Erwägungen die Entwicklung der Regelung beeinträchtigt werde.[209]

---

[204] Dernburg, Sachenrecht, §103, III b); Gierke, Deutsches Privatrecht, §134, III 2., S. 570; Kretzschmar, S. 210; Matthias, §19, I, S. 49; Planck / Greiff, 1./2. Auflage (1902), §§932 - 935, 1., S. 184; RG Warn 1912, Nr. 167; RG 71, 337 (340) Das Gericht nimmt hier Stellung zu einer Besonderheit. §8 des sog. Bankdepotgesetzes (RGBl. 1886, S. 185 / RGBl. I, 1923, S. 1119) kehre die Beweislast um; RG 133, 187 (188)
[205] Den Autoren war bekannt, daß die Fassung nur die Frage der Beweislast regeln sollte und keine Auswirkung auf die dogmatischen Grundlagen erstrebt worden war. Vgl. Leske, §113, IV 1., S. 408; Regelsberger, JherJahrb 47 (1904), S. 354 f.; Wellspacher, S. 6
[206] Regelsberger, JherJahrb 47 (1904), S. 354; vgl. auch Dernburg, Sachenrecht, §98, 2./3.
[207] Regelsberger, JherJahrb 47 (1904), S. 355
[208] Wellspacher, S. 5 f.
[209] Wellspacher, S. 6

3) Ausnahme von der Regelung, §935 I BGB

a) Auslegung:
Nach §935 I BGB darf die Sache dem Eigentümer nicht gestohlen worden, verlorengegangen oder sonst abhanden gekommen sein. Andernfalls ist der gutgläubige Erwerb der Sache gemäß §§932 - 934 BGB ausgeschlossen. §935 I Satz 2 BGB ordnet dasselbe für den Fall an, daß die Sache dem (unmittelbaren) Besitzer abhanden gekommen ist, und der Eigentümer nur mittelbarer Besitzer ist.

aa) Herausbildung einer Definition:
Die Frage, was unter „abhanden kommen" zu verstehen sei, und wie verschiedene Problemfälle im Zusammenhang mit §935 BGB zu lösen seien, wurde in der Lehre eingehend behandelt. Aus den Arbeiten der ersten und zweiten Kommission geht ausdrücklich hervor, daß sich §935 I BGB und seine Auslegung an der zu Art. 306 IV ADHGB bestehenden Handhabung durch Lehre und Rechtsprechung orientieren sollte; der bekannte Gedanke sei nur deutlicher zu fassen. Dies war in der Lehre allgemein bekannt.[210] Dem entsprechend wurden (was schon der Wortsinn des §935 BGB deutlich macht) die Möglichkeiten „gestohlen und verloren" als Beispiele für den generellen Gedanken der Norm, das „Abhandenkommen", gesehen.[211] Auch die bekannten Ausführungen zu Art. 306 IV ADHGB und die ausführliche Fassung des §879 EI[212] wurden bei der Bearbeitung des §935 BGB allgemein berücksichtigt. Das Abhandenkommen wurde daher von Anfang an so verstanden, daß eine Sache dem Eigentümer abhanden gekommen ist, wenn der die Sache unmittelbar besitzende Eigentümer oder derjenige, welcher den unmittelbaren Besitz für den Eigentümer inne hat, den Besitz ohne seinen Willen eingebüßt hat.[213] In diesem Verständnis des Abhandenkommens, sah man den Grundgedanken des gutgläubigen Erwerbs zum Ausdruck gebracht, der darin bestand, daß es nur bei vom Eigentümer anver-

---

[210] Bendix, Seuff. Bl. 66 (1901), 373 ff.; Biermann, §935, 1.; Fuld, AcP 89 (1899), S. 402 f.; Fressel, S. 1; Kretzschmar, S. 212; Levy, S. 17; Planck / Greiff, 1./2. Auflage (1902), §935, 2.
[211] Biermann, §935, 2.; Fressel, S. 4: „Die beiden Worte [gestohlen/verloren] sind daher [...] überflüssig."; Wolff, 8. Bearbeitung (1929), §69 I, S. 210; Planck / Greiff, 1./2. Auflage (1902), §935, 2.
[212] §879 EI brachte m.E. die erwünschte Auslegung am deutlichsten zum Ausdruck.
[213] Cosack, Lehrbuch, §198, IV 2. a), S. 122; Levy, S. 18; Planck / Greiff, 1./2. Auflage (1902), §935, 2.; Wolff, 8. Bearbeitung (1929), §69, I 1.; RG 101, 224 (225); RG Soergel 1922, §935, S. 122; RG Warn, 1922, Nr. 16, S. 18; OLG München, Seuff. Arch. 62, Nr. 162, S. 279

trautem Gut gerechtfertigt sei, die Gefahr einer Verfügung dem Eigentümer aufzuerlegen.[214]

bb) Betonung des ausschlaggebenden Willens des unmittelbaren Besitzers:
Daß es beim Abhandenkommen stets auf den Willen des unmittelbaren Besitzers ankomme, wurde von einigen Vertretern der Lehre im Anschluß an ihre Ausführungen zur Definition besonders klargestellt.[215] Die angeführte und herrschende Definition des Abhandenkommens beinhaltet eigentlich schon ausdrücklich diesen Umstand. Bei nur mittelbarem Besitz des Eigentümers ist danach nicht der Wille des Eigentümers, sondern der des unmittelbaren Besitzers ausschlaggebend.[216]
Die deshalb eigentlich überflüssig erscheinende Wiederholung dieser Tatsache ist vermutlich eine Reaktion darauf, daß kurz nach Inkrafttreten vereinzelt angenommen wurde, es komme stets auf den Willen des Eigentümers an.[217] §935 I Satz 1 BGB solle demnach dann vorliegen, wenn die Sache ohne den Willen des Eigentümers aus dem Besitz des unmittelbaren Besitzers, wenn auch mit dessen Willen, gekommen sei.
Die Gefahr, die ausführlichere Fassung des §879 Satz 2 EI in dieser Weise zu interpretieren, hatte schon Rieß in seiner Beurteilung des ersten Entwurfs gesehen (vgl. oben 1. Kap. B. II. 2) b) dd)).
Die herrschende Lehre betonte deshalb, daß ein Abhandenkommen nicht gegeben sei, wenn der Eigentümer (gegen oder) ohne seinen Willen den mittelbaren Besitz verliere. Eine vom vermittelnden Besitzer weggegebene Sache sei für den Eigentümer, der nur mittelbarer Besitzer sei, keine abhanden gekommene Sache, auch wenn sie ohne seinen Willen abhanden komme, denn es entscheide der Wille desjenigen, dem der Gewahrsam wirklich entzogen werde. Werde die Sache hingegen dem Entleiher oder Verwahrer ohne dessen Willen entzogen, so greife §935 I Satz 2 BGB.[218]

---

[214] Fuld, AcP 89 (1899), S. 404; Matthias, §19, III, S. 50
[215] Biermann, §935, 2., S. 144; Dernburg, Sachenrecht, §103, II 2., S. 307; Wolff, 3. Bearbeitung (1919), §69 I 2.
[216] So ausdrücklich auch die Rechtsprechung: RG 54, 68 (71 f.); RG Seuff. Arch. 76, Nr. 119, S. 192; ebenso: KG zu Berlin, Seuff. Arch. 65, Nr. 74, S. 155
[217] so: LG Stendal (Entscheidung vom 15.12.1900) vgl. die Ausführungen zu der Entscheidung bei Mayer, Das Recht, Band 5, 1901, S. 20; In diesem Sinne und zudem widersprüchlich auch das LG Frankfurt a. M. in seiner Entscheidung vom 28. November 1900 (in: Das Recht, Bd. 5, 1901, S. 17): „Wenn der unmittelbare Besitzer eine Sache unterschlagen und somit dem mittelbaren Besitzer entzogen hat, so ist sie demselben abhanden gekommen, die rei vindicatio ist für ihn daher ausgeschlossen."
[218] Bendix, Seuff. Bl. 66 (1901) 373 (376); Biermann, §935, 2.; Heilfron, §22, I b. 3., S. 322; Meyer, H., Das Recht, Bd. 5 (1901) S. 256 f.

cc) Der Eigentümer ist weder unmittelbarer noch mittelbarer Besitzer:
Eine weitere Auslegungsfrage tauchte später auf. Fraglich war, wie der Fall zu behandeln sei, in dem die Sache einem (unmittelbaren) Besitzer abhanden komme, der nicht Besitzmittler des Eigentümers sei; ob die Sache dann auch dem Eigentümer abhanden gekommen sei. Cosack und Gierke hatten am ersten Entwurf kritisiert, daß §879 Satz 2 EI diesen Fall nicht ausdrücklich als Abhandenkommen werte (vgl. oben 1. Kap. B. II. 2) b) dd)). Ihnen mußte die folgende Interpretation entgegenkommen.[219] So wollte ein Teil der Lehre §935 BGB auch in diesem Fall anwenden.[220] Die Formulierung der Norm sei zu eng geraten.
Die Gegenansicht ging davon aus, daß der Eigentümer, der weder unmittelbaren noch mittelbaren Besitz habe, nicht durch §935 BGB geschützt werde.[221] Dies stellt auch die Lösung der heute allgemein anerkannten Interpretation dar.[222]

dd) Weggabe durch einen Besitzdiener des Eigentümers:
Kontrovers war die Frage, ob eine Sache, die der Besitzdiener (§855 BGB) eigenmächtig einem Dritten übertrage, dem (unmittelbaren) Besitzer abhanden gekommen sei. Überwiegend nahm die Literatur schon kurz nach Inkrafttreten, streng am Wortlaut des Gesetzes orientiert, in diesem Fall ein Abhandenkommen an.[223] Es komme entscheidend auf den Willen des Besitzherrn an und nicht auf den des Besitzdieners, da letzterer keinen Besitz habe. Besitz habe nur der Besitzherr, der diesen bei Weggabe durch den Besitzdiener ohne seinen Willen verliere.[224] Das Reichsgericht schloß sich dieser Ansicht an.[225]
Die Gegenansicht fragt danach, ob der Besitzdiener als solcher erkennbar sei oder nicht. Kein Problem sei gegeben, wenn jedermann den Besitzdiener als solchen erkennen könne. In diesem Fall fehle es dem Erwerber an jeglicher Vertrauensgrundlage.[226] Vermutlich scheitert in diesem Fall ein Erwerb in den

---

[219] In ihren Ausführungen zum BGB interpretierten sie §935 BGB nicht in der zunächst erstrebten Richtung.
[220] Planck / Brodmann, 5. Auflage (1933) §935, 4., S. 477; Wolff, 8. Bearbeitung (1929), §69, I 2. (anders in der späteren 10. Bearbeitung (1957) durch Raiser); später auch Hübner, Der Rechtsverlust, S. 120 FN 145
[221] Heck, Sachenrecht, §60, 6.
[222] Wieling, Sachenrecht I, S. 390, FN 37
[223] Biermann, §935, 2., S. 144; Goldmann / Lilienthal; §17, II 2., FN 14, S. 77; Heck, Sachenrecht, §60, 6., S. 255; Heilfron, §22, 1. B. 3., S. 322; Kretzschmar, S. 213; Planck / Greiff, 1./2. Auflage (1902), §929, 2., S. 179 / §935, 2., S. 189; Wolff, 8. Bearbeitung (1929); §69, I 1., S. 210
[224] Planck / Greiff, 1./2. Auflage (1902), §935, 2., S. 189
[225] RG 71, 248 (253)
[226] Schmelzeisen, AcP 136 (1932), 129 (149); vgl. schon die Andeutung bei Cosack, Lehrbuch, §198, IV 2. b) (a.E.), S. 122

meisten Fällen ohnehin am Fehlen des guten Glaubens. Das Ergebnis der herrschenden Meinung, ein Abhandenkommen anzunehmen, sei gerechtfertigt. Anders sei der Fall jedoch zu beurteilen und mithin von dem Ergebnis der h. M. abzuweichen, wenn der Besitzdiener nicht als solcher erkennbar sei.[227] Hier erscheine der inhabende Besitzdiener als Besitzer, und es entstehe ein Rechtsschein, auf den die Allgemeinheit vertraue.[228] Dieses Vertrauen sei wegen der Veranlassung des Rechtsscheins durch den Eigentümer auch schutzwürdiger als dessen Interessen.[229] Diese Auffassung stellt ein hervorragendes Beispiel dafür dar, wie in einem als problematisch erkannten Fall die dogmatische Grundlage (Rechtsscheinlehre) zur Weiterentwicklung herangezogen wird.

Interessanterweise war in dem Fall, der dem Reichsgericht zur Entscheidung vorlag, dem Erwerber die Eigenschaft der Besitzdienerin bekannt, so daß auch nach der in der Gegenansicht ein Abhandenkommen anzunehmen wäre. Auf den Aspekt der Erkennbarkeit geht das Gericht jedoch nicht ein. Zudem machen die Entscheidungsgründe, die sich schematisch an der Gesetzeslösung orientieren, deutlich, daß das Gericht auch bei Nichtvorliegen der Erkennbarkeit so entschieden hätte.[230] Diese Lösung wird durch eine weitere Entscheidung bestätigt, deren Sachverhalt zudem darauf hindeutet, daß eine Erkennbarkeit in der beschriebenen Art nicht vorgelegen hat.[231] Die betreffende Sache ging nämlich nach der Veruntreuung durch den Besitzdiener zunächst an eine zweite Person, welche sie dann dem Erwerber veräußerte. Der Erwerber konnte deshalb mangels Zusammentreffen den Besitzdiener gar nicht wahrnehmen. Das einmal begründete Abhandenkommen haftet der Sache jedoch nach Ansicht des Reichsgerichts an.

ee) Problem: Unterschlagene Sachen

§935 BGB erfaßt nach der herrschenden Auslegung nicht solche Sachen, welche die Vertrauensperson (unmittelbarer Besitzer) des Eigentümers (mittelbarer Besitzer) unterschlagen hat. Der Fall der Unterschlagung durch den Vertrau-

---

[227] Zum Teil wurde als Voraussetzung für das Vorliegen eines Besitzdieners angenommen, daß das Verhältnis zwischen Besitzherr und Besitzdiener und damit die Besitzdienerstellung nach außen erkennbar sein müsse (Wolff, 3. Bearbeitung (1919), §6, III 3.). Für diese Ansicht stellt sich das behandelte Problem nicht. Sie konnte sich jedoch mangels Stütze im Gesetz nicht durchsetzen (h.M.: Biermann, §855, 4.; Planck / Brodmann, 5. Auflage (1933), §855, 2., S. 49).

[228] Schmelzeisen, AcP 136 (1932), 129 (149); später: Müller-Erzbach, AcP 142 (1936), 5 (29 f.); Hübner, Rechtsverlust, S. 107 f.

[229] Schmlzeisen, AcP 136 (1932), 129 (149)

[230] so auch: Schmelzeisen, AcP 136 (1932) 129 (150 f.)

[231] RG Seuff. Arch. 76 (1921), Nr. 119, S. 192 f.

ensmann (Besitzmittler) wird auch als das Paradebeispiel beziehungsweise als der Hauptfall des gutgläubigen Erwerbs nach den §§932 ff. BGB angesehen.[232] Von der herrschenden Interpretation abweichend regte der Strafrechtslehrer Binding an, §935 BGB so auszulegen, daß er auch unterschlagene Sachen erfasse. Binding hielt dies für möglich, da die Worte „abhanden gekommen" ohnehin dehnbar seien.[233] Sei man nicht dieser Auffassung, so könne man auch unter Berücksichtigung des Grundsatzes, daß durch Aneignungsdelikte Eigentum nicht entzogen werden könne, die unterschlagenen Sachen in Analogie zu „gestohlenen" (§935 BGB) behandeln.[234] Der Begriff gestohlen sei ohnehin zu eng, was die auch von der h.M. anerkannte Annahme zeige, daß geraubte Sachen darunter fielen.[235] Die erweiternde Interpretation habe den Vorteil, daß man nicht mehr die komplizierte Abgrenzung von Diebstahl und Unterschlagung vornehmen müsse.[236] Zudem schaffe man eine wünschenswerte Konkordanz von Zivilrecht und Strafrecht. Schließlich spreche auch der Gedanke des §134 BGB für die von ihm erstrebte Erweiterung. Insgesamt strebt Binding durch seinen Vorschlag ganz offensichtlich eine Stärkung der Position des Eigentümers an.

Stintzigs Kritik stützt die Sichtweise Bindings. Das rein mechanische Prinzip der Ausnahme enthalte keine innere Rechtfertigung, und die Abgrenzung von Diebstahl und Unterschlagung sei zu kompliziert und daher kein geeignetes Unterscheidungsmerkmal.[237] Anders als Binding endet Stintzig aber nicht mit Vorschlägen für eine Neuinterpretation. Bindings Ansicht fand dann auch keinen weiteren Anklang. Das KG zu Berlin lehnte ausdrücklich die Auffassung von Binding ab, man könne den Begriff „Abhandenkommen" so auslegen, daß er unterschlagene Sachen erfasse.[238] Folgte man tatsächlich dem Ansatz Bindings, so blieb kaum Raum für den gutgläubigen Erwerb.

---

[232] Cosack, Lehrbuch, §198, IV 2. b), S. 123; Gierke, Deutsches Privatrecht, §134, III. .3., FN 94, S 572; Heilfron, §22 b) 3., S. 322; Planck / Brodmann, 5. Auflage (1933), §935, 4. S. 477; Staudinger / Kober, 5./6. Auflage (1910), §935, 2. a), S. 351; Wolff, 8. Bearbeitung (1929), §69, I. 1., S. 120; Dieses Ergebnis ergibt sich schon aus der Definition des Abhandenkommens in der Rechtsprechung. Darüberhinaus stellte die Rechtsprechung ausdrücklich fest, daß veruntreute und unterschlagene Sachen nicht unter die Ausnahme des §935 I BGB fallen, vgl. RG 54, 68 (71); RG Seuff. Arch. 76, Nr. 119, S. 192

[233] Binding, Die Ungerechtigkeit, S. 39; gegen Binding: Franke, Seuff. Bl. 73 (1908) 895 ff.

[234] Binding, Lehrbuch, S. 353; ders., Die Ungerechtigkeit, S. 44

[235] Binding, Die Ungerechtigkeit, S. 45

[236] Binding, Die Ungerechtigkeit, S. 39

[237] Stintzig, S. 98 f., S. 103: „Daß an gestohlenem Gut ein Schmutzfleck haftet, nicht aber an unterschlagenem, kann doch im Ernst niemand nachempfinden."

[238] KG zu Berlin, Seuff. Arch. 65, Nr. 74, S. 155

b) Nähere Konkretisierung des Verlustes ohne Willen:

aa) Aufgabe der Sache durch einen Geschäftsunfähigen:

Aus den Materialien des BGB geht eindeutig hervor, daß man davon ausging, daß ein Geschäftsunfähiger eine Sache nicht freiwillig aufgebe, und daß somit die Weggabe durch einen solchen stets ein Abhandenkommen darstelle.[239] Dieser Interpretation folgte die ganz herrschende Meinung im Schrifttum.[240] Der Geschäftsunfähige sei nicht willensfähig und könne deshalb den Besitz nicht freiwillig aufgeben.[241]

Greiff verwies zur Begründung ausdrücklich auf eine entsprechende Anwendung der Regelungen über das Rechtsgeschäft und berücksichtigte dies bei der Besitzaufgabe durch einen Geschäftsunfähigen und der Lösung weiterer streitiger Fragen.[242] Während Greiff noch von einer entsprechenden Anwendung spricht, müßten die Anhänger der mittlerweile überholten Ansicht, daß die Besitzaufgabe ein Rechtsgeschäft sei,[243] die Regelungen sogar unmittelbar anwenden.

Gegen die starre Lösung des Abhandenkommens bei Besitzaufgabe durch Geschäftsunfähige wendet sich schon früh Brettner, und es folgen ihm andere Autoren.[244] Unter Wille sei im Zusammenhang mit §935 BGB nicht der rechtliche, sondern der *rein tatsächliche* zu verstehen. Über einen solchen verfüge auch ein Geschäftsunfähiger, weshalb den Motiven (III S. 348) ausdrücklich zu widersprechen sei. Auf die Geschäftsunfähigkeit als Kriterium komme es deshalb nicht an. Ob eine willentliche Übertragung vorliege, bestimme sich danach, ob der Besitzer einen rein tatsächlichen Übertragungswillen habe.

bb) Aufgabe der Sache durch einen beschränkt Geschäftsfähigen:

Anders als im vorangegangenen Fall kann hier und in den folgenden Fällen den Materialien keine eindeutige Stellungnahme entnommen werden. Man einigte sich nur darauf, daß die Aufgabe einer Sache durch einen beschränkt Geschäfts-

---

[239] So ergibt sich dies aus den Motiven der ersten Kommission zum BGB (Motive III 348): „das Aufgeben der Inhabung durch einen Geschäftsunfähigen ist ein Verlust ohne Willen." Die zweite Kommission übernahm ausdrücklich die Auslegung der ersten Lesung (vgl. oben).

[240] Biermann, §935, 2.; Dernburg, Sachenrecht, §103, II. 2., S. 307; Goldmann / Lilienthal, §17, II, S. 76; Heck, Sachenrecht, §60, 5.; Levy, S. 20; Planck / Greiff, 1./2. Auflage (1902), §935, 2., S. 189; Wellspacher, S. 20

[241] Fuld, AcP 89 (1899), 402 (406); Staudinger / Kober, 5./6. Auflage (1910), §935, I 2) b), S. 352

[242] Planck / Greiff, 1./2. Auflage (1902), §935, 2., S. 189

[243] Endemann, F., §36, 3., S. 151; Goldmann / Lilienthal, §3 II

[244] Brettner, Das Recht, 1900, S. 223; kurz darauf: Kretzschmar, S. 213; später: Hübner, Rechtsverlust, S. 114 f.; Stricker, S. 21 / 23; Wieling, Sachenrecht I, §10, V. 3. a) m.w.N. in FN 23

fähigen, da er willensfähig sei, jedenfalls nicht automatisch als „ohne den Willen vorgenommen“ zu werten sei. Deshalb sei die Sache nicht in jedem Fall abhanden gekommen. Dennoch stellten einige Autoren fest, durch einen beschränkt Geschäftsfähigen weggegebene Sachen seien in jedem Fall abhanden gekommen.[245] Wellspacher meint zur Begründung, daß man nicht davon ausgehen könne, daß das Gesetz die Interessen des beschränkt Geschäftsfähigen dem Verkehrsschutz opfern wolle.[246]
Diese Ansicht setzte sich jedoch nicht durch, und zahlreiche andere Vertreter der Lehre wählten nicht diesen kompromißlosen Weg. Greiff erklärte, seiner Ansicht der analogen Anwendung der Regelungen über das Rechtsgeschäft entsprechend, daß hier der Rechtsgedanke des §111 BGB heranzuziehen sei.[247] Daher sei die ohne Einwilligung des gesetzlichen Vertreters erfolgte Besitzaufgabe rechtlich insoweit als unwirksam zu beurteilen, als sie als ohne den Willen des Besitzers erfolgt anzusehen sei. In der Praxis würde dieser Vorschlag in den meisten Fällen auch zu einem Abhandenkommen führen. Die Mehrheit in der Literatur stellte demgegenüber fest, daß die durch einen beschränkt Geschäftsfähigen weggegebene Sache durchaus freiwillig aufgegeben sein könne.[248] Diejenigen, die schon beim Geschäftsunfähigen auf den natürlichen Willen abgestellt hatten und damit einen Automatismus verneinten, nahmen dies ohnehin konsequent auch beim beschränkt Geschäftsfähigen an.

cc) Aufgabe der Sache wegen Irrtum oder Täuschung:
Bei einer durch die Willensmängel Irrtum (§119 BGB) oder Täuschung beeinflußten Aufgabe der Sache sprach sich die Mehrheit in der Literatur dafür aus, daß an diesen der Besitz freiwillig aufgegeben sei und sie deshalb nicht als abhanden gekommen zu werten seien.[249] Diese Ansicht stellt auf den natürlichen Willen ab. In diesem Sinne ist das OLG Hamburg zu verstehen. Rechtsgeschäftliche Mängel störten den Willen nicht. Eine weitere Ausdehnung der Ausnahmenorm des §935 BGB sei zudem nicht zu wünschen.[250] Dieses Urteil

[245] Biermann, §935, 2., S. 144; Wellspacher, S. 20 m.w.N.
[246] Wellspacher, S. 20
[247] Planck / Greiff, 1./2. Auflage (1902), §935, 2., S. 189; RGRK / Schliewen, 5. Auflage (1923), §935, 4., S. 252
[248] Fuld, AcP 89 (1899) 402 (406); Staudinger / Kober, 5./6. Auflage (1910), §935, 2. b), S. 352
[249] Biermann, §935, 3., S. 145; Fuld, AcP 89 (1899) 402 (40f ff.); Staudinger / Kober, 5./6. Auflage (1910), §935, I 2. b), S. 352; Wellspacher, S. 21
[250] OLG Hamburg, Seuff. Arch. 60 (1905), Nr. 150, S. 284

des OLG Hamburg wird in einer späteren Entscheidung des Reichsgerichtes ausdrücklich bestätigt.[251]

Greiff fand auch hier wieder eine an den Regelungen über das Rechtsgeschäft orientierte Lösung. Er vertrat die Ansicht, daß die Aufgabe des Besitzes in den betreffenden Fällen anfechtbar sei.[252] Erst nach erfolgter Anfechtung sei dann gemäß §142 BGB die Besitzaufgabe als nicht auf dem Willen des Betreffenden beruhend anzusehen (und somit die Sache abhanden gekommen). Diese Möglichkeit der Anfechtung setzte sich jedoch nicht durch.

dd) Aufgabe der Sache wegen widerrechtlicher Drohung:

Die Aufgabe der Sache aufgrund widerrechtlicher Drohung wurde von der Mehrheit in der Literatur wie der vorherige Fall beurteilt.

Auch Greiff hielt an seiner Lösung mit der Hilfe der Regelungen über die Anfechtung fest.

Mitunter wurde dieser Fall jedoch anders bewertet und eine durch widerrechtliche Drohung erlangte Sache stets als abhanden gekommen gewertet. Dabei stellte man auf die besondere Intensität des Einflusses einer Drohung auf den Willen ab. Widerrechtlicher Zwang und Erpressung stünden auf einer Stufe mit dem Diebstahl.[253]

III. Bereicherungsausgleich, §816 I BGB

Trotz der entfernten Stellung im Gesetz wurde häufig der Bereicherungsausgleich (§816 I BGB) im Zusammenhang mit den Regelungen der §§932 ff. BGB angeführt. Dies entspricht auch seiner zentralen Funktion. Diese Tatsache wurde durch die Stellung seines Vorläufers im ersten Entwurf noch anschaulicher deutlich.[254] Die Regelung gehört zu einem Gesamtkonzept, welches letztlich eine komplizierte Konfliktsituation zwischen drei Personen auflösen soll (vgl. Einleitung). Aus diesem Grunde wurde stets darauf hingewiesen, daß der Eigentümer, der die Veräußerung der Sache gegen sich gelten lassen muß, entweder gemäß §816 I Satz 1 BGB gegen den Veräußerer oder im Falle des unentgeltlichen Erwerbs gemäß §816 I Satz 2 BGB gegen den Erwerber vorgehen könne.[255]

---

[251] RG 101, 224 (225)

[252] Planck / Greiff, 1./2. Auflage (1902), §935, 2., S. 182; zustimmend: Levy, S. 19; RGRK / Schliewen, 5. Auflage (1923); §935, 4., S. 252

[253] Dernburg, Sachenrecht, §103, II. 2., S. 307; im Ergebnis auch: Heck, Sachenrecht, §60, 5., S. 255

[254] Dies bedeutet nicht, daß der Verf. eine dahingehende Änderung für wünschenswert hält.

[255] Kretzschmar, S. 208

IV. Fazit

Das BGB bietet mit seinen §§932 - 935 BGB eine sehr viel ausführlichere Regelung zum Erwerb beweglicher Sachen als die Vorgängernorm, Art. 306 ADHGB.
In den Jahren nach Inkrafttreten (1900 - 1933) wurden die Regelungen von der Rechtslehre bearbeitet und in der Praxis vielfach angewandt. Dabei lotete man die Bestimmungen aus, und wo es notwendig war, entwickelte man sie weiter.

Die Rechtsscheinlehre setzte sich als Erklärungsmodell durch. Andere Erklärungsmodelle verschwanden aus der Diskussion. Grundlage des gutgläubigen Erwerbs vom Nichtberechtigten sollte somit das Vertrauen des Erwerbers auf den Rechtsschein sein, der von einer objektiven Grundlage ausging. Als objektive Grundlage des Rechtsscheins im Rahmen der §§ 932 ff. BGB wurde grundsätzlich der unmittelbare Besitz benannt. Von ihm gehe der Rechtsschein aus, es liege Eigentum vor.
Das sich dieser Gedanke nicht widerspruchsfrei in die Regelung der §§932 ff. BGB hinein lesen läßt, war den Vertretern der Rechtsscheinlehre bekannt. Viele Konstellationen sind denkbar, in denen der Veräußerer nicht unmittelbarer Besitzer ist. Einige Autoren legten die Schwächen der Konstruktion frei und hielten den §§932 ff. BGB an diesen Stellen für mißlungen. Wellspacher, der §933 BGB dafür lobte, daß er berücksichtige, daß der mittelbare Besitz keine ausreichende Grundlage sei, kritisierte §934, 1. Alt. BGB, welcher hiervon ausgehe. Einige sahen auch die durch die Formulierung des §932 II BGB erreichte Beweislastverteilung als mißlungen an. Sie führt dazu, daß der gute Glaube vom Erwerber nicht bewiesen werden muß, und damit das Vertrauen auf einen Rechtsschein in vielen Fällen der Praxis keine Rolle spielt. Andere Autoren mühten sich um eine Weiterentwicklung des Grundgedankens, welche den Normen besser entspreche. So wurde die objektive Grundlage, auf die sich der gute Glaube des Erwerbers stützen soll, mehr und mehr in der Macht des Veräußerers gesehen, dem Erwerber den Besitz zu verschaffen. Diese Besitzverschaffungsmacht spreche für das Eigentum und sei daher Vertrauensgrundlage.
Dem Problem, welches die Rechtsscheinlahre mit §935 BGB hat, daß der Besitz einer gestohlenen Sache dem Besitz einer nicht gestohlenen gleicht, begegneten einige Autoren mit dem sogenannten Veranlassergedanken. Der Eigentümer, dem die Sache nicht abhandenkam, der sie freiwillig weggab, veranlaßte den Rechtsschein. Dieser sei ihm daher zuzurechnen.

Die Ausführungen zeigen auch, wie die Rechtsscheinlehre nach ihrer Durchsetzung die Interpretation einzelner Voraussetzungen beeinflußte. Es wurden unterschiedliche Folgerungen für einige Probleme aus den Gedanken der Rechtsscheinlehre gezogen. So verlangte man, daß Gegenstand des guten Glaubens nicht nur das Eigentum, sondern auch die Verfügungsbefugnis und die Vollmacht seien. Für diese biete der Besitz auch eine geeignete Rechtsscheingrundlage. Diese Sichtweise konnte sich nicht durchsetzen. Gegen sie wurde vorgebracht, daß aus dem Besitz nur der Rückschluß auf das Eigentum möglich sei. Dieser Widerspruch, der zwischen den Meinungen entstand, zeigt, wie wenig brauchbar die Rechtsscheinlehre zur Lösung in dieser Frage war (vgl. oben II. 2) b) aa)).
Ein anderes Problem stellt in diesem Zusammenhang die Erkennbarkeit des Besitzdieners als solchen im Rahmen des §935 BGB dar. Zum Teil wurde die Auffassung vertreten, daß der Besitzdiener als Eigentümer erscheine, wenn er bei der eigenmächtigen Weggabe einer Sache nicht als Besitzdiener erkennbar sei. Eine vom Besitzdiener weggegebene Sache sei dann nicht abhandengekommen. Diese konsequente Umsetzung des Rechtsscheingedankens konnte sich bis heute nicht durchsetzen (vgl. oben II. 3) a) dd)).

Auch die Weiterentwicklungen der Rechtsscheinlehre beeinflußten die Interpretation einzelner Voraussetzungen. Diejenigen, die die Besitzverschaffungsmacht des Veräußerers als Grundlage des Vertrauens erkannten - und nicht mehr nur den Besitz - hatten keine Mühe, die Übergabe um den gutgläubigen Geheißerwerb zu ergänzen. Entscheidend sei letztlich, daß Besitz verschafft werde (vgl. oben II. 1) a) bb) (3)).

Bei der Ausgestaltung der Regelungen knüpfte man überwiegend an Bekanntes an. Man übernahm Definitionen und Auslegungen, die zu Art. 306 ADHGB entwickelt wurden. Dies wundert nicht, da die Entstehungsgeschichte der §§932 ff. BGB gezeigt hat, daß man überwiegend Art. 306 ADHGB in die Zivilrechtskodifikation übernahm.
In einigen Punkten wurde die Regelung des Art. 306 ADHGB jedoch überwunden und neue Entwicklungen in Gang gesetzt. An erster Stelle ist hier die Voraussetzung der Übergabe zu nennen. Diese Voraussetzung wurde sehr ausführlich behandelt, insbesondere auch die Möglichkeiten, Hilfspersonen in den Übergabevorgang einzuschalten. Bald stellte man fest, wie der Besitzdiener, eine Innovation des BGB, in den Übergabevorgang eingeschaltet werden kann. Zudem wurde der sogenannte Geheißerwerb, der im Rahmen des §929 BGB als

Möglichkeit der Übergabe entwickelt wurde, auch mit §932 BGB in Zusammenhang gebracht.
Bemerkenswert ist auch die Entwicklung, welche der Begriff der Übergabe im Sinne des §933 BGB nahm. Die frühere Rechtsprechung und Stimmen der Literatur verlangten, daß der Erwerber unmittelbaren Besitz erlangt, erst dann sei eine Übergabe gegeben, wie sie §933 BGB verlangt. Damit hatte §933 BGB einen eigenen Übergabebegriff, der nicht mit dem Begriff der Übergabe im Sinne des §932 BGB identisch war. Die spätere Rechtsprechung des Reichsgerichts wich von dieser Sichtweise ab. Das Reichsgericht nahm an, daß der Erwerb des unmittelbaren Besitzes nicht erforderlich sei. Dies entspricht auch der heute herrschenden Sichtweise.
Viel Raum nahm die Diskussion um den von einigen Autoren erkannten Wertungswiderspruch von §934, 1. Alt. BGB und §933 BGB ein. Versuche, diesen aufzulösen, setzten sich nicht durch. Es blieb bei der Lösung, die sich am Wortlaut des Gesetzes orientierte. So sah man Verkehrsschutz am besten gewährleistet.

B. Der gutgläubige Erwerb in der Zeit des Nationalsozialismus

Der nationalsozialistische Einfluß auf das Recht machte auch vor dem bürgerlichen Recht nicht halt. Hierbei verfolgte die Rechtswissenschaft im wesentlichen zwei Wege. Einerseits wurde das vorgefundene BGB im nationalsozialistischen Sinne ausgelegt. Jedoch begnügte man sich nicht mit dieser mittelbaren Umbildung des Rechts, sondern strebte andererseits gleichzeitig eine gesetzgeberische Veränderung des Zivilrechts an.

Das BGB blieb während der gesamten Dauer des dritten Reiches in Kraft. Änderungen wurden nur in Teilbereichen vorgenommen (z. B. Eherecht, Erbhofrecht), nicht jedoch in für das Wirtschaftsleben relevanten Bereichen. Um trotz Weitergeltung des BGB die neue Gesinnung im Privatrechtsverkehr durchzusetzen, verwandte man in den unveränderten Bereichen das BGB als Gerüst, in welches nationalsozialistisches Gedankengut hineingearbeitet wurde.[256] Bei dieser Auslegung im neuen Geist halfen insbesondere die abstrakten Begriffe, welche sich leicht umdeuten ließen, und die Generalklauseln, welche ideale

[256] vgl. Stoll, DJZ 1933, 1229 (1230) „Das BGB wird in seinen Wertungen bedingt durch die neuen Rechtsgedanken und ist nach diesen auszurichten. Darin liegt die schöpferische Kraft für Praxis und Wissenschaft.“

Einbruchstellen darstellten.[257] Das Ergebnis dieser Vorgehensweise faßt Stoll in einem Satz zusammen: *„Die Vorschriften des BGB bestehen noch, aber sie erhalten durch die „zentrale Rechtsidee" der siegreichen Bewegung eine neue Zielsetzung."*[258]
Daneben mühte man sich um eine umfassende Reform des Bürgerlichen Rechts. Ergebnis dieser Mühen sind unzählige Publikationen der Lehre mit Kritik am alten Recht und Vorschlägen für neue Regelungen. Außerdem arbeitete die sogenannte „Akademie für Deutsches Recht" an einem „Volksgesetzbuch", das an die Stelle des BGB treten sollte.

I. Handhabung der §§932 - 935 BGB durch die Rechtswissenschaft in der Zeit des Nationalsozialismus:

1) Rechtfertigung der Regelung

In der Zeit nach Inkrafttreten hatte sich das Rechtsscheinprinzip zur Rechtfertigung des gutgläubigen Erwerbs durchgesetzt. Auch in den Jahren 1933 - 1945 hielt man an diesem Grundgedanken als Basis für die §§932 ff. BGB und den Gutglaubenserwerb allgemein überwiegend fest. So sah man die Grundlage des Schutzes des guten Glaubens (und der §§932 ff. BGB) in dem Rechtsschein, der vom Besitz ausgehe.[259] Der Schutz knüpfe an einen „glaubwürdigen äußeren Zustand", den Besitz, an.[260] H. Lange untermauerte diesen Gedanken und stellte fest, daß der gutgläubige Erwerb seine Rechtfertigung aus der Tatsache ziehe, daß der Besitzer (oder Gebuchte) in aller Regel der Berechtigte sei.[261] Diese Erkenntnis stützt er zudem auf die *„Erfahrungstatsache, daß die Menschen in aller Regel ehrlich sind, und daß deshalb nur der Besitzer und der Gebuchte verfügt, der hierzu berechtigt ist."*[262]
Schantz geht noch einen Schritt weiter. Zur näheren Begründung des Rechtsverlustes, welchen der Eigentümer durch den gutgläubigen Erwerb erleidet, entwickelt er eine ideologisch geprägte Erklärung des mit der Rechtsscheinlehre zu-

---

[257] Stolleis, HRG III 882
[258] Stoll, DJZ 1933, 1229 (1231)
[259] Lange, Boden, Ware und Geld I, S. 70; Schantz, AcP 142 (1936) 67 (82)
[260] Krause, AcP 145 (1939) 312 (314)
[261] Lange, DR 1935, 485 (487); ders., Boden, Ware und Geld I S. 120; ders., AcP 146 (1941) 28 (38); zustimmend Schantz, AcP 142 (1936) 67 (81) FN 14
[262] Lange, AcP 146 (1941) 28 (38) Mit dieser These tritt Lange vor allem den Stimmen entgegen, die im Abstraktionsprinzip eine entscheidende Stützte des Rechtsscheinprinzips und somit des guten Glaubens sehen (vgl. unten).

sammenhängenden „Veranlassergedankens".[263] Das Risiko des Rechtsverlustes sei Ausfluß der Verantwortung, die der Eigentümer gegenüber allen „Rechtsgenossen" habe. Eine entsprechende Verantwortung hänge mit jedem Recht zusammen. Vorliegend bestehe die Pflicht, die aus der Verantwortung des Eigentümers folge, darin, falsche Vorstellungen der Rechtsgenossen über die Rechtswirklichkeit zu vermeiden. Deshalb dürfe der Eigentümer nicht ohne weiteres sein Eigentum den Rechtsgenossen unter der Tarnung fremden Besitzes verbergen. Komme man dieser Pflicht nicht nach, so treffe einen der Verlust seines Rechts.

Schantz überträgt hier eine zentrale Forderung des nationalsozialistischen Rechtsdenkens, daß der einzelne mit seinen individuellen Rechte hinter der Gemeinschaft zurücktreten müsse. Dieser Gedanke findet schon seinen Ausdruck in dem Satz, der als „oberstes sittliches Gebot" des Nationalsozialismus bezeichnet wurde: *„Gemeinnutz geht vor Eigennutz".*[264] Dieses Gebot sollte in alle Lebensbereiche Einzug halten. Für das Privatrecht fand es seinen Ausdruck in der Forderung des 19. Punktes des Parteiprogramms der Nationalsozialistischen Partei vom 24.02.1920: *„Ersetzung des individualistischen römischen Rechts durch ein deutsches Gemeinrecht".* Mit diesem Programmsatz wird zudem das Ziel, gegen das BGB vorzugehen, deutlich ausgedrückt. Konsequent wurde der Gedanke, daß der einzelne hinter der Gemeinschaft zurücktreten müsse, der *„materiell - individualistischen Gesinnung"*[265] des BGB entgegengestellt.

Schantz gelingt es auf diese Weise, den Eigentumsverlust als Konsequenz eines als falsch bewerteten Verhaltens darzustellen. Dadurch reduziert er die Hemmschwelle in Bezug auf die Achtung des Eigentumsrechtes deutlich. Grenze des gutgläubigen Erwerbs ist nicht mehr zwangsläufig die Reichweite, die für einen effektiven Schutz des Verkehrs als notwendig angesehen wird. Auf der Grundlage seiner Argumentation ließe sich auch eine stärkere Ausdehnung des gutgläubigen Erwerbs vertreten und eine damit einhergehende größere Schwächung des Individualrechts Eigentum.

---

[263] Schantz, AcP 142 (1936) 67 (82)
[264] Stoll, DJZ 1933, 1229 (1231)
[265] Stoll, DJZ 1933, 1229 (1331)

2) Voraussetzungen für den Eigentumserwerb

a) Guter Glaube:

aa) Nachforschungspflicht:

Das Reichsgericht führte seine Rechtsprechung zur Nachforschungspflicht fort, die es vor 1933 zu entwickeln begonnen hatte. Die Umstände der Wirtschaftskrise brachten das Gericht zu einer Verschärfung seiner bisherigen Beurteilung der Nachforschungspflicht.[266] Die schwierige wirtschaftliche Lage und die damit einhergehende mangelnde Zahlungsunfähigkeit führte zu einer Ausweitung des Verkaufs unter Eigentumsvorbehalt. Das Gericht wich unter ausdrücklichem Hinweis auf die Verschlechterung der wirtschaftlichen Verhältnisse von seiner bisherigen Praxis ab, daß bei einem zuverlässigen Partner grundsätzlich diese Pflicht nicht bestehe (vgl. oben A. II. 2) c) aa)), und konstatierte eine generelle Pflicht zur Überprüfung, somit auch bei zuverlässigen Geschäftspartnern.[267] Beim Erwerb von einem Kaufmann müsse immer von einem Eigentumsvorbehalt ausgegangen werden. Das Reichsgericht hat mit dieser Entscheidung die Vorzeichen seiner Rechtsprechung gewechselt. Es ging ab diesem Zeitpunkt von einer generellen Nachforschungspflicht aus. Das Vorliegen von verdächtigen Umständen, das bislang Voraussetzung für die Pflicht war nachzuforschen, war nicht mehr erforderlich. Der gutgläubige Erwerb einer Sache, die unter einem Eigentumsvorbehalt steht, ist nach dieser Rechtsprechung kaum noch denkbar.

Diese Rechtsprechung wurde kurz darauf bekräftigt. Das Gericht entschied zudem, der Erwerber müsse in der bestehenden wirtschaftlichen Situation beim Lieferanten nachfragen, ob ein Eigentumsvorbehalt bestehe.[268] Allein mögliche Versicherungen des Verkäufers reichten nicht. Schließlich ging das Reichsgericht noch einen Schritt weiter, indem es feststellte, daß die Nachforschungspflicht sogar ohne Rücksicht darauf bestehe, ob der Erwerber bei Vornahme ihm zumutbarer Nachforschungen die Wahrheit erfahren habe.[269] Ein ursächlicher Zusammenhang zwischen obliegender Nachforschung und der Kenntniser-

---

[266] RG 141, 129 (132): „Dabei hat der Berufungsrichter nicht berücksichtigt, daß seit dieser Entscheidung die wirtschaftlichen Verhältnisse sich verschlechtert haben, und er hat ungeprüft gelassen, ob nicht in Folge der Verschlechterung der Wirtschaftskrise die Aufstellung strengerer Erfordernisse geboten ist."

[267] RG 141, 129 (131 f.)

[268] RG 143, 14 (18); RG 143, 321 (331): „...jeder, der sich die Ware eines Kaufmanns zur Sicherheit übereignen lasse, mit der Belastung der Sache durch einen Eigentumsvorbehalt rechnen müsse."

[269] RG 143, 14 (18); RG 147, 321 (331)

langung könne außer Betracht bleiben. In den Jahren nach 1945 knüpfte die Rechtsprechung nahtlos an diese Entwicklung an.[270]

Schantz kommt auf der Grundlage der Rechtsprechung zur Nachforschungspflicht zu einem neuartigen Interpretationsgedanken. Er widmet sich dem Spannungsverhältnis zwischen dem Eigentumsvorbehalt und dem gutgläubigen Erwerb. Das in seiner Betrachtung die beiden Institute verbindende Element stellt die Nachforschungspflicht des Erwerbers dar, welcher dieser nachzukommen hat, will er nicht grob fahrlässig handeln und deshalb bösgläubig sein. Diese Nachforschungspflicht hängt insofern mit dem Eigentumsvorbehalt zusammen, als sich dem Erwerber auch die Frage stellt, ob die betreffende Sache nicht unter Eigentumsvorbehalt veräußert wurde, und somit der aktuelle Veräußerer nicht der Eigentümer ist. Schantz zeigt auf, wie die Nachforschungspflicht des Erwerbers in der Praxis zu Gunsten des Eigentumsvorbehaltes mehr und mehr ausgedehnt werde. Dieser Entwicklung, die den gutgläubigen Erwerb einschränkt, tritt er entgegen.
Dabei schlägt Schantz, auf der Basis des Gedankens der „Zurückdrängung des Individualismus“, eine das Institut des Eigentumsvorbehalts verkomplizierende Lösung vor. Diese soll dem Erwerb vom Nichtberechtigten wieder größeres Gewicht verleihen. Aus heutiger Sicht stellt diese Lösung ein anschauliches Beispiel dafür dar, wie die nationalsozialistische Rechtstheorie zur Interpretation der bestehenden Regelungen herangezogen wurde.

Ausgangspunkt der Ausführungen ist eine Auseinandersetzung mit der Rechtsprechung des Reichsgerichtes zur Nachforschungspflicht des gutgläubigen Erwerbers, und wie sich das Gericht immer wieder auf die Frage bezog, ob die betreffende Sache nicht unter Eigentumsvorbehalt stehe.[271] Der Autor zeigt auf, wie die Nachforschungspflicht seit Inkrafttreten kontinuierlich erweitert wurde. Außerdem äußert er die Vermutung, daß die Nachforschungspflicht in Zukunft noch ausgedehnt werde.[272] Den Grund für diese Entwicklung sieht Schantz in einer Überbewertung des Eigentumsvorbehaltes, welchem er kritisch gegenübersteht.[273]
Im Anschluß an diese Feststellung schlägt er eine neue Lösung vor, welche er auf die nationalsozialistischen Bestrebungen stützt, den Individualismus zu-

[270] vgl. BGH NJW 1958, 1485; BGH WM 1959, 118 (entspricht RG 141, 131 f.); OLG Celle NJW 1958, 632 (633); OLG Celle NJW 1960, 967 (968)
[271] Schantz, AcP 142 (1936) 67 (68 ff.)
[272] Schantz, AcP 142 (1936) 67 (75)
[273] Schantz, AcP 142 (1936) 67 (75)

rückzudrängen.[274] Dazu weist er auf die Pflichten hin, die der Inhaber eines Rechtes gegenüber der Rechtsgemeinschaft habe.[275] Auf der Basis dieses Gedankens legt er die Verantwortlichkeiten von Vorbehaltsverkäufer und Dritterwerber fest, welche sich aus ihren Rechten ergäben. Die Verantwortlichkeit des Dritterwerbers sieht er bereits im Gesetz festgeschrieben, welches Sorgfalt verlange, woraus sich die Nachforschungspflicht ergebe.[276] Den Vorbehaltsverkäufer treffe auch eine Pflicht gegenüber seinen Rechtsgenossen und insbesondere gegenüber dem Dritterwerber. Diese sei, anders als die Pflicht des Erwerbers, nicht gesetzlich bestimmt und auch nicht durch die Rechtsprechung entwickelt, sie ergebe sich jedoch aus dem geschilderten „Gemeinschaftsdenken".[277]

Um den Inhalt dieser Pflicht zu bestimmen, entwickelt Schantz die Aufgabe des Eigentümers, falsche Vorstellungen der Rechtsgenossen über die Wirklichkeit zu vermeiden. Der Eigentümer müsse sein Eigentum kenntlich machen.[278] Dies sei seine Pflicht, die die Bedeutung von Nachforschung durch den Dritterwerber vermindere.[279]
Diese Pflicht lasse sich zudem praktisch umsetzten, ohne daß eine Gesetzesänderung erforderlich sei.[280] Wie Schantz sich das vorstellt, zeigt er an einem Beispiel. Der Vorbehaltsverkäufer müsse den Vorbehaltskäufer durch vertragliche Verpflichtung anhalten, die Vorbehaltsware bis zur vollständigen Zahlung des Kaufpreises als solche zu kennzeichnen. Ob und wie man der Pflicht auch auf andere Weise nachkommen könnte, legt er nicht dar. Ausnahmen von dieser Pflicht stellt sich Schantz bei Gegenständen des täglichen Bedarfs oder minderen Wertes vor. Bei solchen sei eine Kennzeichnung nicht nötig.

---

[274] Schantz, AcP 142 (1936) 67 (78 f.) Hier macht Schantz allgemeine Ausführungen zu dieser Rechtstheorie.

[275] Schantz, AcP 142 (1936) 67 (79): „Nur insoweit ist das Interesse eines einzelnen Gliedes der Gemeinschaft des Schutzes durch die Rechtsordnung würdig, als sich das Gemeinschaftsglied bei der Wahrung dieses Interesses so verhält, wie es zur Vermeidung einer Störung der Gemeinschaftsordnung und einer Beeinträchtigung schutzwürdiger Interessen anderer Gemeinschaftsmitglieder billigerweise von ihm erwartet werden muß."

[276] Schantz, AcP 142 (1936) 67 (80)

[277] Schantz, AcP 142 (1936) 67 (80)

[278] Schantz, AcP 142 (1936) 67 (83)

[279] Schantz, AcP 142 (1936) 67 (81): „Das übersteigerte Mißtrauen, daß die reichsgerichtliche Rechtsprechung von dem Dritterwerber der Eigentumsvorbehaltsware verlangt, hat mit dem neuen Gemeinschaftsdenken nichts gemein. Wir sind nicht das Volk von Lügnern und Betrügern, deren Erklärungen man bis ins Endlose nachprüfen muß, ehe man ihnen glauben darf."

[280] Schantz, AcP 142 (1936) 67 (90) Am Ende seines Aufsatzes formuliert Schantz einige Gedanken zur Änderung der höchstrichterlichen Rechtsprechung nach seinen Vorstellungen.

Wie schon bei seinen Ausführungen zur Rechtfertigung des gutgläubigen Erwerbs deutlich wird, führen die Anregungen von Schatz zu einer Schwächung des Individualrechtes, dem Eigentum. Eine in der Praxis brauchbare Grenze, die zu klaren Ergebnissen für die von ihm angeregte Pflicht des Vorbehaltsverkäufers führt, nennt er nicht. Es bleibt bei einem Beispiel, wie man der Pflicht nachkommen könnte. Wie schon der Vorschlag zur Rechtfertigung ermöglicht so auch dieser Vorschlag eine in der Reichweite nicht absehbare Zurückdrängung des Eigentumsrechts.
Die Vorschläge von Schantz fanden in der Lehre und in der Rechtspraxis keinen Widerhall.

bb) Bedeutung des Kfz - Briefs im Rahmen des guten Glaubens:
Im Jahre 1934 wurde durch eine Verordnung des Reichsverkehrsministeriums[281] der Kraftfahrzeugbrief in Deutschland eingeführt. Dieser sollte ausdrücklich auch dazu dienen, die Sicherung des Eigentums am Kraftfahrzeug zu verstärken.[282] Dazu sollte der Brief beispielsweise bei jedem Eigentumswechsel der Zulassungsstelle vorgelegt werden.[283] Schon vor entsprechenden Gerichtsentscheidungen hat Schliewen auf zu erwartende Auswirkungen dieses Briefes auf den gutgläubigen Erwerb hingewiesen. Er prophezeite den Zustand, daß beim Kauf eines gebrauchten Wagens im Zweifel jeder als grob fahrlässig im Sinne des §932 II BGB anzusehen sein werde, der sich nicht den Kraftfahrzeugbrief mit übergeben lasse.[284]

Nach Schaffung des Kraftfahrzeugbriefs ergingen zahlreiche Entscheidungen, die sich der Frage widmeten, wie sich die Existenz dieses Briefes auf den gutgläubigen Erwerb auswirke. Die Rechtsprechung war vorsichtiger, als Schliewen angenommen hatte. Der Kraftfahrzeugbrief wurde nicht unabdingbare Voraussetzung für den Erwerb eines Kraftfahrzeuges. Trotzdem stieg der Einfluß des Kraftfahrzeugbriefes. Die Rechtsprechung nutzte den Kraftfahrzeugbrief zur Beurteilung der Frage, ob der Erwerber seiner Nachforschungspflicht Genüge getan habe. Unter Umständen konnte er dieser Pflicht nur genügen, wenn er Einblick in den Brief nahm.

---

[281] RGBl. I 303
[282] RMinBl. 319 ff.; vgl RGRK / Schliewen, 8. Auflage (1934), §932, Nr. 6, S. 270 f.; vgl. auch v. Unruh, JW 1938, 707 (708)
[283] weitere Einzelheiten bei RGRK / Schliewen, 8. Auflage (1934), §932, Nr. 6, S. 270 f.
[284] RGRK /Schliewen, 8. Auflage (1934), §932, Nr. 6, S. 271

Das OLG Dortmund urteilte 1936, daß zum gutgläubigen Eigentumserwerb an Kraftfahrzeugen der Kraftfahrzeugbrief vorgelegt werden müsse, denn ansonsten sei der Erwerber in bösem Glauben.[285] Da noch nicht zu jedem Wagen ein solcher ausgestellt worden sei, müsse man auf den Vermerk im Kraftfahrzeugschein achten, aus dem die Ausstellung eines Briefes hervorgehe. Ließe man sich den Brief zur Überprüfung der Berechtigung nicht zeigen, handele man grob fahrlässig.
Das Gericht spricht diese These zwar allgemein aus (so wird es auch in den Leitsätzen ausgedrückt), weist aber in den Entscheidungsgründen ausdrücklich darauf hin, daß im vorliegenden Fall eine Automobilhändlerin ein Auto erwerben wollte.[286] Diese müsse von der Existenz solcher Briefe wissen. Die Entscheidung kann somit nicht so interpretiert werden, daß das Gericht hier einen allgemeinen Satz aufstellt. Vielmehr so, daß das Gericht eine Gesamtschau der Umstände des Sachverhaltes für nötig hielt.

In einem dem OLG Kassel zur Entscheidung vorliegenden Fall aus dem Jahre 1937 war ein Neuwagen gekauft worden, ohne daß der Kraftfahrzeugbrief vorgelegt wurde.[287] Das Gericht stellte zunächst fest, daß die Einführung des Briefes nicht die Regelungen des BGB modifiziere. Der Erwerb richte sich immer noch nur nach diesen Regeln. Das Nichtvorlegen des Briefes könne aber für die Frage des guten Glaubens von Bedeutung sein. Der Grundsatz, daß beim Erwerb eines neuen Wagens der Kraftfahrzeugbrief vorgelegt werden müsse, ließe sich deshalb nicht aufstellen. Ein entsprechender Grundsatz komme einer Änderung des Gesetzes gleich. Grobe Fahrlässigkeit scheide schließlich deshalb aus, weil der Erwerber in einem angesehenen Fachgeschäft gekauft habe und deshalb auf das Eigentum des Veräußerers habe vertrauen dürfe.

Das OLG Stuttgart entschied im September desselben Jahres den Fall, daß ein gebrauchtes Kraftfahrzeug ohne Übergabe des dazu gehörenden Briefes übereignet wurde.[288] Trotz Nichtvorlage des Briefes hielt das Gericht den Erwerber

---

[285] OLG Dortmund, JW 1937, 57

[286] Die Einschätzung von Notar Dr. Gülde (Anmerkung zu Urteil des OLG Stuttgart vom 23. September 1937, JW 1937, 3108 f. (zu der Entscheidung des OLG Dortmund auf Seite 3109)) das Gericht stelle einen allgemeinen Satz auf, geht deshalb m.E. zu weit. Im Zusammenhang mit dem Sachverhalt ergibt sich ein anderes.

[287] OLG Kassel, JW 1937, 1417 (Urteil vom 18. März 1937)

[288] OLG Stuttgart, JW 1937, 3108 (Urteil vom 23. September 1937)

nicht für bösgläubig. Er habe nicht grob fahrlässig gehandelt. Das Gericht beurteilte die im vorliegenden Fall gegebene Zusicherung des Verkäufers, der Brief liege beim Oberamt, als überzeugend genug. Außerdem sei, da noch nicht zu allen Fahrzeugen ein Kraftfahrzeugbrief ausgestellt worden sei, noch nicht der Zustand erreicht, daß im Zweifel der Erwerber grob fahrlässig handele, wenn er sich den Brief nicht zeigen lasse.
Nur zwei Monate später stellte das OLG Nürnberg fest, daß ein gutgläubiger Erwerb eines Kraftfahrzeuges (im angesprochenen Fall handelte es sich ebenfalls um ein gebrauchtes) ohne Einsicht des Kraftfahrzeugbriefes nur in Ausnahmefällen möglich sei.[289] Damit trug das Gericht der Tatsache Rechnung, daß sich Kraftfahrzeugbriefe nun mehr und mehr etabliert hatten.[290]

Letztlich kann man feststellen, daß sich die Gerichte scheuten, eine generelle Regel aufzustellen. Sie vollzogen stets eine Beurteilung des konkreten Falls. Auch bei der am weitest gehenden Entscheidung des OLG Dortmund aus dem Jahre 1936, das im Leitsatz eine generelle Notwendigkeit der Einsicht des Briefes feststellt, kam es letztlich auf den konkreten Fall an. Das Sichvorlegenlassen des Kraftfahrzeugbriefes, um der Nachforschungspflicht zu genügen, wurde jedoch ein immer wichtigeres Indiz für die Beurteilung des guten Glaubens.
Nach 1945 bildete sich diese Rechtsprechung fort. Auch heute noch muß die Rechtsprechung immer wieder neue Lösungen finden.[291] Als Tendenz der Rechtsprechung kann man jedoch heute festhalten, daß es dem guten Glauben nicht entgegensteht, wenn bei dem Erwerb eines Neuwagens der Kraftfahrzeugbrief nicht gezeigt wird,[292] daß beim Erwerb eines Gebrauchtwagens hingegen in der Regel der gute Glaube ausscheidet, wenn sich der Erwerber nicht im Kraftfahrzeugbrief von der Befugnis des Veräußerers überzeugt hat.[293]

b) §935 BGB:
Bezüglich dieser Regelung wurden vor allem kritische Stellungnahmen seitens der Lehre laut. Stricker wendet sich gegen die kompromißlose Scheidung, die §935 BGB vornehme, und beanstandet das scharfe „entweder - oder“ der Regelung. Er stellt fest, daß der Schutz des einzelnen in *„liberalindividualisischer Weise“* einseitig entweder den Verlierer oder den gutgläubigen Erwerber bevor-

[289] OLG Nürnberg, JW 1938, 674 (675) (Urteil vom 18. November 1937)
[290] Unruh (JW 1938, 707 (708)) begrüßte dieses Urteil. Er sieht eine ständige Rechtsprechung etabliert, die dem Willen des Verordnungsgebers entspreche.
[291] vgl. OLG Frankfurt, JuS 1999, 1234; Das Gericht hält den gutgläubigen Erwerb eines Vorführwagens auch ohne die Vorlage des Kraftfahrzeugbriefes für möglich.
[292] BGH 30, 374 (380)
[293] BGH 30, 374 (380), BGH NJW, 1975, 735 (736); BGH NJW 1996, 2226 (2227)

zuge, und daß dies auf Kosten des jeweils anderen und der Allgemeinheit gehe.[294] Dies widerspreche der nationalsozialistischen Rechtsauffassung.[295] Stricker schlägt vor, auf eine §935 BGB entsprechende Regelung ganz zu verzichten. Der Erwerber vom Nichtberechtigten solle stets Eigentümer werden.[296] Dies diene der Volkswirtschaft, da die Rückgabe immer mit weiteren Kosten für beide Seiten verbunden sei. Im Gegenzuge solle der Erwerber jedoch am Schaden des Eigentümers beteiligt werden. Dies solle grundsätzlich zu gleichen Teilen erfolgen, ein vorwerfbares Verhalten auf einer Seite solle sich gemäß §254 BGB analog auf die Schadenstragung entsprechend auswirken.

Auch Lange äußert sich in seinem Lehrbuch kritisch zur der Regelung des §935 BGB.[297] Sie entstamme einer Zeit anderer wirtschaftlicher Verhältnisse und funktioniere daher nur in einem beschränkten Verkehr auf engem Raum. Für die moderne Wirtschaft mit Großbetrieben (Massengüter und Massenumsatz über weite Gebiete und unpersönliche Geschäfte) sei diese Norm ob ihrer Erwerbsfeindlichkeit bedenklich. Konsequenzen für die Interpretation des §935 BGB zogen die Kritiker jedoch nicht.[298]

---

[294] Stricker, S. 44

[295] Aus dieser Erkenntnis heraus entwickelt Stricker einen Lösungsvorschläg de lege ferenda, welcher im wesentlichen auf eine Schadensteilung bei entsprechender Anwendung des §254 BGB hinausläuft.

[296] Stricker, S. 46

[297] Lange, Boden, Ware und Geld III, S. 40

[298] Anders Wieacker, welcher die von §935 getroffene Unterscheidung zwischen Geld und unvertretbaren Sachen lobt (Wieacker, Wandlungen, S. 28). Hier erkennt Wieacker eine Einteilung in konkrete Ordnungen, mit der die Norm ihrer Zeit voraus gewesen sei.

Ausgangspunkt und zugleich Kernthese des „konkreten Ordnungsdenkens" ist die Auffassung, daß die Wirklichkeit eine Ordnung in sich trage (vgl. Rüthers, §18 II 3. A)). Dieser Ordnung wohne das Recht derselben inne, so daß die Rechtsnorm zwingend aus der Ordnung der Wirklichkeit folge. Aufgabe der Rechtswissenschaft sei es, diese Ordnungen herauszuarbeiten und das Recht abzuleiten. Folge dieser Denkweise war eine Überprüfung des bestehenden Rechtes dahingehend, ob es sich an den Lebensordnungen orientiere. Zum Hauptangriffsobjekt wurden schnell die abstrakten Begriffe des BGB (z.B. Sache, Eigentum) (vgl. Rüthers, §18 III 1.). Diese seien *„inhaltsarme, formale Allgemeinbegriffe"* (Larenz, Grundfragen, S. 226). Dinge, die an sich grundverschieden seien, ordne man im bestehenden Recht einem einzigen Begriff unter (Larenz, Grundfragen, S226). Dies widerspreche der wirklichen Lebensordnung, an deren Stelle ein abstraktes System entstehe. Die sich daraus ergebende Forderung für die Rechtswissenschaft war die, nicht mehr in den „abstrakten Allgemeinbegriffen" des BGB zu denken, sondern in konkreten Ordnungen. So komme den konkreten Gegenständen ihr Recht zu. In der letzten Konsequenz seien die bestehenden Begriffe durch Rechtsbegriffe zu ersetzten, die Rücksicht auf die jeweilige Rechtsgestaltung nähmen.

c) entgeltlicher / unentgeltlicher Erwerb:
Lange beanstandet an den §§932 - 935 BGB, daß der unentgeltliche Erwerb geschützt werde. Dieser verdiene keinen Schutz. Auch §816 I Satz 2 BGB biete keinen ausreichenden Ausgleich. Er gebe nur einen schuldrechtlichen Anspruch, und insbesondere im Konkurs verweise er nur auf die Konkursdividende.[299] So trage der Enteignete auch noch zur Befriedigung der anderen Gläubiger bei. Schließlich sei auch das Argument nicht schlüssig, entgeltlicher und unentgeltlicher Erwerb seien schwierig abzugrenzen, denn diese Abgrenzung müsse auch in §816 I Satz 2 BGB vorgenommen werden.

3) Exkurs: Entscheidung des Reichsgerichts in Strafsachen; Entwicklung der sogenannten „Makeltheorie“

Aufschlußreich für die Beurteilung des gutgläubigen Erwerbs vom Nichtberechtigten in der betrachteten Zeit und für die angewandten Methoden zur Rechtsfortbildung ist eine Entscheidung des Reichsgerichtes in Strafsachen aus dem Jahre 1940 zu der Frage, ob ein Vermögensschaden im Sinne des §263 StGB vorliege, wenn man das Eigentum gemäß §§929, 932 StGB erwerbe. Nach einer Entscheidung des Reichsgerichtes aus dem Jahre 1916 liegt in diesem Fall kein solcher Vermögensschaden vor.[300] Der Erwerber werde gemäß §932 BGB Eigentümer und habe deshalb keinen Schaden. Anders war noch die Ansicht der Vorinstanz, die das Vorliegen eines entsprechenden Schadens wegen des Prozeßrisikos und deshalb bejahte , weil es der *„Wohlanständigkeit“* entspreche, die Sache zurückzugeben.[301]
Im Jahre 1940 wich das höchste Zivilgericht ausdrücklich von seiner bisherigen Auffassung ab und nahm einen Vermögensschaden an, wenn man gemäß §§929, 932 BGB erwerbe. Das Reichsgericht zog in dieser Entscheidung zunächst die Argumente der Vorinstanz der Entscheidung aus dem Jahre 1916 heran. So wies das Gericht auf das Prozeßrisiko hin und darauf, daß man aus Gründen der „Wohlanständigkeit“ die Sache demjenigen, dem sie durch Unterschlagung entzogen sei, zurückgeben müsse.[302] Außerdem sei man dem Verdacht der Hehlerei ausgesetzt. Schließlich sei die Sache mit einem „sittlichen Makel“ behaftet. Dieser mache sie *„nach dem gesunden Volksempfinden auch*

[299] Lange, Boden, Ware und Geld I, S. 121
[300] RG St 49, 16 f.
[301] vgl. RG St 49, 16
[302] RG 73, 61 (62)

als Vermögensstück minderwertig.“[303] Wegen dieser Minderwertigkeit liege ein Vermögensschaden vor.
Besonders bemerkenswert ist die Erklärung zu diesem Schluß. Man könne das Ergebnis deshalb annehmen, weil *„Die Ableitung des Rechts aus den Forderungen der Volksgesittung und seine Ausrichtung nach dem Volksgewissen ... einer der kennzeichnenden Züge des kommenden Strafrechts (Gürtner-Freisler, das neue Strafrecht, S. 67)“* seien.
Diese Begründung, wenn auch im Bereich des Strafrechts, ist ein anschauliches Beispiel dafür, wie das Recht mit einfachen Mitteln der neuen Ideologie angepaßt wurde. Die Entscheidung zeigt zudem, wie der gutgläubige Erwerb beurteilt wurde. Man trat dem gutgläubigen Erwerb skeptisch gegenüber. Er wurde als minderwertiger Eigentumserwerb angesehen.

Der Bundesgerichtshof hielt nur im Ergebnis an der Entscheidung fest. Er berief sich nicht mehr auf einen „sittlichen Makel“. Statt dessen stellte er zur Begründung des Vermögensschadens auf die Gefahren ab, die dem Erwerber drohten, also insbesondere das Prozessrisiko.[304] Dies stellt eine sachgerechte Lösung dar, denn sie berücksichtigt Tatsachen und keine bloßen Wertungen. Sie ermöglicht zur Verteidigung zudem den Nachweis, daß gar kein Schaden drohte.

4) Fazit

Die Rechtswissenschaft brachte in der Zeit der Herrschaft des Nationalsozialismus keine Neuerungen für die Anwendung und Interpretation der §§932 - 935 BGB hervor. Man entwickelte nur wenige neue Anstöße, und diese setzten sich nicht durch. Dies zeigt der erfolglose Vorstoß von Schantz, der versuchte, auf der Basis des die individuellen Rechte zurückdrängenden nationalsozialisitischen Rechtsdenkens, neue Interpretationen zu etablieren. Überwiegend begnügte man sich mit der Darstellung der bekannten Interpretationen.
Die Rechtsprechung führte gleichfalls überwiegend die vorgefundene Rechtspraxis fort. So ergingen Entscheidungen, die die Nachforschungspflichten weiter konkretisierten. Dabei mußte die Rechtsprechung auf die schwierige wirtschaftliche Lage im Land reagieren. Unter ausdrücklichem Hinweis auf die Verschlechterung der wirtschaftlichen Verhältnisse stellte die Rechtsprechung strengere Anforderungen an die Nachforschungspflicht. Auf diese Weise konnte die Rechtsprechung die Weite des Anwendungsbereichs steuern. Mit Hilfe der

[303] RG 73, 61 (63)
[304] BGH St 15, 83 (86 f.)

subjektiven Komponente der gesetzlichen Regelung gelang es ihr, korrigierend auf das Resultat einzuwirken. Diese Korrekturfunktion hatte schon bei Schaffung des Art. 306 ADHGB zur Aufnahme der subjektiven Voraussetzung geführt.

Eine Neuerung dieser Zeit stellt der Kfz - Brief dar. Die Verbreitung der Automobile hatte ihn nötig gemacht. Schnell erlangte er Bedeutung im Zusammenhang mit den Anforderungen an den guten Glauben. So bezogen die Gerichte den Kfz - Brief in ihre Überlegungen ein, ob der Erwerber genügend nachgeforscht habe, um sich der Eigentümerstellung des Veräußerers sicher sein zu können. Die Rechtsprechung vermied dabei pauschale Lösungen. Die Nichteinsichtnahme führte nicht ohne weiteres zur Bösgläubigkeit.

Die genannten Entwicklungen stellen keine typischen Erscheinungen einer nationalsozialistischen Rechtsentwicklung dar. Vielmehr ist die Frage der Nachforschungspflicht eine Frage, welche schon im Zusammenhang mit Art. 306 ADHGB diskutiert wurde. Der Kfz - Brief war den wirtschaftlichen Verhältnissen der Zeit geschuldet. Überlegungen zu seiner Einführung gab es schon in früherer Zeit.

Es ergingen im Bereich des gutgläubigen Erwerbs keine der berüchtigten Entscheidungen nationalsozialistischer Rechtsprechung. Die Handhabung der §§932 - 935 BGB legt den Schluß nahe, daß man in der Rechtspraxis keine offenkundigen Veränderungen anstrebte, sondern Rechtssicherheit und Stabilität wollte. Dazu dienten die etablierten Regelungen. Sie ermöglichten, die Geschäftskontakte in der gewohnten Art abzuwickeln, und garantierten eine für die Pläne der Nationalsozialisten notwendige, funktionierende Wirtschaft.
Zudem zeigen die Bearbeitungen und dabei insbesondere die Versuche, die Ideologie in die §§932 ff. BGB zu integrieren, daß diese für die Ideologie keinen Rahmen boten. Vermutlich auch aus diesem Grunde lag das Interesse der Rechtslehre und somit der Schwerpunkt der Arbeit auf Reformvorschlägen.

II. Reformvorschläge / Die Arbeiten an einem „Volksgesetzbuch“

In den Jahren nach Inkrafttreten des BGB wurden nur wenige Reformvorschläge für die §§932 - 935 BGB formuliert. Der Schwerpunkt der rechtswissenschaftlichen Bearbeitung des gutgläubigen Erwerbs bis 1933 lag auf dem Versuch, die neuen gesetzlichen Regelungen dogmatisch zu durchdringen und für die praktische Handhabung Lösungen zu entwickeln. Schriften, die sich um Re-

formvorschläge mühten oder eine breite kritische Auseinandersetzung zum Inhalt hatten, blieben die Ausnahme.[305]
Dies änderte sich mit dem politischen Systemwandel. Mit der Machtergreifung der Nationalsozialisten wurden die Bestrebungen zur Veränderung des Rechts, welche schon im nationalsozialistischen Parteiprogramm ihren Niederschlag gefunden hatten, von der Rechtswissenschaft aufgenommen. Die Erwartungen einer umfassenden Reformarbeit durch den Gesetzgeber in nächster Zeit schürten den Reformeifer.[306]
Dieser Reformeifer fand seinen Ausdruck in zahlreichen Schriften, die das BGB kritisch durchleuchteten und auf dieser Grundlage neue Vorschläge brachten (1)), und in den Arbeiten der „Akademie für Deutsches Recht" (2)).[307]

1) Reformeifer der Rechtswissenschaft, Kritik an den Regelungen des BGB und Reformvorschläge

a) Reformvorschläge zur rechtsgeschäftlichen Eigentumsübertragung und ihre Einflüsse auf den gutgläubigen Erwerb:

Einer der zentralen Punkte der Reformdiskussion insgesamt war die Reform der rechtsgeschäftlichen Eigentumsübertragung. Dabei lag das Schwergewicht auf der Frage, welche Prinzipien der neu zu regelnden Eigentumsübertragung zugrunde zu legen seien. Im Zusammenhang mit der Suche nach einer allgemeinen Konzeption für die Übertragung kam auch der spezielle Fall des Erwerbs vom Nichtberechtigten zur Sprache. Es wurden Auswirkungen von Veränderungen im allgemeinen Konzept auf den gutgläubigen Erwerb Gegenstand der Erörterungen. Hierbei spielt die Diskussion um das Abstraktionsprinzip eine zentrale Rolle.

aa) Reform der Eigentumsübertragung; Diskussion um die Konzeption:
Die Ausgangsfrage, welche Grundkonzeption den Vorzug verdiene, war in der Rechtslehre umstritten. Zur Debatte standen im wesentlichen drei bekannte

---

305 Beispiele: Koban, S. 100 ff.; Reichel, S. 184
306 Wieacker, DR 1941, 1934 zur Fahrnisübertragung: „eine Entscheidung des Gesetzgebers dürfte bevorstehen"
307 Natürlich beeinflußten sich die Schriften und die Arbeiten der „Akademie für Deutsches Recht". Dies wurde durch den Umstand verstärkt, daß viele Autoren der Lehre auch Mitglieder der Akademie und deren Ausschüsse waren und viele Aufsätze für die Akademie gewissermaßen als Auftragsarbeit erstellt wurden (z.B.: Heck; Krause). Eine getrennte Darstellung empfiehlt sich aber deshalb, weil die Akademiearbeiten keinem breiten Publikum zugänglich gemacht wurden.

Modelle zur rechtsgeschäftlichen Eigentumsübertragung.[308] Diese Modelle waren das „Vertragsprinzip“, das „Übergabeprinzip“ und das „Einigungsprinzip“. Nach dem „Vertragsprinzip“, wie es beispielsweise im französischen Code Civil seine Ausprägung fand, genügt für den Übergang des Eigentums allein der obligatorische Vertrag. Das sog. „Übergabeprinzip“ verlangt zur Eigentumsübertragung neben dem obligatorischen Vertrag noch eine Übergabe (bzw. Bucheintragung). Schließlich gab es das sog. „Einigungsprinzip“, welches für den Eigentumsübergang einen obligatorischen Vertrag, eine dingliche Einigung und eine Übergabe (bzw. Bucheintragung) erfordert. Lezteres liegt dem BGB zugrunde, wobei im BGB, im Gegensatz zu anderen Rechtsordnungen, die diesem Prinzip folgen, die Abstraktheit der dinglichen Einigung besteht.

Das „Vertragsprinzip“ wurde von keinem Vertreter der Rechtslehre ernsthaft propagiert. Allgemein forderte man eine Übergabe.[309] Im Übrigen läßt sich die Rechtslehre in zwei Lager einteilen.
Eine Seite wollte am dinglichen Vertrag festhalten und somit einem neuen Gesetz das Konzept des „Einigungsprinzips“ zugrunde legen.[310] Andere Rechtsgelehrte sprachen sich für die Beseitigung des dinglichen Vertrages aus.[311] Eine Eigentumsübertragung solle alleine durch Kausalvertrag und Übergabe erfolgen. Zur Begründung führte Krause an, daß der dingliche Vertrag keinen unverzichtbaren Zweck erfülle.[312] Dazu zählte er die Funktionen, die der dingliche Vertrag habe, eine nach der anderen auf[313] und beschrieb, wie sich diese durch das Kausalgeschäft übernehmen ließen.[314] Außerdem verwies man darauf, daß die dingliche Einigung nicht der Lebenswirklichkeit entspreche. Dies werde schon dadurch deutlich, daß sich in den seltensten Fällen die Beteiligten des Vorgangs der Einigung bewußt seien.[315] Brandt merkte dementsprechend an, daß sich die Parteien schon im Kaufvertrag (bilde man den Begriff des Kaufs richtig) darüber einigten, daß das Eigentum übergehen solle.[316]

[308] Krause, AcP 145 (1939) 312
[309] Jauernik, JW 1934 / 1, 806 (808); Krause, AcP 145 (1934) 312 (314); Lange, DR 1935, 485 (488); Wieacker, DR 1941 1934 (1935) Im Jahre 1935 zog Wieacker noch in Erwägung, das Übergabeprinzip abzustoßen (Wieacker, Wandlungen, S. 34).
[310] Lange, DR 1935, 485 (486); ders., AcP 146 (1941) 28
[311] Brandt, DRW 1941, 67; Jauernik, JW 1934 / 1, 806 (808); Krause, AcP 145 (1939) 312 (315); Larenz, DR 1940, 1264 (1266)
[312] Krause, AcP 145 (1939) 312 (315)
[313] Krause, AcP 145 (1939) 312 (316 ff.)
[314] Krause, AcP 145 (1939) 312 (318 ff.)
[315] Krause, AcP 145 (1939) 312 (315)
[316] Brandt, DRW 1941, 67; In dieser Stellungnahme zeigt sich auch die teilweise geforderte Beseitigung der Trennung von Sachenrecht und Schuldrecht, als deren ersten Schritt die For-

Der Umstand, daß es sich bei der dinglichen Einigung um eine lebensfremde Konstruktion handele, wurde auch von den Befürwortern nicht bestritten. Lange sprach deutlich aus, daß das Trennungsprinzip *„nicht volkstümlich“* sei.[317] Jedoch erfülle die scharfe Trennung des Verfügungsgeschäfts eine wichtige Aufgabe, denn es stelle die Güterzugehörigkeit klar und stelle sicher, daß die Beteiligten wüßten, zu welchem Zweck die Übergabe erfolge.[318]

bb) Forderung nach Abschaffung des Abstraktionsprinzips und der Zusammenhang mit dem gutgläubigen Erwerb:
(1) Forderung nach Abschaffung des Abstraktionsprinzips:
Während man in der Rechtslehre uneins darüber war, ob man einem neuen Gesetz das Trennungsprinzip zugrunde legen sollte oder nicht, bestand bezüglich der Abschaffung des Abstraktionsprinzips weitgehend Einigkeit. Die Abschaffung dieses Prinzips stellte keine neue Forderung dar, gab es doch schon bei Schaffung des BGB und nach Inkrafttreten Kritik an diesem Grundsatz.[319] In der Zeit des Nationalsozialismus wurde das Abstraktionsprinzip jedoch zu einem der Hauptangriffspunkte der Rechtslehre.[320] Aus machen Stellungnahmen dieser Zeit wird deutlich, daß der Kampf gegen dieses Prinzip vor allem ein Kampf gegen ein Symbol der bisherigen Ordnung des Zivilrechts war. Nicht immer sind Angriffe gegen dieses Prinzip mit schlüssigen juristischen Argumenten verbunden. Schon die Bezeichnung dieses Prinzips stellte für die Anhänger des „Konkreten Ordnungsdenkens“, welches sich gegen alle abstrakten Begriffe wandte, eine Herausforderung dar.

Die Forderung nach Aufgabe des Abstraktionsprinzips wurde von der breiten Mehrheit der nationalsozialistischen Rechtslehre geteilt.[321] Bei den Rechtsgelehrten, welche den dinglichen Vertrag verwarfen, versteht sich die Ablehnung von selbst, denn ohne das Trennungsprinzip ist das Abstraktionsprinzip nicht

---

derung nach Aufgabe des dinglichen Vertrages angesehen werden kann. vgl. zu dieser Forderung Brandt, Eigentumserwerb, S. 297 ff.

[317] Lange, DR 1935, 485 (486); ders., AcP 148 (1943), 189 (203)

[318] Lange, DR 1935, 485 (486); ders., AcP 148 (1943), 189 (203 f.)

[319] Gierke, Der Entwurf, S. 336

[320] Lange, AcP 146 (1941) 28: „Als jedoch mit der nationalsozialistischen Revolution im Ringen um ein neues Recht der Kampf gegen das alte einsetzte, war einer der Hauptangriffspunkte das Abstraktionsprinzip des BGB,...“

[321] Brandt, Eigentumserwerb, S. 2; Heck, Das abstrakt dingliche Rechtsgeschäft, S. 4 ff.; Krause, AcP 145 (1939) 312 (324); Lange, DR 1935, 485 (588); ders., AcP 146 (1941) 28 (29); Nipperdey, Das System des Bürgerlichen Rechts, S. 109; Wieacker, Wandlungen, S. 30 f. / 35

denkbar. Krause weist hierbei auf den umgekehrten Gedankengang hin, nach dem bei Verneinung des Abstraktionsprinzips ein wesentlicher Teil der Daseinsberechtigung der Einigung wegfalle.[322] Aber auch jene, die am dinglichen Vertrag festhielten, wandten sich gegen das Abstraktionsprinzip.[323] Gegen das Prinzip wurde stets die besondere „Volksfremdheit" angeführt, welche schon der dinglichen Einigung entgegengehalten wurde. Das Prinzip sei dem Laien nicht verständlich. Krause zeigt, wie sich die Aufgaben des Prinzips übernehmen ließen, und daß man es deshalb nicht brauche. Brandt versuchte zu belegen, daß das Abstraktionsprinzip in der Praxis zum BGB bislang ohnehin keine Rolle spiele, und es sich deshalb nur um tote Doktrin handele.[324] Die Abstraktheit der dinglichen Einigung gebe es in Wirklichkeit nicht. Ein Verzicht stelle daher ohnehin keine gravierende Änderung dar.

(2) Das Abstraktionsprinzip und der gutgläubige Erwerb:
Dölle weist noch im Jahre 1934 auf einen wichtigen Zusammenhang zwischen dem Abstraktionsprinzip und dem gutgläubigen Erwerb hin. Das abstrakt dingliche Rechtsgeschäft verstärke die Rechtfertigung des gutgläubigen Erwerbers. Der rechtfertigende Rechtsschein ziehe seine Kraft aus der Unabhängigkeit des Verfügungsgeschäfts.[325] Nur wegen dieser Unabhängigkeit dürfe man den Eigenbesitz an einer beweglichen Sache als normalen Ausdruck des Eigentums betrachten, ohne zurückliegende Geschäfte zu prüfen. Aus Dölles Sicht ist ohne das Abstraktionsprinzip die Gefahr einer fehlgeschlagenen Einigung größer und damit der Erfahrungssatz, daß der Besitzer auch Eigentümer ist, geschwächt. Das Abstraktionsprinzip sei daher unverzichtbar.

---

[322] Krause, AcP 145 (1939) 312 (319 / 324)

[323] Lange, DR 1935, 485 (488)

[324] Dazu analysiert Brandt die 78 Entscheidungen, welche im RGRK - Kommentar (8. Auflage, 1939) zum Abstraktionsprinzip angeführt sind. Nur in einer einzigen Entscheidung (RG St JW 1907, 548 Nr. 1) habe die Abstraktheit des Erfüllungsgeschäfts den Ausschlag gegeben (Brandt, Eingentumserwerb, S. 147). Brandt läßt bei seiner Bewertung außer Acht, daß Gerichte sich selten nur auf ein Argument stützen. Unter vielen Argumenten stellt zudem das Argument, welches sich auf das Abstraktionsprinzip stützt, ein besonders starkes dar. Als dogmatischer Schluß ist es weniger angreifbar als ein Argument, welches sich auf normative Erwägungen stützt.

[325] Dölle, DJZ 1934, 1016 (1022)

Eine in der Literatur häufig geäußerte These war die, daß der gutgläubige Erwerb bei Verzicht auf das Abstraktionsprinzip dessen Aufgabe übernehme.[326] Lange beschreibt ausführlich die Bedeutung dieser Aussage. Beide Rechtsinstitute, der gutgläubige Erwerb und das Abstraktionsprinzip, verfolgten das Ziel, den Rechtsverkehr zu schützten. Nach Langes Auffassung erfüllt der gutgläubige Erwerb dieses Ziel des Abstraktionsprinzips mit. Die Häufung beider Prinzipien mit der gleichen Schutzrichtung sei deshalb verfehlt.[327] Für Lange stellt zudem das Abstraktionsprinzip von beiden Formen, den Rechtsverkehr zu schützen, die primitivere dar. Im römischen Recht bedürfe man des Abstraktionsprinzips deshalb, weil man in dieser Rechtsordnung grundsätzlich nur vom Berechtigten erwerben könne („nemo plus iuris transferre potest, quam ipse habet"). Um den Dritterwerber zu schützen, müsse man diesen vor den Gefahren der Mangelhaftigkeit oder der Nichtigkeit des Grundgeschäftes seiner Vormänner bewahren. Aus diesem Grunde mache das Abstraktionsprinzip den Erwerber des Geschäfts der Vormänner (den Ersterwerber) auch bei Fehlen des Rechtsgrundes zum Berechtigten. Das deutsche Prinzip des gutgläubigen Erwerbs hingegen schütze den Dritterwerber und damit den Rechtsverkehr *„vollkommener"*, denn es greife nicht in das Verhältnis zwischen den Vormännern ein, indem es nicht den eigentlich Nichtberechtigten zum Berechtigten mache. Für diesen Schritt bestehe kein Bedürfnis, denn das Prinzip stütze den Zweiterwerb auf den Rechtsschein. Aus diesem Grunde bedürfe es des abstrakt dinglichen Rechtsgeschäftes nicht. Der gutgläubige Erwerb übernehme die Aufgabe, den Verkehr zu sichern, und habe daher bei Verzicht auf das Abstraktionsprinzip eine größere Bedeutung.

Ausdrücklich tritt Lange den Ausführungen von Dölle entgegen. Er räumt ein, daß bei Verzicht auf das Abstraktionsprinzip die Nichtigkeitsfälle der Verfügungsgeschäfte zunähmen.[328] Der Schutz des Erwerbs vom Nichtberechtigten falle jedoch nicht mit dem Abstraktionsprinzip, und nach seiner Ansicht werde eine mögliche Steigerung der Unrichtigkeitsfälle kaum ins Gewicht fallen.[329] Dies begründet er damit, daß in den weitaus meisten Fällen der Eigenbesitzer auch der Eigentümer sei.[330]

[326] Krause, AcP 143 (1939) 312 (314): „Der Schutz des guten Glaubens wird noch stärkere Bedeutung als heute erhalten, wenn die Abstraktheit der dinglichen Verfügung in Fortfall gerät"; Lange, DR 1935, 485 (487); Nipperdey, Das System des Bürgerlichen Rechts, 95 (110); Wieacker, Wandlungen, S. 32; ders., DRW 1941, 159 (165)

[327] Lange, DR 1935, 485 (487)

[328] Lange, AcP 146 (1941) 28 (37)

[329] Lange, Boden, Ware und Geld I, S. 120

[330] Lange, DR 1935, 485 (487); ders., AcP 146 (1941) 28 (38)

Auch Heck beschreibt im Jahre 1937 den Schutz des Zweiterwerbers als das entscheidende Ziel des Abstraktionsprinzips in einem Rechtssystem, welches den gutgläubigen Erwerb nicht kenne.[331] Die Vorschriften zum Schutz des gutgläubigen Erwerbers schützten die Sicherheit des dinglichen Rechtsverkehrs jedoch in weit höherem Maße, als dies durch die abstrakte Rechtgestaltung möglich sei. Zudem bestehe dieser Schutz auch bei Abschaffung des Abstraktionsprinzips fort. Heck spricht noch einen weiteren wichtigen Aspekt an, der sich aus der Abschaffung des Abstraktionsprinzips für den Gutglaubenserwerb ergibt. Er ist sich durchaus bewußt, daß trotz des weiter bestehenden Schutzes durch den gutgläubigen Erwerb vom Nichtberechtigten durch die Einführung der kausalen Ausgestaltung des Eigentumserwerbs in einigen Fällen ein Interessenschutz wegfällt, der bei abstrakter Gestaltung gewährt ist.[332] Diese Bedenken räumt er aber kurzer Hand damit aus, daß solche Interessen, welche nicht durch die Vorschriften zum Schutze des guten Glaubens, sondern nur durch die abstrakte Gestaltung gewahrt seien, *„nach unseren Wertideen keinen Schutz verdienen“*.

Erklärend führt Heck dazu aus, daß der entscheidende Fall, der keinen Schutz verdiene und nicht vom gutgläubigen Erwerb erfaßt werde, derjenige sei, bei dem sich der rechtsgeschäftliche Erwerber in schlechtem Glauben befinde. Dies klingt auf den ersten Blick einleuchtend, da der schlechte Glaube nicht geschützt werden soll, birgt aber dennoch Schwierigkeiten. Diese hängen mit dem Umstand zusammen, daß bei Abschaffung des Abstraktionsprinzips zu erwarten ist, daß die Fälle des schlechten Glaubens zunehmen. So kämen im Grundstücksrecht jene Personen zu der Gruppe der Bösgläubigen hinzu, die vom mangelhaften Rechtsgrund des Geschäfts der Vormänner wüßten.[333] Nach der Rechtslage des BGB sei der Vorerwerber mit Hilfe des Abstraktionsprinzips Eigentümer geworden. Der Dritterwerber erwerbe vom Berechtigten, und die Kenntnis der Causamängel hindere nicht seinen Erwerb. Ohne das Abstraktionsprinzip könne der Dritterwerber in diesem Fall nur mit Hilfe des §892 BGB Eigentum erwerben. Hierbei müsse man dann aber auch die Kenntnis des Rechtsmangels, der den ersten Eigentumserwerb hinderte, als Kenntnis von der Unrichtigkeit des Buches werten, was den guten Glauben ausschließe.[334] Bei beweglichen Sachen gelte in diesen Zusammenhängen eine besondere Aufmerksamkeit den Dritterwerbern, die in Ansehung des Rechtsmangels des Ge-

---

[331] Heck, Das abstrakt dingliche Rechtsgeschäft, S. 20 f. Für den Ersterwerb lehnt Heck in seiner Schrift die Notwendigkeit des Abstraktionsprinzips ausführlich ab (S. 17 ff.).
[332] Heck, Das abstrakt dingliche Rechtsgeschäft, S. 22
[333] Heck, Das abstrakt dingliche Rechtsgeschäft, S. 22 f.
[334] Heck, Das abstrakt dingliche Rechtsgeschäft, S. 23

schäfts der Vormänner grob fahrlässig seien. Nach dem BGB stehe die grobfahrlässige Unkenntnis des Fehlens dieses Rechtsgrundes bei dem Erwerb vom Vorerwerber nicht im Wege. Dieser sei ja Eigentümer geworden. Ohne das Abstraktionsprinzip habe aber diese grobfahrlässige Unkenntnis des betreffenden Rechtsmangels auch eine entsprechende Unkenntnis des Eigentümers zur Folge, was den gutgläubigen Erwerb ausschließe.[335]
Dies hält Heck für ein durchweg positives Ergebnis und weist andere Ansichten zurück.[336] Die bisherige Lösung des BGB sei zu mißbilligen, stehe sie doch mit der Lebensanschauung in Widerspruch. Durch die kausale Gestaltung werde das Recht erst wieder dem Leben angepaßt.

In einem späteren Aufsatz widmet sich auch Lange diesem Zusammenhang. Er wirft zunächst die Frage auf, ob durch die Einführung der Rechtsgrundabhängigkeit der gutgläubige Erwerb vom Nichtberechtigten in seiner bisherigen bzw. künftigen Ausgestaltung beeinträchtigt werde. Als Antwort weist er auf die Gefahr einer möglichen Übersteigerung der Erkundigungspflicht hin, welche sich als Konkretisierung der groben Fahrlässigkeit im Rahmen des gutgläubigen Erwerbs etabliert habe.[337] Bei einer Rechtsgrundabhängigkeit würden die Fälle des Mangels des Rechtsgrundes in den Bereich des Erwerbs vom Nichtberechtigten einbezogen und somit dieser Erkundigungspflicht unterworfen.[338] Während man noch akzeptieren könne, daß der Erwerber sich nach dem Rechtsgrund seines Vormannes erkundigen müsse, so sei es untragbar zu verlangen, daß sich der Erwerber über die Rechtsgründe der Vormänner des Vormannes erkundige. Diese zu befürchtende Übertreibung müsse man verhindern, wozu Lange eine entsprechende ausdrückliche Begrenzung in einer zukünftigen Vorschrift vorschlägt.[339]

---

[335] Heck, Das abstrakt dingliche Rechtsgeschäft, S. 24
[336] Heck, Das abstrakt dingliche Rechtsgeschäft, S. 24 f.
[337] Lange, AcP 146 (1941) 28 (39)
[338] Lange, AcP 146 (1941) 28 (40)
[339] Lange, AcP 146 (1941) 28 (40 f.); Auch Nipperdey stützte mit seinen knappen Ausführungen die bisherigen Thesen. In seiner Schrift von 1938 faßt er die aus seiner Sicht wichtigen Grundgedanken eines neuen „Volksgesetzbuches“ zusammen und schlägt dabei einen Verzicht auf das Abstraktionsprinzip vor. Die Interessen des Erwerbers seien durch die Normen über den gutgläubigen Erwerb ausreichend gewahrt, soweit dieser Schutz verdiene (Nipperdey, Das System des bürgerlichen Rechts, 95 (110)). Die letzten Worte deuten auf die These Hecks hin, daß der Schutz nicht alles abdecke, was durch das Abstraktionsprinzip erfaßt werde, dies Ergebnis aber zu begrüßen sei.

b) Reformvorschläge zur Regelung des gutgläubigen Erwerbs:
aa) Rechtfertigung des gutgläubigen Erwerbs:
Wie bereits festgestellt, sieht Lange die rechtfertigende Grundlage der §§932 - 935 BGB in der sogenannten „Rechtsscheinlehre“. An dieser rechtfertigenden Basis hält er auch für zukünftige Regelungen des gutgläubigen Erwerbs fest.[340]

Auch Wieacker stützt den gutgläubigen Erwerb grundsätzlich auf den Rechtsscheingedanken. Er sieht aber zwei Probleme, aus denen er direkt Anforderungen für die Regelung des gutgläubigen Erwerbs ableitet. Einerseits macht Wieacker darauf aufmerksam, daß der Vertrauensschutz des gutgläubigen Erwerbers nur solange sinnvoll auf den Besitz gestützt werden könne, wie der natürliche Besitz äußere Ausdrucksform des Eigentums sei.[341] Eine Fehlkonstruktion liege vor, umfasse (wie im BGB) der Besitz auch unsichtbare Tatbestände, denn dem mittelbaren Besitz komme eine echte Kundbarkeit nicht zu (Hiermit greift er die schon bei Wellspacher zu findende Kritik auf (vgl. oben)).[342] Wieacker fügt jedoch ausdrücklich an, daß er den Besitzerwerb durch den Gutgläubigen (wie in §933 BGB und §934, 2. Alt. BGB vorgesehen) als für den Vertrauensschutz des Gutgläubigen ausreichend ansieht. Andererseits mache der Verfall des Traditionsprinzips durch die Traditionssurrogate der §§930 ff. BGB[343] und die deshalb von Wieacker in Erwägung gezogene Abstoßung dieses Prinzips den Schutz des redlichen Dritten besonders wichtig.[344] Die letzte These läßt sich so erklären, daß er davon überzeugt ist, daß in einem System, in dem man auf das Traditionsprinzip verzichte und deshalb noch häufiger unmittelbarer Besitz und Eigentum auseinanderfielen, dem redlichen Erwerb eine besondere Rolle zukomme.[345] Diese Erkenntnisse führen bei Wieacker zu der Forderung, den gutgläubigen Erwerb in ein neues Zivilrechtssystem aufzunehmen, jedoch im Hinblick auf die Legitimationsbasis (von der der Rechtsschein ausgehe) eine Einschränkung gegenüber dem BGB vorzunehmen. Demnach solle der gutgläubige Er-

---

[340] Lange, AcP 146 (1941) 28 (38)
[341] Wieacker, Wandlungen, S. 30
[342] Wieacker, Wandlungen, S. 33 unten; vgl. auch Kunkel, Jahrbuch der Akademie für Deutsches Recht, 1937, 32 (33): „Es fragt sich nur, ob nicht ein künftiges Gesetz gewissen Gefahren begegnen muß, die seiner Brauchbarkeit drohen. In diesem Zusammenhang ist namentlich der Umstand von Bedeutung, daß das Gesetz auch die Übertragung des mittelbaren Besitzes als hinreichende Grundlage für den gutgläubigen Erwerb ansieht (§934). Damit knüpft es seinen Vertrauensschutz an einen ideellen Besitzstand an, der eine Publizität in diesem Maße nicht verdient. [...] Eine künftige Gesetzgebung wird also diesen Fall des gutgläubigen Erwerbs vielleicht beseitigen.“
[343] Wieacker, Wandlungen, S. 32
[344] Wieacker, Wandlungen, S. 35
[345] vgl. Wieacker, Wandlungen, S. 35

werb nur bei unmittelbarem Besitz des Nichtberechtigten oder bei eigenem körperlichen Besitzerwerb des Erwerbers möglich sein.[346]
Die Einschränkung des gutgläubigen Erwerbs (gegenüber dem Gutglaubenserwerb des BGB), die aus diesen Ausführungen resultiert, wird bekräftigt durch eine spätere Äußerung Wieackers, in der er die Ansicht äußert, der gutgläubige Erwerb des BGB sei überspannt.[347]

Brandt widmet sich in seiner 1940 veröffentlichten Habilitationsschrift „Eigentumserwerb und Austauschgeschäft" auch dem gutgläubigen Erwerb und dessen möglicher Reform.[348] Der Autor bearbeitet das Thema ausführlich, weil bei dem von ihm geforderten kausalen Eigentumserwerb dem gutgläubigen Erwerb eine größere Rolle zukommt.[349]
Brandt wendet sich gegen die bisherigen Erklärungsansätze und Theorien zur Rechtfertigung des gutgläubigen Erwerbs, zu denen er (zutreffend - wie sich aus der Entwicklungsgeschichte ergibt) feststellt, daß sie sich erst nach Inkrafttreten des BGB etabliert hätten.[350] Er setzt sich nicht sonderlich ausführlich mit diesen Ansätzen auseinander, lehnt sie aber allesamt ab. So könne die Publizitätstheorie den gutgläubigen Erwerb nicht ausreichend erklären, denn sie versage bei dem Rechtsgedanken des §935 BGB (vgl. oben A. I. 2) d)).[351] Zudem seien der Verkehrsschutz oder gar ein Gemeinschaftsinteresse (zu welchem der Verkehrsschutz zum Teil erklärt werde) keine ausreichende Grundlage zur Betrachtung des Problems.[352] Diese Zwecke der Bestimmung versperrten den Blick auf die komplizierten Fragen des Vertrauens der beteiligten Personen untereinander,

---

[346] Wieacker, Wandlungen, S. 34 f. und FN 59
[347] Wieacker, DRW 1941, 159 (165 / 166)
[348] Diese Schrift führt unter anderem dazu, daß die „Akademie für Deutsches Recht" die Beratungen zum gutgläubigen Erwerb erneut aufgriff. Brandt nahm persönlich an den betreffenden Sitzungen teil (vgl. unten).
[349] vgl. Wieacker, DRW, 1941, 159 (165)
[350] Brandt, Eigentumserwerb, S. 271
[351] Hierzu paßt die folgende Aussage Brandts während einer Sitzung der „Akademie für Deutsches Recht" (Schubert, Akademie für Deutsches Recht, S. 400): „Ich kann nur hinzufügen, daß ich nicht auf dem Boden der Rechtsscheinlehre stehe, sondern diese für eine Scheinlehre halte." Eine Seite weiter: „Die Germanistik hat die Geschichte vom Rechtsschein erst ausgebrütet, nachdem das BGB die römische usurpatio in den §932 hineingebracht hatte."
[352] Brandt, Eigentumserwerb, S. 265 / 267; a.A. Wieacker, DRW 1941, 159 (165) welcher meint, daß sich aus diesen Gesichtspunkten durchaus eine notwendige und geeignete Begrenzung des Institutes ergebe.

die zu lösen seien. Auch ein Verschuldensgedanke[353] helfe nicht, da es einige Fragen gebe, die sich nicht an einem Verschulden festmachen ließen.[354]
Brandt beginnt seine reformorientierten Ausführungen zum gutgläubigen Erwerb deshalb nicht mit einer Erklärungstheorie. Der Ausgangspunkt, den er wählt, ist die Feststellung, daß es nicht in erster Linie um Eigentumserwerb gehe, sondern daß an erster Stelle die Frage der Schadenstragung und Risikoverteilung stehe.[355] Ein ganz entscheidender Aspekt sei dabei nicht (wie dies bei den Äußerungen Brandts zum Verkehrsschutz schon anklang) der Verkehr, sondern das Vertrauen, welches sich die beteiligten Personen entgegenbrächten.[356] Unter Berücksichtigung dieses Gedankens betrachtet Brandt die bestehende Regelung und ihre Voraussetzungen und unterbreitet neue Vorschläge.

bb) Voraussetzungen für den Eigentumserwerb:

(1) Gegenstand des gutgläubigen Erwerbs:

Der gutgläubige Erwerb beweglicher Sachen sollte sich auch weiterhin auf körperliche Gegenstände beziehen. Ein wichtiges Element des Vorschlages von Brandt stellt die Scheidung von Ware und Individualgut dar.[357] Er propagierte, den vollständigen Ausschluß der Vindikation und den daraus resultierenden Eigentumserwerb nur bei Waren zuzulassen. Den Waren stellt er die Individualgüter entgegen, bei welchen er ein Lösungsrecht anstrebte.[358] Mit dieser Unterscheidung entsprach Brandt mehr den Forderungen des konkreten Ordnungsdenkens. An die Stelle des Allgemeinbegriffs „Sache“ setzte er konkrete Begriffe, die für einen Lebensbereich (z.B. die Ware für den Handelsverkehr, Individualgüter für den Individualverkehr) stehen. Dies empfindet man noch nicht als dramatische Neuerung, zumal es ähnliche Differenzierungen schon in früheren Regelungen gab. Die von Brandt mit diesem Schritt eingeschlagene Richtung wird jedoch in der Zusammenschau mit anderen seiner Vorschläge deutlicher. So gelten seine Betrachtungen zunächst nur für die Geschäftstypen Kauf und Tausch.[359]

---

[353] Brandt spielt hier vermutlich auf den Vorschlag Reichels de lege ferenda an. Dieser meint, man müsse in einer neuen Regelung auf das Verschulden des Eigentümers abstellen.

[354] Brandt, Eigentumserwerb, S 266 ff.

[355] Brandt, Eigentumserwerb, S. 261; Wieacker deckt Schwächen des Gedankens der Schadensteilung auf, indem er darauf hinweist, daß er versage, wenn der Nichtberechtigte redlich sei (Wieacker, DRW 1941, 159 (165)).

[356] Brandt, Eigentumserwerb, S. 265

[357] Brandt, Eigentumserwerb, S. 272 f.

[358] Zu diesem Lösungsrecht und der Konkretisierung der Begriffe „Ware“ und „Individualgut“ vgl. unten unter „Lösungsrecht“.

[359] Brandt, Eigentumserwerb, S. 295 ff.

(2) Übergabe:
Eine Übergabe wurde von allen als Element des Erwerbs vorausgesetzt.[360] An dieser Voraussetzung wollte man festhalten.

(3) Guter Glaube:
Im Hinblick auf die Zusammenhänge mit dem Abstraktionsprinzip und insbesondere auf die Forderung nach dessen Abschaffung kamen bereits einige mögliche Modifikationen der Voraussetzung des guten Glaubens zur Sprache.
Auch in der Schrift von Brandt finden sich einige Ansätze zur Konkretisierung der Voraussetzung, die Formulierung betreffend. So verneint er die Notwendigkeit, in Kenntnis und grobe Fahrlässigkeit zu untergliedern.[361] Außerdem sei §932 II BGB zu subjektiv abgefaßt. Brauchbar sei diese Norm erst durch von der Rechtsprechung entwickelte objektive Maßstäbe.[362]
So fordert er von einer neuen Bestimmung, daß diese objektive Maßstäbe an die Hand gebe nach dem Beispiel des „bonus paterfamilias". Sie sollte jedoch stärker für die jeweilige Lebensgestaltung des Handelnden (Beruf) konkretisiert sein.[363] Bösgläubig solle somit derjenige sein, dem in der Stellung des Erwerbers unter den ihm bekannten Umständen erkennbar sein mußte, daß der Veräußerer die Sache nicht verkaufen durfte. Eine nähere Konkretisierung müsse man dann der Praxis überlassen.
Bezüglich des Gegenstandes des guten Glaubens stellte Brandt fest, daß der gute Glaube an das Eigentum, wie er in §932 BGB vorgesehen werde, lebensfremd sei.[364] Im normalen Leben glaube keiner an das Eigentum des Veräußerers, wie es der Jurist kenne. Hier glaube man vielmehr an die Befugnis und die Macht des Veräußerers, daß dieser das Eigentum verschaffen könne.[365] Als Konsequenz seiner Einsicht möchte Brandt diese Einschränkung des BGB aufgeben.

(4) Ausnahme von dem Eigentumserwerb:
Wieacker hat schon früh §935 BGB positiv gewertet und als zeitgemäße Regelung charakterisiert, weil in ihr das Denken in konkreten Ordnungen zum Ausdruck komme (vgl. oben B. I. 2) b)). Brandt kam zu derselben Einschätzung.

---

[360] Auch Wieacker, welcher für den rechtsgeschäftlichen Eigentumserwerb eine Abstoßung des Übergabeprinzips für möglich hält (Wieacker, Wandlungen, S. 35), sieht die Übergabe als Element des Gutglaubenserwerbs (vgl. oben).
[361] Brandt, Eigentumserwerb, S. 285 f.; dazu kritisch: Arnold, DGWR, 1941, 114 (115)
[362] Brandt, Eigentumserwerb, S. 286
[363] Brandt, Eigentumserwerb, S. 287
[364] Brandt, Eigentumserwerb, S. 281; zustimmend: Arnold, DGWR, 1941, 114 (115)
[365] Brandt, Eigentumserwerb, S. 288

Gerade in §935 BGB komme sein zugrunde liegender Ausgangsgedanke, der Gedanke der Schadensteilung, besonders gut zum Ausdruck.[366] Mit anderen Konstruktionen, insbesondere der Rechtsscheinlehre, ließe sich die Regelung des §935 BGB nicht erklären. Nur eine praktikabel gestaltete Schadensabwicklung als Ziel mache die Unterscheidung (anvertrautes und verlorenes Gut) verständlich. In der ersten Konstellation könne derjenige, welcher die Sache aus der Hand gebe, sich besser mit seinem Vertrauensmann auseinandersetzen und sich seinen Schaden von diesem ausgleichen lassen.[367] Gebe es diesen Vertrauensmann jedoch nicht, so sei der gutgläubige Erwerber zur Schadloshaltung näher an seinem Veräußerer, was es rechtfertige, daß die Sache ohne weiteres an den ursprünglichen Eigentümer herauszugeben sei.[368]

Durch diese positive Bewertung Brandts wird deutlich, daß er eine §935 BGB entsprechende Regelung nach einer Reform beibehalten will. Dies gibt ihm den Anlaß, sich (wenn auch knapp) zu Detailfragen der bekannten problematischen Fallgruppen zu äußern. So kommt er zu dem Problem, ob und wann bei Mängeln in der Geschäftsfähigkeit ein „Abhandenkommen" gegeben sei. [369] Die hierzu ergangene Stellungnahme der Motive (III S. 348 f.) hält er für verfehlt. Diese beträfen bezüglich des beschränkt Geschäftsfähigen nur den Willen und die Willensfähigkeit und machten die juristische Entscheidung somit unzutreffend zu einer psychologischen Frage. Brandt hingegen will prüfen, ob man das Handeln (das Anvertrauen der Sache durch einen Minderjährigen oder anderen beschränkt Geschäftsfähigen) und die darin liegende Gefahr dem Betreffenden zurechnen kann. Diese Prüfung solle so erfolgen, daß man den Maßstab eines verständigen Mannes anlege und frage, ob dieser weggegeben hätte.
Die Fälle der Täuschung oder der Drohung, in denen auch ein vernünftiger, vorsichtiger und standhafter Mann in der Stellung des Getäuschten und Bedrohten die Sache aus der Hand gegeben hätte, möchte Brandt als Fälle des Abhandenkommens beurteilt wissen, so daß der Betroffene die Sache vindizieren kann.[370] Anders seien die Fälle der irrtümlich weggegebenen Sache und der abgetäuschten und abgedrohten Sache, die ein besonnener Mann nicht weggegeben hätte, zu beurteilen. Mit dieser Einteilung möchte Brandt die Frage der freiwilligen

---

[366] Brandt, Eigentumserwerb, S. 262 f.
[367] Brandt, Eigentumserwerb, S. 263
[368] Brandt, Eigentumserwerb, S. 276
[369] Brandt, Eigentumserwerb, S. 285
[370] Brandt, Eigentumserwerb, S. 282

Weggabe und damit das Abstellen auf ein psychologisches Kriterium aufgeben.[371]

Insbesondere gegen die letzte Vorstellung Brandts äußert sich Lange. Dieser hat schon in seinem Lehrbuch die Regelung des §935 BGB beanstandet (vgl. oben B. I. 2) b)) und wiederholt seine Ansicht, daß diese Regelung zugunsten des modernen Handelsverkehrs einschränkungsbedürftig sei.[372] Deshalb mißfällt ihm die zur Ausdehnung der Fälle des Abhandenkommens führende Beurteilung von Arglist und Drohung.

cc) Lösungsrecht:

Die Rufe nach einem Lösungsrecht waren auch nie ganz verstummt, nachdem die zweite Kommission des BGB ein solches abgelehnt hatte und demzufolge das Gesetz ohne ein solches Recht in Kraft trat.[373]

Brandt setzt sich für ein Lösungsrecht ein. Es stellt eine seiner zentralen Forderungen zu den Regelungen des gutgläubigen Erwerbs dar, daß der ursprüngliche Eigentümer ihm anvertraute Individualgüter Zug um Zug gegen Ausgleich des vom gutgläubigen Erwerber gezahlten Preises vom Erwerber herausverlangen kann.[374] Der Eigentümer müsse sich sein Geld dann bei seinem Vertrauensmann zurückholen. Zur Begründung führt Brandt an, daß ursprünglich in Deutschland überwiegend das Lösungsrecht bestanden habe.[375] Die BGB - Regeln, in denen man auf ein solches Recht verzichtet habe, seien aus Art. 306 ADHGB hervorgegangen.[376] Art. 306 ADHGB stelle jedoch nur eine Abwandlung vom Lösungsrecht dar und regele ein völliges Abschneiden der Vindikation, welches den Handel beruhigen sollte.[377] Diese Abwandlung sei deshalb für den Handelsverkehr auch zweckmäßig, zumal es hier nicht um Individualgüter gehe. In das Bürgerliche Recht jedoch gehöre die Abkehr vom Lösungsrecht nicht hinein. Deshalb sei es für Individualgüter (wieder) einzuführen. Brandt sieht in dem Lösungsrecht auch den Ausgangspunkt für eine gangbare Lösung des bekannten Problems des „Rückerwerbs vom Nichtberechtigten". Dieses werde

[371] Brandt, Eigentumserwerb, S. 283
[372] Lange, AcP 148 (1943) 188 (213 f.)
[373] Heck, Sachenrecht, S. 256; Koban, S. 101 / 108; Kohler, Lehrbuch, S. 257, Kohler spricht von einer „Verbesserung des Rechts"
[374] Brandt, Eigentumserwerb, S. 272 / 274; zustimmend Wieacker, DRW 1941, 159 (165); Arnold, DGWR 1941, 114 (115)
[375] Brandt, Eigentumserwerb, S. 269
[376] Brandt, Eigentumserwerb, S. 271
[377] Brandt, Eigentumserwerb, S. 271 f.

schon durch die Abschaffung des abstrakt dinglichen Vertrages entschärft.[378] Zudem kann sich Brandt vorstellen, die Vindikation des inzwischen entschädigten Eigentümers bei Erstattung des Preises auch gegen den bösgläubigen Rück- oder Dritterwerber zuzulassen.

Da Brandt das Lösungsrecht nur bei Individualgütern zulassen will und nicht bei Waren, stellt sich die Frage, nach welchen Kriterien zu beurteilen sei, ob das eine oder das andere vorliege. Der Autor stellt dazu fest, daß Individualgüter solche Güter seien, an denen der Eigentümer, befänden sie sich in seiner Hand, kein handelsmäßiges Interesse (dann Waren), sondern ein eigenes, persönliches, auf die Sache gerichtetes Interesse habe.[379] Lange wertete die Begriffsbestimmung Brandts als zu weitgehend. Er hält ein Lösungsrecht nur bei Sachen für angebracht, die dem Eigentümer *„besonders nahestehen"*, nicht aber bei all jenen, die in der Hand des Eigentümers keine Waren seien.[380] Um seine Ansicht zu veranschaulichen, bringt er als Beispiel den alten Stuhl in der Hand eines Privatmannes, der von einem Lösungsrecht nicht erfaßt sein müsse. In ähnlicher Weise hatte sich auch Locher für ein Lösungsrecht bei Familiengut eingesetzt.[381] Bei solchem seien die Verliererinteressen überdurchschnittlich schutzwürdig.

dd) Unentgeltlicher Erwerb:
Brandt nimmt den unentgeltlichen Erwerb aus dem Fragenkreis des gutgläubigen Erwerbs heraus, da hier der Erwerber keinen Schaden habe.[382] Wenn man den gutgläubigen Erwerb als Frage der Schadensteilung betrachtet, ist dieses Vorgehen Brandts konsequent.
Zudem, sagt Brandt, seien die Gründe für die Einführung des unentgeltlichen Gutglaubenserwerbs haltlos.[383] Bei einer Reform sei dies zu berücksichtigen, und der gutgläubige Erwerb eines unentgeltlich Erwerbenden auszuschließen.[384] Lange, der den unentgeltlichen, gutgläubigen Erwerb schon in seinem Lehrbuch zum BGB beanstandete, stimmt Brandt in dieser Frage ausdrücklich zu.[385]

---

[378] Brandt, Eigentumserwerb, S. 272
[379] Brandt, Eigentumserwerb, S. 274
[380] Lange, AcP 148 (1943) 188 (214)
[381] Locher, Neugestaltung, S. 121
[382] Brandt, Eigentumserwerb, S. 261
[383] vgl. die Ausführungen Langes zu der Frage im Zusammenhang mit den §§932 - 935 BGB.
[384] Brandt, Eigentumserwerb, S. 262
[385] Lange, AcP 148 (1943) 188 (213); vgl. zu der Frage auch Locher, Neugestaltung, S. 117 ff.

ee) Ersitzung:
Schließlich macht Brandt noch einen Vorschlag, um den Gutgläubigen, der eine abhanden gekommene Sache erhält besser zu schützen. Die Ersitzungsfrist sei auf 5 Jahre zu senken.[386] Lange, der die Ausnahme des §935 BGB, wie aufgezeigt, für zu eng hält, entgegnet auf diesen Vorschlag Brandts, daß die Verkürzung der Ersitzungsfrist auf 5 Jahre die geschaffenen Unbilligkeiten auch nicht ausgleichen könne.[387]

c) Fazit:
Der unmittelbare Nutzen der Diskussion über das Abstraktionsprinzip und den gutgläubigen Erwerb für die heutige Rechtsanwendung hält sich in Grenzen. Dennoch ist der Blick auf die Zusammenhänge der beiden Rechtsinstitute, der in den ersten drei Jahrzehnten nach Inkrafttreten nicht zur Sprache kam, heute von Interesse. Gerade diejenigen, die auch heute eine Abschaffung des Abstraktionsprinzips fordern, müssen das Zusammenspiel dieser Institute (und auch anderer) genauestens klären. Dabei kann eine bereits geführte Diskussion zumindest weiterführende Gedanken offenbaren.[388]

Der Vorschlag von Brandt, der sich am ausführlichsten dem Gutglaubenserwerb widmete, sollte zu einer Einschränkung des gutgläubigen Erwerbs führen. Nur der gutgläubige Erwerb von „Waren“ sollte danach wie nach dem BGB möglich sein.
Auch die anderen Autoren schlugen stets einschränkende Modelle vor.
Auffallend ist, daß alle neuen Entwürfe und Empfehlungen in ihren Strukturen und Techniken keine wesentlich neuen Ideen zur Gestaltung des gutgläubigen Erwerbs zeigen. Überwiegend griff man auf bekannte Regelungsmöglichkeiten zurück. Das gilt bezüglich der Voraussetzungen, aber auch bezüglich des vorgeschlagenen Lösungsrechts und der Variierung der Ersitzungsfrist.
Ob und welche Ziele sich bei den Überlegungen der in Arbeit befindlichen Reform durchsetzen konnten, zeigt eine Studie der „Akademie für Deutsches Recht“.

---

[386] Brandt, Eigentumserwerb, S. 277
[387] Lange, AcP 148 (1943) 188 (214 f.)
[388] vgl. zu den Einflüssen und der neuen Diskussion: Wieling, ZEuP 2001, S. 301

2) Die Arbeiten an einem „Volksgesetzbuch"

a) Historischer Hintergrund (Die „Akademie für deutsches Recht"):

Die „Akademie für Deutsches Recht" wurde am 26. Juni 1933 im Bayrischen Justizministerium gegründet. Die treibende Kraft stellte dabei Hans Frank dar, der sie bis zum 17. August 1942 als Präsident der „Akademie für Deutsches Recht" leitete. (Hattenhauer weist sehr instruktiv darauf hin, welche privaten Interessen und Beweggründe Frank dazu veranlaßten, diese Akademie zu gründen.)[389]

In der „Akademie für Deutsches Recht" waren die bekanntesten deutschen Rechtsgelehrten der Zeit zusammengefaßt. Sie widmeten sich gemeinsam der Rechtsentwicklung, wobei ihr Haupttätigkeitsfeld das Privatrecht darstellte. Publik wurden die Ergebnisse der Arbeit durch die Zeitungen der Akademie.[390] Der überwiegende Teil der Arbeit war der Entwicklung des sog. „Volksgesetzbuches" gewidmet, einer neuen und umfassenden Kodifikation des Privatrechts. Das BGB sollte durch dieses, den neuen Geist enthaltende Gesetzbuch ersetzt werden.[391] In zahlreichen Ausschußsitzungen mit Beteiligung der namhaftesten Rechtswissenschaftler wurde dieses Werk vorbereitet.

b) Verhandlungen in den Ausschüssen der „Akademie für Deutsches Recht":

Für die Erstellung des neuen Sachenrechts waren im wesentlichen der Ausschuß für das Fahrnisrecht und der Ausschuß für das Bodenrecht zuständig. Zumeist tagten diese Gremien getrennt voneinander, doch zur Klärung grundlegender Fragen schlossen sie sich zu gemeinsamen Sitzungen zusammen.

Während es als Resultat der Sitzungsarbeit zu formulierten Teilentwürfen für ein „Volksgesetzbuch" kam, die das geplante erste Buch und Teile des Schuldrechts betrafen, wurden solche Entwürfe für das Sachenrecht nicht niedergelegt. Man begnügte sich in diesem Bereich damit, die Ergebnisse in einfachen Zusammenfassungen der Sitzungen festzuhalten.

Dies verwundert, da man in der Klärung von Einzelfragen schon weit fortgeschritten war.

---

389 Hattenhauer, JuS 1986, 680

390 „Zeitschrift der Akademie für Deutsches Recht"; „Deutsche Rechtswissenschaft"; „Jahrbuch der Akademie"

391 Eisenhardt, Deutsche Rechtsgeschichte, §73, III., S. 460

Aus den Materialien ergibt sich, daß die angeführte Literatur (vgl. oben B. II. 1)) und die sich daraus ergebenden Meinungen den Mitgliedern der Ausschüsse bekannt waren. Zahlreiche der betrachteten Veröffentlichungen wurden bei der Arbeit herangezogen, und zum Teil dienten Referate zu der einschlägigen Literatur als Grundlage der Bearbeitungen.[392] Viele der Autoren, deren Lehrmeinungen dargestellt wurden, nahmen ohnehin an den Beratungen teil.[393]
Die Arbeiten der Ausschüsse können somit als unmittelbare Fortführung der in der Lehre geführten Diskussion gesehen werden, man kann sogar sagen, daß die Ergebnisse der Beratungen einen Abschluß der Reformdiskussion darstellen.

Für den gutgläubigen Erwerb sind im wesentlichen drei Sitzungen relevant.

aa) Die gemeinsame Sitzung der Ausschüsse für Fahrnis- und Bodenrecht am 17. und 18. Oktober 1938:[394]
In der Sitzung klärten die beiden Ausschüsse gemeinsam die zentralen Grundfragen des Eigentumserwerbs. Die Mehrheit des gemeinsamen Ausschusses sprach sich dafür aus, die dingliche Einigung beizubehalten. Das Vertragsprinzip wurde allgemein abgelehnt und das Traditionsprinzip befürwortet. Außerdem sprach sich der Ausschuß dafür aus, die Einigung kausal auszugestalten.

bb) Die Sitzung des Ausschusses für Fahrnisrecht in Bamberg am 25. und 26. Mai 1939:
In dieser Sitzung wurde die Übereignung beweglicher Sachen beraten. Es liegen die Ergebnisse der Beratungen vor.[395] Die in der gemeinsamen Sitzung vom 17. und 18. Oktober 1938 geklärten Grundfragen zur Übereignung wurden befürwortet.[396] Außerdem einigte man sich auf Grundprinzipien, die die Regelung über den gutgläubigen Erwerb bestimmen sollten.
So beschloß man, daß nur ein entgeltlicher Erwerb möglich sein solle.[397] (Für das Problem der Abgrenzung bei gemischten Schenkungen erwog man einen Aufwendungsersatzanspruch des Erwerbs.)

---

[392] Die bekannte Schrift von Heck, Abstrakt dingliches Rechtsgeschäft, ist eine Auftragsarbeit der Akademie.
[393] Z.B. Arnold, Kunkel, Lange, Wieacker, später auch Brandt
[394] Kurzprotokolle abgedruckt bei Schubert, Die Akademie für Deutsches Recht, S. 281
[395] Schubert, Akademie für Deutsches Recht, S. 330 ff.; Die Ergebnisse dieser Sitzung finden sich auch in einem Vermerk (Schubert , Akademie für Deutsches recht, S. 336 ff.) von Erich Pritsch aus dem Reichsjustizamt.
[396] Schubert, Akademie für Deutsches Recht, S. 330
[397] Schubert, Akademie für Deutsches Recht, S. 332

Die in §935 BGB getroffene Unterscheidung sollte grundsätzlich bestehen bleiben. Keine Einigung erzielte man jedoch in der Frage, wie der Fall geregelt werden solle, der dadurch gekennzeichnet ist, daß der Besitzdiener die Sache weggibt. Einige wollten, daß ein Abhandenkommen verneint werde, wenn der Besitzdiener in einer äußerlich unabhängigen Stellung erscheint. Die Mehrheit hielt eine dafür erforderliche klare Abgrenzung für unmöglich.

Man einigte sich darauf, die Vindikation abhanden gekommener Sachen drei Jahre nach Abhandenkommen auszuschließen. Die im BGB vorgesehene Ausnahme bei Geld und Inhaberpapieren (§935 II BGB) solle bestehen bleiben. Ebenso die Ausnahme bei öffentlichen Versteigerungen.
Bei einem *„überwiegenden persönlichen Interesse"*[398] des Eigentümers solle bei anvertrauten Sachen ein Lösungsrecht gegen Zahlung des Aufgewendeten bestehen. D.h., daß im Ergebnis kein sehr weitreichendes Lösungsrecht zugelassen wurde. Der Gedanke, ein solches Recht in den Fällen zu gestatten, in denen ein Interesse deshalb besteht, weil es um eine unwiederbringbare Sache geht, wurde damit auf den kleinsten der diskutierten Anwendungsbereiche reduziert. Ein umfassenderes Lösungsrecht konnte sich nicht durchsetzen.
In Bezug auf den Inhalt des guten Glaubens befürwortete man die bekannte Regelung, nach der der böse Glaube bei Kenntnis und grober Fahrlässigkeit vorliegt und der gute Glaube sich auf das Eigentum bezieht. Guter Glaube an die Verfügungsbefugnis sollte auf das Handelsrecht beschränkt sein.
Grundsätzlich solle der Zeitpunkt des Eigentumserwerbs für den guten Glauben maßgeblich sein.
Schließlich wendete man sich der schon in der Literatur besprochenen Frage nach der Anforderung an der guten Glauben bei kausaler Ausgestaltung[399] der Einigung zu.[400]
Die herrschende Meinung wollte grobe Fahrlässigkeit genügen lassen und sich nicht auf Kenntnis beschränken. Man vertrat die Auffassung, es bestehe keine Gefahr der Ausweitung der Fälle, in denen kein Eigentumserwerb stattfinde, da sich auch nach der bestehenden Praxis der gute Glaube am Kausalgeschäft ausrichte.

---

[398] Aus späteren Sitzungsprotokollen erfährt man, daß man hier an beispielsweise „liebgewordene Familienbilder" dachte. (Schubert, Akademie für Deutsches Recht, S. 384)
[399] Für die kausale Ausgestaltung sprach man sich im Anschluß aus. (Schubert, Akademie für Deutsches Recht, S. 335)
[400] Schubert, Akademie für Deutsches Recht, S. 334

cc) Die Sitzung am 25. und 26. November 1940:
Diese Sitzungen dienten der nochmaligen Diskussion und Überprüfung der bisherigen Ergebnisse, die zur Übereignung und zum gutgläubigen Erwerb erarbeitet wurden.
Dabei wurden die erarbeiteten Thesen mit Hilfe der neuen, in der Zwischenzeit entstandenen Ideen überprüft.[401] Insbesondere die mittlerweile erschiene Habilitationsschrift von Brandt („Eigentumserwerb und Austauschgeschäft"), der selbst bei den Sitzungen zugegen war, wurde dazu in entscheidender Weise herangezogen. Dabei referierte Krause die zentralen Gedanken Brandts, die dann diskutiert wurden.[402] Nach dieser Vorgehensweise wurden einzelne Fragen des gutgläubigen Erwerbs diskutiert und jeweils die Frage gestellt, ob das bislang gefundene Ergebnis (Sitzung vom 25. und 26. Mai in Bamberg) beizubehalten sei.

Da der unentgeltliche gutgläubige Erwerb ausgeschlossen sein sollte, wendete sich der Ausschuß dem Abgrenzungsproblem, wann ein Erwerb unentgeltlich sei, zu. Nach langer Diskussion sprach sich die Mehrheit dafür aus, auch bei einer „Anstandsschenkung" den gutgläubigen Erwerb auszuschließen.[403] In Bezug auf die „gemischte Schenkung" tendierte man dazu, sie wie ein entgeltliches Geschäft zu behandeln.[404]

Man diskutierte daraufhin das Lösungsrecht,[405] welches eines der Hauptanliegen von Brandt darstellte, einigte sich aber nicht auf eine Änderung der Bamberger Ergebnisse.

Der Gegenstand des guten Glaubens solle nicht um die Verfügungsbefugnis erweitert werden, wie dies Brandt gefordert hatte. Man beschloß ferner, daß die leichte Fahrlässigkeit den guten Glauben nicht ausschließe,[406] wie Brandt dies erwogen hatte.[407]

---

[401] Schubert, Akademie für deutsches Recht, S. 341
[402] vgl. Schubert, Akademie für Deutsches Recht, S. 404 ff., Hier findet sich ein Überblick über die Grundthesen von Brandt mit kurzer Stellungnahme von Krause.
[403] Schubert, Akademie für Deutsches Recht, S. 380
[404] Schubert, Akademie für Deutsches Recht, S. 380 ff.
[405] Schubert, Akademie für Deutsches Recht, S. 383 ff.
[406] Schubert, Akademie für Deutsches Recht, S. 395
[407] Brandt macht in der Diskussion deutlich, daß die Vorschläge in seinem Buch nicht als solche für die Gesetzgebung zu verstehen seien. Er halte das Problem der Abgrenzung von grober und leichter Fahrlässigkeit für eines der Rechtsprechung. (Schubert, Akademie für Deutsches Recht, S. 395)

Die Ausnahme des §935 BGB solle beibehalten werden.[408] Interessant dabei sind die Erwägungen des Ausschusses zu der Problematik, ob eine von einem Besitzdiener weggegebene Sache als „abhanden gekommen" angesehen werden könne. Kunkel referierte einen diesbezüglichen Vorschlag des Besitzrechtsausschusses, der dahin ging, einen „§935 BGB" aufzunehmen. Dieser solle lauten: *„Im Falle der Veruntreuung durch einen Besiztdiener ist gutgläubiger Erwerb möglich, wenn ihm die Sache anvertraut war."* Durch diese Regelung sollten die Fälle von Abhandenkommen ausgeschlossen werden, in denen der Besitzdiener mit tatsächlicher Herrschaft über die Sache ausgestattet ist. Der Begriff „anvertrauen" sollte sich in der Praxis konkretisieren. Nach längerer Diskussion wurde dieser Vorschlag des Besitzrechtsausschusses allgemein gebilligt.[409] Schließlich wurde noch das Problem des Abhandenkommens von Sachen angesprochen, die durch Täuschung und Drohung weggefallen sind.[410] Die Mehrheit befürwortete, abgedrohte Sachen als abhanden gekommen anzusehen.

III. Fazit

Während man in den Jahren nach Inkrafttreten die §§932 ff. BGB in der Rechtswissenschaft ausführlich bearbeitete und Lösungen für den Umgang mit den Bestimmungen in der Praxis suchte, verlagerte die nationalsozialistische Rechtswissenschaft den Schwerpunkt ihrer Diskussion. In den Jahren 1933 bis 1945 suchte man in Erwartung einer Überarbeitung des bürgerlichen Rechts insbesondere nach Lösungen für eine Reform des Gutglaubenserwerbs. Aus diesem Grunde wurde die Bearbeitung der §§932 ff. BGB in der Lehre bis auf wenige Beispiele vernachlässigt. Sie nimmt in der neueren Entwicklungsgeschichte daher keinen hervorstechenden Platz ein.

Es hat sich auch gezeigt, daß trotz allem Strebens nach Neuem die Rechtsprechung die §§932 ff. BGB, welche in Kraft blieben, wie gewohnt anwandte. Sie knüpfte dabei an die Auslegung und Rechtsprechung vor 1933 an und entwickelte diese fort. Dies zeigt sich besonders gut an dem Beispiel der Nachforschungspflicht. Diese flexibel zu handhabende Pflicht paßte die Rechtsprechung an die Gegebenheiten und Notwendigkeiten der Zeit an. Auch die Neuerung des Kfz - Briefes fügte die Rechtsprechung in die Anwendung der bekannten Vor-

---

[408] Schubert, Akademie für Deutsches Recht, S. 396 ff.
[409] Schubert, Akademie für Deutsches Recht, S. 401
[410] Schubert, Akademie für Deutsches Recht, S. 402

schriften ein. Der Brief erlangte somit Bedeutung im Rahmen des Merkmals des guten Glaubens.
Nach dem Krieg knüpfte man an diese Entwicklung der §§932 ff. BGB in der Rechtsprechung an.

Wie festgestellt, lag der Schwerpunkt der Rechtslehre auf den Reformarbeiten. Auch zu den §§932 ff. BGB wurden zahlreiche Modifikationsmöglichkeiten festgehalten.
Auf dem Prüfstand standen diese Anregungen der Rechtslehre bei den Arbeiten der „Akademie für Deutsches Recht", die einen Vorschlag für den in das geplante „Volksgesetzbuch" aufzunehmenden gutgläubigen Erwerb erarbeitete.
Im Ergebnis dachte man nicht daran, revolutionäre Änderungen an den bestehenden Regelungen (§§932 - 935 BGB) vorzunehmen. Zahlreiche Vorschläge der Literatur konnten sich nicht durchsetzen. So entschloß man sich, kein prinzipielles Lösungsrecht aufzunehmen. Gegenstand des guten Glaubens sollte nur das Eigentum bleiben, und auch der Umfang des guten Glaubens sollte so bleiben wie bekannt und nicht um den Ausschluß der Gutgläubigkeit bei leichter Fahrlässigkeit erweitert werden. Im wesentlichen sollte somit auch in ein neues Gesetz eine den §§932 - 935 BGB entsprechende Regelung hineingenommen werden.
Nur einige Modifikationen dieser Regelungen an Punkten, die schon lange, und wie sich gezeigt hat, schon vor 1933 diskutiert wurden, hat man erwogen. Hier sind insbesondere der Ausschluß des unentgeltlichen gutgläubigen Erwerbs und die Klärung des Problems, ob eine von einem Besitzdiener weggegebene Sache abhanden gekommen sei, zu nennen. Es war somit geplant, bei dem Zustand zu bleiben, den schon Art. 306 ADHGB erreicht hatte, und der im BGB festgeschrieben war. Die vorgeschlagenen Änderungen erschüttern diese Erkenntnis nicht. Den Ausschluß des unentgeltlichen gutgläubigen Erwerbs sahen einige Autoren schon in Art. 306 ADHGB festgeschrieben. Die Lösung der Problematik der vom selbständigen Besitzdiener weggegebenen Sache entsprach der herrschenden Meinung und entspricht ihr sogar noch. Dieses Ergebnis verwundert in zweierlei Hinsicht. Wieder hätte sich im wesentlichen Art. 306 ADHGB durchgesetzt, eine von Anfang an umstrittene Regelung.
Zudem verwundert es im historischen Kontext. Wieacker, welcher auch bei den Beratungen der Akademie anwesend war und Einfluß hatte, charakterisierte in der selben Zeit den Gutglaubenserwerb des BGB so: *„der [...] dem Volksempfinden widersprechende gutgläubige Erwerb (übrigens ein deutsch-römischer*

Bastard)."[411] Dieses Zitat hätte ebenso wie die Beurteilung des gutgläubigen Erwerbs in der Entscheidung des Reichsgerichts zur Makeltheorie eigentlich mehr Änderungen im „nationalsozialistischen Sinne" erwarten lassen.

[411] Wieacker, Z Ak DR 1938, 751

3. Kapitel: Erkenntnisse für die Anwendung der §§932 ff. BGB

A. Vorbemerkung

Die vorliegende Arbeit hat nicht zum Ziel, neue Vorschläge für den Erwerb beweglicher Sachen vom Nichtberechtigten de lege ferenda hervorzubringen. Es gibt mittlerweile so viele derartige Vorschläge, daß kaum noch ein neuer entwickelt werden kann.[1] Außerdem waren bislang alle Vorschläge erfolglos. Keiner konnte sich durchsetzten. Seit über 100 Jahren blieben die §§932 - 935 BGB unangetastet.

Die bisherige Darstellung hat gezeigt, daß schon bald nach Inkrafttreten in den weitaus meisten Punkten, die fraglich oder umstritten waren, Einigkeit erzielt werden konnte. Die meisten Fragen wurden zufriedenstellend gelöst, und die jeweils gefundene Lösung zeigte, daß sie sich in der Praxis bewähren konnte. Bis heute greift man bei der Anwendung der §§932 - 935 BGB auf die Erkenntnisse zurück, die sich in der Zeit kurz nach Inkrafttreten durchsetzten und die Jahre der nationalsozialistischen Herrschaft überdauerten.[2] Hier sind vor allem die Möglichkeit der Übergabe mittels Einschaltung eines Besitzmittlers oder eines Besitzdieners, die Auffassung zu Gegenstand und Umfang des guten Glaubens und die Auslegung der Ausnahme in §935 BGB zu nennen.
Die vorliegende Arbeit hat darüber hinaus gezeigt, daß die meisten dieser Erkenntnisse aus der herrschenden Interpretation des Art. 306 ADHGB, dem Vorläufer der §§932 - 935 BGB, übernommen wurden. Nur in wenigen Punkten kam es, zumeist angestoßen durch neue Fallgestaltungen, zu neuen Entwicklungen und Interpretationen, die allerdings noch nicht abgeschlossen sind.

Dieses Kapitel soll nun zu einer Auseinandersetzung mit solchen, noch nicht zufriedenstellend gelösten Problemen der betrachteten Regelungen führen. Anstoß für die Auswahl der Probleme sind dabei Erkenntnisse aus der Entwick-

---

[1] Hier nur ein kurzer Überblick: Einige Autoren schlugen eine Variante der Schadensteilung zwischen Erwerber und Eigentümer vor, welche sich am Gedanken des §254 BGB orientieren sollte (Stricker, S. 46 f.; Brandt). Auch am römischen Recht orientierte Vorschläge, welche eine Ersitzung mit verkürzter Frist vorsahen, wurden propagiert (Reichel, S. 184; v. Lübtow). Andere wollten eine Begrenzung der §§932 ff. BGB auf das Handelsrecht und kamen auf diese Weise zurück zu Art. 306 ADHGB (Wolff / Raiser, §68 II 1, S. 250; Zweigert, RabelsZ, 23, 1 (17). Koban schlug sehr konkret vor, auf die in §935 BGB getroffene Unterscheidung zu verzichten und ein Lösungsrecht des Eigentümers einzuführen, welches nach kurzer Zeit verjährt (Koban, S 100 ff.).

[2] Auch die Mehrzahl der zu den §§932 - 935 BGB bestehenden Streitigkeiten ergaben sich in der Zeit kurz nach Inkrafttreten.

lungsgeschichte. Das heißt nicht, daß hier Interpretationen und Lösungen vorgeschlagen werden, die sich allein darauf stützen, wie die Normen früher einmal, bzw. ursprünglich verstanden wurden.[3] Dies stellt kein ausreichendes Argument für eine neue Interpretationsmöglichkeit dar. Die gewonnen Erkenntnisse aus dem ersten Kapitel sollen aber Anlaß sein, verschiedene Fragen zu überprüfen.

B. Scheitern der herrschenden „Rechtsscheinlehre" und Verzicht auf eine dogmatische Begründung

I. Vorbemerkung

1) Der zentrale Gedanke der Rechtsscheinlehre

Die h.M. bringt die §§932 ff. BGB in Zusammenhang mit der Rechtsscheinlehre, um sie dogmatisch zu erklären. Die Normen schützten das Vertrauen des Erwerbers darauf, daß der Veräußerer der Eigentümer sei. Es wird gesagt, dieses Vertrauen ziehe seine Rechtfertigung aus dem Rechtsschein, der vom Besitz ausgehe, denn der Besitz weise auf das Eigentum hin.[4]
Die häufige Koinzidenz von Besitz und Eigentum ist folglich die Grundlage dafür, daß die Rechtsscheinlehre zur Erklärung der §§932 ff. BGB herangezogen wurde.

2) Erkenntnisse aus der Entwicklungsgeschichte

Die Betrachtung der Entwicklungsgeschichte der §§932 - 935 BGB im 19. und 20. Jahrhundert hat zunächst gezeigt, daß man sich zur Rechtfertigung der Vorläuferregelung des Art. 306 ADHGB nur auf das Ziel, den Schutz des Verkehrs, berufen hatte. Von der Rechtsscheinlehre oder deren Grundgedanken sprach man nicht. Anders in den Materialien zum BGB, in denen sich Ansätze und Grundgedanken der Rechtsscheinlehre im Zusammenhang mit dem Erwerb vom Nichtberechtigten finden. Man erwog, daß die Besitzposition die Grundlage für das Vertrauen darstelle. Aber auch hier war man, wie die Darstellungen zeigen, schon skeptisch gegenüber diesem Erklärungsmodell. Letztlich berief man sich vor allem auf Art. 306 ADHGB und erklärte, daß man diesen für den bürgerli-

---

[3] vgl. Göhlert, S. 16

[4] Musielak, JuS 1992, 713; Wiegand, JuS 1974, 201; Imbusch, S. 95; vgl. auch die allgemeine Definition der Rechtsscheinlehre bei Selter, S. 251

chen Rechtsverkehr übernehme.[5] Diese Erkenntnis wird noch gestützt von dem Umstand, daß die zweite Kommission den zweiten Entwurf den Regelungen des ADHGB noch mehr annäherte. Dies geschah durch die Streichung des Lösungsrechts, das der erste Entwurf noch vorsah, und durch das Auferlegen der Beweislast auf den ursprünglichen Eigentümer. Nach diesen Modifikationen sind die Regelungen des Art. 306 ADHGB (bezieht man die herrschende Auslegung mit ein) und des zweiten Entwurfs fast deckungsgleich. Zur Etablierung der „Rechtsscheinlehre“ als Erklärungsprinzip der §§932 ff. BGB kam es erst nach Inkrafttreten des Gesetzes. Sie entfaltete sich in der Rechtslehre und wurde von den Gerichten übernommen. Von Anfang an waren jedoch den Verfechtern auch die Schwächen der Lehre im Zusammenhang mit den §§932 ff. BGB bekannt. Die Theorie fügt sich nicht nahtlos in die Normen ein.

II. Scheitern der Rechtsscheinlehre als Begründung für die §§932 - 935 BGB

1) Unstimmigkeiten der „Rechtsscheinlehre“ im Zusammenhang mit den gesetzlichen Regelungen

a) Der Rechtsschein ist kein Tatbestandsmerkmal:

Untersucht man den Wortlaut der Normen (§§932 - 935 BGB), so stellt man fest, daß ein erzeugter und bestehender Rechtsschein von den Tatbeständen des Gesetzes nicht (ausdrücklich) vorausgesetzt wird. Anders stellt sich dies beispielsweise bei den ausdrücklich genannten Rechtsscheinträgern in §892 BGB und §2366 BGB dar. In diesen Normen wird mit der Unrichtigkeit von Grundbuch und Erbschein schon tatbestandlich ein Rechtsschein vorausgesetzt.[6] Auch die Vorschrift des Art. 16 I WG setzt mit dem Indossament einen Rechtsscheintatbestand voraus.

Charakteristisch für die Theorie der Rechtsscheinlehre ist ein psychologischer Vorgang. So muß der Erwerber den Besitz des Veräußerers wahrnehmen und von diesem wahrgenommenen Besitz auf das Eigentum schließen. Auch für diesen Vorgang finden sich keine Anhaltspunkte in den betrachteten Regelungen. Diese Erkenntnis wird noch dadurch verstärkt, daß die Regelungen der §§932 ff. BGB sogar noch gegen den beschriebenen psychologischen Vorgang sprechen. Dafür sorgt die negative Formulierung der Definition des guten Glaubens in §932 II BGB, welche gewählt wurde, um dem ursprünglichen Eigentümer die

---

[5] vgl. auch bei Göhlert, VI, 5., S. 267

[6] Ernst, S. 97

Beweislast für den bösen Glauben des Erwerbers aufzuerlegen. Folge dieser Gesetzesfassung ist, daß es gerade keiner (kausalen) Beziehung zwischen einem möglicherweise vom Besitz erzeugten Rechtsschein und dem guten Glauben des Erwerbers bedarf. Der Erwerber muß den Besitz und den Rechtsschein nicht kennen, um guten Glaubens zu sein, und sein Vertrauen muß nicht im Rechtsschein seine Grundlage finden.[7] Folglich sprechen die Tatbestände und die Fassung der §§932 ff. BGB gegen den Gedanken der Rechtsscheinlehre (vgl. oben 2. Kap. A. II. 2) e)).

b) §935 BGB widerspricht dem Rechtsscheinprinzip:
§935 BGB verhindert den gutgläubigen Erwerb abhanden gekommener Sachen. Vom Standpunkt der Rechtsscheinlehre aus ist dies problematisch, da man beispielsweise gestohlenen und verlorenen Sachen ihre Vergangenheit nicht ansieht. Sie erzeugen denselben Rechtsschein wie nicht abhanden gekommene Sachen und müßten deshalb nach der Logik der Rechtsscheinlehre ebenso behandelt werden.
Dieser Widerspruch wurde von Vertretern der Rechtslehre schon früh erkannt.[8] Versuche wie der von H. Meyer, den Widerspruch mit der Behauptung aufzulösen, man sehe einer Sache an, wenn sie gestohlen sei (vgl. oben 2. Kap. A. I. 2) d) cc)), oder die Feststellung Langes, daß die Menschen in den weitaus meisten Fällen ehrlich seien (vgl. oben 2. Kap. B. I. 1)), welche den Schluß nahelegt, §935 BGB verbliebe kaum ein Anwendungsbereich, stellen keine ernst zu nehmenden Lösungen für diese Unstimmigkeit dar. Meyer kann keine Kriterien angeben, nach denen man beurteilen könnte, wie eine gestohlene Sache aussehen muß, und bei Lange ergibt sich das Problem, daß es auch dann noch unehrliche Menschen gäbe, wenn die meisten Menschen ehrlich wären, der §935 BGB mithin nicht überflüssig wäre.
Auf den Versuch, den Widerspruch von §935 BGB zur Rechtsscheinlehre dadurch aufzulösen, daß man sagt, der §935 BGB stelle eine Verknüpfung von Rechtsscheinprinzip und dem sog. „Veranlassergedanken" dar, gilt es später ausführlicher einzugehen (vgl. unten 2) g)).

---

[7] Wieling, Sachenrecht I, §10, III 4., S. 367
[8] Koban (1909), S. 86; vgl. auch: Wieling, Sachenrecht I, §10, I 7 a), S. 358; v. Lübtow, S. 208

c) Der Besitz ist kein geeigneter Rechtsscheinträger:

aa) Vorbemerkung:

Es ist mittlerweile eine allgemeine Erkenntnis in der Rechtswissenschaft, daß der Besitz keinen sicheren Schluß auf das Eigentum zuläßt.[9] Schon zur Zeit der Schaffung des BGB ging man nicht mehr von der Koinzidenz von Besitz und Eigentum aus.[10] Durch die Entfernung der Bestimmungen des Eigentumsübergangs, weg vom strengen Traditionsprinzip, förderte man das Auseinanderfallen der Institute. Letztlich hätte man bei einer Koinzidenz auch nicht zweier Begriffe bedurft.

Schließlich sah sich die erste Kommission veranlaßt, den guten Glauben im Rahmen des gutgläubigen Mobiliarerwerbs schon bei grob fahrlässiger Unkenntnis auszuschließen. Zur Begründung wurde (neben dem Verweis auf die Praxis zu Art. 306 ADHGB) angeführt, daß der Besitz nicht eine so sichere Erkenntnisquelle bezüglich des Eigentums wie das Grundbuch sei (vgl. oben 1. Kap. B. II. 1) b) dd) (4)). An der Bestimmung wurde durch die zweite Lesung nichts geändert.

Trotz dieser Erkenntnisse wird behauptet, der Besitz könne zumindest in den meisten Fällen ein geeigneter Rechtsscheinträger sein.[11] Dies ist jedoch fraglich, wie sich aus den folgenden Erwägungen ergibt.

bb) Mittelbarer Besitz:

In Bezug auf den mittelbaren Besitz hat schon früh Wellspacher festgestellt, daß dieser, da er keine Tatsache der Erscheinungswelt sei, sich nicht eigne, einen Rechtsschein zu erzeugen (vgl. oben 2. Kap A. I. 2) d) bb)). Letztlich bleibt als Grundlage des guten Glaubens nur die Behauptung des Veräußerers. Die vergeistigte Sachherrschaft des mittelbaren Besitzers ist deshalb nicht geeignet, gerechtfertigtes Vertrauen zu erzeugen.[12]

cc) Unmittelbarer Besitz:

Aber auch der unmittelbare Besitz als Tatsache der Erscheinungswelt ist als Grundlage des Rechtsscheins, der Inhaber sei Eigentümer, wenig brauchbar. Mitunter wird in dem Zusammenhang schon darauf hingewiesen, daß auch der

---

[9] Ernst, S. 101, Frotz, S. 154; Heck, Sachenrecht, S. 129; Hübner, Rechtsverlust, S. 74; v. Lübtow, S. 208 f.; Rebe, AcP 173 (1973), 186 (194), Wacke, S. 33 f.; Weber, JuS 1999, 1; Zweigert, RabelsZ 23 (1958), 1 (14)

[10] Hübner, Rechtsverlust, S. 62

[11] Imbusch, S. 135 f.

[12] Hager, S. 241; Hübner, Rechtsverlust, S. 65; Giehl, AcP 161, 357 (365/373); Wieling, Sachenrecht I, §10, I 7 a), S. 358

unmittelbare Besitz nicht immer wahrnehmbar sei.[13] Selbst in scheinbar offenkundigen Fällen wie dem Besitz der Kleider am Körper oder des Hundes an der Leine werde nicht der Besitz als solcher wahrgenommen, es erfolge lediglich ein Schluß aus den wahrgenommenen Umständen auf den Besitz, der als unproblematisch empfunden werde.[14] Anders sei es bei Grundbuch und Erbschein, welche auf die direkte Wahrnehmung (d.h. ohne vergleichbaren Rückschluß) angelegt seien.[15]
Häufig trifft man den Hinweis an, der unmittelbare Besitzer sei nicht in jedem Fall Eigentümer, sondern könne beispielsweise auch Mieter oder Pfandgläubiger sein.[16] Auch die Institute der Sicherungsübereignung und des Eigentumsvorbehaltes sorgten durch ihr immer häufigeres Vorkommen dafür, daß der unmittelbare Besitz an Aussagekraft verliere.[17]
Für den in der Praxis relevanten Fall des Erwerbs eines Kfz ist anerkannt, daß alleine der unmittelbare Besitz in vielen Fällen nicht genügt, um das Vertrauen zu rechtfertigen. So genügt regelmäßig nicht der unmittelbare Besitz des Veräußerers eines gebrauchten Kfz, um ein schutzwürdiges Vertrauen zu rechtfertigen. Zusätzlich ist die Vorlage des Kfz - Briefes nötig.[18] Der unmittelbare Besitz ist folglich kein geeigneter Rechtsscheinträger, denn er spricht nicht zweifelsfrei für das Eigentum.

Ein Einwand könnte sich aus den Darlegungen Wielings ergeben. Wieling macht überzeugend darauf aufmerksam, daß zwar der Besitz nicht für das Eigentum spreche, aber zumindest für das vom Besitzer behauptete Recht. Wer eine Sache veräußere, behaupte damit zumindest konkludent, Eigentümer zu sein, und das Vertrauen in diese Behauptung, welche vom Besitz gestützt werde, sei schutzwürdig.[19] Dies stellt zwar eine schlüssige Erklärung für die §§932 - 935 BGB dar, ist aber nicht geeignet, die Rechtsscheinlehre zu retten. Diese sucht dem Vertrauen des Erwerbers eine objektiv faßbare und wahrnehmbare Grundlage zu geben, die mit Grundbuch und Erbschein vergleichbar ist. Mit diesen steht die durch den Besitz gestützte Behauptung jedoch nicht auf einer

---

[13] Ernst, S. 106 f.
[14] Ernst, S. 107
[15] Ernst, S. 107
[16] Giehl, AcP 161, 357 (364); Hübner, Rechtsverlust, S. 56; v. Lübtow, S. 208 f.; Rebe, AcP 173, 186 (193); Zweigert, RabelsZ, 23, 1 (4)
[17] Hager, S. 240; Musielak, JuS 1992, 713 (714), FN 12; Rebe, AcP 173, 186 (193); Weber, JuS 1999, 1
[18] Musielak, JuS 1992, 713 (715)
[19] Wieling, Sachenrecht I, §10, I. 7. a), S. 358

Stufe. Grundbuch und Erbschein sind durch die gesetzliche Absicherung Erkenntnisquellen, die viel sicherer sind.

2) Versuch, am Prinzip der Rechtsscheinlehre festzuhalten; Korrekturversuche

a) Vorbemerkung:
Aus Anlaß der genannten Schwächen der Rechtsscheinlehre bei der Erklärung des Gutglaubenserwerbs nach den §§932 ff. BGB haben sich in der Rechtswissenschaft viele Korrekturversuche entwickelt. Diese haben zum Ziel, die aufgedeckten Unstimmigkeiten der herrschenden Erklärungstheorie auszubessern und somit trotz der Widersprüche an dem Erklärungsprinzip festzuhalten.[20] Das Hauptaugenmerk dieser Korrekturversuche liegt darauf, die Schwächen des Besitzes als Rechtsscheinträger auszugleichen.

b) Bildung eines allgemeinen Rechtsscheintatbestandes:
Einige Autoren versuchen, durch Bildung eines neuen Rechtsscheinträgers die aufgedeckten Schwächen des Besitzes als Grundlage des Rechtsscheins zu überwinden. Nach der Ansicht von Hübner soll nicht mehr nur der Besitz, sondern ein allgemeiner Rechtsscheintatbestand die objektive Basis für den Gutglaubenserwerb bilden. Es sei danach zu fragen, ob im Einzelfall nach allgemeiner Erfahrung ein Vertrauenstatbestand vorliege, aus dem sich die Berechtigung des Veräußerers ergebe.[21] Dazu müsse man in jedem konkreten Fall beurteilen, ob eine ausreichende Grundlage für den guten Glauben vorliege. Verschiedene Umstände wie längeres Innehaben, Gebrauch der Sache, Zugehörigkeit zum Geschäftskreis des Veräußerers o.ä., seien als Kriterium für einen solchen Vertrauenstatbestand heranzuziehen.[22]

Während Hübner seinen Vorschlag als solchen de lege ferenda versteht, versucht Rebe, einen „generellen Anscheinstatbestand“ für die §§932 ff. BGB zu konstruieren. Er meint, der Besitz müsse in manchen Fällen durch weitere Ei-

[20] Anders Valentin (S. 90), welcher zahlreiche Schwächen des Prinzips aufzeigt, aber dennoch unverändert an ihm festhält. Die Regelungen erklärten sich durch den Gedanken, daß der unmittelbare Besitz für das Eigentum spreche.
[21] Hübner, Rechtsverlust, S. 89 f.
[22] Hübner, Rechtsverlust, S. 90 Hübner ergänzt den Vorschlag eines allgemeinen Rechtsscheintatbestandes durch die Forderung, daß der Eigentümer den Rechtsschein zurechenbar verursacht haben müsse (S. 97 ff.). Erst dann solle er sein Eigentum verlieren. Dieser Gedanke läßt sich nicht mehr in die §§932 - 935 BGB hinein lesen, und so wird deutlich, warum Hübner seine Ausführungen als Vorschlag de lege ferenda versteht;
vgl. auch Zweigert, RabelsZ 23 (1958, 1 (17), Zweigert hält einen vergleichbaren Vorschlag der lege ferenda bereit.

gentumsanzeichen „angereichert" werden.[23] So solle zum Beispiel der Kraftfahrzeugbrief nicht nur für den guten Glauben von Bedeutung sein, wie nach bisheriger Rechtsprechung, sondern als Teil eines generellen Anscheinstatbestandes gesehen werden. Fehle der Anscheinstatbestand, so komme es auch nicht mehr auf den guten Glauben an. Für Rebe ist somit die Anscheinsgrundlage nicht mehr nur die Besitzlage als solche, sie ist es viel mehr je nach Situation mal mehr oder weniger. Er vertritt die Auffassung, die Besitzlage müsse in manchen Fällen durch andere objektive Merkmale ergänzt werden, in manchen Fällen aber sei die Besitzlage auch nicht notwendigerweise heranzuziehen, es reichten schon andere objektive Anzeichen.[24] Dieser Ansatz Rebes, welchen er ausdrücklich als Interpretation der §§932 ff. BGB sieht, findet jedoch keine Stütze im Gesetz. Im Wortlaut des Gesetzes finden sich keine Anhaltspunkte für eine Differenzierung der Besitzlage.

c) Erhebung des Rechtsscheins zum Tatbestandsmerkmal:
Es finden sich in der Literatur auch Ansätze, das Vorliegen eines täuschenden Rechtsscheins zum Tatbestandsmerkmal zu steigern.[25] Verlangt man dies, so hat das den Vorteil, daß man sich um Schwächen der Besitzlage als Rechtsscheinträger nicht mehr zu kümmern braucht, denn man sucht im Sachverhalt nur nach dem Resultat, dem Rechtsschein. So kann man die Prüfung, ob ein gutgläubiger Erwerb gegeben ist, abbrechen, sobald man feststellt, daß dieses Tatbestandsmerkmal (Rechtsschein) nicht vorliegt. Die Frage, ob ein guter Glaube gegeben sei, stellt sich dann nicht mehr.[26] Diese Ansicht verstößt jedoch gegen das Gesetz. Ein bestehender Rechtsschein wird im Gesetz nicht vorausgesetzt. Sie ist zudem nicht praxistauglich. Ob ein Rechtsschein vorliegt oder nicht, läßt sich nicht unmittelbar objektiv bestimmen.

d) Korrektur durch erhöhte Anforderungen an den guten Glauben:
Wiegand sucht, die Schwächen des Besitzes als Rechtsscheinträger auf der subjektiven Tatbestandsseite durch erhöhte Sorgfaltsanforderungen zu korrigieren. Dort, wo der Rechtsscheinträger nicht zweifelsfrei auf die Berechtigung hinweise und somit Schwächen aufweise, müsse der Erwerber um so sorgfältiger handeln, um nicht grob fahrlässig im Sinne des §932 II BGB zu agieren.[27] Über-

[23] Rebe, AcP 173 (1973), 187 (195)
[24] Rebe, AcP 173 (1973), 186 (196)
[25] vgl. Baur / Stürner §52, RN 3; Giehl, AcP 161 (1962), 357 (372 ff.); Wacke, S. 44; Sonntag, S. 91
[26] Giehl, AcP 161 (1962), 357 (373)
[27] Wiegand, JuS 1974, 201 (206 ff.); Staudinger / Wiegand, 13. Bearbeitung (1995), Vorbem. zu §§932 ff., RN 25

zeugend stellt Wiegand dar, daß seine Auffassung der Praxis der höchstrichterlichen Rechtsprechung entspreche. Diese nutzte die Gutgläubigkeit als „Steuerungselement", um die variable Intensität des Rechtsscheins auszugleichen.[28] Als Beispiel führt er die Rechtsprechung zur Nachforschungspflicht an, welche zeige, wie in Fällen mit schwachem Rechtsschein die Sorgfaltsanforderungen erhöht würden.[29]

Wie sich aus der Entwicklungsgeschichte ergibt, ist der Gedanke, unerwünschte und als unbillig empfundene Ergebnisse auf der subjektiven Tatbestandsseite zu korrigieren, nicht neu. So taucht er beispielsweise bei der Arbeit der Kommission zum ADHGB und in der Literatur zu Art. 306 ADHGB auf (vgl. oben 1. Kap. A. II. 1) b) cc) (2)). Es ist jedoch fraglich, ob man mit dieser Methode ein ganzes Erklärungsprinzip aufrecht erhalten kann. Strenggenommen gibt der Korrekturversuch sogar den Rechtsscheingedanken als Grundlage des Rechtsinstitutes auf und rückt den guten Glauben an seine Stelle. Ein schwacher oder nicht mehr vorliegender Rechtsschein kann durch guten Glauben überwunden werden. Allein der gute Glaube rechtfertigt dann noch den Erwerb. Der Korrekturversuch gleicht im Ergebnis dem Erklärungsmodell, welches nach Inkrafttreten vereinzelt vertreten wurde, welches alleine den guten Glauben als Rechtsgrund für den Erwerb sah. Dieses Modell konnte sich schon damals nicht durchsetzten (vgl. oben 2. Kap. I. 2) c)).

e) Disposition über den Besitz:

Teilweise wird angenommen, der Rechtsschein gehe zwar nicht vom Besitz aus, aber von der *„Disposition über den Besitz."*[30] Entscheidend sei mithin, daß der Veräußerer sich des Besitzes entäußert.[31] Dieser Vorgang spreche für die Eigentümerstellung. Das BGB folge dem Rechtsschein, der von der Disposition über den Besitz ausgehe. Dies zeige sich in der Regelung des §933 BGB. Der Erwerb trete erst mit der Disposition über den Besitz, der Übergabe, ein. Aber selbst Vertreter dieser These erkennen an, daß sie den gutgläubigen Erwerb nach §934, 1. Alt. BGB nicht zu erklären vermag, denn hier erwirbt der Gutgläubige allein durch Zession des Anspruchs, ohne daß der Veräußerer seinen (mittelba-

---

[28] Wiegand, JuS 1974, 201 (207): „Die Rechtsprechung hat durch die Differenzierung bei der groben Fahrlässigkeit bewußt der Tatsache Rechnung getragen, daß der Rechtsschein des Besitzes nicht unter allen Umständen und zu allen Zeiten gleich zu bewerten ist."; Staudinger / Wiegand, 13. Bearbeitung (1995), Vorbem. zu §§932 ff., RN 27; vgl. Kindl, AcP 201 (2001), 391 (393)

[29] Wiegand, JuS 1974, 210 (208)

[30] Gernhuber, Bürgerliches Recht, 3. Auflage, §8, III. 2. a), S. 72

[31] vgl. Wadle, JZ 1974, 689 (695): „Rechtsschein des Besitzwechsels"

ren) Besitz aufgibt.[32] Zudem spricht die Disposition über den Besitz genauso wenig für das Eigentum wie der Besitz selbst.

f) „Besitzverschaffungsmacht" als Rechtsscheinträger:
Nach einer weiteren Ansicht ist nicht der Besitz der entscheidende Rechtsscheinträger, sondern die Besitzverschaffungsmacht.[33] Diese lasse einen Rückschluß auf einen früheren Besitz des Veräußerers zu, von dem aus man auf das Eigentum schließen könne. Der Gedanke geht auf M. Wolff zurück.[34] Wie oben bereits festgestellt, sah er den Grund für die Schutzwürdigkeit des Erwerbers in den späteren Auflagen seines Lehrbuchs in dem guten Glauben an das Eigentum des *„Besitz verschaffenden Veräußerers"* und nicht mehr in dem guten Glauben an das Eigentum des *„veräußernden Besitzers"* wie noch in vorangegangenen Auflagen (vgl. oben 2. Kap. A. I. 2) e)).

Diese zur Aufrechterhaltung der Rechtsscheinlehre gedachte Korrektur ist jedoch nicht mit dieser Lehre vereinbar. Der Rechtsschein liegt nach dieser Auffassung erst im Zeitpunkt des Erwerbes vor. Für die Bildung des auf dem Rechtsschein beruhenden Vertrauens bleibt allenfalls eine juristische Sekunde. In einem solchen Zeitraum kann sich jedoch kein schützenswertes Vertrauen bilden. Bedenklich ist an dieser Auffassung zudem, daß sie von einigen Autoren dazu entwickelt wurde, den Geheißerwerb in den Erwerb vom Nichtberechtigten einzubeziehen.[35] Erwirbt der Erwerber auf Geheiß des Veräußerers, so hat letzterer keine Besitzposition inne. Es fehlt somit die nach der Rechtsscheinlehre eigentlich vorgesehene Vertrauensgrundlage. Für diejenigen, welche die Besitzverschaffungsmacht als entscheidende Vertrauensgrundlage annehmen, stellt dies jedoch kein Problem dar. Das Vertrauen muß nach dieser Methode ja erst vorliegen, wenn der Erwerb sich vollzogen hat. Es ist jedoch keine methodisch überzeugende Vorgehensweise, wenn man die gewählte dogmatische Grundlage an das gewünschte Ergebnis anpaßt.

g) „Veranlassergedanke" (§935 BGB als zentrale Norm):
Der Veranlassergedanke wurde mit dem reinen Rechtsscheinprinzip kombiniert, um dessen Widerspruch zu §935 BGB aufzulösen.[36] Der Eigentumsverlust sei

[32] Gernhuber, Bürgerliches Recht, 3. Auflage, §8, III. 2. a), S. 72; vgl. Hager, S. 244
[33] Hager, S. 245 ff. (m.w.N.): „Besitzverschaffungsmacht"; ders. ZIP 1993, 1446 (1450)
[34] Wiegand, JuS 1974, 202 (204)
[35] Dies zeigt sich schon bei den Ausführungen von Martin Wolff (vgl. oben).
[36] Wie aufgezeigt, stammt dieser Gedanke von H. Mayer, welcher mit ihm einen Hinweis Wellspachers („Zutun des Eigentümers") ausgebaut hat. Später wurde dieser Gedanke von

dem Eigentümer nur zuzumuten, wenn er den Rechtsschein (den Schein, daß der Veräußerer berechtigt sei) selbst veranlaßte habe. Dies werde in der Regelung des §935 BGB ausgedrückt. §935 BGB scheide danach die Fälle, in denen der Eigentümer den Rechtsschein (welcher sich gegen ihn wendet - und letztlich zum Verlust des Eigentums führt) veranlaßt habe, von jenen, in denen er den Rechtsschein nicht veranlaßt habe. Habe der Eigentümer seine Sache zum Beispiel einem Verwahrer oder Mieter anvertraut, so habe er veranlaßt, daß eine rechtsscheinbegründende Besitzlage entstehe. Anders sei dies, wenn die Sachen abhanden gekommen seien. In dieser Variante verliere er mangels eigenen Zutuns sein Eigentum nicht. Durch den Veranlassergedanken machen die Vertreter den §935 BGB zur zentralen Norm des Gutglaubenserwerbs nach dem BGB.

Der Gedanke wird von der überwiegenden Meinung zu Recht verworfen.[37] Die Regelung des §935 BGB ist nicht geeignet, die Fälle, in denen der Verlust vom Eigentümer nicht veranlaßt wurde, immer in zutreffender Weise auszusondern. So wird z.B. festgestellt, daß auch der nachlässige Eigentümer, der sein Fahrrad ungesichert auf der Straße stehen lasse, den Diebstahl letztlich veranlaßt habe.[38] Eine Veranlassung kann auch in dem Verlieren einer Sache aus Unachtsamkeit liegen. Zudem wird die Interpretation nicht der Realität des modernen Geschäftsverkehrs gerecht und ist daher keine befriedigende Begründung dafür, warum der Eigentümer in den betreffenden Fällen sein Eigentum verlieren soll. Für diese Auffassung spricht der häufig angeführte Fall, daß man, müsse man eine Sache in Reparatur geben,[39] häufig nicht die Wahl habe, zu wem man sie bringe, und noch weniger die Vertrauenswürdigkeit (Zuverlässigkeit) desjenigen überprüfen könne, dem man sie anvertraue. Schließlich wird die Schwäche der Erklärung im Vergleich zu §892 BGB deutlich. Wie der Fall der unrichtigen Eintragung zeigt, ist bei §892 BGB nicht entscheidend, dass der wahre Berechtigte den Rechtsschein veranlasst hat.

Harry Westermann aufgegriffen (Westermann, JuS 1963, 1 (6); neuerdings, jedoch mit Einschränkungen: Musielak, JuS 1992, 713 (714)).

[37] Giehl, AcP 161 (1962), 357 (364); Hübner, Rechtsverlust, S. 101; v. Lübtow, S. 221; Wilburg, S. 565 f.; Zweigert, RabelsZ, 23 (1958) 1 (13)

[38] v. Lübtow, S. 221; Valentin, S. 84

[39] Valentin, S. 76 f.

III. Fazit: Verzicht auf eine dogmatische Begründung, restriktive Auslegung des §§932 ff. BGB

Die Ausführungen legen nahe, auf eine dogmatische Begründung der §§932 ff. BGB vollständig zu verzichten. Hierfür sprechen die folgenden Gründe:
Es hat sich gezeigt, daß die herrschende Rechtsscheinlehre keine geeignete Theorie ist, um die §§932 ff. BGB zu erklären. Die Ausführungen haben deutlich gemacht, daß sich diese Lehre nicht in die Normen des BGB einzufügen vermag. Sie haben ebenso gezeigt, daß der Besitz kein geeigneter Rechtsscheinträger ist. Ferner wurde deutlich, daß die Versuche, mittels Korrektur an dieser Lehre festzuhalten, nicht zu überzeugen vermögen.
Die Konsequenz aus dem Scheitern der Rechtsscheinlehre ist, daß sie als Erklärungstheorie aufgegeben werden muß. Hat man sich ihrer entledigt, so wird der Blick frei auf die Erkenntnis, daß der Gesetzgeber von seinem Gestaltungsspielraum Gebrauch gemacht hat.[40] Die Bestimmungen lassen sich keinem allgemeinen Prinzip unterordnen.
Insbesondere die Entwicklungsgeschichte hat deutlich gezeigt, daß die Grundlage der Bestimmungen die rechtspolitische Entscheidung ist, den Verkehr zu schützen[41] und dazu die Eigentumserhaltung einzuschränken. Andere Begründungen wurden stets erst nach Entstehung der Regelung oder nur hilfsweise gegeben. Zutreffend stellt Anners deshalb fest, daß die Regelungen zum Erwerb vom Nichtberechtigten vorwiegend rechtspolitische Gründe haben.[42]

Für die Anwendung der Regelungen der §§932 ff. BGB bedeutet dies, daß im Blickpunkt des Rechtsanwenders der gesetzliche Tatbestand steht und zwar ohne Bezug auf Erklärungstheorien. Ernst ist daher zuzustimmen, wenn er sagt, daß allein die Verwirklichung des gesetzlichen Tatbestandes notwendige, aber auch hinreichende Bedingung für den gutgläubigen Erwerb des Eigentums an beweglichen Sachen sei.[43] Das Vertrauen des Erwerbers, der gute Glaube, hat dabei nicht notwendigerweise seinen Ursprung in einem objektiven Rechtsscheintatbestand (Vertauensbasis), entscheidend ist vielmehr, daß es gegeben ist. Der Besitz des Veräußerers kann dabei selbstverständlich als Indiz für das Vorliegen eines berechtigten Vertrauens herangezogen werden.

---

[40] Selter, S. 78 und 253; vgl. auch Imbusch, S. 133 f. Die Autorin zeigt auf, dass es bei den zahlreichen bestehenden Regelungen zur Lösung des den Regelungen über den gutgläubigen Erwerb zugrundeliegenden Interessenkonfliktes keine „ideale Lösung" gebe.
[41] Selter, S. 70 f.
[42] Anners, S. 213 ff.
[43] Ernst, S. 114

Schließlich ist bei der Anwendung des Tatbestandes folgendes zu beachten:
Für die Notwendigkeit einer Erklärungstheorie wird angeführt, daß ein für den Eigentümer so einschneidendes Ergebnis einer dogmatischen Grundlage bedürfe.[44] Es wird auch angeführt, dass ein Rechtsscheinträger zur Begrenzung des gutgläubigen Erwerbs beweglicher Sachen notwendig sei.[45] Diese Gedanken rechtfertigen es jedoch nicht, eine erwiesenermaßen ungeeignete Theorie zu vertreten. Sie können auch nicht darüber hinwegtäuschen, daß es sich, wie festgestellt, bei der Entscheidung für die §§932 - 935 BGB um eine rechtspolitische Entscheidung handelt.
Der Hinweis auf die einschneidenden Auswirkungen beim Eigentümer ist jedoch in anderer Hinsicht bedeutsam. Wie sich aus den Ausführungen ergibt, hat sich der Gesetzgeber kraft seines Amtes entschieden, aus Gründen der Verkehrssicherheit dem Vertrauen des Erwerbers vor dem Erhaltungsinteresse des Eigentümers Vorrang einzuräumen. Dies heißt natürlich nicht, dem Gutglaubenserwerb einen möglichst breiten Anwendungsbereich zu geben. Vielmehr darf er nur dort zugelassen werden, wo er sich aus der gesetzlichen Regelung zweifelsfrei ergibt und somit vom Willen des Gesetzgebers erfaßt wird. Da es bei dieser Regelung um das Eigentum geht, um eines der fundamentalen Rechte unserer Rechtsordnung, sind die §§932 - 935 BGB restriktiv zu handhaben, mit anderen Worten, die Tatbestandsmerkmale sind in der Weise eng auszulegen, daß das Eigentum nur dann verloren ist, wenn sich dafür zweifelsfrei eine Stütze im Gesetz findet. Auf diese Weise findet zugleich eine notwendige Begrenzung statt. Die restriktive Handhabung der §§932 ff. BGB findet ihren Niederschlag in den folgenden, zu prüfenden Fragenkreisen.

C. Übergabe im Sinne des §932 I BGB, Verzicht auf einen gutgläubigen Geheißerwerb im Rahmen des §932 I BGB

I. Vorbemerkung

1) Der Geheißerwerb

Da der Begriff nicht einheitlich verwendet wird, sei darauf hingewiesen, daß der Geheißerwerb die Fälle erfaßt, in denen Hilfspersonen in den Übergabevorgang

---

[44] Frotz, S. 141 f.

[45] Leuschner, S. 182 f., Der Autor sieht das Ziel der §§932 ff. BGB im Schutze des Erwerbers, welcher sonst einem zu großen Risiko ausgesetzt wäre. Verließe man sich auf die §§946 ff. BGB und die Ersitzung, sei die Rechtsunsicherheit zu groß.

eingeschaltet werden, die in keiner Besitzbeziehung zu Veräußerer und (oder) Erwerber stehen. Übergabe mittels Geheiß bedeutet danach, daß der Besitz auf Geheiß des nichtbesitzenden Veräußerers von einem Dritten, der unmittelbarer Besitzer ist, an den Erwerber übertragen wird (oder sogar an die „Geheißperson“ auf Seiten des Erwerbers).

2) Erkenntnisse aus der Entwicklungsgeschichte

Bereits Art. 306 ADHGB setzte für den gutgläubigen Erwerb eine Übergabe voraus. Wie sich gezeigt hat, ist es schwierig nachzuvollziehen, wie diese Voraussetzung in die Norm Einzug hielt. Das germanische „Hand-wahre-Hand“-Prinzip und die römische Ersitzung sehen keine Übergabe vor. Die Voraussetzung tauchte bereits in der preußischen Erinnerung auf, die zum Grundstein dieser Norm wurde. Diese sah aber noch keinen Eigentumserwerb bei Vindikationsausschluß vor. Das in manchen Landesteilen zum Eigentumserwerb vorausgesetzte Traditionsprinzip scheidet somit als schlüssige Erklärung aus. Auch die der Erinnerung als Beispiel dienenden Regelungen des ALR setzten keine Übergabe voraus. Die endgültige Regelung des Art. 306 ADHGB orientierte sich auch nicht an den Erwerbstatbeständen des rechtsgeschäftlichen Eigentumserwerbs, wie dies heute in den §§932 ff. BGB der Fall ist. Die §§932 ff. BGB verweisen ausdrücklich auf die §§929 ff. BGB. Der Eigentumserwerb war in Art. 306 ADHGB vielmehr die Folge des Vindikationsausschlusses und hatte ordnende Funktion. Die Väter des ADHGB wollten ein dauerhaftes Auseinanderfallen von Eigentum und Besitz vermeiden. Mangels erkennbaren anderen Grundes ist zu vermuten, daß man es für notwendig hielt, den Vindikationsausschluß auch an objektive Voraussetzungen zu knüpfen.
Schließlich fand sich diese Anforderung in Art. 306 ADHGB. Damit war auch dort ein gutgläubiger Eigentumserwerb vom Nichtberechtigten nur mit einer Übergabe möglich, wo für den Eigentumserwerb grundsätzlich das Vertragsprinzip Geltung hatte. (Zum Beispiel in den Teilen des Reiches, in denen der Code Civil galt.) Den Arbeiten der Kommission zum ADHGB lassen sich keine Anhaltspunkte zur Interpretation des Begriffes der Übergabe entnehmen. Nach Inkrafttreten des ADHGB wurde er jedoch in der Rechtswissenschaft näher konkretisiert. So entwickelten Lehre und Rechtsprechung den Übergabebegriff des Art. 306 ADHGB. Dabei gingen sie grundsätzlich von der Besitzübergabe aus. Das Einschalten von Besitzmittlern in den Übergabevorgang war anerkannt. Dort jedoch, wo der gutgläubige Erwerb dies erforderlich erscheinen ließ, schränkte man den Begriff ein. Deshalb schloß man beispielsweise eine

Übergabe mittels constitutum possessorium für den Erwerb nach Art. 306 ADHGB aus.

Man übernahm das Prinzip des gutgläubigen Erwerbs, wie es sich in Art. 306 ADHGB findet, in das BGB auf und schuf eine Norm, die sich stark an Art. 306 ADHGB orientierte. Außerdem näherte man die Regelungen über den gutgläubigen Erwerb an jene über den rechtsgeschäftlichen Eigentumserwerb an. Während im ersten Entwurf diese Annäherung noch durch einen Verweis auf die zentrale Norm des rechtsgeschäftlichen Eigentumserwerbs erfolgte, ging die zweite Kommission einen Schritt weiter. Sie verband die Normen systematisch. Jeder rechtsgeschäftlichen Eigentumserwerbsform (§§929, 930 und 931 BGB) wurde eine parallele Vorschrift des gutgläubigen Erwerbs zugeordnet (§§932 I, 933 und 934 BGB). Schließlich schrieb man in den §§932 - 935 BGB vieles fest, was sich zu Art. 306 ADHGB in der Rechtswissenschaft entwickelt hatte. Dieses Vorgehen betraf alle Bereiche und somit auch die Übergabe. Der gutgläubige Erwerb durch Übergabe mittels contitutum possessorium wurde ausgeschlossen (§933 BGB), wie dies für Art. 306 ADHGB, ohne daß dieser es ausdrücklich festschreibt, allgemein anerkannt war.

Auch der Umgang mit der Norm nach Inkrafttreten orientierte sich wegen der Verwandtschaft der Regelungen an der Auslegung des Art. 306 ADHGB, die für §932 I BGB vorgeschriebene Übergabe sei eine Besitzübergabe. Außerdem erkannte man, wie sich gezeigt hat, schnell Besitzübergabeformen mittels Hilfspersonen an, wie sie schon zu Art. 306 ADHGB vertreten wurden. Der erst durch die zweite Kommission eingeführte „Besitzdiener“ fügte sich in dieses System der Besitzübergabe nahtlos ein.

Der gutgläubige Geheißerwerb entwickelte sich erst später. Zunächst wurde die Möglichkeit des Geheißerwerbs für den Erwerb vom Berechtigten entwickelt (Brodmann im Jahre 1914, vgl. oben 1. Kap. A. II. 1) b) bb) (3)). Vor allem Martin Wolff führte später die Möglichkeit der Übergabe auf Geheiß in den gutgläubigen Erwerb ein.[46] In der Praxis der Rechtsprechung hielt der gutgläubige Geheißerwerb erst nach 1945 Einzug. Bis heute handelt es sich bei diesem gutgläubigen Geheißerwerb um eine umstrittene Konstruktion.

[46] Wieling zeigt auf, daß der Geheißerwerb schon lange vor dem BGB und vor allem im gemeinen Recht anerkannt gewesen sei (Wieling, Sachenrecht I, §9, VIII. b), S. 333). Diese Feststellung bezieht sich jedoch zunächst nur auf den „normalen“ Geheißerwerb und nicht auf den gutgläubigen Geheißerwerb.

II. Bedenken bezüglich des gutgläubigen Geheißerwerbs

Die herrschende Meinung geht davon aus, daß ein gutgläubiger Geheißerwerb möglich sei, m.a.W., daß es für eine Übergabe im Sinne des §§932, 929 BGB ausreiche, wenn der Besitz auf Geheiß des nicht besitzenden Veräußerers von einem Dritten, der unmittelbarer Besitzer sei, an den Erwerber übertragen werde.[47] Die möglichen Konsequenzen veranschaulicht der viel zitierte „Koksfall"[48] des Bundesgerichtshof, welcher hier frei und vereinfacht wiedergegeben wird:

> B bezog die für ihr Grundstück benötigten Brennstoffe von der Fa. St. Im Sommer 1958 schlossen B und St einen Vertrag, auf dessen Grundlage sich St verpflichtete, auf Abruf gegen sofortige Bezahlung Brennstoffe zu liefern. St gab im Herbst das Kohlengeschäft auf und arbeitete im eigenen Namen als Provisionsvertreter für K. Hiervon erfuhr B nichts. B bat St, im Winter Koks zu liefern. St wandte sich zur Organisation der Lieferung an K, wovon B nichts erfuhr. K lieferte B Koks. K übersandte B eine Rechnung für die Lieferung. B verweigerte die Bezahlung und verbrauchte den Koks. K verlangte in der Folge Bezahlung von B.
> Für die Beantwortung der Frage, ob B zur Zahlung verpflichtet sei, ist – wie die Lösung des Falls zeigen wird – entscheidend, ob B gutgläubig Eigentum von St erwarb. Von den Voraussetzungen des gutgläubigen Erwerbs ist nur die Übergabe problematisch, da B den Koks von K erhielt. Eine Übergabe liegt nur vor, lässt man hierfür die Besitzübergabe auf Weisung des St ausreichen. Den Befürwortern des gutgläubigen Geheißerwerbs folgend, erwarb B somit Eigentum gemäß §§929, 932 Satz 1 BGB.
> Für die Lösung des Falls bedeutet dies: I. Vertragliche Ansprüche des K gegen B scheiden mangels vertraglicher Beziehung aus. II. Ein Schadensersatzanspruch gemäß §§990, 989 BGB scheitert bereits daran, daß mit dem unmittelbaren Eigentumserwerb des B keine Vindikationslage im Zeitpunkt des schädigenden Ereignisses gegeben ist. III. Ein bereicherungsrechtlicher Anspruch nach §§812 Abs. 1, Satz 1, 2. Fall, 818 Abs. 2 BGB kommt schließlich auch nicht in Betracht. Zum einen war der Koks zum Zeitpunkt der Verfeuerung auf Grund des gutgläubigen Erwerbs nicht mehr im Eigentum von K. Zum anderen ist die Eingriffskondiktion nicht anwendbar, da B das Eigentum auf Grund einer Leistung des St er-

---

[47] Gursky betont, daß es sich um die „absolut h.M." handele (Gursky, Fall 6, S. 49, FN 12, m.w.N.).
[48] BGH Z 36, 56 ff.

langte. Der Eigentumserwerb stellt sich aus Sicht eines objektiven Empfängers an Stelle des B als zweckgerichtete Mehrung des Vermögens des B durch St dar.

Der gutgläubige Geheißerwerb stellt eine bedenkliche Konstruktion dar. Er weitet den gutgläubigen Eigentumserwerb aus, ohne daß er sich unmittelbar aus dem Gesetzestext ergibt. Es gilt daher, die Argumente, welche für ihn angeführt werden, einer Prüfung zu unterziehen.

1) Übergabebegriff des §932 BGB derselbe wie in §929 BGB

Für den gutgläubigen Geheißerwerb wird angeführt, daß es im Rahmen des §929 Satz 1 BGB für den Erwerb des Eigentums (allgemein anerkannt) genüge, wenn der unmittelbare Besitzer, der nicht Besitzmittler des Eigentümers sei, die Sache auf Geheiß des Eigentümers dem Erwerber übergebe. Da in §932 I BGB derselbe Übergabebegriff gelte wie in §929, Satz 1 BGB, müsse es auch einen gutgläubigen Geheißerwerb geben. Die Befürworter dieser Schlußfolgerung verweisen auf den Wortlaut des Gesetzes.[49] Der Verweis in §932 BGB auf die Voraussetzungen des §929 BGB beziehe dessen Übergabebegriff ein. Es liege zudem kein Grund vor, von dieser Entscheidung des Gesetzgebers abzuweichen. Eine andere Interpretation sei wegen des eindeutigen Wortlauts nur möglich, wenn der Normzweck dies erfordere.[50] Dies sei aber nicht der Fall. Insbesondere die Ansicht, die für §932 BGB einen eigenen Übergabebegriff und damit einen anderen als in §929 BGB vertrete, weil im Rahmen des §932 BGB der Veräußerer in jedem Fall Besitzer sein müsse, sei abzulehnen.[51] Gegen diese Ansicht wird angeführt, daß der Gesetzgeber mit §934 BGB ausdrücklich von dem Gedanken abgewichen sei, daß der unmittelbare Besitz von Hand zu Hand gegeben werden müsse. Man könne daher auch im Rahmen des §932 BGB von diesem Gedanken abweichen. Im übrigen sei nicht nur der Besitz Rechtsscheinträger, sondern auch die Fähigkeit, solchen zu verschaffen (Besitzverschaffungsmacht). Der Veräußerer müsse somit nicht Besitzer sein, eine Veräußerung auf Geheiß sei möglich.

---

[49] Martinek, AcP 188 (1988), 573 (628); MK / Quack, §932, RN 16; Kolb, S. 147 Kolb spricht von der „Systematik des Gesetzes".
[50] Musielak, JuS 1992, 713 (716); ebenso: Gursky, Fall 6, S. 47
[51] Musielak, JuS 1992, 713 (716); ebenso: Gursky, Fall 6, S. 48; MK / Quack, §932, RN 16; Kolb, S. 147

Diese geschilderte Ansicht ist abzulehnen. Zunächst deutet die Entwicklungsgeschichte darauf hin, daß der Übergabebegriff des §932 BGB enger verstanden werden kann, als der des §929 BGB. Es hat sich gezeigt, daß sich für Art. 306 ADHGB, den Vorläufer der betrachteten Regelung, ein eigener Übergabebegriff entwickelt hat. Freilich orientierte sich dieser Begriff an bekannten Möglichkeiten, nämlich den Möglichkeiten der Besitzübergabe, doch zeigt der Ausschluß des constitutum possessorium, daß der Begriff die spezifischen Anforderungen des gutgläubigen Erwerbs berücksichtigte. Art. 306 ADHGB wurde, wie sich gezeigt hat, zum Vorbild der §§932 - 935 BGB, und dies nicht nur für die Möglichkeit des Erwerbs überhaupt, sondern auch für einzelne Voraussetzungen.
Es hat sich zudem gezeigt, daß die Ausweitungen des Übergabebegriffs nach Inkrafttreten des BGB stets zunächst im Rahmen des §929 BGB entwickelt wurden. Erst dann stellte man sich die Frage, ob diese Entwicklung in §932 BGB übernommen werden könne. Diese Vorgehensweise spricht dafür, daß der Übergabebegriff des gutgläubigen Erwerbs anders interpretiert werden kann als der Übergabebegriff in §929 BGB. Außerdem ist nicht absehbar, welche Entwicklungen der Übergabebegriff im Rahmen des §929 BGB noch nimmt. Eine automatische Mitentwicklung des §932 BGB ist in der Geschichte ohne Beispiel und nicht wünschenswert. Die im Rahmen des §929 BGB vorgenommenen Veränderungen des Übergabebegriffs wurden immer erst nachträglich und nach einer entsprechenden Diskussion auf §932 BGB übertragen. Eine automatische Mitentwicklung birgt die Gefahr, daß Besonderheiten im Rahmen des gutgläubigen Erwerbs nicht beachtet werden. An solche wird bei der Anwendung und Ausweitung des Erwerbs nach §929 BGB nicht automatisch gedacht. Die Ansicht, die vertritt, es gebe einen einheitlichen Übergabebegriff, vermag somit nicht zu überzeugen.

Wie in der obigen Argumentation der Befürworter des einheitlichen Übergabebegriffs angedeutet, wird im Schrifttum ausdrücklich vertreten, daß §932 BGB einen strengeren Übergabebegriff als §929 BGB enthält.[52] Dieser Ansicht ist insoweit zuzustimmen, als sie eine Differenzierung der Begriffe vornimmt. Die Begründung vermag jedoch nicht zu überzeugen. Auch diese Meinung geht davon aus, daß im Rahmen des §929 ein Geheißerwerb allgemein akzeptiert sei.[53] Deshalb sei ein rechtsgeschäftlicher Eigentumserwerb nach §929 BGB mittels Übergabe ohne Besitzbeziehung des Veräußerers zu der Sache möglich. Beim

[52] vgl. v. Lübtow, S. 217
[53] Die Frage, ob ein Geheißerwerb im Rahmen des §929 BGB wünschenswert ist, ist nicht Gegenstand dieser Erörterung. Ein solcher Erwerb wird von der herrschenden Meinung anerkannt.

gutgläubigen Erwerb nach §932 BGB sei jedoch eine Besitzposition des Veräußerers unabdingbar. Ansonsten werde der den Veräußerer legitimierende Rechtsschein nicht erzeugt. Grundlage dieser Sicht ist mithin die „klassische" Rechtsscheintheorie, welche den Besitz des Veräußerers als Vertrauensgrundlage voraussetzt. Die Übergabe im Rahmen des §932 BGB knüpft diese Ansicht daher an strengere Anforderungen als dies im Rahmen des §929 BGB der Fall ist. Ein gutgläubiger Geheißerwerb ist daher nach dieser Meinung nicht möglich. Die Ansicht geht somit von der verfehlten Grundthese der Rechtsscheinlehre (vgl. oben B. II. 1) c)) aus, welche besagt, daß der Besitz objektive Vertrauensgrundlage sei und auf das Eigentum (die Berechtigung) hinweise.

Festhalten kann man, daß der Übergabebegriff in §932 BGB enger verstanden werden kann als der des §929 BGB. Die Argumentation, ein im Rahmen des §929 BGB möglicher Geheißerwerb müsse auch im Rahmen des §932 gelten, da hier derselbe Übergabebegriff vorliege, stellt, wie sich gezeigt hat, keinen zwingenden Schluß dar.[54] Die Begründung kann daher nicht den gutgläubigen Geheißerwerb der herrschenden Meinung stützen.

2) Rechtsscheingrundlage ist die Besitzverschaffungsmacht

Ein weiteres Hauptargument, das angeführt wird, um den gutgläubigen Geheißerwerb zu begründen, stützt sich auf die oben geschilderte Sichtweise, die die Rechtsscheingrundlage in der Besitzverschaffungsmacht erblickt.[55] Es wird gesagt, die Tatsache, daß der Veräußerer Besitz verschaffe, stelle für den Erwerber einen ebenso starken Rechtsscheintatbestand dar wie der Besitz des Veräußerers.[56] Deshalb sei auch ein gutgläubiger Geheißerwerb zuzulassen. Dieses Argument vermag aber deshalb nicht zu überzeugen, weil der Gedanke, die Besitzverschaffungsmacht sei als taugliche Rechtsscheingrundlage zu sehen, zu verwerfen ist (vgl. oben B. II. 2) f)). Selbst die Vertreter dieser Auffassung sind sich der Schwäche dieses Rechtsgedankens bewußt. So stellt Quack bezüglich der Besitzverschaffungsmacht fest: *„Es gibt aber keine brauchbaren Alternativen.“*[57] Er hält also nur deshalb an der Besitzverschaffungsmacht fest, weil er

---

[54] vgl. Haag, S. 63 welcher die Möglichkeit verschiedener Übergabebegriffe anschaulich anspricht.

[55] Kolb, S. 148, Kolb sieht die Besitzverschaffungsmacht als wesentliches Merkmal des Übergabebegriffs.

[56] Gursky, Fall 6, S. 48

[57] MK / Quack, §932, RN 16

keine brauchbaren Alternativen sieht, um an der Rechtsscheinlehre festzuhalten, und nicht deshalb, weil er von diesem Rechtsgedanken besonders überzeugt wäre.

3) Verallgemeinerung des §934, 2. Alt. BGB

§934, 2. Alt. BGB wird als gesetzlich geregelter Fall des (gutgläubigen) Geheißerwerbs angesehen. Hier hat der (nichtberechtigte) Veräußerer keinen Besitz. Allein durch die Abtretung (Einigung) vermag er dem Erwerber kein Eigentum zu verschaffen, sondern erst dann, wenn der Erwerber von dem Dritten, der unmittelbarer Besitzer ist, den Besitz an der Sache erlangt.

Dies machen sich die Befürworter des gutgläubigen Geheißerwerbs zunutze. Sie vertreten die Ansicht, der Gedanke, der sich in §934, 2. Alt. BGB finde, lasse sich verallgemeinern. Allgemein formuliert laute der Grundgedanke des §934 2. Alt. BGB: Der nichtbesitzende Nichteigentümer kann zwar durch die bloße Einigung kein Eigentum verschaffen, wohl aber dadurch, daß er die Übertragung des Besitzes auf den Erwerber herbeiführt.[58]

In der Literatur findet sich immer wieder dasselbe Argument gegen die geschilderte Sichtweise. Es wird eingewandt, daß es sich bei §934, 2. Alt. BGB um eine systemfremde Ausnahmevorschrift handele.[59] Eine solche Norm eigne sich nicht als Grundlage für Analogien und andere Verallgemeinerungen. Dieses klassische Argument lassen die Befürworter des gutgläubigen Geheißerwerbs jedoch nicht gelten. Nur wenn man §934, 2. Alt. BGB so verstehe, daß er einen allgemeinen Gedanken enthalte, füge er sich in das System der Vorschriften über den gutgläubigen Erwerb bruchlos ein.[60] Dem System liege der Gedanken zugrunde, letztlich sei entscheidend, daß der Veräußerer Besitz verschafft habe.

Wie bereits festgestellt, ist die Modifikation der Rechtsscheinlehre (die Besitzverschaffungsmacht als Rechtsscheinträger) keine befriedigende Erklärung für den gutgläubigen Erwerb (vgl. oben 3. Kap. B. II. 2) f)). Zudem ist nicht einzusehen, warum gerade §934, 2. Alt. BGB den Grundgedanken der Regelungen über den gutgläubigen Erwerb enthalten soll. Dagegen spricht die Entstehungsgeschichte. Den Protokollen kann man nicht entnehmen, daß der geschilderte

---

[58] Wolff, 8. Bearbeitung (1929), §69, II. 2. a), S. 213; Kindl, AcP 201 (2001) 391 (395); Kolb, S. 146, Kolb meint, es komme hier eine klare, gesetzliche Wertung zutage.
[59] Martinek, AcP 188 (1988) 573 (636 f.)
[60] Gursky, Fall 6, S. 49, FN 11; Hager ZIP 1993, 1446 (1450)

Gedanke ein leitender Grundsatz sein sollte. Die zweite Kommission stützte sich nur bei der Schaffung von §934, 2. Alt. BGB darauf, daß der Erwerber vertrauen könne, weil er den Besitz erhalte (vgl. oben 1. Kap. C. II. 2) a) dd) (2)). Bei der Erarbeitung der anderen Möglichkeiten war davon jedoch keine Rede. Bei diesen Möglichkeiten nannte man andere objektive Elemente, auf die sich der gute Glaube stützen solle. Außerdem erfolgte die Entwicklung des §934, 2. Alt. BGB gegen Ende der Bearbeitung der Regelungen über den gutgläubigen Erwerb. Die leitenden Grundgedanken stellten beide Kommissionen, die erste und die zweite, jedoch stets zu Beginn der Beratungen des Rechtsinstitutes des gutgläubigen Erwerbs fest.
Betrachtet man die Beratungen der zweiten Kommission insgesamt, so kann man nicht außer Acht lassen, daß man sich zum Ziel gesetzt hatte, den als schwerfällig und kompliziert empfundenen ersten Entwurf zu vereinfachen und systematisch zu gestalten. Dies zeigt sich bei dem Erwerb vom Nichtberechtigten deutlich an der bereits angesprochenen Parallelisierung der Regelungen über den rechtsgeschäftlichen Eigentumserwerb und über den gutgläubigen Eigentumserwerb im zweiten Entwurf. Jeder Erwerbsform des rechtsgeschäftlichen Erwerbs ordnete man eine solche des gutgläubigen Erwerbs zu. Die Protokolle legen den Schluß nahe, daß man die §§932 - 935 BGB nacheinander beriet, und daß dabei jeder Norm eine dem gutgläubigen Erwerb angemessene Lösung zugeordnet wurde. Auf diese Weise kam es am Ende zu der stark vereinfachten Regelung des §934, 2. Alt. BGB. Sie wurde somit nicht geschaffen, um ein Grundprinzip zu offenbaren.
Schließlich spricht gegen die Verallgemeinerung, daß es so vieler differenzierender Regelungen nicht bedurft hätte, hätte man den Grundsatz so gewählt, wie von der herrschenden Meinung angenommen. In diesem Falle hätte *eine* - §934, 2. Alt. BGB entsprechende - Regelung ausgereicht.
Am Ende überzeugt auch die methodische Vorgehensweise der herrschenden Meinung, §934, 2. Alt. BGB zum Grundsatz der Normen zu erklären, nicht. Es wird hier der kleinste gemeinsame Nenner der Normen, der zu allen Normen paßt, als allgemeines Prinzip ausgegeben. Diese Analyse offenbart kein Grundprinzip, sondern eben nur die weiteste Regelung.

Aus diesen Gründen kann man nicht annehmen, daß §934, 2. Alt. BGB den alle Normen erklärenden Grundsatz beschreibt. Das Modell, §934, 2. Alt. BGB zu verallgemeinern, vermag daher den gutgläubigen Geheißerwerb nicht zu stützen.

III. Fazit: Ablehnen des gutgläubigen Geheißerwerbs

Die von der herrschenden Meinung für den gutgläubigen Geheißerwerb angeführten Argumente vermögen nicht zu überzeugen. Somit ist an der Auslegung festzuhalten, die unter Übergabe im Sinne des §932 BGB eine herkömmliche Besitzübergabe versteht. Dies bedeutet, daß durchaus Besitzmittler und Besitzdiener eingeschaltet werden können.

Dieses Ergebnis wird nicht befürwortet, um einen, wie auch immer gearteten Rechtsscheintatbestand in Besitzpositionen des Veräußerers zu finden. Für dieses Ergebnis spricht die Erkenntnis, daß die Normen zu Gunsten des Eigentümers restriktiv auszulegen sind (vgl. oben B. III.).

Für den oben angeführten „Koksfall" hieße dies, K war im Zeitpunkt des Verbrauchs noch Eigentümer. Einem bereicherungsrechtlichen Anspruch des K gegen B nach §§812 Abs. 1, Satz 1, 2. Fall, 818 Abs. 2 BGB (Eingriffskondiktion) stünde nichts entgegen. Ein solcher Anspruch wäre nicht durch die Regelungen der §§987 ff. BGB ausgeschlossen. Das Eigentümer-Besitzer-Verhältnis ist nur bezüglich von Nutzungen und Verwendungen abschließend, es betrifft nicht den Fall des Verbrauchs. Die sog. Eingriffskondiktion wäre auch nicht wegen ihrer Subsidiarität gegenüber der Leitungskondiktion ausgeschlossen. Das Eigentum hat B nicht erhalten, es wurde somit nicht geleitet. Aus der Perspektive des B liegt zwar durchaus eine Leistungsbeziehung im Verhältnis zu St vor. St leistete jedoch nicht das Eigentum, da B dies nicht durch ihn erwerben konnte.

Folge der hier vertretenen Ansicht ist außerdem, daß der innerhalb der herrschenden Meinung geführte Streit hinfällig ist, ob es für den gutgläubigen Geheißerwerb ausreiche, daß der unmittelbare Besitzer durch eine Täuschung seitens des Veräußerers dazu veranlaßt werde, die Sache an den Erwerber zu liefern, oder ob sich die Geheißperson dem Willen des Veräußerers wirklich unterordnen müsse. Verwirft man den gutgläubigen Geheißerwerb, erübrigt sich der betreffende Streit.

D. Guter Glaube als bewährte Voraussetzung, die herrschende Auslegung des Gegenstandes des guten Glaubens als weiteres Beispiel für das Versagen der Rechtsscheinlehre

Die Betrachtung hat gezeigt, daß die subjektive Voraussetzung des Vindikationausschlusses durch Art. 306 ADHGB, die Redlichkeit, keine nähere Ausgestaltung durch die Kommission zum ADHGB erfuhr. Bewußt verzichtete man auf eine detaillierte Regelung. Man überließ ausdrücklich die Konkretisierung der Reichweite der Redlichkeit, also die Frage, ob auch grob fahrlässige Unkenntnis Redlichkeit ausschließe, der Rechtswissenschaft (vgl. oben 1. Kap. A. II. 1) b) cc) (3)). Von Anfang an schrieb man dem subjektiven Element jedoch eine steuernde Funktion zu. Mit seiner Hilfe sollten unbillige Ergebnisse des grundsätzlichen Vindikationsausschlusses vermieden werden (vgl. oben 1. Kap. A. II. 1) b) cc) (2)).
Schnell wurde die „Redlichkeit" nach Inkrafttreten des ADHGB konkretisiert. Die Rechtswissenschaft legte Kriterien und Definitionen vor, die größtenteils von der Rechtsprechung herangezogen wurden und sich etablierten. Die Erkenntnisse und Ausgestaltungen zur „Redlichkeit" in Art. 306 ADHGB flossen schließlich in die Schaffung der Voraussetzung des guten Glaubens im Sinne des §932 II BGB ein. Diese Voraussetzung wurde auf der Grundlage der Auslegung der Redlichkeit sehr viel ausführlicher.
In der Praxis gelang es insbesondere mit dem Merkmal des guten Glaubens, sachgerechte Ergebnisse herbeizuführen. Das Merkmal erwies sich als anpassungsfähig. Die Rechtsanwendung konnte, gestützt auf diese Voraussetzung, flexibel auf aktuelle Ereignisse reagieren. So wurden in der Wirtschaftskrise Anfang des 20. Jahrhunderts die Anforderungen an die Gutgläubigkeit des Erwerbers gesteigert. Man trug so dem Umstand Rechnung, daß aufgrund der schwierigen Lage häufig Waren unter Eigentumsvorbehalt standen und dem Veräußerer nicht gehörten (vgl. oben 2. Kap. B. I. 2) a) aa)). Auch andere Umstände konnten im Rahmen dieses anpassungsfähigen Merkmals ihren Niederschlag finden. Insbesondere der Kfz - Brief erlangte Bedeutung für den guten Glauben im Rahmen des Kfz - Erwerbs. So verneint die Rechtsprechung unter Umständen den guten Glauben, wenn der Erwerber sich nicht diesen Brief zeigen läßt.
Wie von der Kommission zum ADHGB gedacht, kommt somit dem subjektiven Merkmal des Gutglaubenserwerbs eine korrigierende Funktion zu. Die Korrektur steht jedoch nicht im Belieben des Rechtsanwenders, sondern erfolgt im Rahmen der Kriterien, die anfangs zu Art. 306 ADHGB entwickelt wurden und ausdrücklich in das BGB übernommen wurden. Demnach ist der gutgläubige Erwerb beispielsweise auch bei grob fahrlässiger Unkenntnis nicht möglich.

Auch die Zeitpunkte, zu denen guter Glaube vorliegen muß, sind heute bekannt. Das subjektive Merkmal hat somit seine Funktion in der Regelung eingenommen und sich bewährt.

Ein wichtiges einschränkendes Kriterium ist die Festlegung des Gegenstands des guten Glaubens. Überwiegend geht man heute davon aus, daß Gegenstand des guten Glaubens im Rahmen der §§932 ff. BGB nur das Eigentum ist. Der gute Glaube an die Verfügungsbefugnis wird nicht geschützt. Dies war bei Art. 306 ADHGB[61] und nach Inkrafttreten noch umstritten (vgl. oben 2. Kap. A. II. 2) b) aa)). Für die §932 ff. BGB stellt dies jedoch den ausdrücklichen Willen des Gesetzgebers dar. Der Gesetzgeber hat dies auch im Gesetzeswortlaut ausgedrückt. Dies ergibt sich, liest man §929 BGB und §932 BGB zusammen. §932 BGB, alleine gelesen, kann noch mehrdeutig verstanden werden. „Gehört" spricht für das Eigentum, andere Auslegungen erscheinen jedoch, wenn auch nicht naheliegend, zumindest möglich. Der Zusammenhang mit §929 BGB, welcher vom Eigentümer spricht, ist jedoch unmißverständlich. Schließlich sprechen für diese Festlegung des Gegenstandes auch die zahlreichen gesetzlichen Regelungen, die die §§932 ff. BGB bei Verfügungsbeschränkungen für entsprechend anwendbar erklären (§§135 II, 2113 III, 2129 II 1, 2211II BGB, §366 HGB).

Die herrschende Rechtsscheinlehre kann dieses Ergebnis nicht überzeugend begründen. Die Rechtsscheinlehre, konsequent angewandt, hieße, daß auch der gute Glaube an die Verfügungsbefugnis geschützt werde.[62] Die von dieser Lehre angebotenen Rechtsscheintatbestände - der Besitz und die Besitzverschaffungsmacht - sprechen, wenn man davon ausgeht, daß sie für das Eigentum sprechen, auch für die Verfügungsbefugnis, m.a.W., geht man davon aus, daß Besitz und Besitzverschaffungsmacht für Eigentum sprechen, muß dies auch für die Verfügungsbefugnis gelten. Eine andere Sichtweise vermag nicht zu überzeugen. Die Rechtsscheinlehre versagt mithin bei der Festlegung des Gegenstandes des guten Glaubens. Die Ausführungen sind somit ein weiteres Beispiel für die Unstimmigkeiten, welche die Rechtsscheinlehre im Zusammenhang mit den §§932 ff. BGB aufweist.

[61] Schließlich ist Art. 306 ADHGB auch Vorgänger des §366 HGB, bei dem auch der gute Glaube an die Verfügungsbefugnis geschützt wird.

[62] Wieling, Sachenrecht I, §10 III 2, FN 13, S. 363

E. Abhandenkommen im Sinne des §935 BGB, Problem der Erkennbarkeit des Besitzdieners

Der Begriff des „Abhandenkommens" wird nach unbestrittener und herrschender Ansicht als „Verlust ohne Willen des unmittelbaren Besitzers" ausgelegt. Diese Wendung wurde dem Inhalte nach schon vor 1900 zur Konkretisierung der Ausnahme in Art. 306 ADHGB („gestohlen und verloren") entwickelt. Bei Schaffung des BGB wollte man die Formulierung „abhanden gekommen" so verstanden wissen.

Gibt ein Besitzdiener eine Sache weg, so beurteilt eine weit verbreitete Ansicht in der Lehre und in der Rechtsprechung die Sache als „abhanden gekommen" im Sinne des §935 BGB.[63] Diese Sichtweise gründet sich auf die herrschende Auslegung des Begriffs „Abhandenkommen". Ein Besitzdiener ist kein Besitzer. Gibt er eine Sache unberechtigt weg, so geschieht dies ohne den Willen des unmittelbaren Besitzers.
Mitunter wird eine Einschränkung dieser Sichtweise für den Fall vertreten, daß der Besitzdiener als solcher nach außen nicht erkennbar ist.[64] §935 BGB werde dann nicht angewandt, die Sache sei nicht als „abhanden gekommen" zu werten, und der Erwerber könne Eigentum erwerben. Diese Ansicht stützt sich überwiegend darauf, daß in der betreffenden Konstellation vom Besitzdiener, der dann als unmittelbarer Besitzer erscheine, der Rechtsschein ausgehe, er sei berechtigt. Zudem habe der Eigentümer diesen Rechtsschein auch dadurch „veranlaßt", daß er die Sache einem Besitzdiener, der nicht als solcher erscheine, gegeben habe („Veranlassergedanke").[65] Der auf diesen Schein vertrauende Erwerber müsse geschützt werden.

Diese Ansicht ist jedoch zu verwerfen, da sie ihre Argumentation auf die abzulehnende Erklärungstheorie der Rechtsscheinlehre stützt. Sicher ist es richtig, daß der Erwerber vertraut und sich daher im guten Glauben befindet, doch ist dies allein keineswegs entscheidend. Die anderen Tatbestandsvoraussetzungen müssen ebenso gegeben sein und dürfen nicht durch den Verweis auf (veranlaßten) Rechtsschein übergangen werden. Diese Auslegung berücksichtigt, daß die

---

[63] RG 71, 248 (253); RG 100, 5 (6); Baur / Stürner, §52, RN 39, S. 608; MK / Quack, §935, RN 11; Musielak, JuS 1992, 713 (723); Wolff / Raiser, §69, I 1

[64] Hübner, Rechtsverlust, S. 107 f.; Rebe, AcP 173 (1973) 186, 201; Staudinger / Wiegand, 13. Bearbeitung (1995), §935, RN 14; Wieling, Sachenrecht I, §10, V 3 c); Zweigert, RabelsZ 23 (1958), 1 (18)

[65] vgl. Witt, AcP 201 (2001), 165 (175)

Regelungen über den gutgläubigen Erwerb restiktiv auszulegen sind. Eine durch den Besitzdiener weggegebene Sache ist somit stets abhandengekommen.[66]

Zusammenfassung:

Die Norm, die als Vorbild für die Regelungen im BGB über den gutgläubigen Erwerb beweglicher Sachen angesehen werden kann, Art. 306 ADHGB, entstand nicht, weil man seine Regelung als der Weisheit letzter Schluß erkannt hatte. Sie stellt auch nicht das Ergebnis einer langwierigen und fundierten wissenschaftlichen Diskussion dar. Art. 306 ADHGB stellt vielmehr einen Kompromiß dar, dessen endgültige Erscheinung von zahlreichen in der Entstehungsgeschichte liegenden Umständen geprägt wurde. Dies erscheint um so bemerkenswerter, wenn man sich vor Augen hält, daß Art. 306 ADHGB und seine Auslegung nicht nur in der Grundidee zum Vorläufer der §§932 ff. BGB wurde, sondern auch in zahlreichen Einzelfragen.
Art. 306 ADHGB entstand als Kompromiß. Erst in der dritten und letzten Lesung zum ADHGB entschied sich die Kommission mit knappem Ergebnis für einen allgemeinen Vindikationsausschluß bei Gutgläubigkeit des Erwerbers. Dadurch, daß man sich einen engen Zeitplan gesteckt hatte, um das ADHGB nach langer Entwicklungszeit endlich zu vollenden, blieb wenig Zeit, die Regelung im Detail auszuarbeiten. Die starre Arbeitsweise, die man sich für die dritte Lesung verordnet hatte, um schnell fertig zu werden, grenzte die Möglichkeit der Ausgestaltung der Norm darüberhinaus stark ein. Es durften nur Anträge verhandelt und angenommen werden, die im Vorfeld der dritten Lesung gestellt worden waren, zu einem Zeitpunkt also, zu dem man nicht wußte, daß man sich für den allgemeinen Vindikationsausschluß entscheiden werde. Die Regelung stellt daher am Ende eine Kombination aus allen im Vorfeld hierzu gestellten Anträgen dar, die nicht zurückgenommen wurden (vgl. oben 1. Kap. A. I. 3)). Auf diese Weise waren alle an der Schaffung beteiligt, und jede Idee wurde einbezogen. Zuletzt wurde über die so entstandene Norm als ganzes abgestimmt. Hierbei hatten die Kommissionsmitglieder nur die Wahl, den entwickelten Kompromiß anzunehmen oder diesen fallen zu lassen. Dies hätte bedeutet, den Rechtszustand beizubehalten, zu dem schon die zweite Lesung geführt hatte.

---

[66] Dies gilt selbstverständlich nicht, wenn der Besitzdiener zur Verfügung berechtigt ist.

Dieser Rechtszustand sah einen Vindikationaausschluß nur im Kommissionsgeschäft vor. Die Kommission nahm Art. 306 ADHGB an.
In der kurzen Zeit konnte keine dogmatische Grundlage erarbeitet werden. Nur das Ziel war bekannt. Der Vindikationausschluß sollte den Schutz des Handelsverkehrs gewährleisten. Erwerber sollten sich sicher sein können, eine bei einem Kaufmann erstandene Sache behalten zu dürfen. Die Folge des Vindikationsausschlusses, der Eigentumserwerb, wurde aus praktischen Erwägungen angenommen. Man wollte Verwicklungen vermeiden, die das dauerhafte Auseinanderfallen von Besitz und Eigentum mit sich bringen (vgl. oben 1. Kap. A. I. 2) b) bb) (b)).
Die Kommission machte auch keine genauen Vorgaben für die Handhabung der Regelung in der Praxis. Sie schuf letztlich nur den, insbesondere im Vergleich mit der aufwendigen Gestaltung der §§932 - 935 BGB knappen Text des Art. 306 ADHGB. In den wenigen diskutierten Einzelfragen erzielte die Kommission keine Ergebnisse. Sie ließ ausdrücklich das Problem des Umfangs der „Redlichkeit", ob beispielsweise auch grobe Fahrlässigkeit erfaßt werde, ungelöst (vgl. oben 1. Kap. A. II. 1) b) cc) (3)). Es blieben somit zahlreiche Möglichkeiten, die Elemente der Norm auszulegen. Der Interpretationsmöglichkeiten nahm sich die Rechtswissenschaft an. Sie erarbeitete Definitionen und Thesen für die Auslegung der Norm und ihrer Voraussetzungen (vgl. oben 1. Kap. A. II.).

Bei Schaffung der Regelungen über den gutgläubigen Erwerb beweglicher Sachen für den ersten Entwurf zum BGB entschied man sich, das Prinzip des Art. 306 ADHGB, den grundsätzlichen Vindikationsausschluß, zu übernehmen. Dies geschah in der letzten Phase der Entwicklung des ersten Entwurfs, nachdem man in den Vorberatungen noch das Vindikationsprinzip favorisiert und dieses der vorbereitenden Ausarbeitung, dem Teilentwurf von Johow, zugrunde gelegt hatte. Diese Grundentscheidung erfolgte somit wie bei Schaffung des Art. 306 ADHGB zu einem späten Zeitpunkt der Entwicklung. Auch die Entscheidung in der Kommission fiel, wie bei der Vorgängernorm, knapp aus. Das Lager, welches zum Schutze des Eigentums keinen allgemeinen Vindikationsausschluß zulassen wollte, setzte sich wiederum nicht durch.
Bei der Ausgestaltung des gutgläubigen Erwerbs im ersten Entwurf orientierte man sich an Art. 306 ADHGB und vor allem an dessen herrschender Auslegung. Als Ziel wurde der Verkehrsschutz genannt. Die Kommission mühte sich auch um eine dogmatische Grundlage für die Regelung. Dieses Unterfangen war schwierig, stellte doch schon Art. 306 ADHGB eine Kombination verschiedener Rechtsgedanken dar. Das Rechtsscheinprinzip, welches in den Begrün-

dungen anklingt, konnte die Regelung somit nicht widerspruchsfrei erklären. Ausdrücklich wurden in vielen Fragen die von der Rechtswissenschaft entwickelten Erkenntnisse zu Art. 306 ADHGB übernommen. Eine Übergabe mittels constitutum possessorium wurde ausgeschlossen, der Umfang des guten Glaubens orientierte sich an den Maßgaben zu Art. 306 ADHGB, und auch die Ausnahmeregelung wurde inhaltlich übernommen.

Die zweite Kommission rückte trotz zahlreicher Proteste und vieler Stimmen, die verlangten, das Eigentum mehr zu schützten, nicht mehr von dem Prinzip des ersten Entwurfs ab. Schließlich näherte die zweite Kommission ihre Lösung noch mehr Art. 306 ADHGB an. Sie beseitigte die Unterschiede, die der erste Entwurf noch zu Art. 306 ADHGB vorsah. So strich sie das Lösungsrecht und kehrte ausdrücklich die Beweislast zu Lasten des Eigentümers um. In diesem letzten Punkt scheiterten diejenigen, die mehr Schutz für den Eigentümer anstrebten, endgültig. Letztlich wurde den Regelungen der §§932 - 935 BGB somit kein Prinzip zugrundegelegt, sondern nur Art. 306 ADHGB übernommen, eine Regelung, die unter großem Zeitdruck als Kompromiß entstand.

Nach Inkrafttreten des BGB mühte sich die Rechtswissenschaft, den §§932 - 935 BGB ein Prinzip zugrundezulegen. Ergebnis dieser Bemühungen war, daß sich die Rechtsscheinlehre nach Inkrafttreten mehr und mehr als Erklärungsmodell durchsetzte (2. Kap. A. I. 2) e)). Danach ist die Grundlage des Vertrauens des Erwerbers der von der objektiven Sachlage ausgehende Rechtsschein. Von Anfang an sahen die Vertreter jedoch auch die Unstimmigkeiten dieses Erklärungsmodells.
Die Rechtswissenschaft konkretisierte die Elemente der Regelung. Sie entwickelte den Übergabebegriff. Bald nach Inkrafttreten stellte man die Möglichkeit der Einschaltung von Besitzmittler und Besitzdiener in den Übergabevorgang fest. In der Folgezeit löste man sich mehr und mehr von der herkömmlichen Besitzübergabe und legte in der Lehre die Basis für den gutgläubigen Geheißerwerb. Dieser wurde dann schließlich vom Bundesgerichtshof bejaht. Großen Raum nahm auch die Diskussion um den Wertungswiderspruch von §933 BGB und §934 BGB ein. Die überwiegende Meinung und vor allem die Rechtsprechung wendete diese Regelungen wörtlich an und nahm einen Widerspruch als vom Gesetzgeber in Kauf genommen hin.
Neben diesen neuen Entwicklungen, die den Eigenheiten der neuen Gesetzesfassung (Besitzdiener, Regelung des §934 BGB) geschuldet waren, spielten die bekannten Auslegungsmöglichkeiten die größte Rolle. Bezüglich des guten Glaubens legte man nach kurzer Diskussion überwiegend fest, daß Gegenstand

des guten Glaubens nur das Eigentum sein könne. Für die weiteren Interpretationen des subjektiven Merkmals knüpfte man an die Auslegung der Redlichkeit des Art. 306 ADHGB an. In gleicher Weise ging man bei der Auslegung der Ausnahme in §935 BGB vor, die sich nach dem ausdrücklichen Willen der Väter des BGB an der Ausnahmevorschrift des Art. 306 IV ADHGB orientierte. Wie bei Schaffung des BGB beabsichtigt, folgte man somit bei der Auslegung der §§932 ff. BGB überwiegend der Regelung des Art. 306 ADHGB auch in den Punkten, in denen man dies nicht bereits im Gesetzestext angelegt hatte.

In der Zeit des Nationalsozialismus brachte die Rechtswissenschaft keine Neuerungen für die Handhabung der §§932 - 935 BGB. Im wesentlichen wurde die vorgefundene Rechtspraxis fortgeführt. So ergingen Entscheidungen des Reichsgerichtes, welche die Anforderungen an die Nachforschungspflicht weiterentwickelten. Auch der 1934 eingeführte Kfz - Brief fügte sich in die Regelungen ein. Er wurde ein wichtiges Element zur Beurteilung des guten Glaubens beim gutgläubigen Erwerb eines Automobils.
Der Schwerpunkt der Arbeiten der Rechtswissenschaft in der Zeit des Nationalsozialismus lag auf Reformvorschlägen. Auch zu den Regelungen über den gutgläubigen Erwerb wurden viele solche Vorschläge gemacht. Die Vorschläge wurden in zahlreichen Veröffentlichungen zur Diskussion gestellt. Zudem beschäftigte sich die Akademie für deutsches Recht mit der Schaffung eines neuen Zivilrechts. Im Rahmen dieser Arbeiten ergingen auch Stellungnahmen zum gutgläubigen Erwerb. Die Vorschläge brachten jedoch keine überraschenden Neuerungen. Die bekannten Elemente und Voraussetzungen wurden bemüht. Auch die letztlich angestrebte Regelung für den gutgläubigen Erwerb in einem „Volksgesetzbuch" glich im wesentlichen der schon im BGB existierenden. Entscheidende Neuerungen konnten sich nicht durchsetzen.

Die Betrachtung der Entwicklung des gutgläubigen Erwerbs beweglicher Sachen nach §§932 ff. BGB legt eine Neubewertung einiger Fragen im Zusammenhang mit der Interpretation nahe (vgl. oben 3. Kap.). Von Anfang an waren die Unstimmigkeiten der Rechtsscheinlehre im Zusammenhang mit den §§932 ff. BGB bekannt. Die Korrekturversuche der Rechtswissenschaft, die zum Ziele haben, die Rechtsscheinlehre beizubehalten, müssen als gescheitert angesehen werden (vgl. oben 3. Kap. B. II. 2)). Es besteht daher kein Grund, an diesem Begründungskonzept festzuhalten.
Das Begründungskonzept stellt zudem keine Hilfe bei der Interpretation der Normen dar. Es birgt vielmehr die Gefahr falscher Ergebnisse. So hat sich gezeigt, daß bei einer konsequenten Anwendung der Rechtsscheinlehre der Ge-

genstand des guten Glaubens nicht nur im Eigentum gesehen werden muß. Dies widerspräche der ganz herrschenden Meinung und dem ausdrücklichen Willen des Gesetzgebers, der im Wortlaut des Gesetzes seinen Niederschlag fand (vgl. oben 3. Kap. D.).
Die Rechtsscheinlehre kann zudem nicht schlüssig begründen, warum die von einem selbständig auftretenden Besitzdiener weggegebene Sache „abhanden gekommen" im Sinne des §935 BGB sein soll. Von einem solchen Besitzdiener geht nach der Logik der Rechtsscheinlehre der Rechtsschein der Berechtigung aus. Dennoch lehnen dies zahlreiche Vertreter der Lehre in Übereinstimmung mit dem Willen des Gesetzgebers ab (vgl. oben 3. Kap. E.).
Schließlich ist die Möglichkeit des gutgläubigen Geheißerwerbs zu verwerfen. Die Modelle zur Begründung des gutgläubigen Geheißerwerbs vermögen nicht zu überzeugen (vgl. oben 3. Kap. C. II.). Letztlich stellt daher der gutgläubige Geheißerwerb eine Ausdehnung des gutgläubigen Erwerbs zu Gunsten des Erwerbers dar, für die es keine schlüssige Grundlage im Normtext oder Normzweck gibt. Diese Erweiterung schränkt somit das Eigentumsrecht ein, ohne daß sich hierfür eine Legitimation findet. Dieses Vorgehen ist abzulehnen.

FSC
www.fsc.org
MIX
Papier | Fördert
gute Waldnutzung
FSC® C083411

Kolibri 360 GmbH
Ferdinand-Jühlke-Straße 7
99095 Erfurt, Deutschland
produktsicherheit@kolibri360.de